OCUPAR ESCOLAS, OCUPAR TERRAS

Como o MST transformou a educação brasileira

REBECCA TARLAU

OCUPAR ESCOLAS, OCUPAR TERRAS

Como o MST transformou a educação brasileira

Tradução e edição de Leda Beck

1ª edição
Outras Expressões
São Paulo - 2023

Título original: *Occupying schools, occupying land: How the Landless Workers Movement transformed brazilian education.* New York: Oxford University Press, 2019.

Tradução e edição: Leda Beck
Mapas e ilustrações: Georgia Gabriele da Silva Sampaio
Preparação de texto: Cecília Luedemann
Revisão: Letícia Bergamini Souto
Projeto gráfico e diagramação: Zap design
Impressão e acabamento: Gráfica Paym

Dados Internacionais de Catalogação-na-Publicação (CIP)

T188o Tarlau, Rebeca
Ocupar escolas, ocupar terras: como o MST transformou a educação brasileira / Rebeca Tarlau ; tradução e edição de Leda Beck. -- 1.ed.-- São Paulo : Outras Expressões, 2023.
464 p.

ISBN 978-65-87389-33-2
Título original: Occupying schools, occupying land: how the and less workers movement transformed brazilian education.

1. Educação brasileira. 2. Movimento Sem Terra (MST) e educação. I. Leda Beck. II. Título.

CDU 37(81)
CDD 370.981

Elaborada pela bibliotecária: Eliane M. S. Jovanovich - CRB 9/1250

1ª edição: maio de 2023

OUTRAS EXPRESSÕES
Alameda Nothmann, 806
Sala 06 e 08, térreo, complemento 816
01216-001 – Campos Elíseos – SP
livraria@expressaopopular.com.br
www.expressaopopular.com.br
ed.expressaopopular
editoraexpressaopopular

SUMÁRIO

ANEXOS

Dedico este livro a Dona Djanira
Menezes Mota (1948-2017), de Santa Maria
da Boa Vista (PE), e a dezenas de milhares
de militantes da base do MST, como ela.
Muitos deles nunca terão uma posição de
liderança no movimento, mas suas lutas
cotidianas mantêm o MST como uma força
influente por todo o país.

APRESENTAÇÃO

Recebi o convite da Expressão Popular para fazer a apresentação desta obra nos primeiros dias de janeiro de 2023, dias após a posse do Presidente Lula, que renovou as nossas esperanças e nossas perspectivas pela retomada do processo de avanços no campo da educação e, especificamente da Educação do Campo, tema ao qual está vinculada a pesquisa de Rebecca Tarlau.

Considero importante fazer este registro, de início, uma vez que a pesquisa desenvolvida pela autora e seus resultados também se referem a um período da história brasileira – e da história da educação brasileira – marcada por importantes avanços como fruto das lutas dos(as) camponeses(as) e notadamente do Movimento Sem Terra (MST), a partir da última década do século XX, no Brasil.

Desde o golpe contra a presidenta Dilma Rousseff e depois com a eleição de Bolsonaro, o Brasil atravessou um período intenso de retrocessos nos direitos sociais que comprometeram aqueles avanços institucionais conquistados nas duas décadas anteriores, no período pós-redemocratização e pós processo de formulação da Constituição de 1988, onde os direitos estão assegurados.

A autora chegou ao Brasil no ano de 2009, mais de 10 anos após o I Encontro Nacional de Educadores da Reforma Agrária (I Enera) e da I

Conferência Nacional de Educação do Campo. O processo de pesquisa e os resultados registrados na presente obra são registros ao mesmo tempo de semeadura e de colheita.

Semeadura porque a luta pela educação dos(as) camponeses(as) é uma luta permanente, dadas as condições educacionais históricas dos povos do campo. Sua obra trata com cuidado e respeito destas condições, como o analfabetismo, a baixa escolaridade, a falta de escolas, a falta de professores adequadamente formados e a precariedade das escolas, onde existem. Demonstra com nitidez, na sua pesquisa, que não estão separadas do contexto geral, sobre onde vivem e como vivem os(as) camponeses sem terra, neste caso, mas também dos pequenos agricultores de base familiar, dos quilombolas, dos povos das florestas e das águas.

Colheita porque no período de sua estada no Brasil já havíamos avançado na relação entre os movimentos sociais e o Estado; já havíamos avançado nas relações do MST com a sociedade, com as universidades, com o sistema público de ensino e já havíamos construído – com o Estado – duas políticas públicas que consideramos estruturantes para a consolidação do direito à educação, tal como preconizado na nossa Constituição, mas negligenciado até que os povos do campo decidissem tomar para si a empreitada e enfrentar o cipoal de travas à sua implementação. Refiro-me ao Programa Nacional de educação na Reforma Agrária (Pronera) e à Licenciatura em Educação do Campo, esta última em fase de implantação nas universidades federais, à época.

Falemos da obra.

Trata-se de uma rigorosa, diligente e acurada pesquisa desenvolvida pela autora, afirmação que sustento por meio do destaque de alguns marcadores com o propósito de estimular os(as) leitores(as) e pesquisadores(as) a adotarem esta obra como referência.

O(a) leitor(a) de *Ocupar escolas, ocupar terras: como o MST transformou a educação brasileira* é introduzido(a) à obra por meio do registro da chegada de 500 crianças ao Ministério da Educação, no ano de 2014, quando o MST comemorava seus 30 anos. Presentes com suas famílias a um Congresso em Brasília, as crianças foram ao Ministério apresentar sua pauta, centrada na denúncia de um intensivo e violento processo de fechamento de escolas do campo. Este "ato" constitui uma das marcas do MST na sua luta por educação: a participação protagonista dos(as) camponeses(as) na luta, desde a infância, como fundamento pedagógico. O evento se apresenta didaticamente em relação aos objetivos do MST. Lutar pela redemocratização da terra, no Brasil, é uma luta emancipatória não somente para os(as) camponeses(as) e suas famílias, mas para a sociedade como um todo e, por ser assim, é um meio de transformação social que deve ser construído com base nas ocupações, em todos as dimensões, incorporando com principalidade a dimensão potente da educação para a formação humana e para a elevação do nível cultural dos(as)camponeses(as) e da sociedade brasileira como um todo.

Para tanto, a autora registra a longa marcha que tem sido percorrida pelo MST na relação com as instituições, atravessada pelas contradições próprias do movimento histórico de lutas da classe trabalhadora que transitam entre as ocupações de terra, as ocupações dos espaços públicos no seu sentido material e simbólico, e o processo de diálogo e negociações com as instituições do Estado.

Outro marcador importante da obra é a intencionalidade histórica do MST em desenvolver seus próprios processos formativos da sua infância, da sua juventude, dos adultos, de seus militantes e dirigentes. O conceito de *ocupação* não se refere apenas à ocupação de terras, mas também à ocupação dos espaços e dos territórios materiais e simbólicos que carregam potencial transformador, notadamente as escolas. Para tanto, se organizou na estruturação de um projeto pedagógico para disputar o projeto educativo hegemônico do capital de duas formas: lutando por escolas públicas nos acampamentos e assentamentos e formando seus educadores.

Um terceiro marcador presente na obra refere-se à estratégia de mover o Estado na direção do seu papel institucional de assegurar as condições objetivas para a consecução do direito à educação em todos os níveis. Aí se insere a luta por escolas e por educação básica nos territórios rurais, mas também pela formação em nível superior. A educação superior há duas décadas chegava a menos de 1% da população que vivia no meio rural. As universidades estavam concentradas nas capitais ou nos grandes centros urbanos do país e a população do campo que a ela tinha acesso era somente composta por filhos(as) de latifundiários. A emergência de um contingente populacional assentado em terras conquistadas pelo

MST trouxe consigo, entre tantas coisas, novas e específicas demandas formativas que não cabiam no desenho institucionalizado nas universidades. Neste contexto é que se constrói o Pronera, objeto do segundo capítulo do livro.

O Pronera é um quarto e central marcador presente na obra, como expressão política do amadurecimento das relações entre o MST e um conjunto de instituições da sociedade civil e política, oportunizada por uma fissura na configuração de poder no primeiro mandato do governo Fernando Henrique Cardoso (1994-1998), fissura essa provocada justamente pelos desdobramentos violentos provocados pelo Estado em reação à luta do MST no estado do Pará, que criou um ambiente de apoio social em torno do MST em todo o país e no exterior.

O Pronera instituiu, pela força dessa nova qualidade política de articulação, um feixe de novos direitos a ele associados, próprios de políticas públicas que são construídas como vitória da classe trabalhadora em ambientes de conflitos, nas brechas abertas pelas contradições. Entre esses, o direito à criação de Projetos especiais de Educação de Jovens e Adultos nas universidades; o direito a turmas específicas em cursos já instituídos, para os(as) Sem Terra; o direito de organização de processos seletivos específicos para turmas específicas; e, tão importante quanto, o direito a um sistema de financiamento próprio à tais turmas e cursos, atendendo às necessidades específicas desses grupos. Nenhuma outra política pública, em qualquer tempo, no Brasil e quiçá no mundo, havia sido assim instituída e com a participação direta de representação política dos movimentos sociais e sindicais do campo e universidades na sua coordenação.

Sigo aqui dialogando com a autora, por meio de sua obra, para afirmar um quinto marcador. Está relacionado àquela condição de novos direitos que, neste caso, vão se instituindo na esteira da compreensão sobre o manejo dos mecanismos do Estado que historicamente se moveram exclusivamente na direção dos interesses das elites do capital no campo. A metáfora da pedra, que quando cai na água provoca ondas, representa bem esse movimento. Na Física, esse movimento é caracterizado como perturbação. O Pronera provocou essa perturbação, essa inquietude nas esperanças de tantos outros povos camponeses que também se colocaram em movimento. Os(as) agricultores(as) de base familiar, pescadores(as), ribeirinhos(as), quilombolas, extrativistas e outros tantos se identificaram e se juntaram em um amplo movimento denominado Educação do Campo. Virou esperança ativa e, por aí, outras tantas políticas se desdobraram, registradas em outras tantas teses, dissertações e livros.

O sexto marcador é o resultado das viagens da autora pelo Nordeste e Sul do Brasil para registrar e refletir sobre as lutas do MST por escolas nos estados de Pernambuco, Ceará e Rio Grande do Sul; sobre o processo de implementação de seu projeto pedagógico, a formação dos(as) educadores(as) e as práticas desenvolvidas nessas escolas, cada uma com suas próprias contradições e conflitos.

Desses resultados resta demonstrado, por um lado, que a capacidade organizativa associada à capacidade propositiva é capaz de mover o Estado, a exemplo das conquistas do MST no campo da educação no estado do Ceará. Em contrapartida, evidencia a fragilidade institucional das políticas propostas e direcionadas ao povo, sempre reféns da configuração de poder no âmbito do Estado. Não há como dissociar da reflexão da ciência política e dos elementos que compõem a categoria da hegemonia e sobre como age o Estado em situação permanente de aliança com o capital.

Nas suas viagens pelo Brasil, a autora não somente se propôs a conhecer a situação da educação, das escolas e dos assentamentos, mas se dispôs a conviver com os(as) camponeses(as), suas lideranças e apreender o contexto em que as lutas por educação e por escola se realizavam, com extrema curiosidade e disposição de aprender.

Essa mesma disposição de compreender a realidade tal como se apresenta e não como antecipadamente imaginada se revelou quando esteve em Brasília, em diálogo com os órgãos de governo como o MEC e o Incra, e se revelou posteriormente no seu registro minucioso acerca dos fatos históricos, dos processos desencadeados por essa permanente tensão das relações entre o Estado tal qual o conhecemos e os movimentos sociais e suas conhecidas estratégias. Importante destacar essa escolha da autora por envolver-se com seu objeto sem abandonar a perspectiva crítica – e às vezes mais rigorosa que os próprios protagonistas – dos processos.

Sua obra é a memória do feito coletivo dos últimos 25 anos de Educação do Campo, no Brasil, comemorada neste ano de 2023, no que ela caracteriza como *cogestão contenciosa* de instituições do Estado pelos movimentos sociais. Os registros e as reflexões da autora são importante contribuição para quem se interessa em conhecer aquilo que denomina como *longa marcha dos militantes por meio das instituições* e compreender as conflituosas relações entre Estado, movimento social e educação.

Volto aos primeiros meses do ano de 2023 e da intensa mobilização na perspectiva de retomada das políticas públicas no âmbito do Governo Lula, descritos no livro. O processo de destruição do papel do Estado contido no governo golpista de Temer e no governo protofascista de Bolsonaro deverá ser enfrentado em novas condições. Os retrocessos em relação aos mecanismos do Estado no MEC e a desestruturação do Pronera desafiam as forças democráticas – e nelas, fundamentalmente os movimentos sociais do campo – a reconstruírem as condições de disputa em um ambiente conflagrado, onde as forças do capital e do conservadorismo se revelam resistentes e, também, mais organizadas e ofensivas.

Enfrentar os retrocessos e retomá-los em novas condições implica igualmente afirmar o que se construiu ao longo desses últimos 25 anos. Milhares de camponeses(as) se alfabetizaram, escolarizaram e se formaram em nível superior e pós-graduação em centenas de cursos técnicos, graduação e pós-graduação nas mais diversas áreas, com destaque às áreas de formação para novas formas de produção de base agroecológica, o que certamente foi definitivo para as mudanças na qualidade e na escala produtiva dos assentamentos, nos últimos 10 anos.

Também foram ampliadas significativamente as oportunidades de formação de educadores para as escolas do campo por meio de uma política pública estruturada no âmbito destes processos aqui registrados, a Licenciatura em Educação do Campo. No período atual, cerca de 40 universidades ofertam, em cursos regulares, cursos de formação de professores para os níveis fundamental e médio das escolas do campo.

Contribuiu definitivamente para esses avanços, uma importante política de expansão das universidades federais pelo interior do país e a criação e expansão, também para o interior, dos Institutos Federais, nos governos do presidente Lula e da presidenta Dilma. Tais conquistas são resultado de um longo processo de amadurecimento dos movimentos sociais na relação com as instituições do Estado, mas, em contrapartida, também das próprias instituições a incorporar ao seu feitio o reconhecimento dos(as) sujeitos(as) coletivos do campo como agentes dos seus próprios processos formativos.

Por tudo isso e por tanto mais ainda a ser feito, é bem-vinda e vem na hora certa a contribuição da obra de Rebecca Tarlau. Memória coletiva da capacidade organizativa, elaborativa e propositiva dos movimentos sociais do campo, notadamente o MST que, em condições adversas, ensejaram se tornar protagonistas de um movimento histórico pelo direito constitucional à educação, mas principalmente protagonistas de um novo projeto educativo engendrado no calor das renhidas lutas pela Reforma Agrária e por novas formas de relação com a terra, com a natureza e novas relações humanas, relações de trabalho e produção da vida.

Boa leitura! Aproveitem!

Clarice Aparecida dos Santos
Brasília, 12 de março de 2023.
25 anos da Educação do Campo e do Pronera.

AGRADECIMENTOS

Cheguei ao meu primeiro assentamento do MST em junho de 2009, com um número de telefone e um *notebook* cheio de perguntas, e embarquei na aventura da minha vida. Inúmeras lideranças do MST me acolheram como uma companheira, aguentaram minhas perguntas sem fim e meus pedidos de pesquisa, e me receberam de braços abertos em suas casas e nas suas refeições. Entre muitos, destaco um agradecimento especial à Elizabete Witcel, Marli Zimmerman e suas famílias no Rio Grande do Sul; Cristina Vargas e seu filho Gabriel em São Paulo; Vanderlúcia Simplício e sua família em Brasília; Adailto Cardoso, Edilane Menezes, Erivan Hilário e suas famílias em Santa Maria da Boa Vista (PE); e Flavinha Tereza, Alex Santos e Elienei Silva na Mata Sul de Pernambuco. Alessandro Mariano se tornou um grande amigo depois da minha coleta de dados, mas nossas muitas conversas sobre o programa educacional do movimento ajudaram a dar forma a este livro; além disso, ele revisou o texto final em português e garantiu que a linguagem própria do MST fosse adotada onde ela era imprescindível. Também quero agradecer a todos os agentes do governo brasileiro que atenderam aos meus pedidos de pesquisa e responderam calma e completamente as minhas difíceis perguntas sobre as relações Estado-sociedade.

Muitos outros tornaram possível minha pesquisa no Brasil ao oferecerem apoio prático e moral. Bela Ribeiro e sua mãe, Rita, foram minha segunda família desde que estive aqui pela primeira vez, para estudar, quando eu ainda estava na faculdade. Contei com a casa de Bela para comer, descansar e relaxar. Luís Armando Gandin e Bernardo Mançano Fernandes foram meus mentores por aqui. Lourdes Luna e o Grupo Mulher Maravilha - uma organização feminista na periferia do Recife - foram uma poderosa rede de apoio. Lourdes e outras mulheres do grupo me ensinaram, pela primeira vez, sobre o potencial transformador da educação popular. Se nossos caminhos não tivessem se cruzado, talvez eu jamais descobrisse minha paixão pela educação.

Na Universidade da Califórnia, no *campus* de Berkeley, contei com uma extraordinária banca de doutorado, que incluiu Peter Evans, Zeus Leonardo, Erin Murphy-Graham, Harley Shaiken e Michael Watts. Quero agradecer especialmente a Peter Evans, que, embora eu não seja socióloga e ele já estivesse aposentado, me ajudou como se eu fosse um de seus estudantes. Peter participou de cada etapa do processo de escrita deste livro, oferecendo conselhos críticos sobre enquadramentos teóricos, projeto da pesquisa, análise de dados, argumentos de desenvolvimento e muito mais. Outros professores da UC Berkeley que deram forma ao meu pensamento sobre teoria, política e pesquisa foram Patricia Baquedano-López, Michael Burawoy, Laura Enriquez, Gillian Hart, Mara Loveman, Tianna Paschel, Dan Pearlstein, Cihan Tuğal e Kim Voss. Fora do universo de Berkeley, em diferentes etapas do projeto, pude contar com a leitura crítica, em diferentes estágios deste projeto, de Pedro Paulo Bastos, Ruy Braga, Miguel Carter, Aziz Choudry, Gustavo Fischman, Sangeeta Kamat, Steven Klees, Pauline Lipman, David Meyer, Susan Robertson, Ben Ross Schneider, Andrew Schrank, Wendy Wolford, Angus Wright e Erik Olin Wright.

Meus amigos da Faculdade de Educação em Berkeley - todos na linha de frente da luta contra o desmonte e a privatização da educação pública - contribuíram inúmeras vezes com esta pesquisa, sempre me lembrando de conectar minhas descobertas com o contexto educacional dos Estados Unidos. Minha gratidão mais profunda a Rick Ayers, Liz Boner, Krista Cortes, Chela Delgado, Tadashi Dozono, René Kissell, Tenaya Lafore, Joey Lample, Cecilia Lucas, Nirali Jani, Kathryn Moeller, Ellen Moore, Dinorah Sanchez Loza, Bianca Suarez, Joanne Tien e

Kimberly Vinall. Também sou grata ao meu grupo interdisciplinar de amigos e colegas: Edwin Ackerman, Javiera Barandiaran, Barbara Born, Javier Campos, Brent Edwards, Dave DeMatthews, Fidan Elcioglu, Luke Fletcher, Ben Gebre-Medhin, Ilaria Giglioli, Gabriel Hetland, Tyler Leeds, Seth Leibson, Zach Levenson, Roi Livne, Kate Maich, Diego Nieto, Ramon Quintero, Leonardo Rosa, Jonathan M. Smucker, Gustavo Oliveira, Karin Shankar, Krystal Strong e Rajesh Veeraraghavan. Entre meus colegas, Alex Barnard, Carter Koppleman e Liz McKenna deram uma ajuda especial nas revisões finais do manuscrito. Fiquei comovida e inspirada pela dedicação de Effie Rawling para tornar real, no contexto estadunidense, a visão agrária do MST. Sou grata a Pete Woiwode por me incentivar a pensar em lições para os movimentos sociais nos Estados Unidos. Robin Anderson-Wood, Laurie Brescoll, Anna Fedman, Kirsten Gwynn, Sara Manning, Katie Morgan, Ashley Rouintree, Julia Weinert e Rob Weldon me mantiveram sã, arrancando-me dos livros para rir, viver e dançar. Bill, Nina, Jill, Kim, Margot, Hilary, Jo e suas famílias foram uma fonte de amor e apoio.

Transformar uma tese de doutorado em livro é uma tarefa imensa. Sou grata à Faculdade de Educação da Universidade Stanford, por me oferecer o presente do tempo, por meio de um *fellowship* de pós-doutorado com dois anos de duração. Martin Carnoy, meu orientador, foi um grande defensor desta pesquisa. Georgia Gabriela da Silva Sampaio, uma estudante muito talentosa de Stanford, foi de enorme valia por desenhar todos os mapas e muitas das figuras do livro. Também quero agradecer ao Centro de Estudos Latino-Americanos de Stanford por abrigar, com o Lemman Center, uma oficina sobre a primeira versão do manuscrito. As observações que recebi na oficina levaram a uma grande revisão da contribuição teórica do livro e a uma organização muito melhor dos capítulos empíricos. Meus sinceros agradecimentos a Martin Carnoy, Alberto Diaz-Cayeros, Gillian Hart, Mara Loveman, Tianna Paschel, Doug McAdam e Wendy Wolford por participar de uma oficina que durou o dia todo.

Em janeiro de 2018, tornei-me professora da Faculdade de Educação e da Escola de Relações de Trabalho e Emprego na Universidade Estadual da Pensilvânia. Agradeço o apoio e as contribuições de meus novos colegas na PennState, no programa de Educação de Adultos e Aprendizagem

Continuada, e do Centro por Direitos dos Trabalhadores Globais, pelo retorno que me deram os membros do grupo de leitura do movimento social PSU.

Além de Alessandro Mariano, a versão brasileira do livro contou com a inestimável colaboração de Roberto Guedes Ferreira, professor da Universidade Federal Rural do Rio de Janeiro (UFRRJ), e Henrique Dias Sobral Silva, doutorando em História e Culturas Políticas na Universidade Federal de Minas Gerais (UFMG), que revisaram e corrigiram, no Capítulo 1, todo o longo trecho sobre a história agrária do Brasil. Ferreira e também Lise Sedrez, professora do Instituto de História da Universidade Federal do Rio de Janeiro (UFRJ), revisaram e corrigiram trechos sobre as imigrações europeias para o Brasil no século XIX, no Capítulo 4. Agradeço particularmente a Ruy Braga, sociólogo e professor da Faculdade de Filosofia, Letras e Ciências Humanas (FFLCH) da Universidade de São Paulo, que contribuiu com a formulação correta, em português, de muitos conceitos políticos e sociológicos, particularmente os gramscianos. Por fim, a versão brasileira deste livro não teria sido possível sem Leda Beck, que enfrentou este gigantesco projeto ao longo de sete meses de trabalho. Leda é muito mais do que uma tradutora; ela mesma é uma brilhante autora, dedicada à acuidade histórica, ao uso preciso da linguagem e à transmissão eficaz de conceitos e significados através de fronteiras. Suas constantes mensagens de *WhatsApp*, toda vez que estava incerta ou insatisfeita com um trecho do texto, demonstraram sua dedicação ao sucesso do livro – e, sem dúvida, tornaram-no muito melhor do que o original em inglês.

Meus compromissos políticos e minha curiosidade intelectual são um produto direto de minha família. Minha mãe, Eileen Senn, lutou a vida toda por direitos de segurança dos trabalhadores e por justiça racial, ensinando-me a importância de ações políticas baseadas em princípios. Meu pai, Jimmy Tarlau, participa do movimento trabalhista há 40 anos, sempre mostrando com exemplos como construir amplas coalizões e apoiar a justiça econômica. Minha madrasta, Jodi Beder, é editora de textos profissional e ofereceu sua ajuda em todos os estágios da escrita, trabalhando comigo por muitas horas para encontrar um jeito de me comunicar com nuance e clareza. Agradeço também a meu irmão, Swami Adi Parashaktiananda, cujo crescimento espiritual é uma inspiração.

Em julho de 2018, quando me preparava para entregar o manuscrito final do livro em inglês, Manuel Rosaldo e eu nos casamos num bosque de sequoias da cidade de Santa Cruz, na Califórnia, diante de muitos amigos e familiares, inclusive nove militantes do MST. Ele me pedira em casamento dois anos antes, na casa da militante educacional Elizabete Witcel, num assentamento do MST no Rio Grande do Sul. Na ocasião, falou sobre as inspiradoras realizações do MST e sobre como aprendera por meio de minhas experiências que a pesquisa pode ser um modo de formar poderosas conexões humanas. Manuel esteve ao meu lado durante todo o processo de redação deste livro, constantemente me lembrando da relevância política do texto. Seu companheirismo, sua amizade, apoio, amor, visão crítica e militância ajudaram a construir a obra, tornando a escrita, ao mesmo tempo, um processo divertido.

Quero terminar agradecendo mais uma vez a todas as mulheres, aos homens e crianças que compõem o dinâmico movimento social que conhecemos como Movimento dos Trabalhadores Rurais Sem Terra (MST). Eles me ensinaram muito sobre liderança, disciplina, trabalho, coletividade, formação, educação e os aspectos culturais da luta política.

OCUPAR ESCOLAS, OCUPAR TERRAS

Mapa I.1 - Locais da Pesquisa de Campo

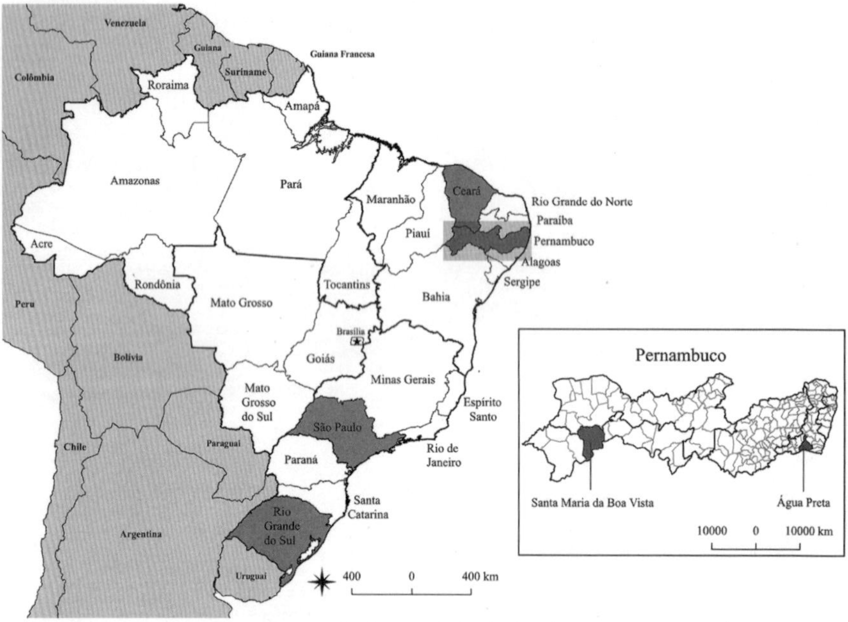

Fonte: Cortesia de Georgia Gabriela da Silva Sampaio

INTRODUÇÃO

A educação e a longa marcha pelas instituições

Como manter o movimento na perspectiva da sociedade civil?
Dialogando, negociando com o Estado,
mas sem se deixar absorver. Esse é o grande desafio.
Antonio Munarim
Professor na Universidade Federal de Santa Catarina (UFSC)
e membro do Fórum Nacional da Educação do Campo (Fonec)

Eu não diria cooptação, mas sim um caminho possível
para a institucionalização. Se você está lá na escola,
mas também está na luta e permanece conectada
com os debates mais amplos, então isso é bom.
Só é cooptação se você abandonar a conexão com o movimento.
Erivan Hilário
Dirigente do Setor Nacional de Educação do MST

"O Sem Terrinha já chegou!". Eram cerca de 500 crianças entre 4 e 14 anos de idade. Elas cruzaram uma fileira de guardas armados para entrar no Ministério da Educação em Brasília, no dia 12 de fevereiro de 2014. As crianças vieram de comunidades do campo de todo o país para defender o programa Educação do Campo, ou seja, o direito a escolas do campo para fundamentar suas práticas organizacionais, pedagógicas e curriculares em suas próprias realidades. Nas duas décadas anteriores, foi institucionalizada essa proposta educacional vinda de baixo para cima, que promove desenvolvimento sustentável em áreas rurais e contesta a premissa da inevitabilidade da migração do campo para a cidade. Em outras palavras, o Estado brasileiro adotou formalmente importantes componentes dessa proposta educacional por meio de políticas nacionais, de uma coordenadoria no Ministério da Educação e de dezenas de programas municipais, estaduais e federais. Não obstante, a despeito do reconhecimento oficial dessa abordagem educacional, governos em todos os âmbitos continuam a fechar escolas do campo e a consolidar a educação pública em grandes centros urbanos. As crianças portavam cartazes para denunciar essa tendência: "37 mil escolas do campo fechadas"; "Fechar uma escola é um crime!"; "Sem Terrinha a favor de abrir escolas do campo!"

As 500 crianças em protesto eram filhos e filhas dos militantes do Movimento dos Trabalhadores Rurais Sem Terra (MST), um dos movimentos sociais mais conhecidos e pesquisados na América Latina.[1] O Movimento se tornou uma referência para organizações de esquerda de todo o mundo, devido a seu sucesso em ocupar terras e pressionar o governo para redistribuir essas terras a famílias carentes. Desde o início dos anos 1980, o MST conseguiu pressionar para que o Estado concedesse direitos de propriedade da terra a centenas de milhares de famílias sem-terra,[2] por meio de ocupações de propriedades rurais pú-

[1] Para extensos estudos sobre a emergência e a expansão do MST, ver Branford e Rocha (2002), Carter (2015), Fernandes (1996), Ondetti (2008), Wolford (2010a) e Wright e Wolford (2003).

[2] É difícil calcular o número de famílias que receberam terras a partir de ocupações do MST, porque há mais de cem organizações conduzindo ocupações de terra e o governo não registra as organizações quando concede os direitos de uso. O MST afirma que o movimento ajudou 350 mil famílias a receber esses direitos entre 1984 e o início dos anos 2000 (A. Wright e Wolford, 2003), com dezenas de milhares de famílias ainda ocupando terras. Carter e Carvalho (2015) estimam que 134.440 famílias foram assentadas até 2006 por meio das ocupações de terra do MST. Esta última estimativa foi baseada em dados do próprio MST (2007) e da Universidade Estadual de São Paulo (Unesp) (Dataluta, 2008). Além disso, os outros grupos que conduzem ocupações de terras no Brasil também são frequentemente

blicas e privadas. Essas famílias vivem em assentamentos de reforma agrária, onde também obtiveram acesso a serviços governamentais, como moradia, estradas, assistência técnica em agricultura, educação e saúde. Além disso, dezenas de milhares de famílias continuam a ocupar terras por todo o Brasil, vivendo em barracas de lona plástica por anos a fio e se defendendo de ataques da polícia enquanto esperam seus direitos legais de propriedade.

O MST articula suas lutas em torno de três grandes objetivos: luta pela terra, pela reforma agrária e por transformação social. Embora a luta pela terra seja um componente central da reforma agrária, o movimento separa esses dois objetivos para destacar que a luta inicial por terra por meio de ocupações é apenas o primeiro passo para conseguir a reforma agrária – os recursos para que as famílias possam viver de maneira sustentável na terra. A transformação social é a luta do MST por práticas econômicas socialistas e por aquilo que o movimento chama de democracia popular. Este é um dos objetivos mais radicais do movimento, por meio do qual os militantes denunciam abertamente o capitalismo e celebram as tentativas históricas de construir o socialismo, da revolução bolchevique aos governos socialistas de Cuba e da Venezuela. A visão de transformação social do movimento evoluiu ao longo dos últimos vinte anos para abranger também os direitos das mulheres (inclusive participação igualitária dentro do movimento), a defesa das terras indígenas, a igualdade racial e, mais recentemente, a celebração dos direitos de trabalhadores LGBT[3] (lésbicas, gays, bissexuais e transexuais). A educação é um componente crucial para atingir todos esses objetivos sociais, econômicos e políticos.

Na semana anterior ao protesto das crianças, 15 mil militantes do MST de todo o país tinham viajado de ônibus a Brasília para discutir o futuro do movimento no VI Congresso Nacional do MST. O Congresso, que coincidiu com o 30º aniversário do movimento, foi um exemplo da

---

influenciados pelo MST (Sauer e Welch, 2015), o que sugere a influência indireta do MST em ainda mais ocupações.

3 O MST usa a sigla LGBT publicamente como identidade política desde 2015, quando esse era o consenso no movimento LGBT nacional. A partir de 2018, em seus documentos internos, tem incluído também o I de intersexo.

prática da direção coletiva, que Miguel Carter descreve como "uma organização multidimensional e estruturada em rede, constituída de várias camadas descentralizadas, porém bem coordenadas, de representação e processo decisório coletivo" (Carter, 2010, p. 400). Delegações representativas, de 200 a vários milhares de militantes do MST, chegaram de 24 dos 26 estados brasileiros. Cada delegação estadual se organizou em coletivos menores de várias dezenas de militantes para cuidar das várias tarefas básicas necessárias ao acampamento naquela semana, como cozinha e limpeza. As delegações estaduais também enviaram membros para participar de coletivos do próprio Congresso, com temas como produção agrícola, educação, juventude, comunicações e relações internacionais. O coletivo da produção agrícola estabeleceu um grande mercado no meio da cidade de barracas, onde delegados estaduais vendiam produtos e artesanato de suas comunidades. O coletivo da juventude reuniu os jovens em uma conferência apropriada para suas necessidades e interesses. O coletivo de organização das bases - frente de massa - planejou a marcha que ocorreria no meio da semana, para denunciar a falta de apoio do governo à reforma agrária. Outros coletivos se concentraram em questões da mulher, da saúde, da cultura e da segurança, enquanto o coletivo das relações internacionais lidava com 250 delegados de todo o mundo.[4]

O protesto das crianças era uma demonstração do foco central que a educação tem no movimento. No começo dos anos 1980, durante as primeiras ocupações de terra do MST, militantes locais começaram a fazer experiências com abordagens educacionais em suas comunidades, em apoio à luta mais ampla do movimento por reforma agrária e cooperativismo. Essas experiências incluíam tanto atividades educacionais informais nos acampamentos do MST como práticas pedagógicas alternativas nas escolas dos assentamentos de reforma agrária. À medida que o MST crescia nacionalmente, essas experiências locais evoluíram para uma proposta envolvendo todas as escolas localizadas em acampamentos ou assentamentos do MST - em 2010, já eram 2 mil escolas com 8 mil

---

[4] Esses 250 delegados representavam organizações populares de 27 países diferentes. Participei desse congresso como tradutora para a delegação dos Estados Unidos.

professores e 250 mil alunos. O MST também pressionou o governo para custear dezenas de campanhas de alfabetização de adultos, cursos técnicos e programas de graduação e pós-graduação para mais de 160 mil alunos em áreas de reforma agrária, por meio de parcerias com mais de 80 instituições educacionais. No início dos anos 2000, as iniciativas educacionais do MST se expandiram e passaram a incluir todas as populações do campo brasileiro, não apenas nas áreas de reforma agrária. Essa proposta acabou sendo institucionalizada pelo Estado brasileiro por meio de políticas públicas nacionais, uma coordenadoria no Ministério da Educação, um decreto presidencial e dezenas de programas em outras agências federais e governos estaduais e municipais. Por volta de 2010, a proposta educacional do MST - hoje conhecida como Educação do Campo - já era a abordagem *oficial* do Estado brasileiro com relação à escolarização do campo. Não obstante, a implementação da proposta variava muito por estado e município.

Durante o Congresso do MST, o Setor Nacional de Educação expressou a proposta pedagógica do movimento ao organizar uma Ciranda[5] - o Centro Paulo Freire - para cerca de 800 crianças, com atividades em torno de temas como organização coletiva, trabalho, cultura e história.[6] No terceiro dia do encontro, 500 das 800 crianças Sem Terrinha aprenderam sobre outro componente da pedagogia do MST - a luta - ao fazerem seu próprio protesto: ocuparam o Ministério da Educação e declararam seu direito a escolas do campo próximas de onde vivem. Enquanto as crianças ocupavam o Ministério, o coordenador de Educação do Campo no MEC - coordenadoria criada em 2004 graças às mobilizações do MST - tentou convencer o ministro a se encontrar com as crianças, garantindo que ele não estaria em perigo algum.[7] Três horas depois, o ministro saiu do prédio e prometeu às crianças uma educação de qualidade no campo. Os dirigentes do Setor de Nacional de Educação do MST ficaram felizes

---

[5] No vocabulário do MST, as creches são chamadas de "Cirandas".

[6] Roseli Caldart (2004), uma das lideranças educacionais do MST, descreve cinco componentes (as matrizes) na proposta educacional, todos contribuindo para a visão política e econômica do movimento: organização coletiva, trabalho, cultura, história e luta.

[7] Conversa informal com Edson Anhaia, coordenador de Educação do Campo no MEC, 16 de junho de 2014.

com a oportunidade para as crianças verem o poder de sua ação coletiva; no entanto, eles também compreenderam que as palavras do ministro eram promessas vazias se os militantes não continuassem com ações semelhantes por todo o país, exigindo a implementação do programa educacional do MST.

A longa marcha pelas instituições: a cogestão conflituosa e a prefiguração

As relações do MST com o Estado brasileiro - aqui compreendido como um conjunto de organizações, instituições e governos federal, estaduais e municipais, muitas vezes com objetivos contraditórios - são complexas e marcadas por tensões. Como a principal demanda do MST é a redistribuição de terras, o movimento tem uma relação explicitamente conflituosa com o Estado brasileiro, à medida que as famílias ocupam terras para pressionar diferentes governos a redistribuir essas propriedades a famílias sem-terra. Como o MST promove a reforma agrária com recursos públicos, ele também tem uma relação colaborativa com o Estado, promovendo políticas educacionais e agrícolas que estimulam o desenvolvimento dos assentamentos rurais - um resultado que pode ajudar tanto o movimento como também o Estado. Enfim, a relação é fundamentalmente contraditória, já que o MST pressiona o Estado capitalista para pagar por um projeto cujo objetivo final é derrubar ou erodir o capitalismo por meio da promoção de relações econômicas e políticas mais inclusivas, participativas e coletivas. Os militantes do MST demandam não apenas escolas em suas comunidades, mas também o direito de participação das próprias comunidades na gestão dessas escolas, com o propósito de promover práticas organizacionais, curriculares e pedagógicas alternativas - um processo que descrevo como *cogestão conflituosa*. Essas práticas encorajam os jovens a ficar no campo, engajar-se na produção agrícola cooperada e abraçar a cultura camponesa. Os objetivos educacionais são uma explícita tentativa de *prefigurar*, dentro do atual sistema de escolas públicas, formas mais coletivas de relações sociais e econômicas que antecipem o projeto futuro de construção de uma sociedade socialista.

Nos capítulos que se seguem, contarei a história de como esse movimento social que luta pela reforma agrária desenvolveu uma proposta educacional que apoia sua visão social, e de como os militantes tentaram implementar essa proposta em regiões diferentes econômica e politicamente, por todo o país, transformando tanto o Estado como o próprio movimento.[8] Portanto, este livro trata de como as grandes lutas dos militantes podem ser apoiadas pela cogestão conflituosa que exercem em instituições do Estado. Sigo o MST em sua "longa marcha pelas instituições", como definiu o estudante e militante alemão Rudi Dutschke (1969, p. 249).[9] Lideranças de movimentos sociais se engajam na longa marcha quando entram no Estado, ajudando a executar a tarefa diária de prover serviços públicos, e, ao mesmo tempo, conectam essas ações a um processo maior de luta social e a uma estratégia de longo prazo para mudanças políticas e econômicas. O objetivo é trabalhar "contra as instituições estabelecidas por dentro delas" (Marcuse 1972, p. 56). Isso exige habilidades técnicas e políticas dos militantes num amplo leque de áreas, inclusive produção, comunicação, programação, saúde e educação.

A inspiração de Dutschke para adotar essa estratégia veio de seu engajamento com os textos de Antonio Gramsci, um militante e intelectual marxista italiano que escrevia sobre partidos políticos, revolução e o Estado nos anos de 1920 e 1930. Uma das questões centrais que Gramsci buscava responder era por que, ao contrário das previsões de Marx, a revolução fora bem sucedida no contexto menos desenvolvido da Rússia, mas falhara em nações ocidentais mais desenvolvidas. Gramsci procurou criar uma teoria do Estado que fosse além da visão tradicional do aparelho de Estado como um sujeito unificado em torno dos interesses de uma única classe social; em vez disso, ele analisou o poder estatal como um complexo de relações sociais (Jessop, 2001). O pensador italiano acreditava que, enquanto o regime czarista na Rússia governava tão somente com base em força e dominação, na maioria dos países europeus ocidentais a

[8] Como ponderou Saturnino Borras (2001, p. 548): "Atores sociais tentam influenciar e transformar atores do Estado, mas no processo transformam-se a si mesmos – e vice-versa".

[9] Tianna Paschel (2016) também usa este mesmo conceito para estudar os movimentos negros da Colômbia e do Brasil.

classe dominante estabelecia hegemonia: uma combinação de coerção e consentimento, de forma que a classe dominante convence um conjunto de grupos sociais de que seus próprios interesses econômicos são os interesses de todos. Essa construção de consentimento ocorre tanto no terreno das ideias como por meio de concessões econômicas diretas.

Portanto, em vez de dominação, o fator determinante da hegemonia é "a direção moral e intelectual, [...] a necessidade der obter o 'consentimento' antes mesmo da conquista material do poder" (Santucci, 2010, p. 155). Gramsci escreve que "um grupo social pode e, na verdade, deve já ser um líder antes de conquistar o poder no governo [...] mesmo que tenha um controle firme, torna-se dominante, mas precisa também continuar a ser 'líder'" (Gramsci, 1971, p. 57-58). O conceito gramsciano de "liderança moral e intelectual" é crucial para entender a estabilidade de qualquer bloco hegemônico ou o motivo pelo qual organizações políticas como o MST precisam se engajar em estratégias semelhantes para convencer diferentes grupos a apoiar seus próprios objetivos econômicos e políticos.

A sociedade civil, que inclui mas não se limita a partidos políticos, mídia impressa, movimentos sociais, organizações não governamentais (ONGs), a família e a educação de massa (Burawoy, 2003, p. 198), é a esfera mais importante da liderança da classe dominante. No entanto, a sociedade civil tem uma relação contraditória com o Estado. Como observa Michael Burawoy (2003, p. 198), "a sociedade civil colabora com o Estado para conter a luta de classes e, por outro lado, sua autonomia do Estado pode promover a luta de classes". Simultaneamente, ela é um espaço de contestação onde se formam as organizações sociais e também uma arena de atividade associativa em que a vida cotidiana é vivida (Tuğal, 2009). Gramsci sugere que, em vez de revolucionários engajados numa guerra de movimento – uma tentativa direta de tomar o poder do Estado –, no "Ocidente" é preciso engajar-se numa guerra de posição: uma longa luta nas trincheiras da sociedade civil para encontrar aliados que apoiem seu projeto político. Portanto, em vez de rejeitar o engajamento com o Estado, uma pergunta gramsciana seria esta: "Quais instituições (escolas, organizações comunitárias, conselhos de trabalhadores etc.) facilitam mais a transformação do senso comum em 'consciência crítica' política?" (Adamson, 1978, p. 432). Neste livro, afirmo que as escolas, da pré-escola à educação superior, são instituições importantes para o engajamento de movimentos sociais nesta guerra de posição gramsciana.

Principais argumentos

Os 30 anos de engajamento do MST com o Estado brasileiro são um claro exemplo dessa estratégia gramsciana, pois o movimento tentou não apenas redistribuir terra, mas também integrar os camponeses num processo de cogestão conflituosa de suas novas comunidades, por meio da sua participação num conjunto de instituições do Estado. Leandro Vergara-Camus (2014) se refere a esse processo como uma estratégia pragmática para pressionar o Estado, de forma a obter maiores recursos para o movimento e construir "estruturas autônomas de poder popular" (Vergara-Camus, 2014, p. 295). Sobretudo, não apenas o MST encarna a estratégia gramsciana, mas seus militantes também usufruem explicitamente da teoria gramsciana para justificar seu engajamento contínuo com o Estado brasileiro. As realizações do MST têm sido surpreendentes e, embora o movimento ainda esteja longe de atingir seus objetivos de reforma agrária e transformação social, com certeza conseguiu fazer mais do que qualquer outro movimento social latino-americano para promover práticas alternativas em várias instituições do Estado.[10] Portanto, qualquer um que estude as mudanças sociais ou se preocupe com elas deve estar se perguntando *como o MST fez isso*.

Para responder a essa pergunta, analiso a organização do MST em diferentes regiões, ao longo de um período de trinta anos, trabalhando com o Estado, dentro dele, por meio dele e fora dele. Foco especificamente as instituições educacionais, nó central da luta política mais ampla do MST, e como a transformação das escolas permite que o movimento desenvolva lideranças locais e prefigure seus objetivos políticos e sociais. Em consequência, embora este seja um livro sobre movimentos sociais, também abordo os limites estruturais e as possibilidades conjunturais para transformar a educação pública e as implicações desse processo de mudança social. As teorias de Gramsci oferecem uma descrição precisa da

[10] Anthony Pahnke (2018) escreve algo semelhante em seu mais recente livro, *Brazil's long revolution: Radical achievements of the Landless Workers Movement.*

macroestratégia do MST, mas seus escritos são um pouco mais ambíguos com relação aos exatos mecanismos que facilitam o tipo de mudança institucional defendida por ele. Portanto, para responder à questão de como o MST transformou a educação pública brasileira, utilizo outros estudos acadêmicos sobre movimentos sociais.

Para além da cooptação: instituições do Estado e a cogestão conflituosa dos movimentos sociais

O primeiro argumento do livro é que os movimentos sociais podem aumentar sua capacidade interna por meio do engajamento estratégico das instituições. Isso contradiz diretamente a perspectiva clássica sobre o desenvolvimento de um movimento social, segundo a qual esses movimentos se tornam inevitavelmente mais conservadores e menos eficientes quando se institucionalizam. Essa perspectiva duradoura remonta a Fox Piven e Richard Cloward (1977), que argumentam que o protesto turbulento é muito mais eficiente para atingir os objetivos do movimento do que a organização e a cooperação. Esse argumento se baseia na noção da "lei de ferro da oligarquia" de Robert Michels (1915) - a tendência das organizações de se tornarem mais oligárquicas e burocráticas com o tempo (Piven e Cloward, 1977, p. xvi).

Os pesquisadores que trabalharam com base em Piven e Cloward e no argumento de Michels fizeram-no muitas vezes sem estabelecer uma distinção clara entre os três processos no cerne dessa tese: (1) a concentração de poder dentro dos movimentos sociais ou a "oligarquização" dos movimentos; (2) a perda de radicalismo nos objetivos do movimento; e (3) a institucionalização das demandas dos movimentos dentro das instituições do Estado. Darcy Leach (2005) faz uma distinção analítica entre os dois primeiros processos, que ela refere como desenvolvimento de oligarquia *versus* deslocamento de objetivo e conservadorismo burocrático. Leach pondera que perguntar por que uma organização adota objetivos menos radicais não é o mesmo que perguntar quantas pessoas comandam a organização. De fato, diz ela, objetivos radicais podem ser mantidos mesmo que as organizações se tornem mais oligárquicas. O segundo foco é o conservadorismo ou o deslocamento de objetivo. Na tese de Piven e Cloward e de Michels, a organização burocrática formal é vista como antagônica a objetivos radicais e confrontacionais. Kim Voss e Rachel Sherman (2000) contestam esse argumento, afirmando que os movimentos – sindicatos, no caso deles – podem romper a regra de Michels sobre a lei de ferro da oligarquia e se tornar radicais depois de décadas de conservadorismo burocrático. Andrew Martin (2008, p. 1093) tem um argumento semelhante ao afirmar que "os movimentos não se institucionalizam automaticamente: eles escolhem certas estratégias com base em considerações conjunturais e internas específicas, que também podem reverter esse processo". Esses estudos contestam a ideia de que os movimentos que usam táticas menos conflituosas estão condenados a fazê-lo para sempre.

O terceiro ponto da tese de Piven e Cloward e de Michels, que é central para este livro, concerne as trajetórias dos movimentos sociais que engajam a esfera institucional. Piven e Cloward argumentam que a tendência a canalizar a contenção por meio de instituições tem um efeito devastador na capacidade da liderança para organizar futuros protestos. Muitos pesquisadores ligados à tradição de movimentos sociais dos Estados Unidos refutaram esse argumento, sublinhando como os movimentos avançam em direção a seus objetivos tanto mediante contestações quanto mediante estratégias não confrontadoras (Andrews, 2004; Banaszak, 2010; Ganz, 2000; Johnston, 2014; D. Meyer e Tarrow, 1997). Por exemplo, David Meyer e Sidney Tarrow (1997, p. 5) escrevem que, "se a própria definição dos movimentos depende de uma permanente interação conflituosa com outros atores, eles raramente estiveram muito longe da política institucional". Os autores argumentam que estamos vivendo numa "sociedade do movimento social", na qual a institucionalização do protesto por meio de certas rotinas está se tornando mais comum. Não obstante, permanece uma influência de Piven e Cloward nesse argumento, já que os autores definem institucionalização como adoção de rotinas de contenção, inclusão e marginalização, e, ainda, cooptação. Este último componente força os movimentos a "alterar suas demandas e táticas para não perturbar as práticas políticas normais" (Meyer e Tarrow, 1997, p. 21). Da mesma forma, Tarrow (2011, p. 207) define institucionalização como um "movimento distante de ideologias extremas e/ou a adoção de formas de contestação mais convencionais e menos disruptivas". Já o livro de Lee Ann Banaszak (2010) sobre o movimento feminista estadunidense mostra que, mesmo quando estão dentro do Estado, os militantes quase sempre empregam táticas não convencionais; portanto, a "desradicalização" de um movimento social não é necessariamente causada pelas interações Estado-movimento. Todos esses autores nos ajudam a ir além de Piven e Cloward, pois garantem que militantes engajados na esfera institucional podem constituir uma estratégia eficiente para chegar aos objetivos do movimento social.

Uma segunda perspectiva foca o modo pelo qual os militantes transformam as instituições do Estado. Exemplo proeminente é o estudo de Fabio Rojas (2007) sobre como os movimentos negros dos anos 1960 levaram ao surgimento dos departamentos de Estudos Negros nas universidades dos EUA. Ele escreve que, uma vez que os objetivos do movimento são institucionalizados, os resultados podem se tornar exemplos de um "contra-centro": "um espaço formalizado para uma consciência de oposição dentro de uma instituição convencional" (p. 21). O estudo de Tianna Paschel (2016) sobre o movimento negro na Colômbia e no Brasil mostra como pequenos grupos de militantes estratégicos podem fazer mudanças impressionantes em seu contexto nacional, das políticas de ação afirmativa em expansão no Brasil à titulação de milhares de quilômetros quadrados de terras para comunidades rurais de negros na Colômbia. Paschel (2016, p. 151) nos conduz a pensar para além da noção de movimento como formas de ação coletiva de massa e, em vez disso, examina como as lideranças do movimento podem transformar o contexto nacional ao se alinharem com as mudanças globais do discurso. Da mesma forma, Patrick Heller (1999) mostrou como o Partido Comunista local ajudou organizações de trabalhadores em Kerala, na Índia, a institucionalizar processos mais democráticos e políticas redistributivas, em parte por manter altos níveis de mobilização quando não estão no poder.

Na literatura sobre o movimento feminista latino-americano, os pesquisadores também contribuíram para esta segunda perspectiva ao estudar se e como militantes podem transformar instituições do Estado (Alvarez, 1990, 1999, 2009; Lebon, 1996; Santos, 2010). Sonia Alvarez (1990, p. 21) argumenta que, enquanto o processo de "levar o feminismo para dentro do Estado" muitas vezes resulta na cooptação de ideologias de gênero progressistas por interesses políticos e econômicos dominantes, essa estratégia também pode produzir melhorias concretas nas condições de vida das mulheres. Alvarez afirma que a "estratégia dupla", em que as militantes permanecem engajadas na política contenciosa ao mesmo tempo que trabalham com os formuladores de políticas públicas, permitiu às feministas fazer incursões importantes no Estado.[11] Alvarez (1990, p. 194) descreve como a participação de militantes na elaboração, execução e no monitoramento de programas de saúde da mulher transformaram a abordagem do Estado na questão da saúde.[12] Em um debate mais recente sobre a sociedade civil latino-americana, Alvarez (2017, p. 327) sustenta que os movimentos sociais podem participar na cogestão de instituições públicas com atores do Estado e define a cogestão como "governar com os movimentos sociais, produzindo sujeitos radicalmente democráticos". Juntos, esses pesquisadores das relações Estado-sociedade demonstram que há diferentes caminhos e diversos pontos de acesso por meio dos quais os movimentos podem transformar as instituições do Estado.

Não obstante, e a despeito desse otimismo, também existem concessões reais de militantes engajados na política institucional. Por exemplo, Paschel (2016, p. 223) pondera que a participação de militantes negros levou ao processo de absorção do movimento social, o qual ritualizou o engajamento de militantes e tornou o movimento vulnerável ao aniquilamento dos direitos dos negros. Da mesma forma, Heller argumenta que as populações de trabalhadores mobilizadas só conseguiram se tornar hegemônicas em Kerala, na Índia, quando coordenaram seus

[11] Conceito semelhante ao de Jonathan Fox (1992, p. 8), da "estratégia-sanduíche", na qual "uma aliança objetiva entre reformistas empreendedores e movimentos sociais autônomos pode contornar o poder de elites autoritárias arraigadas". Da mesma forma, Doowon Suh (2011, p. 464) enfatiza que a tênue linha que aparece muitas vezes entre o regime político e o movimento social, e o fato de que os ativistas podem trabalhar simultaneamente com e contra os atores do Estado para atingir seus objetivos. Suh sugere "revisitar ou ampliar" as "conceituações convencionais dos movimentos sociais" como uma maneira de estar fora da política formal.

[12] Em outros escritos, posteriores, Alvares (1999, 2009) concentra-se em como a proliferação de ONGs feministas afetou essa estratégia dupla. No final dos anos 1990, ela vacila sobre a questão, argumentando que, de modo geral, o crescimento das ONGs inibiu a estratégia dupla, já que as ONGs funcionam principalmente como administradoras de programas do Estado (1999). Uma década depois, ela muda para a defesa das ONGs como cruciais para sustentar o campo feminista por meio de seu engajamento contínuo com o "trabalho do movimento" (2009). Nesse último artigo, Alvarez conclui: "Em suma, não existe no século XXI uma Lei de Ferro da onguização" (182).

interesses com os interesses dos capitalistas, o que ele chama de acordo entre classes.[13] A própria Alvarez se refere à incorporação de mulheres e de questões femininas na política institucional como uma "faca de dois gumes" (Alvarez, 2017, p. 22), pois instituições femininas "tendem a ser manipuladas pela política dominada por machos" (Alvarez, 2017, p. 268). Portanto, todos os estudos destacam possibilidades e limites da mudança institucional conduzida por movimentos sociais. Além disso, nenhum desses estudos examina se e como essas mudanças institucionais pode apoiar a capacidade interna dos próprios movimentos.

Minha pesquisa sobre a luta educacional do MST contribui para o debate com um novo e controverso argumento: *os movimentos sociais podem aumentar sua capacidade interna ao se engajarem estrategicamente com as instituições.* Em outras palavras, concentro-me não apenas na forma como os movimentos transformam as instituições do Estado, mas também em como essa transformação sustenta os movimentos. Isso não significa que não haja recuos no engajamento do MST com o Estado brasileiro. Ao longo do livro, destaco as muitas concessões que os dirigentes do MST foram forçados a fazer enquanto tentavam transformar o sistema brasileiro de educação pública. Não obstante, também mostro os mecanismos exatos pelos quais instituições formais aumentam a capacidade interna do MST: integrando novos membros ao movimento por meio de tarefas concretas; permitindo aos militantes praticar e, assim, refinar seus objetivos políticos e econômicos; e facilitando a acumulação de *expertise* e habilidades técnicas de que o movimento precisa para exercer a cogestão. A despeito das concessões, acredito que as três décadas e meia de engajamento do MST com o Estado brasileiro, por meio da longa marcha pelas instituições, foi crucial para sua viabilidade de longo prazo.

Contestação, persuasão, negociação e cogestão

O segundo argumento do livro é que, embora a participação em instituições formais possa ajudar a aumentar a capacidade interna de

[13] A ideia de acordo entre classes também foi elaborada por Przeworski (1986), que critica tanto a teoria de Estado instrumental como a autonomista. Ao contrário, ele argumenta que o Estado é uma expressão de um acordo entre classes que é do interesse tanto dos capitalistas como dos trabalhadores.

um movimento social, os militantes ainda precisam se engajar numa combinação de contestação e pressão institucional para ser eficientes. Este ponto é resultado do anterior, reconhecendo que, enquanto a participação dos militantes em instituições formais pode ajudar a sustentar o movimento, o uso consciente das instituições públicas para apoiar os objetivos do movimento só é possível por meio de protestos permanentes. Portanto, ainda é pertinente a clássica definição de Doug McAdam (1999, p. 37, grifo meu) para movimento social – "tentativas racionais de grupos excluídos para mobilizar energia política suficiente para atender a interesses coletivos *por meios não institucionais*" –, pois essa definição destaca o protesto e a contestação que *permitem* aos movimentos ganhar e manter influência institucional. Quando os militantes entram no Estado e a mobilização para, com frequência isso leva mesmo ao processo de desmobilização contra o qual Piven e Cloward alertaram (1977). No entanto, embora a maior parte da literatura sobre os movimentos sociais suponha uma mudança temporária da ação política, de contenciosa para menos conflitante (Johnston, 2014; Tarrow, 2011), esse passo das ruas para as instituições não é necessário; as duas formas de intervenção política podem ocorrer simultaneamente ao longo de décadas.

Penso que militantes de movimentos sociais são mais eficientes quando combinam, ao mesmo tempo, contestação, persuasão, negociação e cogestão em seus repertórios. Kenneth Andrews (2004, p. 27) descreve as duas primeiras dessas estratégias como modelos de "ação-reação", por meio das quais os movimentos organizam "eventos dramáticos de larga escala [...] que mobilizam atores mais poderosos para avançar com as causas do movimento". Em contraste, a terceira estratégia, de negociação ou "modelo de influência por meio do acesso", pressupõe que "o que determina a eficácia do movimento é o acesso rotineiro ao governo por meio de táticas institucionalizadas" (p. 27). A partir desses conceitos, ofereço uma quarta estratégia complementar: o modelo da "prefiguração por meio da cogestão", que destaca como a participação na gestão diária das instituições do Estado permite aos militantes se engajar em práticas políticas e econômicas alternativas e implementá-las. A "política prefigurativa", expressão cunhada pelo cientista político Carl Boggs, é a tentativa de criar, "em pequena escala, órgãos locais, coletivos, de uma democracia socialista" que ajude a construir no presente as formas de relações sociais, tomada de decisões e cultura, que são o principal objetivo da luta política (Boggs, 1977, p. 363).[14] A política prefigurativa é um tipo de práxis, um diálogo permanente entre teoria e prática, entre ação e reflexão. É o ato de tomar ideia e transformá-la em realidade, e depois permitir que essa realidade transforme a ideia original. Em especial, a política prefigurativa é o ato de tomar uma ideia utópica – por exemplo, a cogestão de comunidades locais – e tentar implementar essa visão utópica num contexto concreto, criando "utopias reais", como definiu Erik Olin Wright (2010). A chave para a práxis, porém, é permitir que o experimento dê forma à teoria, à visão utópica mais abrangente.

Em geral, presume-se que a política prefigurativa só é possível fora da esfera do Estado, onde os movimentos têm mais autonomia para implementar sua visão social. No entanto, proponho que os militantes também podem prefigurar componentes da sua visão social dentro das instituições do Estado, a despeito dos aspectos contraditórios desse processo. O conceito de "prefiguração por meio da cogestão" representa esse elo entre a participação diária dos militantes em várias instituições do Estado e sua tentativa de implementar ideais econômicos e sociais alternativos dentro dessas instituições (ou pelo menos começar a praticar a implementação). Essa estratégia de trabalhar com o Estado, dentro dele e por meio dele é diferente da simples influência exercida por militantes sobre membros do Estado, por meio de acesso institucional. Em vez disso, essa estratégia exige que os militantes sejam parte da esfera estatal, ao mesmo tempo que mantêm a conexão com um movimento mobilizado e a lealdade a ele.

Compreender essa interação entre o protesto contestatório e a participação institucional é particularmente importante na América Latina, onde há uma rica história de democracia participativa. Leonardo Avritzer (2002, p. 99) considera que as teorias tradicionais sobre a democracia não conseguem explicar as novas formas institucionais que se desenvolveram na América Latina nos anos 1970 e 1980, quando militantes deman-

[14] O termo *prefiguração* foi discutido antes do artigo de Boggs, tanto em textos religiosos quanto em debates de partidos comunistas. Mas Boggs ajudou a desenvolver um entendimento contemporâneo do que se denomina hoje política prefigurativa. Para mais referências e perspectiva sobre política prefigurativa, ver Breines (1980, 1989) e Raekstad (2018).

davam novos tipos de relações com o Estado, inclusive vias diretas de participação e influência, mas também defendiam a autonomia de suas organizações em relação ao Estado. Evelina Dagnino (1998, p. 35) descreve esse fenômeno como um salto da perspectiva marxista clássica entre as organizações de esquerda, que veem o Estado como "uma consolidação das relações de poder e o lócus específico da dominação na sociedade", para a perspectiva gramsciana do poder como "uma relação entre forças sociais que deve ser transformada" (p. 37). Portanto, no Brasil dos anos 1980, o MST foi apenas uma entre muitas outras organizações políticas e movimentos sociais inspirados pelas ideias de Gramsci (Coutinho, 2013). Dagnino se refere a esse fenômeno como uma "nova cidadania", que emergiu à medida que os setores populares demandavam o controle democrático do Estado por meio de participação direta.

No Brasil, a formação do Partido dos Trabalhadores (PT) em 1980 foi produto justamente dessas demandas participativas, pois o combativo movimento sindicalista e os movimentos sociais do campo e da cidade estruturaram o Partido para responder às decisões tomadas na base (Keck, 1992). Outro exemplo pioneiro de novas formas institucionais foi o orçamento participativo, uma demanda de movimentos sociais, implementado pelo PT primeiro em Porto Alegre (Abers, 2000; Baiocchi, 2005; Wampler, 2007). O orçamento participativo "empoderou os cidadãos locais, estimulou nova militância na sociedade civil e criou uma forma inovadora de coordenação na fronteira Estado/sociedade civil" (Baiocchi 2005, p. 3). A ideia do orçamento participativo se expandiu rapidamente por toda a América Latina (Baiocchi, Heller e Silva, 2011; Gibson, 2019; Goldfrank, 2011a; Hetland, 2014) e inspirou, em outras esferas, formas semelhantes de participação institucionalizada da sociedade civil, inclusive em conselhos de bacias hidrográficas; conselhos de habitação e saúde; e conferências nacionais para discutir políticas públicas (Abers e Keck 2009; Abers e Keck, 2017; Cornwall e Coelho, 2007; Donaghy, 2013). Gianpaolo Baiocchi (2005, p. 17-18) argumenta que essas iniciativas participativas requerem uma nova "linguagem para expor relações em toda a sociedade e no Estado [...] e como os próprios movimentos sociais podem vir a mudar o Estado".

A demanda do MST para participar na gestão educacional é parte dessa tendência mais abrangente de experimentos participativos no Brasil e na América Latina, aos quais vou me referir ao longo dos capítulos seguintes, mais empíricos. No entanto, em contraste com a maior parte da literatura sobre democracia participativa, neste livro discuto como um único movimento social aproveita os apelos universais por participação para promover objetivos sociais e econômicos específicos. A habilidade do MST para transformar escolas públicas ao longo dos últimos trinta anos sempre dependeu de uma combinação simultânea de protestos, persuasão, negociação e cogestão. Quando as lideranças do MST institucionalizam componentes de seus objetivos educacionais dentro da esfera do Estado, é preciso mobilizar a base do movimento para defender esses ganhos. Portanto, o MST está continuamente engajado em *cogestão conflituosa*: acompanhar e gerir instituições públicas em coordenação com agentes do Estado e, ao mesmo tempo, engajar-se em ações políticas conflituosas e promover, dentro dessas instituições, práticas em conflito direto com os interesses do próprio Estado. Essa estratégia, repito, parte da teoria gramsciana da hegemonia e reconhece que a sociedade civil é uma esfera ambígua que, ao mesmo tempo, protege o Estado de ataques e funciona como o terreno onde se organiza a resistência. É importante sublinhar que esse quadro ajuda a teorizar a entrada de um movimento na esfera do Estado como um processo contraditório, que às vezes resulta na absorção da preciosa energia dos militantes, mas não como cooptação.

Ideologia do governo, capacidade do Estado e direção coletiva

Por fim, o terceiro argumento deste livro é que os movimentos sociais podem participar na cogestão conflituosa de instituições do Estado em diferentes contextos políticos e econômicos, até sob governos conservadores e de extrema-direita. Na Parte Dois do livro, comparo cinco sistemas educacionais nos quais o MST tem uma presença importante, mas nos quais tem havido uma diversidade de resultados educacionais.[15] Com base nessa comparação regional, constato que a habilidade dos militantes para participar na educação pública e transformá-la depende da interação de três fatores: a orientação política do governo, a capacidade do Estado e a

[15] Como Andrews (2004), uso o conceito de "resultados", em vez de "sucessos" ou "fracassos".

infraestrutura do movimento social. A Tabela I.1 mostra como esses três fatores influenciam os resultados; na Conclusão, reproduzo essa mesma tabela (Tabela C.1), ilustrando como cada um dos casos regionais explorou o mapa da Parte Dois nesse quadro.

Tabela I.1 - Barreiras e catalizadores para cogestão conflituosa da educação pública pelo MST

		Orientação política do governo			
		À esquerda		**À direita**	
Infraestrutura do movimento social	Forte	Melhor contexto para cogestão	Muitas oportunidades para cogestão	Contexto difícil para cogestão	Muitas oportunidades para cogestão
	Fraca	Contexto difícil para cogestão	Contexto difícil para cogestão	Contexto difícil para cogestão	Contexto difícil para cogestão
		Alta	Baixa	Alta	Baixa
		Capacidade do Estado para cogestão educacional			

Orientação política do governo

Sem surpresa, a orientação política ou ideologia do governo influencia diretamente a habilidade de um movimento social para engajar o Estado e transformar as instituições públicas. Essa ideia se baseia numa longa tradição da literatura, que examina como as oportunidades na arena política (geralmente referidas como estrutura de oportunidade política) influenciam a mobilização, a organização e os possíveis resultados (Amenta, 2006; Amenta *et al.*, 2010; McAdam, 1999; D. S. Meyer, 2004; D. S. Meyer e Minkoff, 2004). Embora os pesquisadores geralmente analisem aberturas políticas no âmbito do Estado-nação,[16] no caso do sistema federativo brasileiro há múltiplos pontos de acesso para os militantes engajarem o Estado, tanto no âmbito nacional como subnacional (estados e municípios). Amenta *et al.* (2010, p. 298) argumenta que, "para garantir novos benefícios, os militantes precisam, tipicamente, da ajuda ou de ação complementar de agentes do Estado que pensem como eles". Da mesma forma, constato que a ideologia política de governos subnacionais afeta diretamente a disponibilidade de oportunidades políticas, inclusive acesso para participação e presença de aliados influentes. No Brasil, governos progressistas tendem a ser mais abertos ao MST, já que

[16] Para esta crítica, ver Andrews (2004, p. 38) e McAdam e Boudet (2012, p. 25).

o movimento tem uma história de estreitas relações com o Partido dos Trabalhadores (PT). Por outro lado, governos de direita são, em geral, abertamente antagônicos ao movimento.

Capacidade do Estado

Não obstante, não foi simplesmente a chegada do PT ao poder central que permitiu a participação dos militantes do MST na esfera da educação pública. A capacidade do Estado é o segundo fator que influencia a habilidade do movimento para se engajar na cogestão conflituosa. Como já expliquei, este livro se baseia na teoria gramsciana do Estado, entendido como um complexo de relações sociais no qual as classes dominantes mantêm o poder por meio da promoção de seus interesses específicos como interesse geral da nação, por meio de concessões ideológicas e materiais. Sob essa perspectiva, o Estado não é simplesmente a entidade que detém o monopólio do uso legítimo da força física (Weber, 1919) e que pode ser tomado. Em vez disso, o Estado deveria ser entendido como um Estado integral, que ao mesmo tempo inclui e forma a sociedade civil. O Estado é, simultaneamente, um conjunto de instituições, agências e pessoas, assim como um processo confuso e contestado de governar ou de manter a hegemonia.

A capacidade dos diferentes Estados nacionais e subnacionais para implementar os objetivos pretendidos de política pública difere drasticamente pelo Brasil e afeta diretamente a habilidade do movimento para participar nas instituições do Estado. Faço aqui, novamente, a distinção entre governo – os atores políticos que detêm poder eleitoral num determinado momento – e Estado. Theda Skocpol (1985, p. 9) considera que é necessário "explorar as 'capacidades dos Estados' para implementar os objetivos oficiais, especialmente diante da oposição real ou potencial de poderosos grupos sociais ou em circunstâncias socioeconômicas adversas". Além disso, diferentes esferas do Estado – por exemplo, educação e saúde *versus* defesa – terão diferentes capacidades para implementar políticas públicas.[17]

---

[17] Banaszak (2010, p. 18) escreve sobre como essas diferenças entre as unidades organizacionais dentro do Estado influenciam diretamente os resultados do movimento social. Diz ela: "Uma interação movimento-Estado aparecerá com diferentes probabilidades em diferentes lugares do Estado, e o lugar da interação movimento-Estado dentro do Estado afetará a habilidade do movimento para alterar políticas públicas".

Não abordo os detalhes de condições históricas que aumentam a capacidade do Estado para alcançar objetivos de política pública.[18] Mas identifico a capacidade de um Estado subnacional (unidade da federação ou município) supervisionar o sistema de educação pública (em termos de construir a necessária infraestrutura escolar, pagar salários adequados aos professores e oferecer-lhes oportunidades de desenvolvimento profissional, manter administradores competentes, desenvolver o currículo e organizar de maneira eficaz a participação de alunos e pais de alunos) como um fator essencial para influenciar as possibilidades dos movimentos sociais de implementar sua visão educacional. Refiro-me à habilidade (ou inabilidade) dos Estados subnacionais para alcançar seus objetivos de política pública na esfera educacional como alta (ou baixa) capacidade do Estado para a gestão educacional. Pondero que, se está no poder um governo progressista, então a capacidade do Estado facilita a participação do movimento; mas um governo de direita pode usar a mesma capacidade para fins opostos. Se o Estado tem uma baixa capacidade de gestão, então a orientação política do governo é menos determinante nas interações Estado-movimento.

Infraestrutura do movimento social

O terceiro fator que influencia a habilidade do MST para participar no sistema de educação pública é a própria capacidade interna do movimento, que Andrews (2004) define como "infraestrutura do movimento social". Essa infraestrutura inclui o acesso do movimento a recursos, a estrutura organizacional interna e o desenvolvimento de uma liderança robusta. Embora as grandes mobilizações, os protestos e outras ações coletivas – que Charles Tilly (2008) chama de "*performances* contenciosas" – sejam cruciais para que o movimento social obtenha concessões do Estado (Piven e Cloward, 1977), a infraestrutura do movimento social é necessária para sustentar o próprio movimento.[19] Portanto, o foco na capacidade interna do movimento vai além de apenas examinar os níveis

---

[18] Skocpol (1985) identifica alguns dos pilares históricos da capacidade do Estado, como o controle administrativo-militar estável dos territórios, funcionários preparados e leais, e recursos financeiros.

[19] Taylor (1989) se refere a essa mesma infraestrutura interna como "estruturas em suspensão".

de protesto e mobilização, e busca um entendimento mais profundo do que fazem os movimentos quando estão fora do alcance dos holofotes.

A liderança é um dos componentes mais importantes da infraestrutura do movimento social. Surpreendentemente, como notaram Marshall Ganz e Elizabeth McKenna (2018), a liderança não é o foco central da maioria dos estudos sobre movimentos sociais. Mesmo assim, para quem participa desses movimentos, está claro que a liderança – a formação de militantes – é um componente central para criar e sustentar mobilizações. Por exemplo: o desenvolvimento de militantes locais era um objetivo central daquilo a que Charles Payne (1997) se refere como a tradição de "organizar a comunidade" no movimento dos direitos civis. Ganz define liderança como "aceitar a responsabilidade de capacitar os outros para atingir os propósitos compartilhados diante da incerteza" (*apud* Ganz e McKenna 2018). Neste estudo, concentro-me no desenvolvimento de direções coletivas ou na capacidade dos movimentos sociais para convencer atores dispersos e diversos a abraçar seus objetivos políticos e econômicos (e as tarefas diárias daí decorrentes) como se fossem seus, integrando esses atores aos diferentes coletivos e setores do movimento.

O conceito gramsciano de intelectual orgânico ajuda a conceituar o desenvolvimento de direções coletivas dentro dos movimentos sociais. Militantes são intelectuais orgânicos, não porque têm *status* de intelectual na sociedade, mas porque (1) estão engajados na mesma atividade econômica das comunidades; e (2) exercem uma liderança moral e intelectual – ou seja, vasta influência – nessas comunidades. Em contraste com a maioria dos movimentos sociais, o MST abrange uma comunidade muito específica, isto é, famílias da base da sociedade que receberam terras por meio da reforma agrária. Embora nem todas as famílias que receberam terra permaneceram conectadas ao movimento, como Wendy Wolford (2010b) descreveu com detalhes, os militantes do MST continuam tentando incluí-las na luta mais ampla. Bernardo Mançano Fernandes (2005, p. 30) definiu o MST como um movimento socioterritorial – que tenta transformar "espaços" geográficos inteiros e os transforma em seus próprios "territórios". Enquanto os limites de um assentamento definem uma área particular, o objetivo do MST é transformar todas as relações sociais e econômicas nesse território; mas, num certo momento, só um porcentual das famílias é ativo no movimento ou simpático a ele. Também há outros movimentos disputando esses territórios, como as igrejas evangélicas e os *lobbies* do agronegócio. Por essas razões, Wolford (2010b, p. 10) argumenta que os movimentos sociais devem ser vistos como "discursos competitivos, que negociam os direitos e a habilidade para definir quem vai representar os pobres e como".

Sob essa perspectiva, os movimentos sociais não são entidades coerentes e unidas, com claras fronteiras, mas sim grupos de militantes ou intelectuais orgânicos, que estão constantemente tentando obter o consentimento da sociedade civil para seus objetivos econômicos e políticos. Os militantes estão em constante disputa com outros grupos sociais por essa liderança intelectual e moral, tentando engajar o "senso comum" das pessoas e extrair o "bom senso",[20] que serve como base para uma crítica comum ao capitalismo e como justificativa para novas formas de relações sociais. O conceito de militantes de movimentos sociais como intelectuais orgânicos destaca o processo subjetivo de construção de uma consciência coletiva, necessária para integrar as pessoas nessas lutas, algo que McAdam (1999) denomina "libertação cognitiva".[21]

Ao longo deste livro, refiro-me a líderes e militantes do MST indistintamente para indicar pessoas que se identificam não apenas como benfeitoras do movimento, mas também como participantes ativos e, muitas vezes, em tempo integral. Ser um militante do MST não significa simplesmente participar de um protesto, mas sim identificar-se como parte da luta coletiva do movimento por terra, reforma agrária e transformação social. De maneira mais prática, ser um militante do MST significa participar de um dos muitos setores e direções coletivas regionais ou estaduais

[20] O "senso comum" não designa algo "óbvio" ou "instintivo"; é o entendimento complexo e contraditório que as pessoas têm do mundo. Gramsci escreveu que, dentro das crenças de "senso comum" das pessoas, altamente influenciadas pela ideologia dominante, há um núcleo de "bom senso": uma interpretação da verdadeira natureza das relações de classe.

[21] Em sua definição de libertação cognitiva, McAdam (1999, p. 51) escreve que "a emergência do movimento implica uma transformação da consciência dentro de um segmento significativo da população afetada. Antes de encaminhar protestos coletivos, as pessoas precisam definir coletivamente sua situação como injusta e se submeter à mudança por meio da ação do grupo". Alterações no contexto político e econômico também podem contribuir para a liberação cognitiva, mas aqui concentro-me no papel dos militantes que organizam esforços nesse processo.

do movimento (ver Figura 1.6). O objetivo final do MST é ter todas as pessoas que vivem num acampamento ou assentamento integradas nesses coletivos; mas, na realidade, a coesão das lideranças locais do MST varia muito por todo o Brasil, influenciando, assim, a força da infraestrutura de seu movimento social local. Como descrevo, principalmente no Capítulo 5, a mobilização e o desenvolvimento de militantes estão intimamente ligados no MST, e é difícil ter um sem o outro. Tanto a direção coletiva como a mobilização são cruciais para que os líderes do MST possam implementar sua proposta educacional nas escolas públicas e cogerir o sistema da escola pública.

Em suma, como ilustra a Tabela I.1, o melhor contexto para o projeto do MST de cogestão conflituosa na educação pública é sob um governo de esquerda com alto nível de capacidade do Estado para a gestão educacional e uma robusta infraestrutura do movimento social.[22] Não obstante, os casos regionais relatados neste livro mostram que não é imprescindível ter o apoio de um governo de esquerda para alcançar a cogestão por movimentos sociais. Estados com baixa capacidade de gestão educacional, independentemente de sua tendência política, também podem estar abertos à colaboração com militantes do movimento para acompanhar[23] as escolas. Em tais contextos, governos de diferentes ideologias políticas apoiam as iniciativas educacionais do MST porque isso evita conflitos e melhora a qualidade da educação. No entanto, um Estado que seja, ao mesmo tempo, hostil ao movimento e rico em recursos, poderá impedir a participação de militantes. Essa observação oferece um novo elemento à literatura sobre democracia participativa, mostrando como a alta capa-

[22] Uma combinação semelhante de fatores facilitadores foi identificada em estudos sobre democracia participativa. Fatores facilitadores incluem funcionários comprometidos, capacidades burocráticas e legais do Estado, políticas estimulantes e estruturas legais, uma sociedade civil mobilizada e a história da mobilização (Abers, 2000; Baiocchi, 2005; Coelho, 2007; Cornwall e Schattan Coelho, 2007; Heller, 1999; Ostrom, 1996).

[23] "Acompanhar" é o verbo escolhido pelo MST para substituir as formas convencionais "supervisionar" ou "administrar". No documento *Boletim da Educação n. 8*, de julho de 2001, o Coletivo Nacional do Setor de Educação do MST explica a preferência por aquele verbo: "*Acompanhar* quer dizer *ir junto* ou *caminhar junto*. Poderíamos dizer: *estar em movimento com alguém*. [...] Acompanhar em educação é estar junto no processo de formação ou de humanização de outras pessoas. [...] podemos dizer que acompanhar é *participar dos mesmos sentimentos de alguém*".

cidade do Estado tanto pode catalisar como bloquear a participação da sociedade civil na esfera estatal.

Enfim, mesmo quando um governo de esquerda está no poder e tem alta capacidade para implementar objetivos de política pública, se o MST não tiver sua própria capacidade interna ou infraestrutura local para acompanhar o rápido ritmo da reforma, essas iniciativas tomadas pelo Estado tendem a se afastar das intenções originais. Esse fato sublinha a importância da liderança na habilidade dos militantes para engajar o Estado ou, em termos gramscianos, a capacidade de armazenar a liderança moral e intelectual de diversos atores da sociedade civil – de famílias assentadas a funcionários do governo local, professores universitários e a comunidade do campo mais ampla. O ponto principal aqui é que os movimentos podem participar das instituições do Estado e transformá-las sob várias condições, com estratégias cambiantes para o engajamento político, mas a pré-condição essencial é composta de mobilização, coerência interna e infraestrutura local do próprio movimento. Todos esses argumentos se tornam mais claros à medida que mergulhamos nos casos empíricos.

Os potenciais transformadores da luta educacional

Enquanto discuto, de forma abrangente, como os movimentos sociais engajam instituições formais para apoiar seus objetivos econômicos e políticos, examino esses fenômenos numa esfera estatal específica: o sistema de educação pública. Nesta seção, explico porque o sistema educacional é uma instituição estatal particularmente poderosa para que movimentos acumulem influência nela. Primeiro, delineio outros tipos de iniciativas educacionais que foram o foco da maior parte da pesquisa sobre movimentos sociais e porque a educação formal é com frequências deixada fora da discussão. Em seguida, pondero como a tentativa dos militantes de oferecer acesso à educação formal – escolas públicas e outros programas educacionais reconhecidos pelo Estado – contribui para a capacidade de longo prazo do próprio movimento.

Movimentos sociais que incorporam práticas educacionais dentro de seus esforços organizacionais não são novidade. Essas iniciativas podem ser divididas em três largas categorias: práticas educacionais informais, não formais e formais. A educação informal é a experiência pedagógica de ser parte de um movimento, a aprendizagem que vem da participação num protesto, numa marcha ou numa decisão coletiva (Choudry, 2015; Choudry e Kapoor, 2010). Há uma extensa literatura que discute essas formas importantes de aprendizagem para o movimento social (Hall e Turray, 2006; Holst, 2001). As práticas educacionais não formais são as oportunidades para estudo intencional, reflexão e análise oferecidas pelos movimentos, que variam de seminários de um dia a cursos de vários meses de duração. Na América Latina, essas práticas educacionais não formais, denominadas educação popular, são muitas vezes ligadas às teorias educacionais de Paulo Freire ([1968] 2000). Freire ofereceu tanto uma crítica das práticas tradicionais de escolaridade como uma teoria sobre como usar o conhecimento dos grupos oprimidos para desenvolver uma consciência política coletiva (conscientização) para poder agir e combater a desigualdade econômica e política.[24]

No MST, as práticas educacionais não formais são chamadas de "formação". Desde as primeiras ocupações de terra na região Sul do Brasil, o MST tem promovido a educação não formal entre suas lideranças por meio de grupos de estudo e cursos nas "escolas de formação" do movimento. Direções estaduais do MST são responsáveis por organizar a formação de pessoas que aderiram recentemente ao movimento; esses cursos permitem que os novos militantes aprendam sobre as grandes teorias e práticas que conduzem a luta do MST. Além disso, um dos princípios organizadores do movimento é que todas as lideranças, até militantes veteranos, devem estudar (seja em programas de educação formal, seja em cursos não formais) para continuar desenvolvendo sua capacidade intelectual para análise e crítica.

A literatura anterior sobre educação e movimentos sociais se concentrou principalmente no papel das práticas educacionais informais e nos programas de educação não formal (Altenbaugh, 1990; Arnove, 1986; Delp, 2002; Kane, 2001; Payne e Strickland, 2008; Perlstein, 1990; Torres, 1991). Em contraste, neste livro eu examino como o engajamen-

[24] Nos Estados Unidos, a pedagogia crítica evoluiu a partir do engajamento dos pesquisadores com o trabalho de Freire (Darder, Baltodano e Torres, 2003; Giroux, 2001; hooks, 1994; Macedo, 2006; McLaren, 2003).

to na cogestão conflituosa da educação formal inspira os movimentos a construir capacidade interna e influência social. A educação formal ocorre em instituições escolares públicas e privadas e em programas educacionais que são reconhecidos pelo Estado e resultam num diploma que tem poder simbólico na sociedade. O papel das instituições escolares tanto na reprodução social como na transformação social é um antigo debate nas ciências sociais e entre militantes. Para teóricos educacionais críticos, as instituições de educação formal são quase sempre associadas à reprodução de desigualdades de classe, raça e gênero profundamente enraizadas (Althusser, 1971; Anyon, 1997; Apple, 2004; Bourdieu e Passeron, 1990; Bowles e Gintis, 1976). Essa perspectiva remonta ao filósofo marxista Louis Althusser (1971), para quem o aparato educacional substituiu a Igreja como a instituição mais importante para reproduzir as relações capitalistas. Samuel Bowles e Herbert Gintis (1976) também contribuíram para teorias de reprodução social ao descrever como valores, normas e habilidades ensinados nas escolas correspondem aos que existem na formação da mão de obra capitalista. Pierre Bourdieu e Jean-Claude Passeron (1990) discutiram as escolas como lugares de reprodução social ao introduzir a ideia de "capital cultural": as regras, relações e competências culturais e linguísticas que parecem objetivas na verdade representam valores da classe dominante. Juntos, esses teóricos oferecem um argumento convincente sobre como as escolas, na sociedade capitalista, funcionam para reproduzir e aprofundar as desigualdades, em vez de enfrentá-las.

No entanto, na perspectiva gramsciana, as instituições do Estado são uma esfera ambígua da sociedade civil: elas protegem o Estado do ataque, mas também representam um terreno para organizar a resistência. Isso significa que as escolas públicas são instituições contraditórias, que contêm tanto o potencial opressivo como o potencial libertador. Da mesma forma, pesquisadores da Educação teorizam que o Estado, com frequência, percebem os limites de qualquer controle do governo sobre seu aparato educacional. Por exemplo, Roger Dale (1989, p. 33) enfatiza a "inabilidade dos governos para estabelecer um controle cotidiano e eficaz de cada aspecto das atividades de um aparato" e, em consequência, "os aparatos do Estado não podem ser dirigidos à vontade". Especificamente, Dale afirma que os professores desfrutam de um alto nível de autonomia em suas salas de aula e não são simplesmente funcionários do Estado. Em casos de movimentos que defendem a inclusão do afrocentrismo e do criacionismo no currículo escolar dos Estados Unidos, Amy Binder (2002) mostra como militantes contestadores tentam influenciar a burocrática tomada de decisões. Embora autoridades escolares consigam rejeitar a maioria desses esforços, os resultados variam, dependendo do apoio local às demandas dos militantes e do componente do currículo que está em disputa. Martin Carnoy e Henry Levin (1985, p. 24) escrevem que as escolas são um produto do conflito social resultante de dois objetivos educacionais quase sempre contraditórios: a eficiência na preparação dos alunos para o mercado de trabalho e a construção de cidadãos democratas, participativos e culturalmente conscientes. Carnoy e Levin argumentam que a direção da política educacional depende da força dos movimentos sociais em cada momento histórico específico, cujos líderes desafiam a premissa de que as escolas são "instrumentos legítimos de mobilidade social" (Carnoy e Levin, 1985, p. 108).

Mais recentemente, pesquisadores que se concentram na intersecção entre organização comunitária e reforma educacional ilustraram esse ponto de vista empiricamente (Anyon, 2005; Mediratta, Shah e McAlister, 2009; Shirley, 1997; Su, 2009; Warren e Mapp, 2011). Por exemplo, Mark Warren e Karen Mapp (2011, p. 259) documentam como "organizar grupos funciona justamente para construir o apoio político local para um sistema educacional público equitativo e de alta qualidade, cultivando a participação e a liderança das próprias populações carentes nos esforços para aumentar os recursos da educação pública e corrigir as profundas desigualdades enfrentadas por crianças de comunidades pobres". Michael Apple (2006, 2013) também oferece muitos exemplos concretos de como os movimentos de base – tanto à esquerda como à direita – usaram as instituições educacionais para fins culturais, econômicos e políticos.[25] No entanto, Apple (2013, p. 41) deixa claro que o desenvolvimento desses modelos educacionais alternativos

[25] Mais especificamente, nesse último livro, Apple (2013) analisa muitos autores históricos que teorizam educação e mudança social, inclusive Freire, George Count, W. E. B. Du Bois e Carter G. Woodson.

"é mais bem executado quando está dialética e intimamente conectado com movimentos e lutas reais". Juntos, esses estudos implicitamente gramscianos sugerem que é possível, para movimentos sociais, interromper a reprodução social e conectar as escolas públicas a processos mais abrangentes de mudança política e econômica.

Afirmo que há três razões pelas quais escolas formais constituem terreno estratégico para que os movimentos sociais acumulem influência. Em primeiro lugar, a participação dos movimentos nas escolas públicas pode ajudar a recrutar novos militantes, especialmente jovens e mulheres. As escolas e universidades públicas são instituições em que os jovens passam muitas horas por dia e são, portanto, espaços importantes para investir no desenvolvimento de militantes locais - aumentando o interesse e a capacidade dos alunos para a mudança social. Embora muitos jovens frequentem a escola, inicialmente, por mera obrigação ou por seu próprio desenvolvimento individual, sua presença como alunos oferece aos militantes do movimento uma oportunidade para engajá-los em debates sobre objetivos sociais, políticos e econômicos mais amplos. Esses debates também podem ocorrer em outros programas criados pelo movimento social, como a educação popular e as escolas de formação. No entanto, os participantes desses espaços educacionais não formais já são apoiadores ativos ou pelo menos simpáticos ao movimento. Além disso, as escolas já usufruem de um fluxo estável de recursos financeiros e institucionais e já reúnem um amplo conjunto de membros da comunidade sem custo adicional para o movimento. A participação de um movimento social na escolaridade formal pode ajudar a convencer os jovens que nunca participaram de um protesto a se envolver nessas lutas coletivas.[26]

Ao politizar a educação, o movimento também abriu espaço para mulheres e LGBTs[27] assumirem papéis de liderança. Tanto o cuidado com

[26] Da mesma forma, grupos de estudo da Igreja, as Comunidades Eclesiais de Base (CEBs) recrutaram muita gente para participar de movimentos sociais - pessoas que entraram para as CEBs apenas por razões religiosas.

[27] No Brasil e no próprio MST, usamos a sigla LGBT (lésbicas, gays, bissexuais e transexuais) como uma identidade política, pois a homossexualidade é um termo científico que diz respeito estritamente à orientação sexual e não expressa a totalidade da identidade, que está para além da atração sexual em si.

as crianças como a educação são formas de "trabalho reprodutivo", ou seja, trabalho que reproduz a mão de obra assalariada.[28] Frequentemente, esses serviços são executados por mulheres e têm baixa remuneração, quando recebem alguma. No Brasil, os homens gays também estão super-representados em certos serviços reprodutivos, como a docência. Essa divisão do trabalho por gênero muitas vezes ecoa nos movimentos sociais, sem reconhecimento do trabalho doméstico das mulheres, o que facilita a participação dos militantes homens em ações mais públicas, como marchas e protestos. Como descreverei a seguir, as mulheres militantes do MST reconheceram esse desequilíbrio de gênero desde as primeiras ocupações, no início dos anos 1980. Demandaram, pois, que seu trabalho de educação e de cuidado com as crianças se tornasse uma parte central da luta do movimento.

A militância educacional se tornou, então, a porta de entrada para que as mulheres ocupassem outros papéis na direção do movimento. Assim, o Setor de Educação ajudou o MST a desenvolver altos níveis de participação de mulheres em outras esferas do movimento. Da mesma forma, muitos homens gays também se tornaram militantes do Setor de Educação, no qual enfrentam menos discriminação do que em outros espaços dominados por homens heterossexuais.[29]

Desde 2011, militantes LGBT promovem a identidade do "LGBT Sem Terra" e se organizaram em torno dela,[30] um feito surpreendente

---

[28] Feministas marxistas usam o termo "trabalho reprodutivo" para descrever o trabalho doméstico como cuidar das crianças, limpar e cozinhar (ver Bhattacharya, 2017). Esse trabalho, tipicamente não remunerado e feito por mulheres, permite a reprodução do trabalho assalariado (Boydston, 1990; Hartmann, 1976, Secombe, 1974). Mais recentemente, acadêmicas têm analisado formas remuneradas de trabalho reprodutivo na esfera pública, incluindo a educação primária e secundária, que também reproduzem a próxima geração de trabalhadores assalariados (Duffy, 2007; Laslett e Brenner, 1989).

[29] É importante destacar que muitas lésbicas e travestis também atuaram nas tarefas de Ciranda Infantil no MST, ou seja, essa abertura no Setor de Educação também as envolveu.

[30] "O primeiro seminário nacional sobre questões LGBT dentro do MST ocorreu em 2015. Antes dele, no entanto, houve iniciativas regionais, incluindo uma ala LGBT em uma marcha do MST, no estado da Bahia, em 2013, e um seminário sobre diversidade sexual no Ceará, em 2011. Em 2018, o coletivo LGBT do Movimento conquistou o direito de ter uma representação na direção nacional do MST

no interior profundamente homofóbico e transfóbico[31] do Brasil. O Setor de Educação foi crucial para o desenvolvimento da militância entre mulheres e LGBTs.

Em segundo lugar, o acesso à educação pública pode ajudar trabalhadores militantes a obter diplomas reconhecidos pelo Estado para aumentar seu poder de negociação com atores da elite. Como explicou a militante educacional do MST, Maria de Jesus Santos, o acesso a programas educacionais foi importante "porque eles [funcionários públicos] não respeitavam a gente, mas, quando tivemos a oportunidade de fazer o curso superior, o debate começou a ser de igual pra igual".[32] Embora a aprendizagem informal, a educação popular e a formação que ocorrem dentro dos movimentos possam oferecer oportunidades semelhantes para o desenvolvimento intelectual, esses cursos não ajudam os militantes a obter a graduação reconhecida necessária para aumentar sua influência junto aos agentes públicos. O reconhecimento do Estado é especialmente importante no caso de formação profissional de nível superior. Nas últimas duas décadas, os dirigentes nacionais do MST conseguiram acessar programas educacionais para que militantes locais se tornassem professores, advogados, técnicos agrícolas e médicos. Uma vez obtidos esses diplomas, eles podiam executar tarefas profissionais para o movimento, reduzindo a necessidade de especialistas externos. Por exemplo, o MST mandou 200 de seus militantes para fazer medicina em Cuba e agora há um grande contingente de médicos-militantes do MST que se ocupam de questões de saúde nos assentamentos e acampamentos. Da mesma forma, centenas de lideranças do MST são hoje professores das escolas dos assentamentos ou foram contratadas por governos estaduais

---

[31] É importante afirmar a *homofobia*, pois o Brasil é o país que mais mata lésbicas, gays e bissexuais, mas também afirmar a *transfobia*, pois só em 2018 foram assassinados 420 LGBTs, dos quais 163 eram homens e mulheres trans. Os crimes são extremamente violentos: 53% foram cometidos com armas de fogo, 21% com arma branca e 19% por espancamento, asfixia e/ou estrangulamento. Oito em cada dez crimes apresentaram requintes de crueldade, como o uso excessivo de violência, esquartejamentos e afogamentos. Ocorreram ainda 11 casos de execução direta, com número elevado de tiros – entre seis e 26 disparos –, e diversos apedrejamentos e decapitações.

[32] Todas as citações ou informações atribuídas a Maria de Jesus Santos foram obtidas numa entrevista em 5 de setembro de 2011. As exceções serão apontadas.

como técnicos nas cooperativas agrícolas do movimento. Essas posições profissionais permitem aos militantes ganhar a vida e, ao mesmo tempo, contribuir para o desenvolvimento e a sustentabilidade do movimento.[33]

Por fim, em terceiro lugar, as escolas públicas são lugares importantes para que os movimentos sociais comecem a prefigurar, no mundo atual, as práticas sociais que esperam construir no futuro. Por exemplo, as intervenções educacionais do MST são tentativas explícitas de prefigurar nas escolas os processos de autogestão, as práticas de trabalho coletivo e a produção agrícola que os militantes do movimento também promovem em suas comunidades.[34] O movimento aprende como prefigurar essas práticas alternativas ao construir o que Wright (2010, p. 6) chama de "utopias reais": "[...] projetos utópicos de instituições que podem informar nossas tarefas práticas para navegar em um mundo de condições imperfeitas para a mudança social". No caso do MST, essas práticas incluem a construção de relações sociais baseadas na solidariedade e na cooperação mútua, o desenvolvimento de processos de trabalho coletivo, a criação de *místicas*[35] que respeitem as tradições camponesas, a operação de fazendas por meio de métodos agroecológicos, o engajamento com a política contenciosa e, claro, a prática da democracia participativa. Costuma ser difícil para o MST garantir que as famílias nos assentamentos de reforma agrária implementem todas essas práticas, já que um conjunto de atores religiosos, políticos e econômicos dão forma ao desenvolvimento dessas comunidades. No entanto, se o movimento consegue desenvolver um certo grau de influência nas escolas públicas, então essas instituições do Estado podem se tornar verdadeiras utopias educacionais, exemplos importantes para essas comunidades de que um outro mundo é possível. Repito: como as escolas consomem tanto tempo de tanta gente e como a participação nelas é, em geral, universal e obrigatória, essas instituições são esferas importantes para construir

---

[33] É comum que os militantes do MST indicados para essas posições profissionais doem parte do salário ao movimento, como solidariedade econômica.

[34] Boggs (1977, p. 383) descreve políticas prefigurativas em contraste com formas de liderança de cima para baixo: "O dilema persiste: como combinar prefiguração com as preocupações instrumentais da eficiência política". Neste livro, pondero que, para os militantes, engajar o Estado e prefigurar um futuro mundo que se espera criar são objetivos complementares.

[35] No vocabulário do MST, místicas são *performances* político-culturais.

utopias reais. Transformar as escolas públicas é, ao mesmo tempo, um objetivo e um meio para promover a mudança social.

Estudar a longa marcha: etnografia política, comparação e posicionamento

Os capítulos seguintes oferecem um relato detalhado de como o MST desenvolveu, nos últimos trinta anos, uma proposta educacional para apoiar sua luta política e econômica mais ampla, e de como os militantes do movimento trabalharam com diferentes agências do Estado e governos estaduais para institucionalizar componentes dessa proposta no sistema formal de escolas públicas. Este é um livro de "etnografia política", na definição de Javier Auyero e Lauren Joseph (2007, p. 1), pois "examina microscopicamente as fundações das instituições políticas e seus conjuntos de práticas [...] [e] explica por que os atores políticos se comportam desse jeito para identificar as causas, os processos e os resultados que são parte da vida política". Exploro tanto a política contenciosa das mobilizações, ocupações e outras ações não institucionais como também a política cotidiana dos acordos de gabinete, os conselhos consultivos do Estado e da sociedade civil e os encontros de professores. Meu intuito é entender como um movimento social pôde liderar um vasto processo de mudança institucional, com o objetivo mais abrangente de transformar a sociedade. Em consequência, embora o foco de minha pesquisa esteja no MST, também passei metade de meu tempo acompanhando e entrevistando agentes públicos, de maneira a destacar a relação dinâmica que existe entre Estado e movimentos sociais.

O método de estudo de caso comparativo também é um elemento central do projeto desta pesquisa, pois analiso os fatores que influenciam o impacto dos militantes do MST na educação pública em diferentes lugares de todo o país. O MST é ideal para essa comparação de caso, pois é um movimento nacional, disperso regionalmente, cujos militantes tentam implementar práticas pedagógicas similares pelo país inteiro, obtendo resultados extremamente diferentes. Estudos anteriores das lutas educacionais do MST concentraram em casos únicos ou em sumários nacionais (Arroyo, 2004; Meek, 2015; Souza, 2002). Meu estudo, ao contrário, oferece a primeira comparação inter-regional sistemática dos trinta anos de luta educacional do MST. Como diz Andrews (2004, p. 20), essa "percepção - de que os movimentos não são nem monolíticos nem uniformes em sua distribuição, força ou impacto - abre novas áreas para explorar os resultados gerados por eles". Em outras palavras, explorar as diferenças dentro dos movimentos é potencialmente um método mais eficaz para entender os resultados do que comparar muitos movimentos diferentes.

Além disso, o Estado brasileiro é tão diverso como o próprio MST, com diferentes âmbitos de capacidade institucional e diferentes normas de prática política. Ao focar apenas um componente da luta do movimento - a educação -, posso destacar algumas dessas diferenças no Estado e como elas influenciam a mudança institucional. Em vez de tratar o Estado como um ator unitário, coerente e necessariamente antagonista, analiso a heterogeneidade do Estado e seus papéis contraditórios na ação contenciosa. Meu objetivo com esse estudo comparativo, porém, não se limita a simplesmente isolar variáveis dependentes e independentes em cada campo. Muitas vezes, os estudos comparativos tentam produzir o que Gillian Hart (2002) chama de "tipos ideais", distorcendo e simplificando realidades complexas ao tentar isolar variáveis dependentes e independentes. Em vez disso, adoto a comparação relacional de Hart (2002) e examino a inter-relação entre eventos, lugares e processos sociais. Extraio lições das semelhanças e diferenças entre locais da pesquisa de campo, mas também examino como as ações em um lugar afetam o contexto educacional em outro e como todas as ações estão entranhadas em processos nacionais e internacionais, sendo, ao mesmo tempo, produtoras desses mesmos processos.

A maior parte de minha pesquisa ocorreu em cinco sistemas escolares: as escolas públicas estaduais no Rio Grande do Sul, em São Paulo e no Ceará; e as escolas públicas municipais de Santa Maria da Boa Vista e Água Preta, cidades pernambucanas (ver Mapa I.1). Escolhi lugares onde havia concentração de assentamentos do MST - em outras palavras, o movimento estivera altamente mobilizado nessas áreas em algum momento -, mas onde também havia diferentes resultados na habilidade do MST para transformar o sistema público de educação. Portanto, escolhi deliberadamente regiões que tinham uma base importante de atividade do movimento, mas cujos resultados educacionais foram muito diferentes. Essa decisão permitiu que eu rastreasse os processos que levaram a resultados diferentes, considerando seriamente os insucessos – isto é, sem selecionar apenas os casos bem-sucedidos.[36]

Minha unidade de análise é o sistema público de educação, estadual ou municipal, porque é dentro desse sistema que são tomadas as principais decisões sobre políticas públicas. No Brasil, as escolas públicas cobrem enormes porções do território e, às vezes, precisei viajar centenas de quilômetros para visitar escolas e funcionários governamentais dentro da mesma jurisdição burocrática. Não obstante, em termos de unidade de análise, trato cada sistema escolar como um único campo ou caso. Também coletei dados sobre a implementação dos objetivos educacionais do MST em duas agências federais: o Instituto Nacional de Colonização e Reforma Agrária (Incra) e o Ministério da Educação (MEC). Meu estudo desses organismos envolveu visitas a Brasília e uma vasta pesquisa sobre a implementação local de iniciativas federais. Considero os cinco sistemas escolares e os dois organismos federais como estudos de caso distintos sobre o programa educacional do MST dentro do Estado brasileiro. A Tabela I.2 descreve esses sete estudos de caso.

A coleta de dados ocorreu ao longo de 20 meses, entre 2009 e 2015, com maior intensidade entre outubro de 2010 e dezembro de 2011. Ao todo, passei oito meses em Pernambuco (seis em Santa Maria da Boa Vista e dois em Água Preta), seis meses no Rio Grande do Sul, três meses em São Paulo, dois meses no Ceará e um mês em Brasília. Embora agosto de 2015 seja o final oficial da coleta de dados, vivi na cidade de São Paulo entre junho de 2016 e maio de 2017, onde continuei a frequentar eventos do MST e permaneci informada sobre o envolvimento do MST em grandes mudanças políticas que estavam ocorrendo.

[36] McAdam & Boudet (2012) criticaram "a seleção com base na variável dependente". Embora eu tenha escolhido a atividade anterior do movimento como requisito básico para meus casos, a seleção dos casos propriamente ditos visa a destacar diferentes resultados do movimento e não descrever apenas os casos de sucesso do movimento.

Tabela I.2 - Estudos de caso sobre a institucionalização do programa educacional do MST no Estado brasileiro

Estudo de caso	Nível do governo	Região do Brasil	Foco da análise
Incra	Agência federal	Nacional	Programa Nacional de Educação em Áreas de Reforma Agrária (Pronera)
MEC	Ministério	Nacional	Programas do Educação do Campo no Departamento de Diversidade
Rio Grande do Sul	Sistema público estadual de educação	Sul	Escolas públicas nos acampamentos e assentamentos do MST
Ceará	Sistema público estadual de educação	Nordeste	Escolas de Ensino Médio nos assentamentos do MST
São Paulo	Sistema público estadual de educação	Sudeste	Escolas públicas em assentamentos do MST
Santa Maria da Boa Vista (PE)	Sistema público municipal de educação	Nordeste	Escolas públicas em assentamentos do MST
Água Preta (PE)	Sistema público municipal de educação	Nordeste	Escolas públicas em assentamentos do MST

Vivi com os militantes do Setor de Educação do MST na maior parte dos 20 meses de pesquisa. Isto veio a ser um dos componentes mais importantes da minha coleta de dados, já que eu participei das atividades diárias dos coletivos de educação do movimento em cada região. Acompanhei centenas de reuniões formais e informais, testemunhei os processos de tomada de decisão que levaram a diferentes ações políticas e observei a interação diária entre militantes, professores e membros da comunidade. Também passei dezenas de horas nas escolas dos assentamentos do MST, como observadora participante das atividades diárias de professores, diretores e alunos. Tudo isso permitiu que eu recolhesse provas de primeira mão dos indicadores da influência do MST nessas escolas.

Em cada estado, frequentei seminários educacionais e de formação de professores organizados pelo MST. Esses eventos aprofundaram meu entendimento da proposta educacional do movimento, já que os seminários e as sessões de formação eram organizados por meio da abordagem pedagógica do MST, que envolve espaços para a tomada de decisão participativa: moradia coletiva, trabalho compartilhado, místicas e núcleos de base (NBs). Muitas vezes, por meio desses seminários educacionais, fiz contato com militantes e professores de outros estados e pude aprender sobre o contexto educacional das comunidades do MST para além dos meus estudos de caso. Fiz extensas anotações sobre todas essas experiências - no total, cerca de 1.200 páginas em espaço simples ao longo dos 20 meses de pesquisa de campo.

Outra forma importante de coleta de dados foram as 238 entrevistas em profundidade que fiz com militantes do MST e agentes do Estado. A maior parte dessas entrevistas durou uma hora e meia; algumas foram mais curtas e outras, muito mais longas. Embora eu tenha planejado protocolos de entrevista para militantes do MST e agentes do Estado, adaptei minhas perguntas a cada entrevistado, com base na experiência e conhecimento da pessoa. Entre os entrevistados havia 65 professores e diretores, 55 funcionários das Secretarias de Educação estaduais e municipais, 31 militantes do Setor de Educação do MST (embora muitos professores também integrem esta categoria), 17 professores universitários, 12 funcionários do Ministério da Educação, dez funcionários do Incra, oito prefeitos e ex-prefeitos e mais de 20 outras pessoas, inclusive membros de outros movimentos sociais e de outras agências do Estado, lideranças do MST não envolvidos com educação, outros políticos proeminentes e alguns alunos.[37] Com base nessas entrevistas, foi possível determinar as visões dos militantes do MST e dos agentes do Estado para a Educação do Campo; as características das negociações entre os coletivos de educação do MST e os agentes do Estado; os fatores que afetam essas negociações; as práticas pedagógicas em escolas com diferentes níveis de influência do MST; e as consequências dessas práticas do MST para os alunos. Uso os nomes reais dos agentes governamentais eleitos ou nomeados e pseudônimos para funcionários públicos estáveis; também honrei o pedido de professores, diretores e militantes que queriam usar seus nomes reais e criei pseudônimos para aqueles que preferem permanecer anônimos.

Uma terceira fonte de dados foram as centenas de documentos primários e secundários. Esses documentos incluem correspondências do movimento, leis e decretos governamentais relativos à proposta educacional do

[37] Os alunos do Ensino Fundamental e do Ensino Médio não eram o foco do estudo. No entanto, interagi constantemente com eles ao longo de minha pesquisa de campo.

MST, livros e apostilas didáticos do programa, artigos de jornais e revistas, arquivos históricos sobre a política local, agendas de encontros, programas de conferências, panfletos e textos de estudo para os militantes. Entre 1990 e 2010, o setor educacional do MST publicou cerca de 85 textos sobre a proposta educacional do movimento, totalizando 4 mil páginas. Acessei a maioria desses textos, na forma impressa ou digital. Também consultei mais de 30 livros sobre a proposta educacional do MST e a Educação do Campo, escritos por pesquisadores não afiliados ao movimento. Juntos, esses documentos primários e secundários corroboram as afirmações dos entrevistados, reúnem datas e números e comparam relatórios oficiais com os relatos orais dos meus muitos informantes.

Enfim, e muito importante, minha entrada no campo de pesquisa dependia de uma autorização do MST. Meu contato inicial com o movimento foi por meio do Coletivo de Relações Internacionais (CRI), um grupo de militantes do movimento que acompanha todas as relações internacionais do MST, inclusive para autorizar pedidos de pesquisa.[38] Quando contatei o CRI sobre meu projeto de pesquisa, pediram-me para escrever uma justificativa para a proposta e explicar como esse projeto poderia contribuir com o movimento. Enfatizei meu histórico como militante nos Estados Unidos e minha crença de que o MST poderia ensinar muito aos movimentos sociais estadunidenses sobre educação popular. Também enfatizei que coletaria dados tanto do Estado brasileiro como do movimento e manifestei minha esperança de que os militantes do MST pudessem ter interesse em minhas possíveis descobertas sobre estratégias eficazes para institucionalizar os objetivos do movimento dentro de diferentes tipos de estados brasileiros. Muitos meses depois, o CRI me autorizou a estudar o MST; sem dúvida, minha própria militância política nos Estados Unidos facilitou esse acesso.[39]

---

[38] No Brasil, o MST enfrenta críticas externas constantes e suas lideranças são compreensivelmente céticas sobre pesquisas acadêmicas vindas de fora. Dezenas de pessoas que pesquisaram o MST partiram sem oferecer nada em contrapartida (nem mesmo suas publicações) ou, pior ainda, enfatizaram apenas os aspectos negativos do movimento e alimentaram, assim, os críticos conservadores (Navarro, 2009, 2010). Além disso, a hospedagem de pesquisadores requer os desvios de tempo, energia e recursos financeiros das outras tarefas do MST.

[39] Em 2012, quando voltei da pesquisa de campo, associei-me ao coletivo de coordenação nacional dos Amigos do MST, organização oficial de solidariedade ao MST nos Estados Unidos.

Em vez do processo centralizado do MST para aprovar projetos de pesquisa, obter acesso a agentes do Estado envolveu telefonemas individuais, *e-mails* ou simplesmente a aparição à porta desses funcionários. Eu explicava que era estudante de doutorado na Universidade da Califórnia, no *campus* de Berkeley, e que estudava movimentos sociais e educação nas áreas rurais do Brasil. Certamente minha afiliação com uma universidade estadunidense de prestígio facilitou muito para que acreditassem que eu era uma visitante importante, que merecia atenção. Além disso, os dados que coletei como pesquisadora etnográfica - uma pesquisadora do Estado brasileiro e também do MST - sempre foram negociados com base em meu posicionamento como mulher jovem e branca dos Estados Unidos. Essa identidade abriu muitas portas ao longo de minha pesquisa e, sem dúvida, fechou outras. Por exemplo, é possível que alguns funcionários públicos críticos do MST presumissem, a partir de minha pele branca e de minha nacionalidade, que eu também desaprovava o Movimento. Em compensação, o fato de ser estadunidense inspirou o ceticismo inicial de muitos militantes do MST sobre minhas intenções e eu precisava ganhar a confiança dos militantes locais continuamente. Não obstante, descobri que o fato de ser estrangeira - e, ainda por cima, como sugere France Winddance Twine (2000, p. 17), com uma "autêntica" identidade estadunidense, pois sou loira e tenho olhos azuis - era um enorme privilégio, quase sempre a facilitar em vez de obstruir meu acesso.

Sumário dos capítulos

Nesta introdução, esbocei os três principais argumentos deste livro: engajar instituições formais pode contribuir para a capacidade interna dos movimentos sociais; combinar táticas conflituosas e institucionais, inclusive protestos, persuasão, negociação e cogestão, é uma estratégia eficaz do movimento; e que a orientação política do governo, a capacidade do Estado para gestão educacional e, o mais importante, a própria capacidade interna e infraestrutura de um movimento social condicionam as possibilidades de mudança institucional. Argumentei por uma perspectiva geral gramsciana sobre as relações Estado-movimento social, segundo a qual as instituições do Estado constituem uma esfera ambígua, que pode proteger o Estado de ataques e, ao mesmo tempo, pode ser uma arena para organizar a resistência. Também apresentei alguns dos objetivos básicos da luta pela reforma agrária do MST e como a proposta educacional do movimento é parte da estratégia para atingir esses objetivos. Especificamente, enfatizei que o engajamento do sistema de educação pública pode integrar mais jovens e mulheres ao movimento, equipar os militantes do movimento com a formação profissional necessária à autogestão e permitir que os militantes prefigurem suas visões sociais. Portanto, ao mesmo tempo que afirmo que a *cogestão conflituosa* de instituições do Estado pode contribuir para a capacidade dos movimentos sociais, também proponho a ideia de que as escolas públicas são instituições particularmente importantes para acumular influência dos movimentos sociais.

Na Parte Um (capítulos 1-3) do livro, analiso como militantes locais do MST desenvolveram uma proposta pedagógica que apoia seus objetivos sociais e econômicos, e como foram capazes de institucionalizar sua proposta no âmbito federal. Esses capítulos exploram a evolução e a expansão da proposta educacional do MST ao longo de quatro períodos: ditadura e abertura política (1979-1984); consolidação democrática (1985-1990); neoliberalismo e conflito Estado-sociedade (1990-2002); e participação do movimento social e conciliação de classes (2003-2013). O Capítulo 1 discute o desenvolvimento da abordagem pedagógica do MST durante os três primeiros períodos. Nos capítulos 2 e 3, analiso a implementação do programa educacional do MST nos dois últimos períodos em duas agências federais diferentes.

No Capítulo 1, analiso os experimentos pedagógicos que os militantes do MST desenvolveram no campo brasileiro nos anos 1980 e 1990. No início dos anos 1980, a maioria desses experimentos educacionais era composta de iniciativas isoladas em dezenas de acampamentos e assentamentos diferentes. Mesmo durante a ditadura, havia espaço para experimentar com alternativas pedagógicas, em parte devido à ausência do Estado nas áreas rurais. Em 1987, o MST fez da educação uma preocupação oficial do movimento e fundou seu setor nacional de educação. Depois, nos anos 1990, os militantes do MST refinaram sua proposta educacional por meio de seus próprios programas de formação de professores, que se tornaram espaços para experimentação pedagógica e prefiguração de valores políticos e sociais alternativos, aquilo que Wright (2010) denomina "utopias reais". Esses experimentos ocorreram sob um governo nacional conservador e antagonista, ilustrando a existência de muitos caminhos para a institucionalização dos objetivos do movimento social. Em 1997, o MST publicou seu primeiro manifesto educacional nacional, um sumário dos diferentes componentes de seu programa educacional.

O Capítulo 2 trata sobre a mais importante vitória educacional do MST, o Programa Nacional para Educação em Áreas de Reforma Agrária (Pronera), criado em 1998 dentro do Instituto Nacional de Colonização e Reforma Agrária (Incra). Analiso o primeiro programa de bacharelado do Pronera, que o MST ajudou a criar, para mostrar como a abordagem pedagógica do movimento nesse cenário universitário melhorou a capacidade política e de organização dos estudantes e os integrou ao movimento. Também exploro como a visão educacional do MST vivia em conflito com as normas educacionais estabelecidas, mesmo numa universidade com professores progressistas que apoiavam o movimento. Na segunda parte do capítulo, analiso a expansão do Pronera e como sua estrutura de gestão tripartite no Incra permitiu ampla participação do movimento social. Também descrevo um ataque a esse programa em 2008, uma história que ilustra como a institucionalização dos objetivos de um movimento social precisa ser defendida constantemente por meio de mobilização conflituosa.

Já no Capítulo 3 apresento um contraexemplo ao Pronera, ilustrando como a institucionalização dos objetivos do movimento pode, às vezes, parecer com o processo que Paschel (2016) chama de absorção do movimento social. No final dos anos 1990 e início dos anos 2000, as práticas educacionais do MST em áreas de reforma agrária evoluíram para uma proposta nacional de abordagem educacional alternativa em todo o campo brasileiro. Essa proposta, que ficou conhecida como Educação do Campo, foi explicitamente conectada a uma visão alternativa do desenvolvimento do campo. Entre 2004 e 2012, a proposta foi implementada pelo Ministério da Educação (MEC) por meio de muitas leis, uma coordenadoria dentro do Ministério e uma série de programas. No entanto, mostro como a organização hierárquica do MEC, seu foco nas "melhores práticas" e a necessidade de expandir rapidamente seus programas educacionais minaram a habilidade do MST para se integrar – mesmo tendo no poder um governo nacional alinhado com o movimento. Durante esse período, vários grupos poderosos do agronegócio começaram a abraçar a ideia da Educação do Campo e a influenciar a trajetória desses programas. Nesse capítulo, pondero que, embora a institucionalização dos objetivos do movimento social possa ampliar as iniciativas dos militantes, esse processo pode resultar também no interesse de outros atores nos programas e na consequente diluição das intenções iniciais.

A minha meta da Parte Dois (capítulos 4 a 6) foi examinar como se desenvolveram os esforços regionais do MST para transformar escolas públicas estaduais e municipais em diferentes contextos, durante os quatro períodos conjunturais destacados na Parte Um. O Capítulo 4, sobre o Rio Grande do Sul, descreve o início do engajamento regional do movimento, com a educação no começo dos anos 1980 e como isso mudou ao longo de diferentes regimes políticos. O Capítulo 5, sobre Pernambuco, analisa a tentativa do MST de transformar escolas públicas a partir do final dos anos 1990, quando o movimento já tinha desenvolvido um claro conjunto de propostas pedagógicas. O Capítulo 6, enfim, concentra-se no engajamento do MST com escolas públicas do Ceará no final dos anos 2000, num contexto muito diferente, quando as iniciativas educacionais do movimento já eram reconhecidas nacionalmente.

No Capítulo 4, descrevo o Rio Grande do Sul como um caso ideal de cooperação Estado-movimento quando militantes bem-organizados do MST ajudaram um partido de esquerda, o PT, a tomar o poder num estado com alta capacidade para gestão educacional. Também mostro que, uma vez institucionalizada a proposta do MST, suas lideranças puderam continuar a cogerir essas iniciativas, mesmo quando o estado retirou seu apoio financeiro. No entanto, na segunda parte do capítulo, observo que ainda se trata de uma relação frágil, visto que o governo de direita que chegou ao poder uma década depois conseguiu atacar esses programas educacionais e enfraquecer o movimento. O argumento principal desse capítulo é que uma combinação de táticas contestatórias e presença institucional é essencial para engajar o Estado, mas que o tipo de regime também pode afetar diretamente os resultados do movimento.

No Capítulo 5, discuto a tentativa do MST de participar de um sistema público de educação no pior tipo de cenário: as cidades do interior de Pernambuco que vivem um clientelismo onipresente. No caso de Santa Maria da Boa Vista, a crescente capacidade do MST para gestão educacional convenceu múltiplos regimes clientelistas de que valia a pena cooperar com o Movimento. A segunda parte do capítulo apresenta o caso de Água Preta, que destaca o fator mais importante a determinar os resultados do movimento social: a própria infraestrutura do MST. Principalmente, uma infraestrutura robusta do movimento social requer a integração de vários atores em coletivos locais. Neste caso, embora existissem as mesmas oportunidades políticas em Água Preta e em Santa Maria da Boa Vista, as divisões internas nos assentamentos de Água Preta impediram o desenvolvimento de militantes locais e truncaram a habilidade dos militantes de participar nas escolas públicas.

Finalmente, no Capítulo 6, reúno os diferentes argumentos e analiso um dos exemplos mais impressionantes de institucionalização dos objetivos do MST na esfera educacional: a construção de uma rede de escolas do Ensino Médio nos assentamentos do MST no Ceará em 2009 e 2010. O Capítulo 6 mostra como o contexto nacional, embora não determine as trajetórias regionais, influencia diretamente as relações locais entre militantes do Movimento e agentes públicos locais. Descrevo este caso como um exemplo do efeito bumerangue de Margaret Keck e Kathryn Sikkink (1998), no qual um governo conservador concorda em trabalhar com o MST devido à crescente pressão externa. Como contraponto, menciono brevemente como o estado de São Paulo foi capaz de defletir a pressão federal, o que ilustra como estados de alta capacidade podem se sobrepor a tendências nacionais. Esse capítulo também mostra a evolução da prática pedagógica do MST e como está o programa no contexto contemporâneo.

Concluo com uma reflexão sobre o significado das iniciativas educacionais do MST para compreender estados, movimentos sociais e educação. Revisito afirmações teóricas que fiz na introdução e explico por que este estudo ajuda a entender como a longa marcha dos militantes pelas instituições sustenta seus movimentos. Também delineio os mecanismos exatos que facilitam a habilidade do MST para liderar esse processo massivo de mudança institucional. Termino com observações sobre as implicações deste estudo para entender a cogestão conflituosa de instituições do Estado por movimentos sociais latino-americanos e globais.

Embora vivamos um momento em que a política internacional pareça cada vez mais sombria, espero que estes capítulos ainda possam servir como indicador da possibilidade – e, na verdade, da urgência crescente – de construir movimentos de base e de massa com habilidosas estratégias simultaneamente institucionais e conflituosas.

PARTE I:

CONSTRUIR UM PROGRAMA EDUCACIONAL NACIONAL

CAPÍTULO 1 – EXPERIÊNCIAS PEDAGÓGICAS NO CAMPO BRASILEIRO

Quando as pessoas nos perguntam qual pedagogia o MST segue, devemos responder que o MST não segue uma pedagogia. O MST tem uma pedagogia!
Maria de Jesus Santos,
do Setor Nacional de Educação
e da direção estadual do MST no Ceará

No MST, sua vida, sua família dependem do movimento...
Essa é a pedagogia do MST.
Roseli Caldart,
do Setor Nacional de Educação do MST

O campo brasileiro é um espaço de contradições. Embora represente um dos recursos econômicos mais importantes do país, também é o território da pobreza, da exploração e da concentração de poder político e econômico. Historicamente, o campo brasileiro era controlado por homens fortes locais, os chamados "coronéis", que eram proprietários de vastas áreas de terra e controlavam esses territórios com mão de ferro. A educação para os trabalhadores rurais, quando existia, dependia da boa vontade dos latifundiários locais, que às vezes abriam escolas de uma única sala para os filhos de seus trabalhadores. Ao longo dos últimos cinquenta anos,[1] o Estado brasileiro promoveu a modernização da agricultura e a industrialização, quase sempre construída por meio da expoliação de trabalhadores rurais e urbanos. Com a industrialização, o governo também começou a investir mais em serviços públicos, inclusive na educação; no entanto, esses recursos estavam concentrados nas áreas urbanas. Embora os governos estaduais mantivessem algumas escolas públicas no campo, essas escolas tinham infraestruturas deterioradas, recursos mínimos e, em geral, professores sem qualificação adequada, o que levava a um sistema

[1] O Brasil teve várias ondas de industrialização, no início do século XX, sob o Estado Novo e nos anos 1950. Veio, em seguida, o grande impulso sob a ditadura civil-militar (1964-1985).

precário de educação rural, simbolizando o abandono das populações do campo pelo Estado.

Não obstante, ao longo da história brasileira, o campo também tem sido um lugar de resistência e luta, com revoltas de pessoas escravizadas, ligas camponesas e conflitos pela terra. A força dessa resistência rural, inclusive os programas de erradicação do analfabetismo criados por Paulo Freire no Nordeste do país, é uma das principais razões pelas quais a elite e as classes médias apoiaram o golpe civil-militar de 1964. Embora o regime militar tenha reprimido violentamente os militantes, a organização política do campo continuou ao longo de toda a ditadura, muitas vezes por meio de organizações comunistas clandestinas ou sob os auspícios de membros da Igreja Católica inspirados na Teologia da Libertação. Mais tarde, no início dos anos 1980, a organização do campo voltou com força renovada, levando à fundação do Movimento dos Trabalhadores Rurais Sem Terra (MST) em 1984.

Neste capítulo, analiso a história inicial do MST e sua primeira década como uma organização, ao mesmo tempo que grandes mudanças políticas e econômicas ocorriam por todo o país. Destaco três períodos conjunturais que caracterizam esses momentos: ditadura e abertura política (1978-1984); consolidação democrática (1985-1989) e neoliberalismo e conflito Estado-sociedade (1990-1996). Primeiro, descrevo as ocupações de terra que ocorreram no final dos anos 1970 e início dos 1980, ainda durante o período da ditadura militar, e como essas primeiras ocupações levaram à fundação do MST em 1984. Em seguida, destaco como o MST desenvolveu sua estrutura participativa interna ao longo dos cinco anos seguintes, à medida que a democracia se consolidava no Brasil. Finalmente, nos anos 1990, quando o país entrou no período de política econômica neoliberal e conflito Estado-sociedade, examino a expansão do MST, sua estrutura nacional de tomada de decisões e a evolução dos três objetivos do movimento: luta pela terra, reforma agrária e transformação social.

Embora muito dessa história tenha sido escrita antes, neste capítulo concentro-me na parte que não foi contada:[2] como os militantes do MST

[2] Ondetti (2008) oferece uma boa narrativa de como o movimento dos sem-terra foi formado pelo ambiente político mais amplo. Além disso, ver Fernandes (2000), Branford e Rocha (2002), Fernandes e Stedile (2002), Wright e Wolford (2003) e Wolford (2010b), todos relatos em livro sobre o MST.

desenvolveram e institucionalizaram práticas educacionais que reforçaram e promoveram sua visão social. Para cada período histórico, analiso a evolução do engajamento do MST com educação e escolaridade. Este capítulo ilustra a relação reflexiva entre o contexto nacional brasileiro, a evolução e expansão do MST e o programa educacional do movimento. Além disso, mostra como a história de um movimento social bem conhecido pode parecer muito diferente quando se examina um aspecto particular do movimento. Especificamente, ao analisar a evolução do Setor de Educação do MST, destaco as vozes das muitas mulheres do movimento que foram ativas durante o período inicial, mas que não participavam dos prestigiosos coletivos que tomavam as decisões. Quando as tarefas eram divididas nos acampamentos e assentamentos ocupados, as mulheres acabavam sempre tomando conta das crianças. Essas mulheres, organizadas sempre com base no que Alvarez (1990) chamou de interesses práticos de gênero das mulheres, transformaram criativamente a responsabilidade com as crianças e sua escolaridade em espaços que apoiariam os grandes objetivos do MST.

Finalmente, este capítulo mostra, ainda, como os militantes do movimento souberam aproveitar o Estado multifacetado e implementar sua proposta educacional em várias esferas institucionais, mesmo durante a ditadura e o intenso conflito Estado-sociedade. Militantes do MST puderam colocar em prática seus objetivos educacionais por meio do monitoramento coletivo das escolas públicas em suas comunidades. Depois, tendo estabelecido a educação uma prioridade nacional no movimento, os militantes obtiveram a aprovação do Estado para estabelecer suas próprias instituições educacionais. Esses espaços tornaram-se o que Wright (2010, p. 9) chama de "utopias reais", o que permitiu aos militantes do MST "vislumbrar os contornos de um mundo social alternativo que incorpora ideais emancipatórios". As instituições ofereceram aos militantes locais tanto graduações formais como a oportunidade de prefigurar a visão política e econômica do MST. Portanto, este capítulo ilustra o papel que a educação pode desempenhar para ajudar militantes locais a aprender sobre arranjos econômicos e sociais alternativos e praticá-los, e como esse tipo de experimento pode ocorrer sob regimes politicamente antagônicos. A história das iniciativas educacionais do MST tem início no princípio dos anos 1980; no entanto, antes de descrever a história educacional, ofereço uma visão breve do contexto agrário do Brasil anterior a este período.

Histórico: o contexto agrário brasileiro

O regime fundiário brasileiro remonta às primeiras décadas da colonização portuguesa. Em 1536, o Rei Dom João III (1502-1557) dividiu o território da imensa colônia sul-americana em 15 faixas de terras, denominadas capitanias hereditárias, que foram doadas a nobres de confiança do rei, os donatários. Estes, por sua vez, subdividiram esses territórios em áreas menores, as sesmarias, distribuídas a outros colonos e conquistadores, que deveriam cultivar a terra. Se não o fizessem, a sesmaria voltava para o donatário. Em muitos casos, os beneficiados não cultivavam a terra, que resultava na ocupação por pequenos lavradores, os posseiros, que plantavam e colhiam – mas não tinham o título de propriedade, embora houvesse algum reconhecimento da posse, o que dependia de uma série de fatores sociais, econômicos e políticos. O sistema de capitanias e sesmarias terminou com a Independência do Brasil (1822), quando as terras reconhecidamente não ocupadas foram devolvidas ao Estado brasileiro como terras devolutas.[3] Por meio de grilagem,[4] muitos latifundiários garantiram a posse de suas terras e também reclamaram direitos sobre territórios indígenas por todo o país. Em 1850, uma nova legislação fundiária entrou em vigor, pela qual a propriedade da terra só poderia ocorrer mediante compra. De acordo com Wolford (2010b, p. 39), essa lei facilitou a consolidação dos latifúndios, dificultou a compra da terra por pequenos produtores e aumentou as restrições às comunidades de posseiros.

A questão fundiária é também um legado da escravidão, que só foi abolida no Brasil em 1888, tendo produzido ao longo dos séculos o maior

---

[3] Na verdade, a maioria das terras, cultivadas ou não, continuaram na mão dos donos que se fizeram reconhecer como proprietários, inclusive por antiguidade da posse como sesmeiros ou por direito de conquista no período colonial.

[4] O vocábulo "grilagem" vem de uma antiga prática de furto de terras: os "grileiros" colocavam uma escritura falsa numa caixa cheia de grilos, cujas fezes davam ao papel um aspecto antigo, "provando" a posse da terra. Mas a grilagem não era o único jeito de garantir a propriedade da terra. Havia várias formas de apropriação, inclusive a ocupação e os direitos de conquista dos tempos coloniais.

tráfico de pessoas escravizadas da América.[5] Esse legado deixou uma grande população de afro-brasileiros sem-terra, embora o acesso à posse fosse disseminado, inclusive para negros forros ou para homens livres com ascendência escrava. A mão de obra escrava existia por todo o país, não só nas plantações de cana-de-açúcar ou de café para exportação, mas também na produção de alimentos para consumo interno e em outras atividades. No Sul do Brasil, há uma grande população de brancos sem-terra, descendentes de imigrantes europeus que chegaram a partir dos anos de 1860. Alguns desses imigrantes receberam terras, muitas vezes demasiado pequenas para chegar às gerações subsequentes, enquanto outros tornaram-se colonos em grandes fazendas e sempre foram sem-terra (Wolford, 2010b, p. 41).

A agricultura foi o setor mais importante da economia brasileira até o início do século XX, com a cana-de-açúcar dominando a maior parte do período colonial e imperial, e a cafeicultura e a pecuária leiteira se tornando cada vez mais proeminentes no final do século XIX, especialmente na região Sudeste.[6] Nesse mesmo período, a escravidão foi abolida (1888) e, no ano seguinte, advém a República. Com isso, houve uma concentração de poder político e econômico nas mãos dos produtores de café e de leite nos estados de São Paulo e Minas Gerais, gerando a famosa "política do café com leite" (Skidmore, 2010). No campo, o impacto desses dois movimentos é sensível. Incentivou-se a imigração de europeus, e os ex-escravizados foram abandonados à própria sorte, muitos deles mantendo-se nas antigas fazendas onde, outrora, viviam sob o regime do cativeiro. Dessa permanência dos ex-escravizados no campo cresceram diversas formas de acordo entre patrões e empregados, boa parte delas sem amparo legal e ainda caudatárias de lógicas escravistas.

---

5 O tráfico atlântico de pessoas escravizadas foi proibido no Brasil pela Lei Eusébio de Queirós, de 1850, mas continuou clandestinamente, com a cumplicidade do Império. Para uma discussão mais detalhada sobre a escravidão no Brasil, ver Bergad (2007), Graden (2006) e Klein e Luna (2009).

6 A maior província escravista do século XIX foi Minas Gerais, e pesquisas mais recentes têm demonstrado que a produção de alimentos para consumo interno foi tão ou mais importante que a cana-de-açúcar. Minas Gerais era predominantemente voltada para alimentos destinados ao mercado interno, como derivados de leite, carne bovina e produtos de couro (a exceção eram as áreas destinadas à mineração, principalmente na Zona da Mata mineira).

Em 1930, apoiado por oligarquias dos estados de Paraíba, Minas Gerais e Rio Grande do Sul, Getúlio Vargas tomou o poder e questionou a política do café com leite. Começou a implementar políticas de apoio à industrialização, acelerando a taxa de urbanização e reduzindo ligeiramente o poder político das elites agrícolas (Ondetti, 2008, p. 11). A exportação de produtos agrícolas passou a ser vista, então, como causa da fragilidade da economia nacional, fator de dependência externa e risco à soberania do país (Linhares e Silva, 1999, p. 105). A partir daquele momento, boa parte da produção agrícola era voltada para o mercado interno. Em 1937, Vargas estabeleceu um regime autoritário conhecido como Estado Novo, um golpe dentro do golpe de 1930. O Estado Novo foi criado como resposta a um certo Plano Cohen, supostas "instruções da Internacional Comunista (Komintern) para seus agentes no Brasil", segundo comunicado oficial do governo na época. Com a ampla divulgação desse documento fraudulento, Vargas decretou o estado de guerra pelo prazo de 90 dias e, em consequência, suspendeu as eleições presidenciais previstas.[7]

Vargas ficou conhecido como "Pai dos Pobres" por seus programas de bem-estar social, mas também estabeleceu um sistema de representação sindical que assegurava o controle do Estado sobre os trabalhadores. O processo de industrialização conduzida pelo Estado prosseguia, mas a ausência de reforma agrária (ou pelo menos de modernização das relações de trabalho no campo) mantinha o latifúndio intocado e estimulava o êxodo rural (Linhares e Silva 1999, p. 129). O fim da Segunda Guerra Mundial (1939-1945), conjugado a pressões de grupos urbanos no Brasil, levou também ao fim do Estado Novo em 1945 (Carone, 1976) e, em 1946, foi aprovada uma nova Constituição, estabelecendo que a propriedade rural privada poderia ser expropriada se não fosse usada para o bem-estar social. Esse ideal, porém, permaneceu apenas como "palavras numa página" (Ondetti 2008, p. 11).

[7] O Partido Comunista Brasileiro (PCB) foi fundado em 1922. Mas o Plano Cohen foi forjado pelo Capitão Olímpio Mourão Filho, chefe do serviço secreto da Ação Integralista Brasileira (AIB), organização fascista, tratando-se de uma fraude revelada somente após a extinção do Estado Novo, em 1945 (Brandi, 2001).

No final dos anos 1950 e início dos anos 1960, houve um crescimento notável da mobilização na área rural, com meeiros nordestinos formando Ligas Camponesas e trabalhadores rurais no Sul constituindo associações e participando em movimentos,[8] campanhas radicais de alfabetização e outros esforços de organização por todo o país.[9] Duas grandes organizações concorrentes, o Partido Comunista Brasileiro (PCB) e a Igreja Católica, eram responsáveis pela maior parte da mobilização. Havia uma inquietação social por todo o país e os protestos eram parte dela. O então presidente Jânio Quadros renunciou em 1961, no que se revelou mais tarde como uma tentativa de golpe que não deu certo. Como seu vice-presidente era João Goulart, de tendência progressista, que alguns interpretavam como esquerdista, houve uma tentativa de impedir sua posse, mas Goulart assumiu ainda em 1961. Dois anos depois, o Congresso aprovou um Estatuto do Trabalhador Rural,[10] que legalizou os sindicatos rurais, mas também exigiu que todos esses sindicatos integrassem a Confederação Nacional dos Trabalhadores na Agricultura (Contag, ver Capítulo 3). Goulart também tentou implementar um programa nacional de reforma agrária, o que assustou os assalariados de classe média, os setores industriais e os investidores estrangeiros, que apoiaram o golpe de 1964.

A ditadura militar no Brasil durou vinte anos, durante os quais as Ligas Camponesas e outros movimentos rurais dos anos 1960 foram destruídos, o movimento comunista caiu na clandestinidade e toda mobilização política foi suprimida.[11] Em resposta à agitação do campo, o

---

8 O Movimento dos Agricultores Sem Terra (Master), por exemplo, agia com apoio do então governador gaúcho Leonel Brizola (Ondetti 2008, p. 11). O Master foi fundado em 1960 no Rio Grande do Sul durante uma tentativa de reintegração de posse de uma área habitada e cultivada por cerca de 300 famílias de posseiros (Eckert, 1984, p. 67). Debelado pelo golpe de 1964, o movimento foi recuperado muito mais tarde pelo MST. Mas a pré-história do MST está nas primeiras lutas e reuniões que ocorreram entre 1978 e 1983 (Fernandes, 2008).

9 Como os programas de erradicação do analfabetismo criados por Paulo Freire nos anos 1950 e 1960.

10 O Estatuto do Trabalhador Rural (Lei n. 4.214), de autoria do deputado gaúcho Fernando Ferrari, entrou em vigor em 2 de março de 1963 (Memorial da Democracia, 2017). Esse estatuto foi revogado dez anos depois pela ditadura civil-militar (Lemos, 2001). Sobre a política agrária do governo João Goulart (1961-1964), ver "A questão agrária no governo Jango" (Grinszpan, s/d). Sobre Ferrari, ver Abreu (2001).

11 Depois do golpe de Estado, surgiram vários movimentos de guerrilha urbana e rural.

regime militar produziu, em novembro de 1964, um Estatuto da Terra surpreendentemente progressista, que definiu a terra como um bem social.[12] Essa lei, entretanto, era "suficientemente vaga para evitar qualquer responsabilidade real por expropriação" (Wolford, 2010b, p. 45). Em consequência, a concentração da terra permaneceu intocada, graças ao surgimento de novos tipos de propriedade, entre eles a empresa rural, que não podia sofrer desapropriação (Bruno, 1997). Não obstante, esse estatuto se tornou a base legal para as ocupações de terra que ocorreriam duas décadas depois.[13]

Em 1965, os militares criaram um sistema bipartidário, na tentativa de dar uma aparência de democracia ao regime: Aliança Renovadora Nacional (Arena, que depois se tornou PFL e DEM), de apoio ao regime; e Movimento Democrático Brasileiro (MDB), supostamente de oposição. Embora o primeiro presidente militar apoiasse algumas liberdades, o regime foi endurecendo ao longo dos anos 1960. Em 1968, para dissuadir rebeliões estudantis, sindicalistas, grupos de verdadeira oposição parlamentar e sobretudo os vários movimentos guerrilheiros de resistência ao regime, o general-presidente Arthur da Costa e Silva decretou o Ato Institucional n. 5 (AI-5), que suspendeu a Constituição e o instrumento do *habeas corpus*, dissolveu o Congresso, instaurou a censura prévia e sujeitou à Justiça Militar o que definiu como "crimes contra a segurança nacional" (Skidmore, 2010). Em 1969, um general linha-dura, Emílio Garrastazu Médici, tornou-se presidente e usou o AI-5 para implementar políticas que institucionalizaram a tortura e eliminaram qualquer oposição, gerando algumas centenas de assassinatos e "desaparecimentos" executados pelo Estado. De acordo com D'Araújo (2017), o AI-5 não só

---

[12] Essa lei só foi aprovada sob pressão dos Estados Unidos. Com a vitória da Revolução Cubana (1959), o então presidente estadunidense John Kennedy propôs a Aliança para o Progresso, com o objetivo de evitar a expansão do comunismo pelo continente (Schlesinger, 1966). Em 1961, oito países latino-americanos, inclusive o Brasil, subscreveram esse pacto, no qual se comprometiam a realizar mudanças estruturais (como a reforma agrária) em troca de apoio econômico-financeiro dos EUA (Matos, 2013, p. 16). O governo Jango já aventara a possibilidade de execução desse projeto no Centro-Oeste e às margens de estradas de ferro e rodovias, mas o projeto foi travado por parlamentares comprometidos com o latifúndio.

[13] O Estatuto da Terra do regime militar foi desmontado na Constituição de 1988 e também na Lei Agrária de 1993 (Lei n. 8.629, de 26/2/1993). Ver Medeiros (2001).

se impunha como instrumento de intolerância política e ideológica, mas também referendava um projeto de desenvolvimento econômico a ser realizado "com sangue, suor e lágrimas".[14]

A primeira década da ditadura civil-militar também foi um período de rápida industrialização.[15] O chamado "milagre econômico" era parte de uma estratégia de desenvolvimento conduzida pelo Estado, que envolvia uma aliança entre empresários locais, corporações multinacionais e empresas estatais (Evans, 1979). Essa estratégia agravou os desequilíbrios regionais que haviam caracterizado a primeira metade do século XX e criou um abismo ainda maior entre pobres e ricos. O regime militar também investiu na mecanização da agricultura, por meio de crédito subsidiado ao incipiente agronegócio, o que veio a ser conhecido como "revolução verde".[16] O rápido desenvolvimento agrário e as mudanças tecnológicas expulsaram milhares de trabalhadores no campo e, junto com a expansão do setor industrial urbano, levaram a um crescimento exponencial do êxodo rural.[17] As periferias das grandes cidades se tornaram enormes favelas, onde as pessoas viviam em barracos sem água, esgoto ou eletricidade. A população que ficou no campo foi basicamente abandonada pelo governo.

---

14 Ver "O AI-5. Fatos & Imagens: artigos ilustrados de fatos e conjunturas do Brasil" (D'Araujo, 2017).

15 Em 1964, os produtos básicos respondiam por 85,4% das exportações brasileiras, contra meros 6,2% de manufaturados e 9,7% de semimanufaturados. A participação de produtos manufaturados nas exportações brasileiras passou de 7% em 1965 para 30% em 1974. Entre 1968 e 1974, o chamado "milagre econômico" chegou ao auge e a economia brasileira cresceu 11% ao ano, em média, mantendo um crescimento médio de 7% ao ano entre 1975 e 1980.

16 O conceito de "revolução verde" foi criado pela indústria internacional de sementes híbridas e máquinas agrícolas e foi usado pela primeira vez no México, em 1960. Nessa década, 70% da pauta exportadora brasileira ainda era composta de café, açúcar, algodão e minérios. A "revolução verde" dos governos militares foi aumentando aos poucos a produtividade das lavouras, mas não alterou substancialmente a carteira de produtos oferecidos. A soja, por exemplo, que em 1966 alcançava uma produção de apenas 500 mil toneladas, chega hoje a 35 milhões de toneladas (estimativa para 2019); mas o verdadeiro *boom* da soja se deu nos anos 1990, quando a China se abriu para o mundo, não sob a ditadura. Já a cana-de-açúcar se beneficiou do Proálcool, um programa federal criado pelos militares para a produção de álcool combustível (Ondetti, 2008).

17 Entre 1960 e 1970, o crescimento urbano foi de 4,5% ao ano (Alvarez, 1990, p. 45). Em 1960, 55% da população brasileira vivia em áreas rurais; em 1980, só 32% da população era rural (IBGE, 1996).

Ditadura e abertura política (1974-1984)

As primeiras ocupações de terra no final dos anos 1970, que levaram à fundação do Movimento dos Trabalhadores Rurais Sem Terra (MST), eram uma resposta aos acontecimentos políticos e econômicos mais amplos. Em 1974, no governo do general Ernesto Geisel (1974-1979), o regime militar deu início à "abertura lenta, gradual e segura", nas palavras do general-presidente. O regime buscava uma saída honrosa para as Forças Armadas, em busca de legitimação nacional e internacional, visto que o comunismo já não era uma ameaça crível à segurança nacional e que o fim do "milagre econômico" tinha reduzido a popularidade do regime.[18] Entre outras consequências, as reformas aumentaram o poder do partido de oposição e também levaram a um surto de organização política em defesa dos direitos humanos. Em 1977, explodiram as primeiras manifestações estudantis em uma década, enquanto o regime militar recuava das liberdades políticas concedidas pela "abertura" com uma série de restrições, que ficaram conhecidas como "Pacote de Abril" (Mische, 2008).[19] Depois, em 1978, os metalúrgicos do ABC paulista organizaram uma série de greves na indústria automobilística, chamando a atenção de todo o país. Um dos mais proeminentes líderes desse movimento sindical de oposição foi Luiz Inácio Lula da Silva, o Lula, que se tornaria presidente da República mais de duas décadas depois. A agitação dos trabalhadores do ABC instigou rapidamente outros estados e outras categorias.[20] Também em 1978, militantes do movimento negro, que sentiam que os demais movimentos sociais consideravam secundário o problema racial, uniram-se para fundar o Movimento Negro Unificado (MNU) (Paschel, 2016). As mulheres também estavam se mobilizando

---

[18] Em meados dos anos 1970, os movimentos de oposição guerrilheira, sindical e estudantil ao regime já tinham sido quase completamente reprimidos ou eliminados.

[19] Em 13 de abril de 1977, em cadeia nacional de rádio e TV, o general Geisel anunciou um conjunto de leis que, entre outras medidas, fechou temporariamente o Congresso Nacional. Foi a imprensa que apelidou esse conjunto de "Pacote de Abril".

[20] Ondetti (2008) observa que a federação de sindicatos rurais também organizou algumas dessas greves. As mais importantes ocorreram entre os trabalhadores do setor de produção de cana-de-açúcar em Pernambuco.

nas periferias urbanas, criando grupos que variavam de clubes de mães a movimentos feministas radicais (Alvarez, 1990).

A Igreja Católica teve um papel particularmente crucial nessas mobilizações a partir de meados dos anos 1970. Na América Latina, tradicionalmente, os padres católicos se envolviam em projetos de caridade, para angariar alimentos, por exemplo, mas não em projetos políticos (Berryman, 1987, p. 15). Durante os anos 1960, líderes religiosos começaram a desenvolver a Teologia da Libertação com base numa opção preferencial pelos pobres: foi um salto na Igreja Católica para o foco na melhoria das vidas dessas populações. Os padres que seguiam a Teologia da Libertação começaram a engajar trabalhadores em discussões sobre a pobreza e o poder, por meio de grupos de estudo locais, conhecidos como Comunidades Eclesiais de Base (CEBs). As CEBs eram organizadas como tradicionais grupos de estudo bíblico, mas o estudo era baseado na experiência dos próprios trabalhadores e na habilidade deles para empreender ações políticas que pudessem melhorar suas comunidades (p. 36). Muitas dessas CEBs eram inspiradas pelas ideias educacionais do livro *Pedagogia do oprimido* ([1969] 2000), de Paulo Freire. Por volta de 1981, já existiam 80 mil CEBs em todo o Brasil (Moreira, 1985, p. 177). A simples quantidade e a difusão das CEBs, mesmo durante uma ditadura, eram indício seguro da capacidade da Igreja para influenciar e mobilizar populações pobres por meio de iniciativas educacionais de base, não formais.

Organização rural e as primeiras ocupações de terra

Cerca de 270 mil famílias sem-terra buscavam um jeito de sobreviver no Rio Grande do Sul durante a primeira década do regime militar (Branford e Rocha, 2002). Embora muitos dos primeiros imigrantes tivessem recebido entre dez e 20 hectares de terra quando chegaram ao Brasil, seus filhos adultos eram considerados sem-terra, porque a propriedade não era suficiente para sustentar essas famílias.[21] O regime militar tentou transferi-las para o Norte do país, ainda esparsamente povoado.

[21] O que ilustra como a definição de sem-terra é construída socialmente, pois famílias que tinham fazendas desse tamanho no Nordeste não eram consideradas sem-terra.

Por isso, os anos 1970 foram pródigos em fundação de cidades e expansão da fronteira agrícola, principalmente no Centro-Oeste, mas a primeira leva de ocupação territorial foi feita com a pecuária, não com a lavoura.[22] As novas cidades no Mato Grosso e em Rondônia passaram a receber os primeiros colonos do Sul, que introduziram a agricultura de grãos na região. Mas ainda não havia infraestrutura para escoar a produção, o que só ocorreria mais tarde, com a construção de estradas federais para conectar a safra aos portos. Além disso, nas novas cidades não havia serviços sanitários e de saúde, e muitos colonos tiveram dificuldade para se adaptar (Wolford, 2010b, p. 45).

Em meados dos anos 1970, milhares de famílias do Sul começaram a invadir reservas indígenas, um ato ilegal que o governo resolveu ignorar (Branford e Rocha, 2002, p. 6). Isso ilustra tanto o desprezo de muitos brasileiros pobres pelos direitos territoriais dos indígenas como a recusa do governo em lidar com a concentração de terras, o que, muitas vezes, colocou diferentes populações marginalizadas umas contra as outras.[23] Desses milhares de famílias, duas mil viviam na reserva Nonoai dos índios Kaingang, no Rio Grande do Sul.

Em 4 de maio de 1978, depois de mais de dez anos de protestos junto às autoridades, os Kaingang declararam guerra aos colonos e os expulsaram de suas terras. Ocorre que, em 1975, a Igreja Católica fundara a Comissão Pastoral da Terra (CPT) para ajudar a defender os direitos dos trabalhadores rurais. Inicialmente, o trabalho da CPT se concentrava na região amazônica, mas, no final dos anos 1970, padres e freiras progressistas começaram a formar comissões em outras regiões (Ondetti, 2008, p. 54). Um grupo de líderes religiosos da CPT gaúcha se reuniu com as famílias sem-terra que foram despejadas da terra indígena e ofereceu apoio. No primeiro encontro, estava presente um funcionário do Ministério da Agricultura, João Pedro Stedile (Ondetti, 2008, p. 67), que logo se tornaria um dirigente nacional do MST. Os padres, freiras e

---

[22] Há uma frase famosa, creditada a um dos generais-presidentes, Emílio Garrastazu Médici, que diz: "A Amazônia será conquistada pela pata do boi".

[23] Famílias pobres não eram os únicos grupos invadindo terras indígenas, nem eram sequer os principais grupos. Para mais discussão sobre a história das populações indígenas no Brasil, ver o trabalho do pesquisador Darcy Ribeiro (1995, 2000).

outros aliados começaram a debater com as famílias sem-terra sobre as possíveis ações que elas poderiam empreender, inclusive a ocupação de uma grande propriedade improdutiva na região. Ironicamente, os líderes religiosos basearam o direito de ocupar essa terra no Estatuto da Terra de 1964, do próprio governo militar, que definia a terra como um bem social.

Na madrugada do dia 7 de setembro de 1979, 110 famílias expulsas da reserva Nonoai ocuparam a fazenda Macali. Já no dia 25 de setembro, outro grupo, com cerca de 70 pessoas, ocupou as terras da Brilhante. Começa aí a retomada da luta pela terra no Brasil. O apoio organizacional e ideológico da Igreja foi essencial para a onda de ocupações de terras que ocorreu no Sul do Brasil no começo dos anos 1980. Uma das primeiras ocupações ocorreu em 1979, organizada por descendentes de europeus no Rio Grande do Sul. Depois de um ano de resistência às tentativas de despejo pela polícia, e com grande apoio da opinião pública, o governo do estado concordou em dar essa terra às famílias. Depois dessa ocupação inicial, a CPT ajudou a organizar dezenas de outras ocupações de terras por todo o Sul do Brasil, com diferentes graus de sucesso (Poletto, 2015).

Entrementes, outros importantes eventos políticos ocorriam por todo o país. Em 1979, um novo general-presidente, João Figueiredo, continuou o processo de abertura política. As reformas mais importantes eram a anistia para exilados políticos e mais tolerância com os protestos e a mobilização. O regime militar também aprovou uma Lei da Reforma Partidária em dezembro de 1979, que dissolveu o sistema bipartidário. Embora o governo esperasse que essa reforma dividisse o apoio crescente para o único partido de oposição (Moreira, 1985), a reforma não deu certo, levando à fundação de muitos novos partidos políticos que transformaram a trajetória política do Brasil.[24]

Em 1980, o movimento sindical, os militantes da Igreja Católica, intelectuais progressistas e líderes de movimentos sociais e populares

---

[24] A Arena, que apoiava os militares, tornou-se Partido Democrático Social (PDS), e o MDB, de oposição, tornou-se Partido do Movimento Democrático Brasileiro (PMDB). Outros partidos de oposição formados então incluíam o Partido Popular (PP), o Partido Trabalhista Brasileiro (PTB) e o Partido Democrático Trabalhista (PDT). Para uma análise detalhada da formação de partidos durante esse período, ver Moreira (1985).

emergentes,[25] inclusive o movimento dos sem-terra, uniram-se para formar o Partido dos Trabalhadores (PT). Vários dos militantes sem-terra envolvidos nas ocupações regionais no Sul participaram do congresso de fundação do PT. Como escreve Ann Mische (2008, p. 103), "o PT defendia uma nova luta pelo socialismo, especificamente latino-americana, comprometida com a democracia interna, com movimentos sociais de base e, cada vez mais, com a democracia institucional como um caminho para a reforma". Dois anos mais tarde, os mesmos líderes populares que fundaram o PT se juntaram para criar a Central Única dos Trabalhadores (CUT), uma nova confederação de sindicatos de trabalhadores. A CUT viria a ser, nas duas décadas seguintes, uma das mais importantes forças organizadoras no Brasil.

Em janeiro de 1981, no meio desses acontecimentos nacionais, uma das maiores e mais importantes ocupações da história inicial do movimento dos sem-terra ocorreu na fazenda Encruzilhada Natalino, no Rio Grande do Sul, com 600 famílias. Os líderes da CPT local foram essenciais para organizar essa ocupação. Outros grupos politicamente ativos por todo o estado também apoiaram o acampamento, inclusive sindicatos e organizações estudantis. Em 25 de julho, dez mil pessoas participaram numa marcha de solidariedade com as famílias que ocupavam a fazenda. Menos de uma semana depois, em 31 de julho, o governo enviou 200 soldados para cercar o acampamento, ameaçando com ações violentas. No entanto, o despejo pelos militares foi evitado pelo apoio do público (A. Wright e Wolford, 2003, p. 34). Em junho de 1983, depois de mais de dois anos, o governo do estado concordou em assentar as famílias na fazenda. No meio do otimismo que se seguiu à vitória, iniciou-se o debate sobre a criação de um movimento nacional.

Em janeiro de 1984, um encontro de quatro dias no sul do Paraná reuniu militantes de ocupações de terra dispersas por todo o país. A dinâmica dessas ocupações diferia muito de estado para estado. A CPT era a força organizadora mais importante na região Sul, mas em outros lugares o movimento sindical rural também teve um papel importante.

[25] A expressão "movimento popular" se refere a movimentos sociais liderados por segmentos de trabalhadores ou segmentos populares da sociedade civil urbana e rural.

Em 1983, a divisão regional da CPT no Sul tinha fundado, no Paraná, uma entidade chamada Movimento dos Trabalhadores Rurais Sem Terra do Oeste (Mastro) (Ondetti, 2008, p. 75) para coordenar as ocupações de terra. Em janeiro de 1984, portanto, o movimento dos sem-terra já tinha uma rede bem estabelecida e alguns grupos regionais organizados, que haviam se formado organicamente ao longo dos cinco anos anteriores. A decisão mais importante tomada durante a reunião de janeiro de 1984 foi a de fundar uma nova organização, nacional e autônoma, que não podia ser ligada à Igreja, aos sindicatos ou a partidos políticos: o Movimento dos Trabalhadores Rurais Sem Terra (MST). O lema da nova organização era "terra para quem vive e trabalha nela".

Os primeiros experimentos educacionais do MST

Antes da fundação oficial do MST em 1984, havia muito pouco debate sobre educação entre os militantes dos acampamentos de sem--terra. Este foi um período de intenso conflito entre o movimento e o Estado, e os militantes se concentravam principalmente em evitar o despejo e obter direitos sobre a terra. Não obstante, militantes sem-terra locais começaram a organizar atividades educacionais como resposta a demandas de famílias vivendo em acampamentos de ocupação. Alvarez (1990, p. 55) descreve assim a sociedade brasileira nesse período: "Como 'esposas, mães e cuidadoras' da família e da comunidade, as mulheres são as principais arquitetas das estratégias domésticas nas classes populares". Em consequência, a responsabilidade pela organização do cuidado com as crianças caía principalmente sobre as mulheres. Desde as primeiras ocupações de terra do MST, as mulheres organizaram atividades educacionais para as crianças que viviam nos acampamentos. Às vezes, eram atividades isoladas, com apenas umas poucas famílias; mas, em alguns acampamentos, as mulheres se uniam para estabelecer serviços de creche para o acampamento inteiro, com atividades educacionais que ensinavam às crianças o sentido do Movimento Sem Terra e da luta pela reforma agrária.

Muitos desses militantes Sem Terra tinham experiência com programas educacionais voltados para a base da sociedade, por meio de sua participação anterior nos grupos de estudo da Igreja Católica, as CEBs.

Baseados na filosofia de alfabetização de Paulo Freire - ler a *palavra* e o *mundo* -, líderes religiosos conversavam com as famílias sem-terra sobre suas experiências pessoais e, em seguida, evoluíam para discussões mais amplas sobre desigualdade, economia e política. Portanto, Freire veio a ser a principal referência educacional para os militantes locais dos Sem Terra. Embora os debates sobre teorias educacionais ainda fossem mínimos entre os militantes das ocupações dos Sem Terra, as mulheres que participaram desses grupos de estudo religioso começaram a organizar iniciativas freireanas em seus acampamentos. A história a seguir, de Salete Campigotto, considerada a primeira professora do MST, ilustra essas conexões entre a Igreja Católica, Paulo Freire e esses primeiros experimentos educacionais.

A primeira professora do MST: a história de Salete Campigotto

Nascida em 29 de abril de 1954, Salete Campigotto é filha de um pequeno proprietário rural no Rio Grande do Sul e passou a maior parte de sua juventude trabalhando na fazenda dos pais.[26] A escola mais próxima só chegava ao 5º ano, então Salete deixou sua comunidade e se mudou para uma cidade vizinha para continuar estudando. Completou o Ensino Médio em 1971. Em 1975, aos 21 anos, ela conseguiu uma bolsa de estudos para cursar um programa de formação de professores de nível médio, e no ano seguinte começou a lecionar para alunos de primeiro e segundo anos na mesma escola primária que frequentara. Em 1977, conheceu o Padre Arnildo Fritzen, um militante da Teologia da Libertação que a convidou para participar de uma CEB. Esse grupo de estudo não formal se reunia toda semana para refletir sobre textos políticos e religiosos. Salete lembra: "Foi na CEB que aprendi a analisar a realidade dos pequenos agricultores, a realidade da educação no Brasil. [...] foi por meio dessas experiências que eu comecei a questionar o que estava acontecendo e percebi que nosso jeito de organizar o ensino não ajudava os alunos a refletir sobre a própria realidade". Em 1979, durante a primeira ocupação de terras na

[26] A informação sobre Salete Campigotto deriva de uma entrevista pessoal com ela em 13 de janeiro de 2011 e também de uma entrevista com ela publicada em 2008 (Tedesco e Carini, 2008).

região onde vivia, Salete apoiou as famílias acampadas levando comida e outros suprimentos.

Em 1981, ela decidiu participar de uma ocupação na região. Uma vez instalado o acampamento, ela era a única pessoa ali com uma formação em magistério. Seu engajamento inicial com educação no movimento resultou de uma necessidade concreta: havia mais de cem crianças correndo pelo acampamento, sem nenhum ambiente estruturado de ensino, e dois terços dos adultos eram analfabetos. Salete e outra militante começaram a organizar atividades educacionais para as crianças e para muitos desses adultos. Mas decidiram não usar os mesmos métodos de ensino com os quais haviam sido educadas e buscaram métodos que levassem em consideração as realidades locais das famílias acampadas.

O seu interesse no desenvolvimento de uma abordagem educacional diferente nos acampamentos das ocupações era um resultado direto de suas experiências na CEB, onde tinha sido apresentada às práticas educacionais freireanas. Para aperfeiçoar esse conhecimento, Padre Arnildo, que se tornou mentor político de Salete, e João Pedro Stedile, um aliado local que ajudou a fundar o MST, convidaram dois educadores que haviam trabalhado nas campanhas de alfabetização de Freire para visitar o acampamento e trabalhar com Salete e outros professores voluntários. Embora já estivesse familiarizada com as práticas educacionais de Freire por meio da CEB – mais tarde, ela cursou uma faculdade de Educação com foco na pedagogia freireana –, ela diz que, a essa altura, seu conhecimento das ideias de Freire ainda era superficial. Durante oito dias, os educadores convidados a apresentaram aos principais componentes da filosofia educacional de Freire: construir conhecimento por meio de temas geradores; usar a linguagem da comunidade; criar atividades pedagógicas baseadas nas realidades dos alunos; rejeitar o tradicional método "bancário" de educação (no qual os professores simplesmente depositam conhecimento na cabeça dos alunos); e promover a aprendizagem por meio de diálogo e pesquisa.

Depois dessa formação, Salete começou a ensinar o alfabeto com palavras extraídas da realidade dos alunos, como "A" de acampamento ou "B" de barraca. Em seguida, ajudava os alunos a refletir sobre cada uma dessas questões, fazendo perguntas: o que é um acampamento? Por que estavam acampados? Como se organizam acampamentos? Por que vivemos em barracas? Que outros tipos de construção existem para casas? Como os pobres vivem? Como vivem os ricos? Como vivem os sem-terra? Salete ensinou geografia ao ajudar os alunos a identificar as lavouras localizadas na região. Para aprender matemática, ajudou os alunos a estimar o tamanho do acampamento e a distância entre as barracas. Ela experimentava novos métodos o tempo todo, sempre usando Freire como referência teórica.

Em 1983, Salete e os demais residentes da ocupação ganharam os direitos ao uso da terra e, depois de vários protestos contenciosos, também obtiveram o direito a uma escola pública dentro da comunidade. Esta foi a primeira escola pública do país localizada dentro de um assentamento do MST. Em vez de procurar professores qualificados que concordassem em viajar até o assentamento para dar aulas, o governo do estado concordou em contratar Salete. Ela começou imediatamente a incorporar pedagogias freireanas em sala de aula, a despeito do contexto nacional conservador. "Numa escola pequena, onde você é o professor e o diretor, [...] há muito espaço para trabalhar", recorda. "Eu trabalhei durante a ditadura e nossa escola era vigiada, porque estava num assentamento, mas nunca precisei parar de ajudar os alunos a analisar criticamente a realidade deles". Como ilustra a história de Salete Campigotto, militantes locais do MST que se tornaram professores conseguiam influenciar as escolas públicas em seus assentamentos desde o começo ao incorporar pedagogias alternativas em suas práticas de sala de aula. Salete dava aulas de manhã e, à tarde, visitava acampamentos do MST para contribuir com as iniciativas educacionais não formais do movimento.

As intervenções educacionais dela demonstram que os militantes tinham espaço para experimentar alternativas pedagógicas, mesmo sob a ditadura militar. Em parte, isso ocorria por causa da natureza do ensino e da dificuldade de saber o que se passa dentro de uma sala de aula. Além disso, professores como Salete, que aceitam lecionar em assentamentos rurais distantes e resolvem prontamente qualquer problema em suas escolas, aumentam a capacidade de gestão do próprio Estado. Enfim, e talvez seja o ponto mais importante, no contexto de uma ampla mobilização social por todo o país, alguns poucos professores radicais não eram vistos como uma grande ameaça ao regime militar.

Consolidação democrática (1985-1989)

Em 1985, quando o país voltou formalmente à democracia, a militância e a organização política no Brasil estavam no pico. O principal objetivo desses movimentos populares era transformar a natureza do Estado brasileiro ao colocar o etos participativo dessas organizações dentro das instituições públicas. Este foi um período no qual a cidadania estava sendo redefinida para além dos direitos formais, como uma cidadania mais ativa, o que incluía o engajamento em lutas sociais e a participação direta na tomada de decisão no Estado. Como afirma Dagnino (1998, p. 47), isso não significava uma recusa ao engajamento em "institucionalidade política e no Estado, mas sim um clamor radical pela transformação de ambos". Dagnino escreve sobre isso como uma nova forma de cidadania, não limitada às provisões legais, que determinavam formas mais igualitárias de relações sociais em todos os níveis (Dagnino, 1998, p. 52). Wampler e Avritzer (2004) se referem a esse fenômeno como "públicos participativos".

A Assembleia Constituinte de 1988 foi uma oportunidade para grupos mobilizados institucionalizarem suas demandas por direitos das mulheres e dos negros, reforma agrária, moradia e muito mais. No entanto, nesse período os setores conservadores da sociedade brasileira também começaram a se organizar. Quando o primeiro presidente civil assumiu, em 1985, ele logo anunciou um Plano Nacional de Reforma Agrária, que prometia assentar 1,4 milhão de pessoas sem-terra - uma tentativa direta de controlar a agitação no meio rural. A resposta das elites agrárias foi imediata: no mesmo ano, fundaram a conservadora União Democrática Ruralista (UDR), que atingiu dezenas de milhares de membros em 1986. Seu objetivo era impedir que o presidente implementasse o plano de reforma agrária e garantir que a nova Constituição não permitisse a expropriação de terras. Em consequência, a linguagem relativa à desapropriação de propriedades privadas foi mais restritiva na Constituição de 1988 do que no Estatuto da Terra de 1964 (Ondetti, 2008), uma grande derrota para os movimentos rurais. Houve tentativas similares de bloqueio de reformas progressistas em quase todas as esferas de políticas públicas. Assim, embora a "Constituição Cidadã" de 1988 tenha abraçado mais direitos do que nunca, ela ainda estava muito longe de tudo que os movimentos tinham demandado inicialmente. Baiocchi *et al.* (2011) identificam três forças que deram forma ao processo de reforma constitucional de 1988: elites regionais, movimentos sociais e a crise da dívida, que leva a uma pressão internacional para transferir mais responsabilidade aos governos estaduais. Essa combinação de fatores também levou à devolução do poder político para os governos municipal e estadual, criando oportunidades para as elites consolidarem seu poder e também para a participação da sociedade civil nos governos locais.

A estrutura organizativa[27] do MST e a participação na tomada de decisões

Os primeiros cinco anos do MST como uma organização estabelecida ocorreram durante esse momento vibrante de mobilização da sociedade civil, que levou à Assembleia Constituinte de 1988. O movimento continuou a organizar ocupações de terras, cerca de 50 por ano entre 1985 e 1989, com dezenas de milhares de famílias. Embora também houvesse outros grupos ocupando terras em todo o país, o MST era, de longe, o grupo mais ativo e o único com alcance nacional.[28] Durante esse período, o governo assentou 89.950 famílias, com uma média anual de 17.990 famílias (Ondetti 2008, p. 148). Depois que o direito à terra era assegurado, os militantes do MST estimulavam as famílias beneficiadas a continuar participando do movimento, tanto para desenvolver seus próprios assentamentos como para apoiar ativamente as lutas pela terra de outras famílias da região.

O MST também começou a solidificar sua estrutura organizativa durante esse período. Inspirado no movimento da Teologia da Libertação, dentro da Igreja Católica, o MST desenvolveu um processo decisório interno a partir de pequenos coletivos chamados núcleos de base (NB). À medida que ocupações de terras ocorriam no Sul do país, padres e freiras

---

[27] Na linguagem dos militantes do MST, "organizativo" indica como funciona o todo, com instâncias, setores e coletivos, de maneira orgânica (donde outro jargão do movimento: sua "organicidade"). Para os militantes, "organizacional", que seria o adjetivo adequado aqui, diz respeito apenas à forma, como num organograma, e não à "organicidade" da estrutura.

[28] A CPT coletou dados sobre ocupações de terras desde 1987, mas só em 1989 começou a registrar qual organização conduzia a ocupação. Nesse ano, o MST respondia por 61,2% do total de 80 ocupações (CPT, 1990).

locais ajudaram as famílias sem-terra a se organizar em pequenos coletivos de cerca de dez famílias cada um. Esses NBs eram espaços de deliberação e debate, permitindo que as famílias tomassem decisões coletivamente sobre as tarefas necessárias para a sobrevivência de todos. Todo acampamento também tinha um coletivo mais amplo, com dois coordenadores de cada NB.[29] Essa direção coletiva era responsável pela coordenação das tarefas cotidianas no acampamento. No entanto, em vez de apenas representar os NBs, o coletivo dirigente pretendia ser a expressão das discussões e desejos dos coletivos de base. Debates importantes na direção coletiva sempre eram socializados nos NBs, antes que qualquer decisão pudesse tomada. Além disso, assembleias gerais eram convocadas para ratificar as decisões mais importantes no acampamento, de forma que todos pudessem participar diretamente. A Figura 1.1 ilustra essa estrutura organizativa nos acampamentos do MST.

Como afirma Ondetti (2008), os acampamentos de ocupação eram espaços privilegiados, onde os militantes do MST tinham uma audiência cativa e podiam requisitar a participação das famílias acampadas nos NBs e em outros coletivos de trabalho necessários ao funcionamento do acampamento. No entanto, uma vez que as famílias recebiam títulos de propriedade nos novos assentamentos da reforma agrária, o movimento já não tinha essa autoridade para requisitar esse nível de participação permanente. É aqui que a estratégia gramsciana do MST se torna ainda mais importante, pois os militantes do movimento precisavam construir uma autoridade moral e intelectual nos assentamentos e ainda obter das famílias a crença na visão política e econômica do movimento. Os militantes também precisavam investir na formação das pessoas que viviam nesses assentamentos, de forma a desenvolver intelectuais orgânicos que poderiam conectar as comunidades à estrutura organizativa mais ampla do MST. O objetivo era alcançar a participação de todas as famílias em acampamentos e assentamentos nos coletivos decisórios, por meio dos NBs. Entretanto, era extremamente difícil integrar as pessoas nessa forma

[29] Em meados dos anos 2000, o MST adotou a representação igualitária de gêneros dentro do movimento. Em âmbito local, isso significava que pelo menos um dos dois coordenadores do NB devia ser uma mulher.

de autogestão. A participação das famílias na educação se tornou uma estratégia importante para exercitar a liderança local.

Uma abordagem educacional para apoiar uma visão social

Embora o MST tenha sido oficialmente fundado em 1984, só em 1987 o movimento tomou uma posição oficial com relação à educação. Caldart (2004) relata que muitos militantes do MST resistiram à ideia de ter escolas públicas dentro dos assentamentos, porque tinham sido marginalizados e tratados como burros em escolas. Além disso, em meados dos anos 1980, havia uma tendência entre dirigentes do MST de ver as escolas públicas como instrumentos do Estado capitalista, que teriam o propósito único de reproduzir as relações sociais capitalistas.

Não obstante, à medida que mais famílias tinham acesso à terra, persistia a demanda da base do movimento pela construção de escolas nessas novas comunidades. Sue Branford e Jan Rocha (2002, p. 114), por exemplo, contam a história de uma mulher envolvida com uma ocupação do MST que descreveu a seguinte situação no acampamento dela: "Havia centenas de crianças soltas pelo acampamento, com nada para fazer o dia inteiro, que acabavam arrumando encrenca. Nós pesquisamos e descobrimos que havia 760 crianças em idade escolar no acampamento e 25 professoras qualificadas entre as mulheres. Fazia todo sentido estabelecer uma escola". Nesse acampamento específico, a questão foi a voto na assembleia geral e a maioria das famílias decidiu que deviam pedir ao governo para construir uma escola ali.

Da mesma forma, em outros acampamentos e assentamentos em todo o Sul do Brasil, as famílias começaram a demandar escolas públicas para seus filhos. Em geral, os funcionários do governo inicialmente se recusavam a construir essas escolas, alegando que as crianças podiam tomar um ônibus para escolas em cidades próximas. Em resposta, os militantes Sem Terra ocuparam secretarias de Educação e organizaram outras formas de protesto até que sua demanda por escolas públicas fosse atendida. O sistema descentralizado de educação pública, sustentado pela Constituição de 1988 e pela crise econômica, criava oportunidades para o Movimento, pois dezenas de diferentes governos municipais e estaduais administravam sistemas escolares com relativa autonomia.[30] Se um governo municipal era hostil às famílias acampadas, o movimento podia contornar esse nível de governo e pressionar o governo estadual para construir uma escola. Como os partidos de oposição (do PMDB[31] ao PT) ganharam cada vez mais eleições para prefeito e para governador, também havia mais oportunidades para diálogo. Caldart (2004) observa que esta foi a primeira fase da luta do movimento pela educação pública: famílias mobilizadas por acesso à educação por meio de ações diretas que forçaram os governos locais a oferecer esse serviço público.

Essa *primeira fase* da luta educacional consolidou o aspecto mais importante da visão educacional do movimento: que as escolas deveriam ser localizadas em áreas rurais, não acumuladas em centros urbanos. Construir escolas nos assentamentos e acampamentos era o único jeito de garantir a participação do Movimento nessas escolas. Quando a demanda por acesso à educação era atendida, os militantes Sem Terra locais precisavam lidar com um novo problema: professores vindos das cidades próximas, que não sabiam nada sobre o MST ou a reforma agrária. Alguns desses professores começaram a dizer aos alunos que seus pais eram bandidos e que o objetivo da educação era encontrar um bom emprego na cidade. O debate educacional dentro do Movimento havia mudado, e naquele momento se perguntava como os militantes do MST poderiam tornar as escolas mais sensíveis às necessidades do Movimento. Foi aí que começou o que Caldart (2004) descreve como a *segunda fase* da luta do MST: organizar as famílias para monitorar as escolas.

O envolvimento ativo das famílias na supervisão do sistema de escolas públicas foi crucial para a cogestão conflituosa da educação pública. Uma militante e professora do MST, Carmen Vedovatto, descreve sua própria experiência de se mudar para um acampamento do MST em Santana do Livramento, no Rio Grande do Sul, em meados dos anos 1980. Assim que chegou ao acampamento, foi convidada para lecionar, uma vez que ela já tinha diploma de Ensino Médio. A essa altura, o governo municipal

---

[30] Este sistema de gestão educacional é chamado de "regime de colaboração".

[31] Militantes dos dois partidos comunistas, o Partido Comunista Brasileiro (PCB) e o Partido Comunista do Brasil (PCdoB), atuavam clandestinamente dentro do MDB e pressionavam por posições mais progressistas.

não reconhecia legalmente as atividades educacionais que ocorriam no acampamento. Quando a família de Carmen finalmente ganhou acesso à terra no novo assentamento de reforma agrária, o prefeito local se recusou a abrir uma escola ali. As famílias passaram a pressionar o governo do estado para construir a escola, por meio de protestos e marchas em frente à Coordenadoria Regional de Educação (CRE) da Secretaria de Educação estadual. A estratégia deu certo e, no primeiro dia de aula, a comunidade hasteou orgulhosamente uma bandeira do MST. Quando os funcionários da Secretaria descobriram, exigiram que a bandeira fosse arriada. Depois de muitos protestos, a comunidade obteve o direito de manter a bandeira nas paredes da escola. Carmen foi nomeada professora, e a comunidade organizou um coletivo de famílias para apoiá-la em seu trabalho cotidiano e defendê-la em outros conflitos semelhantes com o governo.[32]

Salete Campigotto conta uma história parecida sobre o modo pelo qual a comunidade ajudou-a numa questão legal que enfrentou na escola. Em meados dos anos 1980, a escola de Salete era a única edificação do assentamento que tinha eletricidade. À tarde, quando a escola fechava, Salete permitia que as famílias fizessem "gatos" para puxar a energia da escola para suas casas. Uma tarde, vários funcionários da Secretaria Estadual de Educação visitaram a escola e viram os cabos ilegais. Ficaram furiosos e deixaram uma mensagem para Salete, exigindo um encontro para processá-la legalmente. Ela não foi ao encontro. Em vez disso, um coletivo de pais do assentamento concordou em conversar com os funcionários do governo. Eles contaram sua história de pobreza, sua decisão de ocupar a terra e os anos que passaram acampados. Perguntaram aos funcionários por que eles não mereciam ter eletricidade e ameaçaram organizar protestos se o governo processasse Salete. Tanto fizeram que, no fim, os funcionários enviaram uma carta à companhia estadual de eletricidade, pedindo a eletrificação de todo o assentamento. Salete lembra com carinho desse episódio: "Sempre conto essa história para mostrar a importância de manter uma organização forte da co-

[32] Todas as citações ou informações atribuídas a Carmen Vedovatto foram obtidas numa entrevista em 5 de janeiro de 2011.

munidade para acompanhar as escolas. Imagine se eu estivesse sozinha. Eu tinha me lascado!"[33]

As histórias de Salete e Carmen ilustram o fato de que, desde o começo da luta do MST, as famílias pressionaram o Estado pelo seu direito de participar do sistema escolar. Coletivos regionais de famílias e professores preocupados com educação começaram a surgir organicamente dentro do movimento, mesmo antes que se estabelecesse um Setor Nacional de Educação no MST. Esses coletivos regionais tinham uma maioria esmagadora de mulheres.

Experimentos com uma abordagem educacional freireana socialista

Muitos dos militantes que ocuparam terras nos anos 1980, como Salete, estavam familiarizados com a abordagem pedagógica de Freire. Essa abordagem oferecia aos militantes um conjunto concreto de pedagogias para empregar em sala de aula, como a incorporação de temas geradores baseados na realidade dos alunos, a problematização, diálogo e práxis - conectar teoria e prática. A teoria freireana também ajudou os militantes locais a entender que a mudança social era não apenas possível, mas também necessária eticamente. Além disso, Freire ensinou ao movimento que a educação nunca é neutra; ela sempre está ativamente mantendo ou transformando o *status quo*.

Mais importante ainda, a teoria freireana ajudou os militantes do MST a refletir sobre o papel da liderança de base no movimento e sobre as armadilhas do vanguardismo. Roseli Caldart, dirigente nacional do Setor de Educação do MST, explicou: "Paulo Freire nos ensinou que somos sujeitos, não objetos, do processo de mudança social. Ele acredita nos camponeses. Alguns revolucionários acreditaram que as vanguardas produziriam a revolução. Paulo Freire nos ensinou que a revolução não ocorre via vanguardismo: todo mundo precisa ser um agente da própria libertação".[34] Essa noção de liderança coletiva de base foi crucial para a prática da democracia direta que se desenvolveu dentro do Movimento. Militantes do MST dizem

[33] Todas as citações ou informações atribuídas a Salete Campigotto foram obtidas numa entrevista em 13 de janeiro de 2011.

[34] Anotações da pesquisa de campo, setembro de 2011.

sempre que todo mundo precisa aprender a coordenar e a ser coordenado: liderar eficientemente um processo de trabalho coletivo e também seguir os militantes que são encarregados de uma certa tarefa.

A despeito dessas muitas lições valiosas, a teoria freireana também tinha suas limitações para as lutas do MST nesse período inicial. Embora suas ideias ajudassem muito para pensar a prática pedagógica e o papel dos pobres como protagonistas da própria luta, Freire não se aprofundou tanto na questão de reformar o sistema formal de educação pública. Além de influenciar a prática dos professores, os militantes da educação no MST também queriam transformar a tradicional estrutura hierárquica das escolas públicas – as relações entre funcionários do governo, burocratas, diretores de escolas, professores, alunos e membros da comunidade. Sem rejeitar as contribuições de Freire para a pedagogia em sala de aula e a prática política, os militantes começaram a procurar outras ideias educacionais. Como Salete descreve, "nós buscávamos uma nova proposta educacional para nossas escolas e nos perguntávamos onde, no mundo, alguém tinha tentado criar um sistema escolar para uma sociedade socialista". Uma resposta a essa pergunta estava na União Soviética.

No final dos anos 1980, esses militantes começaram a encontrar inspiração para sua abordagem pedagógica no trabalho de muitos teóricos soviéticos que escreveram na primeira década depois da Revolução Bolchevique de 1917.[35] Como esses teóricos viajaram do contexto soviético no começo do século XX para o campo brasileiro nos anos 1980? É importante notar que os anos 1980 foram uma década de amplo debate sobre o socialismo por todo o Brasil, com importantes intelectuais e inúmeros grupos políticos inspirando-se nas lutas socialistas do século anterior. Discussões sobre a Revolução Bolchevique e seu significado para a luta política brasileira eram comuns entre os militantes de movimentos rurais e urbanos.[36] No entanto, a incorporação de ideias soviéticas à proposta

[35] Especificamente, leram teóricos soviéticos que escreveram entre 1917 e 1931. O MST considera 1931 como o momento em que a União Soviética parou de investir na capacidade criativa de sua população para a autogestão e adotou um modelo industrial de cima para baixo, similar ao dos países capitalistas.

[36] No movimento sindical e nos partidos políticos os debates eram intensos, com profundas divergências entre dirigentes que apoiavam o trotskismo *versus* o stalinismo, a União Soviética *versus* a China maoísta. Antonio Ozaí da Silva (1987) é uma boa fonte para as divergências

pedagógica do MST não era a simples imposição de uma teoria estrangeira; ao contrário, os militantes começaram a usar essas ideias, porque elas coincidiam com as práticas já em andamento nos acampamentos e assentamentos do MST. A história a seguir, sobre a ocupação da Fazenda Annoni, ilustra como essas teorias soviéticas reforçaram os valores que as famílias já abraçavam sobre a relação entre educação, trabalho e cooperação.

Em 29 de outubro de 1986, 1.500 famílias ocuparam a Fazenda Annoni, um latifúndio no centro-norte do Rio Grande do Sul. Era a maior ocupação conduzida pelo MST até então e jogou os holofotes nacionais sobre a questão da reforma agrária. Salete passou a viajar todos os dias para trabalhar com as crianças daquele acampamento. Entre os que ocupavam a Fazenda Annoni, havia 11 pessoas com experiência em educação. Esses professores, juntamente com algumas das mães, formaram um coletivo de educação. Juntos, os membros do grupo começaram a pensar mais intensamente sobre os tipos de experiências educacionais que queriam organizar.

Como a ocupação da Fazenda Annoni recebeu atenção da mídia nacional, outros simpatizantes da luta começaram a visitar e a oferecer seu apoio. Entre eles estava a mestranda Roseli Caldart, de uma universidade próxima, que se tornaria uma dirigente do Setor Nacional de Educação do MST. Na universidade de Roseli havia um professor especialista em marxismo e em pedagogia socialista, que apresentou a ela o trabalho dos principais intelectuais soviéticos na área de educação. Quando ela visitou a ocupação na Fazenda Annoni, ficou impressionada com as práticas que Salete e o coletivo de educação do acampamento tinham desenvolvido. Em particular, ela admirou como os professores incorporavam práticas de trabalho cooperativo como um componente das atividades educacionais das crianças. Roseli sugeriu que o coletivo de educação lesse os textos de vários escritores soviéticos, inclusive Nadezhda Krupskaya, vice-ministra

políticas da esquerda na primeira metade dos anos 1980. Depois da queda do Muro de Berlim em 1989, houve um debate inflamado nas esquerdas brasileiras sobre o significado desse fato para a luta dos trabalhadores no Brasil.

da Educação na União Soviética entre 1929 e 1939 e esposa de Lenin.[37] Salete Campigotto contou uma história semelhante sobre seu primeiro contato com esses teóricos soviéticos:

> Quando Roseli nos visitou nos anos 1980, a gente já estava trabalhando num coletivo de educação. Com os pais de alunos, eu já tinha construído atividades práticas com as crianças. Uma delas era a criação de coelhos. Tínhamos um calendário marcando quais crianças eram responsáveis pelos coelhos a cada semana, como cuidar deles, verificar se não estavam doentes, essas coisas todas. Quando a Roseli viu aquilo, ela disse assim: escola e trabalho. A escola do trabalho. Acho que ela já estudava, porque eu nunca tinha ouvido falar da Krupskaya, ela que trouxe. Ela disse que nós estávamos desenvolvendo uma relação entre escola e trabalho. Então começamos a estudar a russa e fomos adiante com nossos projetos - além dos coelhos, galinhas, hortinhas, essas coisas.

No acampamento do MST, todo mundo trabalhava - plantando alimentos, construindo barracas improvisadas para abrigo, tomando conta dos animais. Parecia lógico para Salete que seus alunos também trabalhassem em coisas relacionadas às necessidades do acampamento. Quando Roseli apresentou os escritos de Krupskaya ao coletivo de educação, as ideias sobre o propósito educacional do trabalho manual coincidiram com os valores das famílias acampadas.[38] Nos anos seguintes, os coletivos de educadores e pais dos acampamentos e assentamentos do MST continuaram a ler teorias soviéticas, tendo aliados como Roseli no papel de mentores. Dois pedagogos soviéticos se tornaram grandes inspiradores para o movimento no final dos anos 1980 e começo dos anos 1990: Moisey Pistrak e Anton Makarenko.

O valor educativo do trabalho manual - Moisey M. Pistrak

As teorias de Moisey Pistrak sobre o valor educativo do trabalho manual imediatamente seduziram os militantes do MST. Nascido na Rússia, Pistrak (1888-1940) foi muito influente na reforma do sistema

---

[37] Daqui em diante, todas as citações ou informações atribuídas a Roseli Caldart foram obtidas numa entrevista em 17 de janeiro de 2011. As exceções serão apontadas.

[38] Nessa época, o acesso ao trabalho de Krupskaya estava limitado a uns poucos ensaios que tinham sido traduzidos para o espanhol e, depois, para o português. Só em 2017 uma coleção mais abrangente dos escritos de Krupskaya foi traduzida diretamente para o português.

educacional da União Soviética depois da Revolução Bolchevique. Em seu *Fundamentos da escola do trabalho*,[39] Pistrak discutiu suas experiências na construção e implementação de um método pedagógico nas escolas primárias da União Soviética: "A revolução e a escola devem agir paralelamente, porque a escola é arma ideológica da revolução" (Pistrak, 2009, p. 30). Fiel a esta crença, Pistrak (p. 48) enfatiza o trabalho como pedra fundamental do sistema escolar socialista - um jeito de ensinar os princípios de disciplina, organização e coletividade: "É preciso ensinar amor e a estima pelo trabalho em geral. O trabalho eleva o homem e lhe traz alegria; educa o sentimento coletivista, enobrece o homem e é por isso que o trabalho, e particularmente o trabalho manual de qualquer tipo, é precioso como meio de educação".

A ideia de Pistrak de que o trabalho manual é um processo educacional importante antagoniza a premissa dominante na sociedade de que o propósito do estudo é a mobilidade social para fora da classe trabalhadora e dos empregos agrários. Essa separação entre trabalho manual e intelectual - nas palavras de Harry Braverman (1998), o divórcio entre concepção e execução - definiu o desenvolvimento capitalista durante os séculos XIX e XX.[40] Essa separação rejeita a habilidade dos trabalhadores para compreender todo o processo de produção, já que eles se tornavam meros executores de tarefas pré-determinadas. Um princípio fundamental da abordagem pedagógica do MST é rejeitar essa separação entre trabalho intelectual e trabalho manual; e, em vez disso, promover a ideia do camponês-intelectual, que é, ao mesmo tempo, engenheiro e trabalhador no processo de produção.

[39] Nos anos 1980, esta era a única tradução para o português dos escritos de Pistrak. Um segundo livro (*Escola comuna*) foi traduzido para o português trinta anos mais tarde (Pistrak, 2009), o que levou à incorporação de novas práticas pedagógicas no MST, inclusive o uso dos *complexos* que faziam conexões entre o currículo e as realidades dos alunos. Não existem traduções de Pistrak para o inglês; todas as citações do autor neste livro vêm de textos traduzidos para o português.

[40] Frederick Taylor, um engenheiro estadunidense, procurou melhorar a eficiência industrial por meio de "administração científica", como ele definiu. A administração científica consistia no micro-gerenciamento de todas as tarefas dos trabalhadores para melhorar a eficiência. O "taylorismo" se tornou uma filosofia proeminente dessa ideia.

Roseli lembrou que, quando começaram a ler os escritos de Pistrak em meados dos anos 1980, os militantes locais do MST reconheceram a tarefa na qual eles próprios estavam engajados: criar um sistema escolar que apoiasse diretamente as práticas econômicas socialistas. A teoria de Pistrak sobre uma "escola do trabalho" - na qual os alunos são expostos tanto ao estudo como ao trabalho manual - tornou-se um dos pilares educacionais do MST. A obra de Pistrak ofereceu aos militantes uma linguagem para teorizar os benefícios sociais das práticas que já adotavam nos projetos de trabalho em seus acampamentos e assentamentos, como a criação de coelhos, de Salete. Os escritos do autor russo também ajudaram os militantes a entender as iniciativas educacionais em relação às de outras sociedades socialistas. O principal conceito que os militantes do MST extraíram da obra de Pistrak - de que o trabalho manual é um processo educacional importante - tornou-se elemento central da proposta pedagógica do movimento.

Autogestão e cooperação – Anton Semionovich Makarenko

Anton Makarenko (1888-1939) foi outro teórico soviético cujos escritos influenciaram o Setor de Educação do MST no final dos anos 1980 e início dos anos 1990. A obra de Makarenko se tornou uma referência importante para os modos de promoção do coletivismo tanto no sistema de educação pública quanto no próprio Movimento. Makarenko era um educador ucraniano que, no início dos anos 1920, estabeleceu um internato para órfãos de guerra, a chamada Colônia de Trabalho Máximo Gorki[41] (Bowen, 1962; Makarenko, 2001, 1976). A liderança soviética considerava esses órfãos depravados e sem valores socialistas; no entanto, Makarenko acreditava que era possível desenvolver suas personalidades, seu caráter e intelecto (Bowen, 1962). Sua solução para as dificuldades educacionais que esses órfãos enfrentavam no sistema escolar tradicional foi a criação de coletivos estudantis. Ele argumentava que, uma vez dentro

[41] Depois da Revolução Bolchevique, havia mais de 7 milhões de órfãos na União Soviética. A Colônia Gorki recebeu o nome do romancista, dramaturgo, contista e militante político russo Máximo Gorki, que Makarenko respeitava muito. Gorki foi a "ponte" entre a geração de Thecov e Tolstoi, de um lado, e a nova geração de escritores soviéticos, de outro.

de um coletivo, os alunos dispensariam o individualismo e lutariam por objetivos sociais maiores.

Seu livro *Road to life: an epic on education* ([1933] 2001) - publicado em português pela Editora 34 com o título *Poema pedagógico* - é uma narrativa em primeira pessoa de sua vida como diretor da Colônia Gorki. O livro capturou a imaginação dos militantes do MST, que relacionaram as experiências de Makarenko com suas próprias histórias de sem-terra. Como disse Marli Zimmerman, militante da educação no MST: "fui atraída por Makarenko porque ele sempre trabalhou com os excluídos, com crianças consideradas problemáticas, como nós com os Sem Terrinha".[42] Makarenko escreveu que um aspecto-chave na construção de um coletivo é a autogestão: permitir que os alunos encontrem suas próprias soluções para todas as questões educacionais (Luedemann, 2002). O objetivo de Makarenko era transformar as relações entre alunos, professores e administradores. Em vez de simplesmente ir à escola e cumprir as tarefas designadas, os alunos se tornaram agentes na definição do funcionamento da escola.

Militantes do MST abraçaram a ideia da autogestão coletiva da escola pelos alunos. Lideranças locais já estavam organizando os acampamentos e assentamentos por meio dos núcleos de base (NBs), que eram os organismos decisórios mais importantes do Movimento. Criar NBs em escolas públicas - semelhantes aos coletivos de alunos de Makarenko - fazia sentido para os militantes locais. Como explicou Rubneuza Leandro, liderança educacional do MST, "para Makarenko o coletivo é um organismo social vivo e, por isso mesmo, possui órgãos, atribuições, correlações, responsabilidades e interdependência entre as partes. Se tudo isso não existir, não há um coletivo, há uma simples multidão, uma concentração de indivíduos".[43] Ao organizar os alunos em coletivos, o MST tentou emular a visão de Makarenko, de coletivos como organismos vivos. A esperança era de que os alunos se tornassem algo maior do que a soma das partes.

---

[42] Todas as citações ou informações atribuídas a Marli Zimmerman foram obtidas numa entrevista em 9 de novembro de 2010.

[43] Da apresentação de Rubneuza Leandro num encontro do MST em Caruaru, Pernambuco (anotações de campo, julho de 2009).

Fundação do Setor Nacional de Educação do MST

Em julho de 1987, o MST organizou o Primeiro Encontro Nacional de Educadores das Áreas de Reforma Agrária, que se realizou no Espírito Santo. Os dirigentes nacionais organizaram esse encontro em resposta à pressão vinda das bases, das famílias nos acampamentos e assentamentos, para que o movimento apoiasse a educação. Como um dos dirigentes nacionais do Setor de Educação, Edgar Kolling recorda: "No início, começamos mais pela formação política das lideranças, não pelas escolas. No andar da carroça, como já tínhamos vários acampamentos e assentamentos – e, quando conquistava assentamento, tinha de conseguir escola –, houve uma espécie de pressão das professoras e das mães para que o MST também se preocupasse com a educação formal".[44] Embora o movimento já estivesse investindo em iniciativas educacionais não formais e o próprio Edgar ajudasse a organizar essas escolas de formação, as famílias nos assentamentos também queriam acesso à educação formal.

No primeiro encontro nacional, havia 13 educadores da reforma agrária de quatro estados diferentes. Um documento escrito pelos participantes ilumina as razões pelas quais eles consideravam a educação fundamental para a luta maior do Movimento pela reforma agrária:

> Sabemos que, se a classe dominante usa a escola como um dos principais meios de controle ideológico para manter a ordem atual e sustentar o sistema capitalista, e se o Movimento Sem Terra quer contribuir para a transformação dessa realidade, não pode deixar de encarar como fundamental o trabalho de educação e investir com seriedade na formação de professores. Se eles ficarem à margem do processo de luta, continuarão passando os valores e servindo aos interesses da classe dominante. E estaremos dando força ao inimigo, deixando que ele cresça dentro do nosso próprio terreno. (MST, 1987)

Como sugere esse excerto, mesmo nesses anos iniciais muitos líderes do MST tinham um entendimento explicitamente gramsciano das relações entre o Estado e a sociedade civil. Esses militantes acreditavam que as escolas eram instituições de reprodução social, que transmitiriam os valores da classe dominante e serviriam aos seus interesses. No entanto,

---

[44] Todas as citações ou informações atribuídas a Edgar Kolling foram obtidas numa entrevista em 18 de novembro de 2010. Exceções serão apontadas.

em vez de rejeitar essas instituições, os militantes achavam necessário conquistar os professores para um projeto hegemônico alternativo, por meio de sua presença e militância nessas escolas.

Embora ainda fosse marginal a luta educacional do MST, o seminário nacional de 1987 foi o ponto de inflexão: dali em diante, a direção nacional do movimento começou a abraçar a necessidade de transformar a educação pública. Os participantes do seminário nacional aprovaram 11 propostas, inclusive a organização de um coletivo nacional de educação, com representantes de cada estado, para planejar mais encontros e atividades e desenvolver um curso nacional de formação de professores. O movimento considera esse seminário de 1987 como o momento em que se formou uma rede nacional de militantes educacionais do MST, que acabou por se tornar o Setor Nacional de Educação do MST.[45] O movimento já tinha dezenas de militantes educacionais, como Salete Campigotto, que surgiram organicamente dos acampamentos e assentamentos e estavam implementando um conjunto de práticas educacionais alternativas em suas escolas. Esses militantes locais tinham acesso às teorias freireanas e socialistas graças ao contexto político dos anos 1980, um período de vibrante mobilização dos movimentos sociais, formação de partidos políticos e ênfase de toda a sociedade na gestão participativa. O Setor Nacional de Educação poderia agora ajudar a coordenar os esforços locais. Caldart (2004) considera esse período como a *terceira fase* da luta educacional do MST, quando a educação foi incorporada às preocupações diárias do Movimento. Foi então que o engajamento com o sistema público de educação se tornou um objetivo estratégico do MST.

Neoliberalismo e o conflito Estado-sociedade (1990-1996)

Os vibrantes movimentos dos anos 1980, e a esperança que carregavam de promover um modelo alternativo de desenvolvimento e uma democracia mais participativa e popular, enfrentaram uma enorme decepção em 1989, quando Fernando Collor de Mello, o governador relativamente desconhecido de um pequeno estado nordestino, derrotou por uma pequena margem

[45] O MST já tinha um Setor Nacional de Formação, que organizava cursos de desenvolvimento político para as lideranças do movimento.

o candidato do PT à Presidência da República, Luiz Inácio Lula da Silva. Essa foi a primeira eleição direta para presidente em quase três décadas e, embora a coalizão das esquerdas tenha se mobilizado pela candidatura Lula,[46] as contramobilizações da direita se revelaram mais eficazes. Essa eleição mudou a trajetória da política brasileira, levando a uma década de políticas neoliberais e conflito Estado-sociedade, com cortes nos investimentos sociais, liberalização do comércio e políticas de estabilização financeira. A presidência de Collor também foi marcada por um novo contexto global, já que a queda da União Soviética em 1989 fortaleceu o argumento de que não havia alternativa para o capitalismo.

Em 1992, porém, um escândalo de corrupção implicou Collor num esquema multimilionário e multidões tomaram as ruas em manifestações pela destituição do presidente da República.[47] Em 29 de dezembro de 1992, Collor renunciou ao cargo e o vice-presidente Itamar Franco terminou o mandato como presidente nos dois anos seguintes, marcados pela hiperinflação. Foi então que o ministro da Fazenda, Fernando Henrique Cardoso, do Partido da Social Democracia Brasileira (PSDB), ficou famoso por criar o Plano Real, que estabilizou as taxas de inflação, levando à sua vitória nas eleições presidenciais de 1994 (novamente contra Lula). O governo FHC deu continuidade às políticas econômicas neoliberais do governo Collor e intensificou o conflito Estado-sociedade, especialmente com o movimento de trabalhadores rurais (ver Capítulo 2).

A eleição de 1989 também redefiniu a dinâmica interna da própria esquerda. Um grupo de lideranças buscou o poder dentro do PT, defendendo uma estrutura partidária mais "pragmática" para ganhar eleições, e finalmente tornou-se hegemônico em meados dos anos 1990. Com isso, o número de membros do partido cresceu muito e houve menos investimento nos processos participativos antes adotados (Keck, 1992). Além disso, os políticos do PT estavam formando alianças com políticos conservadores.[48]

---

[46] Essa coalizão, chamada de Frente Brasil Popular, envolvia o próprio PT, o Partido Comunista do Brasil e muitos partidos de centro-esquerda.

[47] Os estudantes foram os protagonistas desses protestos; ver Mische (2008) para uma descrição detalhada.

[48] Em 1992, essas mudanças levaram à expulsão de uma grande tendência trotskista dentro do PT e, em 1994, à fundação do primeiro partido à esquerda do PT, o Partido Socialista dos Trabalhadores Unificado (PSTU).

Ao longo dos anos 1990, os candidatos que concorriam às eleições pelo PT não eram homogêneos ideologicamente, mas pessoas com diferentes relações com os movimentos de base e com diferentes níveis de apoio à democracia participativa e à política socialista. Portanto, os conflitos que caracterizaram esse período não eram só entre o paradigma econômico neoliberal e de direita, de um lado, e uma visão esquerdista de democracia participativa e desenvolvimento social, de outro; eram essencialmente um conflito implacável sobre os objetivos da própria esquerda. No coração desse conflito estavam os acordos que o PT precisava fazer, ou não fazer, para angariar a força necessária para implementar reformas que poderiam levar a ganhos econômicos reais para a classe trabalhadora brasileira.

Foi nesse contexto que, nos anos 1990, o MST e outros movimentos sociais conseguiram institucionalizar algumas de suas demandas no interior do Estado brasileiro. Nessa época, muitos dos dirigentes dos movimentos nos anos 1980 tinha fundado ONGs (Alvarez, 1999; Baiocchi, 2005), enquanto uma minoria, como o MST, manteve sua identidade de movimento popular. O sistema federal descentralizado oferecia, tanto às ONGs como aos movimentos, expressivos pontos de entrada para promover a transformação das instituições públicas. Além disso, embora Lula tenha perdido as eleições em 1989, no ano anterior muitos candidatos do PT tinham vencido eleições para prefeito e vários deles ainda tinham profundas relações com os movimentos sociais. Com isso, o impulso para mudanças muitas vezes vinha do Estado, por meio de candidatos de esquerda vitoriosos nas eleições ou de reformistas dedicados do próprio Estado, todos promovendo novas estruturas institucionais. Na cidade de Porto Alegre, o prefeito Olívio Dutra implementou um sistema de orçamento participativo que se tornou famoso em todo o mundo (Abers, 2000; Baiocchi, 2005; Goldfrank, 2011a). Em São Paulo, a prefeita Luiza Erundina empossou Paulo Freire como secretário de Educação (O'Cadiz, Wong e Torres, 1998) e promoveu uma série de iniciativas de "economia solidária" (Satgar, 2014). Em pequenas cidades por todo o país, lideranças de movimentos sociais integraram governos municipais, eleitos ou indicados para cargos executivos (Gibson, 2019). Não é surpresa que, nesse período, as teorias de Gramsci sobre o Estado, a sociedade civil e a guerra de posição tenham se tornado parte do discurso entre os grupos de base (Coutinho, 2013; Dagnino, 1998).

O MST nos anos 1990: luta pela terra, reforma agrária e transformação social

À medida que evoluía esse período de neoliberalismo, conflitos Estado-sociedade e experimentos participativos, o MST se expandiu nacionalmente e solidificou sua estrutura organizativa. Primeiro, o movimento continuou com sua prática de ocupar grandes latifúndios.[49] Com o objetivo de estabelecer uma organização nacional, os militantes do MST no Sul viajaram para o Nordeste e para o Norte do país para estimular ocupações de terra. Muitas dessas áreas tinham grandes populações afrobrasileiras, cujas histórias agrárias eram bem diferentes da tradição de pequenas propriedades familiares no Sul.[50] Nessas regiões, os militantes do MST organizaram os trabalhadores da cana-de-açúcar, os boias-frias, as famílias que viviam no semiárido e as pessoas da periferia das cidades, que haviam recentemente migrado das áreas rurais.[51] Essas ocupações de terra eram quase sempre bem-sucedidas ao pressionar o Estado para redistribuir a terra e criar novos assentamentos da reforma agrária.[52] Outros grupos aprenderam com o sucesso do MST e começaram a organizar suas próprias ocupações de terra em diferentes partes do país. A Confederação Nacional de Trabalhadores na Agricultura (Contag) foi uma das organizações que conduziu uma parte significativa das ocupações de terra nos anos 1990, conseguindo resultados importantes (Sauer e Welch, 2015).

Entre 1988 e 1994, houve um total de 661 novas ocupações de terra, envolvendo 111.741 famílias, com uma média de 94,4 ocupações com 15.963 famílias por ano. O MST organizou cerca de 55% dessas ocupações, quase sempre com um número muito maior de famílias participantes

[49] Ondetti (2008) argumenta que a tática das ocupações foi a razão pela qual o MST continuou a crescer.

[50] Wolford (2010b) discute as tensões que emergiram quando os militantes trouxeram a ideia da reforma agrária baseada na pequena propriedade familiar, uma tradição principalmente de brancos da região Sul, para as regiões de lavoura de cana-de-açúcar no Nordeste, que tinham populações muito maiores de descendentes de africanos e de mestiços.

[51] As populações autóctones conduziam suas próprias lutas pela terra e tinham sua própria organização nacional.

[52] A redistribuição de terra é administrada pelo Instituto Nacional de Colonização e Reforma Agrária (Incra), abordado no Capítulo 2. Também existem algumas agências estaduais que redistribuem terra.

do que nas ocupações de outras organizações, menores e mais isoladas. Durante os governos Collor (1990-1992) e Itamar (1993-1994), uma média de 11.330 famílias foram assentadas por ano. O número de ocupações de terra e de famílias que receberam o direito à terra aumentou drasticamente durante o primeiro governo FHC (1995-1998, Figura 1.2), com uma média de 482 novas ocupações por ano, envolvendo 71.825,5 famílias (Figura 1.3). Durante esses quatro anos, uma média de 75.204 famílias receberam direito à terra a cada ano, consequência tanto das mobilizações dos movimentos sociais como da ampliação dos conflitos rurais (Figura 1.4, ver também o Capítulo 2). Também mudou a distribuição regional das famílias envolvidas nas ocupações, com notável aumento no número de famílias participantes oriundas do Nordeste (Figura 1.5).

Uma segunda característica do MST durante esse período foi a posição da direção nacional de que apenas a terra não era suficiente para desenvolver comunidades sustentáveis no campo brasileiro. Ao contrário, sem o apoio do Estado, as famílias não tinham os recursos para viver e trabalhar na terra e, com frequência, abandonavam o projeto ou vendiam seus lotes. Para de fato transformar a estrutura agrária, os militantes locais do MST começaram a demandar, para além da luta pela terra, o que eles chamavam de reforma agrária propriamente dita: os recursos que viabilizariam uma vida digna e economicamente viável para as famílias. Esses recursos incluíam sementes, equipamento agrícola, assistência técnica, moradia, estradas, serviços de saúde, eventos culturais, atividades para os jovens e, obviamente, escolas públicas. Além disso, o MST determinou que, embora fosse responsabilidade do Estado a provisão dos recursos para esses serviços públicos, a comunidade tinha o direito de acompanhar coletivamente a implementação local.

Em 1992, o MST fundou o que viria a se tornar um de seus mais importantes setores temáticos: o Setor de Produção, hoje chamado de Setor de Produção, Cooperação e Meio Ambiente. Esse setor estava encarregado de desenvolver a estratégia para a produção agrícola coletiva e, semelhante ao que ocorrera no Setor de Educação, coordenar nacionalmente as muitas cooperativas locais que já estavam estabelecidas nos assentamentos. O MST promoveu as Cooperativas de Produção Agropecuária (CPAs) em todos os assentamentos, assim como, no nível estadual, as Cooperativas

Centrais das Áreas de Reforma Agrária (CCAs), que coletivizaram a comercialização, o transporte e a compra de insumos e equipamentos (Ondetti, 2008, p. 125). O MST também estabeleceu uma organização nacional, a Confederação das Cooperativas de Reforma Agrária do Brasil (Concrab), para coordenar as CCAs.

Por volta de 1994, o MST já tinha mais de 40 CPAs, sete CCAs e seis cooperativas regionais, muitas vezes criadas com a ajuda de programas de crédito do governo.[53] Além disso, e a despeito do clima político neoliberal dos anos 1990, o MST conseguiu estabelecer um conjunto de acordos com o governo federal e com dezenas de governos estaduais e municipais para custear programas de assistência técnica para a produção agrícola. Em 1997, o movimento criou sua primeira cooperativa de produção de sementes orgânicas, a BioNatur.[54] Não obstante, como observa Ondetti (2008, p. 126), a promoção do sistema de cooperativas também criou divisões nos assentamentos, pois as famílias que não quiseram aderir foram marginalizadas pelo movimento.

Em terceiro e último lugar, durante os anos 1990 o MST continuou a solidificar o terceiro componente de sua luta, a luta por transformação social. Como os muitos outros partidos políticos e movimentos sociais que emergiram nos anos 1980, o MST chamava abertamente de socialismo sua proposta para transformar a sociedade brasileira e os militantes traçavam paralelos entre a sua luta política e os experimentos socialistas do passado. Para transformar a sociedade, o MST promovia relações econômicas e sociais baseadas em solidariedade, coletividade e soberania local. Por exemplo: o MST defendia a propriedade comunitária da terra. Embora não tivesse nenhuma autoridade legal para pedir às famílias que abdicassem dos direitos individuais à terra, a militância do Movimento tentava convencer esses famílias a fazê-lo ao invocar valores de solidariedade e camaradagem.[55] O MST também começou a criticar a monocultura e o

[53] Essas cooperativas também ajudaram a sustentar financeiramente o Movimento, já que os dirigentes costumavam pedir às cooperativas que doassem de 1% a 5% do crédito ao Movimento (Ondetti, 2008, p. 121).

[54] Em 2005, a BioNatur se tornou a Cooperativa Agroecológica Nacional Terra e Vida (Conaterra).

[55] Só uma minoria das famílias nos assentamentos abriu mão dos direitos individuais à terra.

uso de pesticidas, defendendo ao mesmo tempo a soberania alimentar: "O direito dos povos a alimentos saudáveis e apropriados culturalmente, produzidos por meio de métodos sustentáveis e ecologicamente corretos, e seu direito a definir seu próprio alimento e seus sistemas agrícolas".[56] Em 1993, o MST ajudou a fundar Via Campesina,[57] uma coalizão internacional de organizações camponesas que promove a soberania alimentar.

O MST também manteve a prática interna de formar núcleos de base com dez a 20 famílias em todos os acampamentos e assentamentos, que enviavam coordenadores para as direções coletivas de cada acampamento ou assentamento. À medida que evoluía para uma organização nacional, essa estrutura foi mantida por meio de organismos dirigentes nacionais, estaduais e regionais. Em cada estado há direções coletivas regionais, com representantes de todas as direções dos acampamentos e assentamentos. As direções regionais mandam coordenadores para participar da direção estadual, um coletivo mais formal, com um número específico de representantes, que determina as prioridades e ações do MST no estado. Dois militantes das direções estaduais também participam da direção nacional do MST. Essa direção nacional é o organismo decisório coletivo mais importante do movimento. No entanto, dois outros organismos coletivos determinam as principais posições políticas e estratégias da direção nacional: a Coordenação Nacional e o Congresso Nacional. A Coordenação Nacional inclui cerca de 200 militantes dos estados, que se reúnem a cada dois anos. O Congresso Nacional ocorre a cada cinco anos e inclui centenas de representantes de cada estado; em 2014, reuniu cerca de 15 mil pessoas. É a instância mais importante de decisões coletivas do Movimento.[58]

---

[56] Essa definição vem da Declaração de Nyéléni, um documento aprovado no primeiro Fórum Global para Soberania Alimentar, que se realizou no Mali em 2007 (Aliança de Soberania Alimentar dos Estados Unidos - USFSA, 2007).

[57] Para mais informações sobre a Via Campesina, ver Desmarais (2007).

[58] O Congresso Nacional não é apenas o encontro, que dura uma semana, de milhares de ativistas; também é o ano de conversas e debates que ocorre dentro dos outros coletivos de liderança que antecedem o Congresso. Antes da realização do evento, as principais estratégias e prioridades do movimento são definidas com base nessas discussões anteriores. O Congresso Nacional é um momento para ratificar essas prioridades nacionais e celebrar as vitórias do Movimento.

Além dos coletivos regionais e dos diretórios estaduais e nacional, também há "setores temáticos" em três âmbitos (regional, estadual e nacional). Esses setores se concentram em questões específicas: formação política, educação, frente de massas, finanças, projetos, produção agrícola, relações internacionais, direitos humanos, comunicação, saúde, cultura, gênero e juventude.[59] Esses setores temáticos funcionam em paralelo aos coletivos dirigentes regionais e as direções nacional e estaduais. Por exemplo: a direção nacional inclui dois representantes da direção de cada estado e dois coordenadores de cada um dos setores temáticos nacionais. A direção nacional também inclui representantes de entidades específicas do MST, como a Escola Nacional Florestan Fernandes (ENFF; ver Capítulo 2); o Instituto Técnico de Capacitação e Pesquisa da Reforma Agrária (Iterra); os escritórios do MST em Brasília e no Rio de Janeiro; e a secretaria nacional em São Paulo. A Figura 1.6 ilustra essa estrutura nacional do MST.

Tal estrutura é uma tentativa de equilibrar delicadamente três princípios: gestão coletiva, ampla participação das bases e divisão de tarefas. O princípio da gestão coletiva está refletido no fato de que não há lideranças individuais dentro do movimento, e todas as decisões são tomadas coletivamente. O ideal da ampla participação e da divisão de tarefas significa que novos militantes são constantemente integrados nesses organismos de decisão coletiva e têm responsabilidades reais sobre as muitas esferas de ação do movimento. Carter (2015, p. 400) descreve isso como "várias camadas descentralizadas, mas bem coordenadas, de representação e de tomada coletiva de decisões". Isto permite uma base de participação militante por todo o país, na qual os militantes locais têm controle real para debater, coordenar e executar um amplo conjunto de atividades do movimento.

---

[59] Em 2015, o MST tinha 13 setores. Em ordem cronológica de criação, segundo Carter (2015), eram eles: formação (educação política, 1987), educação (1987), frente de massa (organização das bases, 1989), finanças (1989), projetos (1989), produção, cooperação e meio ambiente (1992), relações internacionais (1993), direitos humanos (1995), comunicação (1997), saúde (1998), cultura (2000), gênero (2000) e juventude (2006). Alguns setores são considerados "coletivos", pois não são estruturados formalmente em todos os estados e seus membros também participam em outros setores. Por exemplo: o Coletivo de Relações Internacionais (CRI) e o Coletivo de Juventude não são setores formais. Em 2017, o MST aprovou oficialmente a criação de um Coletivo LGBT para trabalhar a questão dos direitos dos "LGBT Sem Terra".

Essa estrutura organizativa é também uma forma de centralismo democrático, como observaram alguns críticos (Rubin, 2017, p. 221). Embora a liderança do MST não proclame abertamente o centralismo democrático como um princípio do movimento, a estrutura organizativa do MST é implicitamente baseada nesse ideal, já que todo mundo adere às decisões tomadas pelas direções regionais, estaduais e nacional. Os militantes se referem a isso como a submissão da individualidade ao coletivo, o que é considerado um sacrifício importante para promover uma sociedade socialista, mais coletiva. Consequentemente, os indivíduos que tentarem se articular contra a direção podem ser expulsos do Movimento. Em vez de se mobilizarem contra o processo decisório coletivo, os militantes do MST são estimulados a discutir seus desacordos nos coletivos aos quais pertencem - sejam eles um núcleo de base, uma direção regional ou um setor temático. Em outras palavras, em vez de discordância individual, a esperança do movimento é promover uma democracia ascendente e descendente, na qual os diferentes organismos decisórios são consultados e a voz de cada pessoa é ouvida - por meio de seus coletivos.[60]

O Setor de Educação do MST evoluiu de maneira semelhante à da estrutura de decisões coletivas do Movimento; os militantes participam de coletivos estaduais, regionais e nacional descentralizados, mas bem coordenados, para organizar as atividades diárias do setor. Dirigentes do Movimento convocam militantes locais para participar dos coletivos regionais de educação, onde eles são incumbidos de desenvolver relações com professores e organizar atividades educacionais para as crianças e os adultos nos acampamentos e assentamentos do MST. Além dos coletivos de educação regionais, também há setores estaduais de educação ou organismos mais formais de militantes que criam estratégias para transformar o sistema escolar em cada estado. Dois membros de cada Setor

60 Há muitas tensões nesse método de organização centralizada. Ondetti (2008), por exemplo, argumenta que, ao longo do tempo, a estrutura de liderança do MST torna-se mais do tipo de cima para baixo, cujas decisões são tomadas cada vez mais pela direção nacional. Além disso, durante os anos 1980 e 1990, a direção nacional era majoritariamente composto por homens, e só em meados dos anos 2000 as mulheres teriam direito à participação igualitária nesse organismo. Não obstante, a liderança do MST considera essa estrutura organizativa centralizada como uma ferramenta necessária para coordenar as ações de um controverso movimento de massa disperso nacionalmente.

de Educação estadual participam do Setor Nacional de Educação. Dois dirigentes desse organismo nacional representam o Setor de Educação na direção nacional do MST. Finalmente, há também setores de educação executivos, menores (que não aparecem na Figura 1.7), incluindo muitas pessoas de cada uma das cinco regiões brasileiras e pelo menos uma pessoa representando cada um dos focos educacionais do MST: educação de jovens e adultos, educação infantil, educação básica e cursos formais. Dessa maneira, o Setor de Educação do MST tanto reflete quanto está integrado à estrutura nacional do MST. A Figura 1.7 ilustra a estrutura decisória coletiva do Setor de Educação do MST.

Teoria na prática: a evolução da abordagem educacional do MST

As primeiras iniciativas educacionais do MST patrocinadas pelo Estado ocorreram durante os anos 1990, quando os militantes encontraram vários aliados nas diferentes agências e governos estaduais. O estabelecimento de instituições educacionais formais aumentou o conhecimento e a *expertise* do movimento sobre como participar do sistema de educação pública e ajudar a governá-lo. Os programas educacionais também integravam novos militantes ao Movimento, especialmente mulheres, ajudando-os a obter uma graduação formal que os auxiliava a negociar com os funcionários públicos e obter empregos em outras esferas institucionais que o Movimento queria ocupar. Especificamente, quatro programas foram essenciais para a evolução da abordagem educacional do MST: o Magistério (diploma de Ensino Médio e certificação para o magistério ou MAG); o Técnico em Administração de Cooperativas (diploma de Ensino Médio e certificado técnico ou TAC); campanha de alfabetização freireana; e a primeira instituição educacional do MST, o Instituto de Educação Josué de Castro (IEJC).

Formar um "movimento" de professores de escola pública: o programa MAG

No Primeiro Seminário Nacional de Educadores das Áreas de Reforma Agrária, em 1987, os militantes do MST presentes decidiram que o primeiro passo para ocupar o sistema escolar era transformar as práticas dos professores. Muitos dos professores que trabalhavam nas escolas dos assentamentos do MST não haviam concluído o Ensino Médio. Como lembra Edgar Kolling, "algumas professoras tinham formação pedagógica, até de nível superior, mas a maioria era leiga. Havia um sentimento de que o MST precisava dar alguma orientação sobre como organizar isso – e foi assim que iniciamos". O Setor de Educação decidiu priorizar a criação de programas de educação secundária para professores que trabalhassem em áreas de reforma agrária.

No final dos anos 1980, o MST era apenas um de muitos movimentos urbanos e rurais discutindo como criar instituições alternativas (escolas, por exemplo) que incorporassem seus ideais políticos e econômicos. Em agosto de 1989, o MST se reuniu com um grupo de outros movimentos sociais[61] no Rio Grande do Sul para estabelecer uma fundação que proveria acesso à educação para os militantes: a Fundação para Desenvolvimento e Pesquisa da Educação (Fundep). Em dezembro de 1989, os movimentos sociais que fundaram a Fundep organizaram um seminário sobre Experiências Educacionais para o Desenvolvimento Rural. Muitos grupos foram convidados a falar sobre suas iniciativas educacionais, entre eles as Escolas Família Agrícola (EFAs). As EFAs eram uma rede de escolas, inspiradas por uma experiência educacional dos anos 1930 no campo francês, que se concentrava em ensinar às populações rurais tanto o conteúdo acadêmico como o conhecimento agrícola. Em 1968, a Igreja Católica trouxe essas práticas para o Brasil e instalou a primeira EFA no estado do Espírito Santo. A proposta educacional rapidamente se espalhou para outros estados. A característica peculiar das EFAs era a Pedagogia da Alternância, na qual os alunos estudavam intensamente por muitos meses e, em seguida, voltavam para suas comunidades para executar projetos de pesquisa aplicada. Essa alternância entre *tempo escola* e *tempo comunidade* permitia que os alunos trabalhassem a terra e, ao mesmo tempo, estudassem. A Pedagogia da Alternância logo se tornou um componente central da abordagem educacional do MST.

[61] Entre eles, o Movimento das Mulheres Trabalhadoras Rurais (MMTR), a Comissão Regional dos Atingidos por Barragens (CRAB) e o Departamento Rural da Central Única dos Trabalhadores (DR-CUT), com o apoio de freis franciscanos.

Depois do seminário, o MST propôs a criação de um curso de nível médio e de um programa de certificação para o magistério, o programa MAG. Esse programa ocorreria sob os auspícios do Departamento de Educação Rural (DER) da Fundep e seria legalizado por meio da Escola Espírito Santo.[62] O MAG começou em 1990 na cidade de Braga (RS), com 80 alunos divididos em duas turmas de educadores que já atuavam em escolas do meio rural, nas áreas do MST e nos municípios da região. Com base na experiência das EFAs, as turmas estudavam juntas durante as férias ao longo de dois anos. Assim, a Pedagogia da Alternância permitia que os professores-alunos continuassem trabalhando nas escolas de suas comunidades. Quando voltavam, precisavam trabalhar também em projetos de pesquisa, além de cumprir suas responsabilidades docentes regulares.

Embora os funcionários dos governos locais quase sempre desconfiassem das iniciativas educacionais do MST, esse foi o momento no qual convergiram os interesses do Movimento e do Estado. Os prefeitos apoiavam o programa de treinamento de professores, porque seus municípios também tinham professores sem diploma de Ensino Médio.[63] O Conselho Estadual de Educação (CEE) do Estado do Rio Grande do Sul aprovou a proposta do MST de criar um programa de Ensino Médio para professores e muitas prefeituras pediram para participar. Em consequência, as primeiras turmas do MAG incluíam professores das áreas de reforma agrária e também professores de escolas municipais – o que mostra como as iniciativas educacionais do MST muitas vezes eram desenvolvidas em colaboração com governos locais e como essas iniciativas aumentavam a capacidade interna do próprio Estado.[64]

---

[62] A formação seria oferecida pela escola privada Espírito Santo, que pertencia à Fundep. Os outros três departamentos da Fundep eram o Departamento de Educação Primária, que cobria o primeiro e o segundo ciclos do Ensino Fundamental; o Departamento de Educação Superior, que levou programas universitários para a região; e o Departamento de Teologia, que oferecia educação religiosa.

[63] Ao longo dos anos 1980, os professores trabalhavam sem ter feito o Ensino Médio. Mas em 1990 uma nova lei tornou essa prática ilegal, e o Judiciário reprimiu intensamente as violações dessa lei.

[64] Conflitos surgiram no decorrer desse processo e, depois das primeiras duas turmas, o MST decidiu limitar o acesso a esses programas aos professores dos acampamentos e assentamentos.

O programa MAG foi o primeiro de muitos programas de educação formal que o MST desenvolveria ao longo das duas décadas seguintes, com reconhecimento legal do governo. Como Edgar descreveu, o objetivo do MAG era concreto: "certificar professores", mas também "dialogar sobre que tipo de escola era necessária para o meio rural e que formação era necessária para estabelecer esse vínculo entre educação e trabalho, educação e cultura camponesa, educação e cooperação". Para o MST, a formação de professores não era importante apenas por melhorar uma prática eficaz em sala de aula, mas também por desenvolver um coletivo de professores-militantes - o que Gramsci (1971, p. 5) denominou intelectuais orgânicos - que pudesse apoiar os ideais do movimento em suas escolas.

O coletivo de educação do MST que acompanhava o programa MAG incorporava as pedagogias freireana e soviética que os militantes locais vinham experimentando há anos. Por exemplo: quando os professores chegaram à escola de Braga, organizaram-se em núcleos de base (NBs) e dividiram as tarefas necessárias para que a escola funcionasse. Os professores-alunos viviam juntos e compartilhavam as responsabilidades de cozinhar, limpar e tomar conta das crianças. Os professores também precisavam completar duas horas de trabalho em cooperativas agrícolas todo dia, além das oito horas de estudo. Entre as sessões de estudo, os professores aplicavam na prática o que estavam aprendendo; e, como bons práticos freireanos, refletiam sobre essas experiências durante o período seguinte de estudo. Roseli Caldart, que a essa altura tinha se tornado um membro orgânico do Setor Nacional de Educação do MST, descreve o programa MAG como "um laboratório de formulação de propostas, trabalhando com as pessoas que estavam na sala de aula, tentando descobrir se isto ou aquilo funcionava na prática". Havia a preocupação com currículos e conteúdo, até por obrigação legal: "Precisávamos do diploma, porque essas pessoas é que fariam concurso público para entrar nas escolas, mas, do ponto de vista pedagógico, estávamos no nosso espaço, tínhamos autonomia plena". A liberdade do MST para experimentar com novas práticas educacionais transformou os programas MAG em "utopias reais" (Wright, 2010) ou, neste caso, utopias educacionais reais, cujos professores não apenas liam textos freireanos e soviéticos, mas também prefiguravam esses textos na prática. Como diz Roseli, "nós erramos muito, mas o curso MAG tinha completa autonomia, podíamos fazer o que quiséssemos".[65]

Portanto, durante a primeira metade dos anos 1990, enquanto o governo federal entrava em conflito com movimentos sociais e organizações sindicais nacionalmente, o MST experimentava ativamente uma abordagem educacional socialista que poderia aumentar a capacidade interna do movimento. Entre 1990 e 1996, cinco turmas de 45 a 55 alunos de todo o país – em geral, professores que já trabalhavam em acampamentos e assentamentos do MST – frequentaram os cursos MAG do movimento. Entrevistei dezenas de militantes do MST que concluíram o Ensino Médio em Braga. As militantes Elizabete Witcel e Marli Zimmerman, por exemplo, nunca imaginaram que chegariam a esse nível de educação. Em 1985, Elizabete tinha 18 anos e só tinha chegado ao oitavo ano, porque seu pai achava que meninas não precisavam estudar. Naquele ano, ela participou da ocupação da Fazenda Annoni e começou a alfabetizar 500 crianças no acampamento. Em 1990, foi convidada a participar do primeiro programa MAG.[66] Da mesma forma, Marli só tinha o oitavo ano quando foi visitar sua irmã, que vivia num acampamento do MST. Quando Marli chegou, as famílias acampadas pediram a ela que alfabetizasse as crianças. Ela concordou e, apesar de nunca ter ocupado terras antes, foi convidada para o terceiro MAG, oferecido em 1991. Tanto Elizabete como Marli se tornaram diretoras de escolas públicas localizadas em assentamentos do MST.

Os militantes que se formaram nos programas MAG falam do papel importante desses programas para entender a abordagem educacional do movimento e também para a consciência política deles. Vanderlúcia Simplício, uma militante cearense do MST que viajou duas vezes por ano ao Rio Grande do Sul, ao longo de três anos, para estudar no programa MAG, lembra de ler Makarenko e perceber que o programa procurava

---

[65] Havia muitos críticos locais às iniciativas do MST. Em janeiro de 1990, por exemplo, durante o primeiro mês do programa MAG, um jornal local publicou um artigo afirmando que o programa do Fundep em Braga era "um centro do MST para treinamento de guerrilha" (MST, 2001, p. 11). A Fundep processou o jornal e venceu em juízo.

[66] Todas as citações ou informações atribuídas a Elizabete Witcel foram obtidas numa entrevista em 15 de novembro de 2010.

imitar a Colônia Gorki. Disse que foi por meio do programa MAG que ela aprendeu, pela primeira vez, sobre os valores da coletividade e seu papel na abordagem pedagógica do movimento.[67] Adílio Perin, que mais tarde se tornou diretor de uma grande escola pública num assentamento do MST, comparou o programa MAG à organização do assentamento: o programa incorporava autogestão, cooperação e trabalho manual.[68] Da mesma forma, Marli lembrou que o programa era baseado numa escola como modelo cooperativo e que os estudantes participavam ativamente da gestão do programa. Outra liderança educacional do MST, Ivânia Azevedo, referiu--se ao programa MAG como um divisor de águas, quando ela aprendeu pela primeira vez sobre a intencionalidade da educação – *à la* Freire –, e disse que um educador deve sempre saber qual é o propósito do que ensina.[69] O tema comum em todas essas reflexões é o auxílio do programa MAG para os militantes do MST entenderem a abordagem pedagógica do Movimento, permitindo que a experimentassem por meio da prática. Esta forma de práxis – implementar a teoria na prática e permitir que as experiências informem e transformem a teoria inicial – também ajudou o coletivo nacional de educação do MST a refinar seu programa educacional. Os militantes que se formaram nessas utopias educacionais reais levaram essas experiências com eles e tentaram implementar práticas semelhantes em suas próprias escolas.

Da formação de professores à educação de camponeses: o programa TAC

Em 1993, o MST começou a oferecer um segundo tipo de programa de Ensino Médio em Braga, com foco na administração das cooperativas agrícolas. No começo dos anos 1990, o Setor de Produção do MST estava ajudando a construir cooperativas nos assentamentos de todo o país. Iniciou-se uma discussão sobre a necessidade de formar militantes com habilidades técnicas para administrar as cooperativas agrícolas nos

[67] Todas as citações ou informações atribuídas a Vanderlúcia Simplício foram obtidas numa entrevista em 9 de novembro de 2010. Exceções serão apontadas.

[68] Todas as citações ou informações atribuídas a Adílio Perin foram obtidas numa entrevista em 28 de novembro de 2010. Exceções serão apontadas.

[69] Todas as citações ou informações atribuídas a Ivânia Azevedo foram obtidas numa entrevista em 16 de janeiro de 2011.

assentamentos. Em fevereiro de 1993, o MST conseguiu autorização do Conselho Estadual de Educação (CEE) do Rio Grande do Sul para criar um programa de Ensino Médio por meio da Fundep/DER, o programa Técnico em Administração de Cooperativas (TAC). Em junho de 1993, o primeiro programa TAC começou com 52 alunos de nove estados brasileiros, todos militantes do Setor de Produção do MST. Alguns meses mais tarde, em outubro de 1993, uma segunda turma de 58 alunos do TAC, de 11 estados, também começou a estudar em Braga.

O programa permitia a esses militantes completar a educação secundária e, ao mesmo tempo, obter uma formação técnica em administração de cooperativas. Liam Kane (2001, p. 101) descreve como o programa TAC se espelhava nos programas MAG, mas com um propósito diferente: "Embora seja conduzido pelos mesmos princípios educacionais, o objetivo do TAC é ajudar os moradores dos assentamentos a sobreviver economicamente. O curso se concentra em 'gestão cooperativa de empresa' e mistura 'educação' com 'treinamento' técnico". Edgar explicou como o trabalho de Makarenko se tornou especialmente importante no programa TAC de Ensino Médio, já que os princípios da coletividade, da autogestão e da organização cooperativa são também os princípios da administração cooperativa. Por meio do programa de Ensino Médio do TAC, os objetivos educacionais do MST se expandiram para além da ocupação das escolas públicas, passando a incluir a ocupação de outras necessidades profissionais nos assentamentos. A educação, assim, tornou-se tanto o objetivo como o meio para promover a reforma agrária.

Em 1995, mesmo ano da posse de Fernando Henrique Cardoso, do Partido Social Democrata Brasileiro (PSDB), de centro-direita, o MST recebeu um prêmio em Educação e Participação do Fundo das Nações Unidas para a Infância (Unicef) pelo programa de certificação de professores MAG, que os militantes haviam desenvolvido. Com esse prêmio, houve mais reconhecimento público para os programas educacionais do MST e mais oportunidades para criar programas desse tipo em outras regiões. Antes, os militantes precisavam viajar para o Rio Grande do Sul para terem acesso aos programas de educação secundária do MST, mas no final dos anos 1990 o movimento já conseguira estabelecer programas desse tipo por todo o país, usando parcerias com universidades e governos.

Os militantes que participaram dos cursos em Braga se tornaram coordenadores desses outros programas regionais. Os programas educacionais permitiam que os militantes atingissem níveis mais altos de educação, mas não só isso: também aumentava o conhecimento e a *expertise* coletivos do Movimento sobre como administrar um curso de Ensino Médio e um programa de certificação de professores. Foi por meio desse acúmulo recorrente de *expertise* e habilidades que os militantes do MST puderam expandir nacionalmente suas iniciativas educacionais.

Campanhas de alfabetização: universidades e organizações internacionais apoiam o MST

A alfabetização era outra preocupação central para o Setor de Educação do MST no início dos anos 1990. Nesse período, as taxas de analfabetismo no campo brasileiro eram extremamente altas, especialmente no Nordeste do país, uma região muito pobre. Esse foi o resultado do histórico desprezo do regime militar pela escolarização rural (Plank, 1996, p. 174-175) e as fracassadas tentativas de melhorar esse quadro nos anos 1980 (Harbison e Hanushek, 1992). Em vez de esperar pelo investimento do governo em programas de letramento rural, nos anos 1990 o MST procurou o apoio de entidades não governamentais para tocar suas próprias campanhas de alfabetização. Esses programas permitiam que os professores desenvolvessem sua abordagem freireana ao letramento, ao mesmo tempo aumentando os níveis educacionais das famílias que viviam em áreas de reforma agrária. Também importante, essas campanhas de alfabetização ofereciam aos jovens uma maneira concreta de se envolver no movimento como monitores de letramento – muitas vezes, com remuneração.

O primeiro programa massivo de alfabetização do MST ocorreu no Rio Grande do Sul, por meio de uma parceria com o Instituto Cultural São Francisco de Assis. O programa existiu por dois anos, de 1991 a 1993.[70] Para se preparar, de janeiro a março de 1991 o Setor de Educação do MST treinou cem educadores na pedagogia freireana na escola

[70] Embora o Ministério da Educação não fosse um parceiro oficial, mesmo assim ofereceu alguns recursos.

da Fundep/DER em Braga. Em seguida, os educadores foram encarregados de alfabetizar mais de mil adultos ao longo de dois anos. Paulo Freire esteve presente na abertura dessa campanha de alfabetização, em 25 de maio de 1991, no assentamento Conquista da Fronteira, em Hulha Negra, no extremo-sul do Rio Grande do Sul. Quando chegou, perguntaram-lhe se a viagem tinha sido difícil pelas estradas lamacentas. Freire respondeu: "Para quem fez uma obra chamada *Pedagogia do oprimido*, não é difícil chegar aonde os oprimidos estão fazendo a sua pedagogia" (MST, 2001, p. 16). Em seguida, Freire elogiou os esforços educacionais do MST:

> Esta tarde é o começo de algo que já começou. Começou até no momento mesmo das primeiras posições de luta que vocês assumiram, mas esta tarde marca o começo mais sistematizado, de um novo processo ou de um desdobramento do primeiro, de um grande processo de luta que é um processo político, que é um processo social e que é também um processo pedagógico. Não há briga política que não seja isso. Mas o começo mais sistemático a que me refiro, que hoje se inicia, tem a ver exatamente com dois direitos fundamentais [...] que poucos têm e pelos quais temos de brigar[: o] direito a conhecer [...] o que já se conhece e o direito a conhecer o que ainda não se conhece. (MST, 2003, p. 8)

A participação de Freire foi outro momento importante, que trouxe reconhecimento nacional às nascentes iniciativas educacionais do MST.

Nos cinco anos seguintes, o Setor de Educação do MST liderou dezenas de campanhas de alfabetização em parceria com universidades, governos estaduais e municipais, e organizações internacionais. Em 1995, por exemplo, o MST estabeleceu uma parceria com a Universidade Federal de Sergipe e com muitos governos municipais para realizar uma série de formações de letramento no Nordeste; nesse mesmo ano, o MST assinou um contrato com a Secretaria da Educação do Paraná para supervisionar programas de alfabetização no estado (Souza, 2002). Os representantes do governo queriam apoiar as campanhas de alfabetização do MST, porque elas aumentavam a capacidade do estado para prover o acesso à educação nessas regiões rurais. Para esses representantes, o fato de que as campanhas eram baseadas em pedagogias freireanas, que ensinavam os camponeses a criticar a desigualdade, era menos relevante do que oferecer o acesso a seus eleitores.

Embora o governo federal hesitasse em estabelecer uma parceria com o MST, devido aos conflitos Estado-sociedade por todo o país, as relações entre militantes do MST e o Ministério da Educação também evoluíram. Em 1994, por exemplo, o MST foi convidado para participar da Comissão Nacional de Educação de Jovens e Adultos da Secretaria de Educação Fundamental do Ministério da Educação (MST, 2003). Essa comissão chegou ao fim dois anos depois, mas a participação do MST ilustra a crescente influência do Movimento na esfera educacional pública. Durante esse período, entidades internacionais como a Organização das Nações Unidas para a Cultura, a Ciência e a Educação (Unesco) e o Fundo das Nações Unidas para as Crianças (Unicef) também começaram a enviar recursos para as campanhas de alfabetização do MST (ver Capítulo 3). Em 1996, muitos professores simpatizantes da Universidade de Brasília convenceram o Ministério da Educação a assinar um contrato para permitir que o MST treinasse sete mil agentes alfabetizadores nas regiões de reforma agrária (Carter e Carvalho, 2015, p. 309).

Por muitas razões, as campanhas de alfabetização foram fundamentais para construir a capacidade interna do movimento e o próprio Setor de Educação do MST. Em primeiro lugar, porque os programas aumentavam o acesso educacional para trabalhadores rurais nos assentamentos e aumentavam, ao mesmo tempo, a consciência política deles. Em segundo lugar, as campanhas ofereciam aos jovens uma maneira de se envolver mais no movimento, com uma remuneração. Enfim, porque as campanhas permitiam que os militantes experimentassem as ideias freireanas e transformassem as práticas dispersas numa abordagem coerente em relação ao letramento de adultos. Uma relação simbiótica se desenvolveu entre as práticas de educação de jovens e adultos do movimento e suas outras esferas de militância educacional.

Construir uma utopia educacional real: IEJC/Iterra

Em 1995, a direção nacional do MST fundou a primeira instituição educacional independente. A decisão de criar uma escola administrada unicamente pelo Setor de Educação do MST foi tomada, em parte, como resposta aos conflitos que estavam emergindo nos programas TAC em Braga, entre os militantes do MST e os outros movimentos sociais que coordenavam a Fundep/DER. Os conflitos estavam relacionados a desacordos sobre o processo de gestão participativa nesses programas e culminaram com o desligamento do MST da Fundep em novembro de 1994 (MST, 2001). Os militantes decidiram que precisavam de seu próprio espaço institucional para desenvolver programas educacionais independentemente de outros movimentos. Alguns anos antes, um frei da Ordem dos Capuchinhos visitara Braga e oferecera ao MST o uso do prédio do seminário da ordem em Veranópolis, uma cidade relativamente afluente no interior do Rio Grande do Sul. Em dezembro de 1994, a Ordem cedeu o controle do prédio ao MST por dez anos.[71]

Em 12 de janeiro de 1995, o MST fundou o Iterra, Instituto Técnico de Capacitação e Pesquisa da Reforma Agrária. O Iterra se tornou o novo hospedeiro institucional dos programas TAC. Em 25 de janeiro de 1995, a segunda turma de alunos do TAC, em seu quarto período de estudo, mudou-se para o Iterra em Veranópolis. Em março de 1995, a primeira turma do TAC também se mudou para lá. No início, as condições eram difíceis, pois o prédio precisava de reformas para adequar-se a uma escola. Além disso, a liderança do MST decidira abrir a escola com apenas alguns voluntários, o que significava que a maior parte do trabalho para manter a escola tinha de ser realizado pelos alunos. Uma cronologia da história do Iterra afirma: "Não havia carro, nem telefone e era difícil o acesso para fazer ligações. Não havia salas de aula ou infraestrutura para estudar. Alguns dos alunos começaram a demandar as mesmas condições que tinham em Braga e não aceitavam que fossem eles os responsáveis pela renovação do prédio. Outros davam continuidade ao processo de construir a escola" (MST, 2001, p. 37). A responsabilidade diária dos alunos pela renovação da estrutura física da escola era aquilo que o coletivo de educação do MST chama de trabalho socialmente benéfico: um trabalho que contribui para a melhoria da comunidade escolar.[72] A combinação do estudo com um trabalho socialmente benéfico permaneceu como componente central da abordagem educacional do MST.

---

[71] Mais tarde, a Ordem estendeu esse contrato.

[72] O movimento atribui este conceito ao teórico soviético Shulgin (2013); no entanto, nessa época não existiam traduções do trabalho de Shulgin para o português.

Ao longo da década seguinte, a primeira escola independente do MST continuou a evoluir. Em 1996, o MST conseguiu autorização do Conselho Estadual de Educação do Rio Grande do Sul para criar o IEJC, uma escola de Ensino Médio com o direito legal de oferecer educação secundária.[73] O IEJC substituiu o Iterra como hospedeiro institucional dos programas do MST para o Ensino Médio (embora muitos dos militantes ainda se refiram à escola de Veranópolis como Iterra). Depois, em janeiro de 1997, o sexto programa MAG de formação de professores foi oficialmente transferido para o IEJC. Teve início, então, uma tradição de ter várias turmas de alunos em diferentes cursos simultâneos na escola. Um Coletivo Político-Pedagógico (CPP)[74] foi estabelecido: era composto por militantes do MST que viviam permanentemente na escola e cuidavam de sua administração. O CPP também começou a desenvolver outros programas de Ensino Médio, nas áreas de saúde comunitária, comunicações e contabilidade. Centenas de militantes de todo o país obtiveram seus diplomas de Ensino Médio nesses cursos do IEJC, viajando a Veranópolis para estudar por vários meses e depois voltando a suas comunidades para aplicar o que aprenderam.[75]

Quando visitei o IEJC pela primeira vez em 2009, 14 anos depois da fundação da escola, impressionou-me a infraestrutura física do edifício. No primeiro andar estavam os escritórios da administração, um grande refeitório e a cozinha, além de uma biblioteca bem conservada, com 23 mil livros. No segundo e terceiro andares ficavam os dormitórios estudantis. No porão, havia uma padaria e uma fábrica de geleias que eram vendidas - onde os alunos aprendiam a gerenciar pequenas indústrias. Havia uma creche [Ciranda Infantil] na escola e todo mundo participava do rodízio para trabalhar na creche, não importando se fossem ou não pais. Diante da escola havia uma grande horta, onde se produzia a maior parte dos legumes e verduras consumidos pelos alunos. O IEJC tinha

---

[73] Josué de Castro foi médico e geógrafo que escreveu *Geografia da fome* (Castro, 1952). Em outubro de 1997, sua filha visitou o IEJC para a inauguração.

[74] Esse coletivo teve diferentes nomes ao longo da história do MST. Inicialmente, chamava-se Coletivo de Acompanhamento Político-Pedagógico (CAPP). Refiro-me a esse coletivo de militantes que supervisionam os programas do MST pelo seu nome atual, CPP, para evitar confusão.

[75] Em 2011, o MST formou sua 15ª turma no MAG e 12ª turma no TAC.

uma parceria com um açougueiro local, que fornecia carne para a escola em troca do trabalho dos alunos, enquanto outros alimentos vinham de doações dos assentamentos do MST. Os alunos também levantavam recursos por meio de mutirões: um esforço coletivo para completar um projeto. Quando eu mesma frequentei um curso no IEJC em agosto de 2011, por exemplo, todos nós participamos de um mutirão para preparar uma encosta de morro para o plantio numa fazenda local. Passamos cinco horas cortando com facões pequenas árvores, arbustos e ervas daninhas. O dinheiro que ganhamos foi doado à escola. O objetivo era aprender o valor do trabalho manual –*à la* Pistrak –, contribuindo ao mesmo tempo para a saúde financeira da escola.

Em setembro de 2011, o CPP era composto por nove militantes do MST, que acompanhavam as tarefas diárias da escola, em coordenação com os alunos. Havia três cursos em andamento: uma turma de alunos no MAG; uma turma no programa de saúde comunitária; e uma turma de veteranos militantes educacionais do movimento fazendo um curso de Pedagogia do MST. Cada turma era dividida em NBs de cinco a dez alunos, que enviavam representantes a um coletivo da turma (Coordenação de Núcleos de Base da Turma – CNBT). Os NBs e os CNBTs estavam encarregados das decisões educacionais relativas a seus respectivos programas, em coordenação com pelo menos um dos militantes do MST no CPP. Cada um dos CNBTs também mandava dois alunos para o coletivo geral da escola, que ajudava o CPP a tomar decisões. Além disso, também havia muitos coletivos de trabalho cobrindo a escola toda e assembleias gerais mensais, das quais todos participavam.

A criação do IEJC em 1995 permitiu ao MST experimentar com diferentes práticas educacionais, oferecendo ao mesmo tempo uma formação profissional aos militantes locais. Cleide Almeida, uma dos nove militantes no CPP em 2011, explicou que, quando o MST fundou a escola, houve um grande debate sobre a necessidade de o movimento colocar recursos (ou não) nesse tipo de formação profissional. Muitos militantes argumentavam que essa era uma função do governo, não da sociedade civil. No fim, os militantes céticos da ideia da escola perceberam que o MST precisava muito de gente que pudesse fazer o trabalho técnico necessário para a própria sobrevivência dos assentamentos.[76] Se o movimento não formasse seus militantes, profissionais de fora do movimento, sem noção da visão política do MST, viriam para atender a essas necessidades técnicas. A decisão de criar o IEJC tinha três objetivos interconectados: formação política (formar novos militantes); formação técnica (atender às necessidades técnicas dos assentamentos); e acesso ao Ensino Médio (aumentar o nível de escolarização nos assentamentos e acampamentos).

Entre 1995 e 2010, mais de 3 mil alunos estudaram no Iterra. Quer tenham se formado em magistério, administração de cooperativas ou saúde comunitária, a combinação de formação política e treinamento técnico que os militantes receberam contribuiu para a luta do MST em prol da transformação social do campo. Além disso, embora a maioria dos jovens nos assentamentos do MST ainda acesse a educação secundária por meio do tradicional sistema de educação pública, o estabelecimento do IEJC deu ao MST uma oportunidade para refinar sua abordagem pedagógica – e sua mistura única de práticas freireanas, soviéticas e orgânicas ao movimento – num espaço onde o MST tem quase completa autonomia. Para o Movimento, o IEJC é uma utopia real, um espaço no qual os militantes podem realizar sua visão educacional. Pode ser que essas práticas educacionais nunca sejam completamente implementadas no sistema público de educação.[77] Mas o IEJC oferece aos militantes locais a inspiração para continuar lutando pela mudança educacional em suas comunidades e constitui uma visão para essa mudança. A construção do IEJC pelo MST em 1995 foi o produto acumulado das outras iniciativas educacionais do movimento na década anterior. A Tabela 1.1 descreve algumas das iniciativas educacionais da primeira década do movimento, depois de estabelecido o Setor Nacional de Educação do MST em 1987.

---

[76] Todas as citações ou informações atribuídas a Cleide Almeida foram obtidas numa entrevista em 15 de junho de 2009.

[77] Militantes educacionais fizeram uma lista das barreiras à implementação das pedagogias do IEJC nas escolas públicas, como a intervenção de funcionários governamentais resistentes a essas ideias, os dias letivos mais curtos, os requisitos burocráticos para a organização das disciplinas, a falta de infraestrutura para hortas e a rotatividade dos professores nas escolas a cada ano.

"Sistematizar", divulgar e promover a pedagogia do MST

Durante os anos 1980 e 1990, os militantes do MST usaram diversas teorias pedagógicas para desenvolver suas iniciativas educacionais locais (ver Tabela 1.2). A teoria freireana ofereceu aos militantes do MST uma pedagogia concreta de sala de aula para trabalhar com crianças e adultos, envolvendo temas geradores, problematização, pesquisa, e conectando conteúdo acadêmico ao contexto local. Além disso, os militantes trouxeram de Freire a ideia de agência - que os trabalhadores podem ser protagonistas na construção de uma nova sociedade - e também começaram a chamar a abordagem educacional do movimento de Pedagogia do MST, numa paráfrase da *Pedagogia do oprimido*. Em vez de construir uma pedagogia *para* o MST, o objetivo era construir algo *do* MST, conduzido pelo próprio movimento. Como diz Maria de Jesus Santos, militante educacional do MST: "Quando as pessoas perguntam 'qual pedagogia o MST segue?', a gente responde que o MST não segue uma pedagogia, o MST tem uma pedagogia!".

O MST se inspirou em pedagogias socialistas, particularmente o trabalho de Moisey Pistrak e Anton Makarenko. A partir dessas obras, os militantes começaram a teorizar sobre o valor pedagógico do trabalho manual e da participação dos alunos na gestão de escolas públicas. Algumas dessas práticas já eram aplicadas nos acampamentos, como, por exemplo, o envolvimento de todos os membros da comunidade em tarefas e a formação de pequenos coletivos para tomar decisões. Não obstante, as teorias soviéticas ajudaram os militantes a dar sentido a suas práticas locais e a pensar sobre a implementação dessas iniciativas em suas escolas.[78] Para muitos intelectuais fora do movimento, essa combinação de teorias freireanas e soviéticas muitas vezes parecia uma contradição; a combinação de uma pedagogia construtivista, de baixo para cima, com uma abordagem mais centralizada, de cima para baixo,

---

[78] Nos anos 1990, o MST também começou a estudar as campanhas cubanas de alfabetização de 1959 e, em setembro de 1995, publicou o texto *O desenvolvimento da educação em Cuba*. O movimento também se inspirou na abordagem de Cuba com relação ao cuidado com crianças, que se tornou conhecido no MST como "Ciranda Infantil". Mais recentemente, o MST organizou programas de alfabetização rural com base no programa cubano de letramento *Sí, se puede* (*Sim, eu posso*).

com base na disciplina coletiva. Não obstante, os dirigentes do movimento se recusaram a escolher entre essas teorias, considerando ambas as centrais para sua visão política e econômica.

Tabela 1.1 – Algumas iniciativas educacionais nacionais do MST, 1987-1996

Iniciativa educacional	Data inicial e local	Propósito e participantes	Apoio institucional
Primeiro Seminário Nacional de Educação em Áreas de Reforma Agrária	Julho de 1987, São Mateus (ES)	Compartilhar as experiências em educação nos acampamentos e assentamentos; 13 educadores de áreas de reforma agrária em quatro estados	Iniciativa nacional do MST
Fundação do Setor Nacional de Educação do MST	1987, durante o primeiro seminário nacional	Coordenar as tentativas de transformar a educação brasileira	Iniciativa nacional do MST
Criação da Fundação de Desenvolvimento e Pesquisa Educacional (Fundep)	1989	Estabelecer uma escola para movimentos populares do campo; líderes de movimentos sociais no RS, inclusive do MST	MST, Comissão Regional dos Atingidos por Barragens (CRAB), Movimento das Mulheres Trabalhadoras Rurais (MMTR), Departamento Rural da Central Única dos Trabalhadores (DR-CUT)
Cursos de Magistério (MAG)	Primeiro curso em janeiro de 1990, Braga (RS)	Criar um programa de Ensino Médio para formar professores; 45-55 alunos por turma; 12ª turma em andamento em 2010	Organizado pela Fundep/DER e pelo MST, o curso é transferido para o IEJC em 1997
Primeira campanha de alfabetização do MST	1991-1993, RS	Oferecer letramento a famílias dos acampamentos e assentamentos; 2 mil pessoas, incluindo 100 alfabetizadores; 10-20 alunos em cada uma das 100 turmas	Parceria com o Instituto Cultural São Francisco de Assis, com recursos do Ministério da Educação. Freire participou do lançamento
Cursos de Técnico em Administração de Cooperativas (TAC)	Primeiro curso em junho de 1993, Braga (RS)	Criar um programa de Ensino Médio para administrar cooperativas; 40-60 alunos por turma; 11ª turma em andamento em 2012	Parceria com Fundep/DER e MST; o curso é transferido para o IEJC em 1995
Seminário Nacional de Educação de Jovens e Adultos (EJA)	Primeiro seminário em novembro de 1993, SP	Refletir e debater sobre "Como fazer alfabetização de jovens e adultos nos acampamentos e assentamentos"; centenas de educadores e alunos participam dos programas de alfabetização	Parceiros dos programas custeiam os seminários; três outros seminários em 1997, 1998 e 1999

Cursos de Magistério (MAG) em outras regiões	Primeiro curso de MAG fora do RS foi em 1995, no Espírito Santo	Oferecer programas de treinamento para professores do MST em outras regiões do Brasil; 50 alunos na primeira turma no ES; depois, o MAG expandiu para dezenas de outras regiões brasileiras	Parceria com a Universidade Federal do Espírito Santo. Dezenas de universidades patrocinam a expansão do programa para outras regiões
Instituto de Educação Josué de Castro (IEJC/ Iterra)	Desde 1995 em Veranópolis (RS)	Dar acesso ao Ensino Médio a militantes do movimento, além de formação técnica e política; 3 mil formados em vários programas (1995-2010)	O IEJC é reconhecido como instituição escolar de Ensino Médio pelo Conselho Estadual de Educação do RS
Programa Nacional de Alfabetização de Jovens e Adultos	Agosto de 1996 a junho de 1997, várias regiões	Desenvolver o processo de alfabetização com mais de 7 mil jovens e adultos em 500 turmas; formação de 500 monitores	Primeiro convênio entre o Ministério da Educação e o MST, por meio da Associação Nacional de Cooperação Agrícola (ANCA)

A abordagem educacional do MST também evoluiu de práticas orgânicas do próprio Movimento. Nos anos 1980, por exemplo, os militantes começaram a incorporar as místicas em suas atividades educacionais: *performances* culturais e políticas, usando dança, música, teatro, artes plásticas, vídeo ou outras expressões culturais para refletir sobre lutas políticas passadas e presentes.[79] Antes de todo encontro ou evento do MST, os militantes faziam místicas para sentir o espírito da luta antes de iniciar um debate intelectual. Os professores das escolas nos assentamentos do MST ajudavam os alunos a produzir suas próprias místicas, desenhando criativamente sobre a própria cultura local e fazendo conexões entre o MST e outros movimentos. Ao cantar uma canção criada na cultura popular do assentamento ou recitar um poema sobre outras lutas socialistas, os alunos incorporavam a história coletiva e começavam a entender as interconexões entre o MST e outros movimentos. Juntas, essas três inspirações teóricas - a *Pedagogia do oprimido*, as pedagogias socialistas e as práticas orgânicas do próprio Movimento - começaram a evoluir para uma abrangente proposta educacional de educação rural. A Tabela 1.2 resume esses fundamentos pedagógicos.

[79] Essas *performances* culturais "místicas" evoluíram a partir de práticas da Teologia da Libertação. Em junho de 1993, o Setor de Educação do MST publicou um texto intitulado "Como trabalhar a mística do MST com as crianças" para ajudar os educadores que tentavam incorporar essa prática em suas salas de aula.

No início dos anos 1990, também havia muitas universidades e organizações internacionais custeando as iniciativas educacionais do MST. Uma das principais razões para tanto reconhecimento nacional e internacional da abordagem educacional do MST nos anos 1990 foi a prioridade que o coletivo de educação deu à produção de textos analíticos sobre suas experiências educacionais. O MST se refere a isto como sistematização ou sumário e análise sistemáticos com o objetivo de compartilhar as experiências. Em 1990, o Setor de Educação do MST publicou seu primeiro texto, "Nossa luta é nossa escola: a educação das crianças nos acampamentos e assentamentos", que incluiu testemunhos de professores que trabalhavam nas escolas dos assentamentos ao longo dos anos 1980. Outro texto importante, "Educação no Documento Básico do MST", publicado em fevereiro de 1991, articulou pela primeira vez o objetivo do movimento de transformar a educação pública. Em 1991, o MST também lançou duas séries de cadernos de educação: o *Boletim de Educação* e o *Caderno da Educação*. Essas séries incluíam guias práticos para professores que implementavam o propósito educacional do MST, a exemplo de "Como fazer a escola que queremos", "Como trabalhar a mística do MST com as crianças", "Alfabetização de jovens e adultos: educação matemática" e "Ensino de 5ª a 8ª séries em áreas de assentamento: ensaiando uma proposta". Em novembro de 1994, o MST acrescentou uma nova série educacional, *Fazendo História*, que inclui as histórias de crianças sobre as lutas sociais brasileiras (por exemplo, "300 anos de Zumbi", história das rebeliões de pessoas escravizadas no Brasil) que os professores podiam usar em sala de aula.[80]

Tabela 1.2 Fundamentos pedagógicos da proposta educacional do MST

Fundamento pedagógico	Autores específicos e/ou teorias	Como essas ideias chegaram ao movimento
Pedagogia do oprimido	*Paulo Freire*; crítica da educação "bancária"; promoção dos temas geradores, pesquisa, problematização, currículo baseado no conhecimento dos alunos; crítica do vanguardismo	Participação dos militantes nas Comunidades Eclesiais de Base (CEBs); educadores freireanos também ajudaram a formar os professores-militantes locais do MST

[80] Outras séries do MST sobre educação incluem *Fazendo Escola* (iniciada em junho de 1998), *Cadernos do Iterra* (iniciada em 2001) e livros com trabalhos de arte dos alunos. Também existem publicações do MST sobre organização das bases, gênero, saúde e outros tópicos.

Pedagogias socialistas	*Anton Makarenko, Moisey Pistrak, Nadezhda Krupskaya*; autogestão estudantil, cooperação, valor educacional do planejamento e dos trabalhos manuais coletivos, colaboração e trabalho	Intelectuais de fora do movimento apresentaram esses teóricos aos militantes em meados dos anos 1980, e suas ideias ecoavam as práticas locais do movimento; nos anos 1990, o MST também estudou as campanhas de alfabetização e a Educação Infantil em Cuba
Práticas do MST	Práticas agrícolas coletivas e agroecologia nas escolas; tradições culturais, incluindo a mística; integração dos alunos em lutas sociais	No final dos anos 1980, o MST começou a perceber suas próprias práticas como fontes de conhecimento e deliberadamente incorporou essas práticas a seu programa educacional

Em 1996, o coletivo de educação do MST publicou sua oitava edição do *Caderno de educação*, um texto importante sobre os "Princípios da educação no MST", que resume as principais abordagens pedagógicas e filosóficas do MST com relação à educação. Assim, por volta de 1996 o MST já tinha escrito uma proposta educacional coerente - a "Pedagogia do MST" - tanto para estudo como para implementação nos acampamentos e assentamentos de todo o país. Essas publicações do MST serviram como textos de estudo para professores que trabalhavam nas escolas dos assentamentos e acampamentos. Além disso, eles usavam as publicações dirigidas às crianças como parte do currículo em suas escolas. Ao mesmo tempo, as publicações resumiam a abordagem educacional do MST para um público mais amplo, mostrando os diferentes componentes da proposta educacional do Movimento. Essas publicações também mostravam à sociedade brasileira o valor dado pelo MST à reflexão sobre a prática educacional e à sua melhoria.[81]

Conclusão

Em resumo, a Pedagogia do MST evoluiu ao longo dos anos 1980 e 1990, porque o Movimento desenvolveu iniciativas concretas, que permitiam aos militantes experimentar teorias educacionais enquanto estudavam. Durante o período da ditadura militar, militantes locais do MST começaram a organizar práticas educacionais alternativas, muitas vezes baseadas em suas experiências com a educação freireana dentro da

[81] Entre 1990 e 2010, o MST publicou 86 textos, totalizando 4.320 páginas, para descrever essa proposta.

Igreja Católica. Em seguida, à medida que o país começava a consolidar sua nova democracia, os militantes se engajaram na leitura de teóricos soviéticos da educação, e um Setor Nacional de Educação foi estabelecido. Nos anos 1990, mesmo com o país mergulhando num período de políticas econômicas neoliberais e conflito Estado-sociedade, o movimento conseguiu estabelecer um conjunto de programas de alfabetização e de Ensino Médio que elevaram a escolaridade de seus membros, integraram mais mulheres e jovens ao movimento e permitiram que militantes locais prefigurassem os objetivos sociais, políticos e econômicos do MST.

Os anos 1990 também foram um período em que a demanda por gestão participativa crescia por todo o país. Às vezes, as demandas educacionais do MST coincidiam sem arestas com essas demandas mais amplas pela gestão participativa; em outras ocasiões, havia tensão entre essas iniciativas. Benjamin Goldfrank (2011b, p. 164) escreve sobre duas visões na esquerda brasileira: a "posição democrática radical", que via o governo municipal como um local para demonstrar a capacidade da sociedade civil para governar com eficácia e consolidar o poder local; e a visão leninista, que via a participação como uma tentativa de criar estruturas paralelas de poder que poderiam apoiar a transformação revolucionária da sociedade. O MST abraçava essas duas visões, promovendo uma ampla participação da sociedade civil nas instituições do Estado, assim como um específico programa agrário. Dagnino (2007) se refere à "perversa confluência" que ocorreu nos anos 1990, quando a visão neoliberal pela descentralização coincidiu com as demandas radicais por democracia participativa. Da mesma forma, a promoção, pelo MST, das práticas socialistas em instituições do Estado convergiu com as demandas por democracia participativa que surgiam em várias instituições brasileiras nesse período. As oportunidades políticas abundavam e a liderança do MST teve a capacidade para aproveitar essas oportunidades em múltiplos níveis. As utopias educacionais reais do MST tornaram-se espaços importantes para que os militantes de todo o país vivessem as teorias e ideias do movimento na prática.

No próximo capítulo, analiso a violência que surgiu no campo brasileiro em meados dos anos 1990 e como isso levou à conquista educacional mais importante do MST em 1997, com o Programa Nacional de Educação em Áreas de Reforma Agrária (Pronera). Esse capítulo mostrará que é possível institucionalizar objetivos radicais no interior do Estado, mesmo num contexto nacional adverso, e como a institucionalização do programa educacional do MST por meio do Pronera contribuiu expressivamente para a capacidade interna do movimento.

CAPÍTULO 2 – TRANSFORMAR AS UNIVERSIDADES PARA CONSTRUIR UM MOVIMENTO: O CASO DO PRONERA

O caso do Programa Nacional de Educação na Reforma Agrária (Pronera)

Pra nós foi um sonho. Jamais imaginamos que um dia teríamos acesso a um curso superior.
Vanderlúcia Simplício,
do Setor Nacional de Educação do MST

Agora temos agrônomos, pedagogos, veterinários, jornalistas... É a reforma agrária ocupando outras áreas que são fundamentais para esse projeto da classe trabalhadora.
Maria de Jesus Santos,
dirigente do Setor Nacional de Educação
e da direção estadual do MST no Ceará

Neste capítulo, descrevo uma das vitórias educacionais mais importantes do MST: o Programa Nacional de Educação na Reforma Agrária (Pronera). Este caso demonstra que os movimentos sociais podem aumentar sua capacidade interna ao engajar as instituições estrategicamente, e que é possível que os militantes institucionalizem seus objetivos no interior do aparato de Estado sem serem cooptados ou desmobilizados. Ao contrário, o Pronera contribuiu diretamente para a infraestrutura interna do MST e para sua habilidade de renovação das lideranças. Essas realizações, no entanto, exigiram constante articulação política e protestos contenciosos.

Criado em 1997 pelo presidente Fernando Henrique Cardoso [PSDB], de centro-direita, o Pronera deu acesso ao Ensino Superior para milhares de militantes do MST e, ao mesmo tempo, aumentou os recursos para programas de letramento e Ensino Médio nas áreas de reforma agrária. O Pronera também aprofundou as relações entre os militantes educacionais do MST e professores universitários, assim como com militantes sindicais e de outros movimentos sociais, que começaram a estudar por meio do programa. Além disso, a estrutura de gestão do Pronera e sua localização dentro do Instituto Nacional de Colonização e Reforma Agrária (Incra) permitiram que o MST mantivesse um alto grau de controle sobre o programa. Repito: o caso do Pronera é uma clara ilustração de que é possível para um movimento social institucionalizar iniciativas radicais e que o engajamento com instituições formais pode aumentar a capacidade interna do movimento para atingir seus objetivos sociais e econômicos. Ao promover um programa educacional elaborado para áreas de reforma agrária, o MST incorporou uma estratégica política gramsciana, tentando cultivar os intelectuais orgânicos do próprio Movimento para assumir as tarefas necessárias à sua sustentabilidade – e usando as aberturas temporárias do Estado para oferecer programas educacionais alternativos aos militantes.

Discuto a fundação e a expansão do Pronera em dois diferentes períodos: primeiro, o período de neoliberalismo e conflito Estado-sociedade durante os dois mandatos presidenciais de FHC (1995-2002); em seguida, o período de participação do movimento social e conciliação de classes, que começa depois da posse do presidente Luiz Inácio Lula da Silva (2003-2010). No primeiro período, a indignação pública provocada pelo massacre de 19 de militantes sem-terra, promovido pelo governo federal, criou uma oportunidade política para que o MST conseguisse aprovar um programa nacional de educação para áreas de reforma agrária, o Pronera. Por meio dele, o MST pôde desenvolver seu programa de bacharelado, que se tornou um espaço importante para a continuidade do refinamento de sua abordagem educacional. Esse programa também apresentou ao MST os muitos conflitos que emergem quando se tenta implementar a proposta educacional do Movimento num sistema universitário de elite. Descrevo esses conflitos e como eles deram forma às futuras parcerias do MST com universidades. O primeiro programa de bacharelado foi também um exemplo da tensão real entre os direitos individuais dos alunos e a disciplina coletiva do MST, algo que continua a caracterizar a abordagem educacional do Movimento.

Na segunda parte do capítulo, discuto a expansão do Pronera e a dinâmica da longa marcha pelas instituições sob um regime político progressista. O Partido dos Trabalhadores (PT) investiu muito mais dinheiro do que os governos anteriores em assentamentos da reforma agrária, por meio de programas como o Pronera. Um sistema de gestão tripartite surgiu, envolvendo colaboração entre Estado, universidade e membros do movimento social, o que permitiu ao MST manter um alto nível de controle sobre os programas do Pronera. Não obstante, mesmo com um governo de esquerda no poder, os militantes do MST precisaram se engajar tanto em táticas institucionais quanto conflituosas para conseguir atingir seus objetivos educacionais. Para ilustrar esse ponto, descrevo os desafios enfrentados pelo MST para desenvolver um programa de graduação em Geografia na Universidade Estadual Paulista (Unesp). Em seguida, analiso um ataque ao Pronera que ocorreu entre 2008 e 2010, e como as relações construídas pelo MST com pessoas da universidade e do Estado se tornaram essenciais para assegurar a continuidade do programa. As múltiplas tentativas de acabar com o Pronera ilustram os desafios e as possibilidades de defender espaços institucionais que ameaçam diretamente os interesses da elite.

Violência rural e concessões do Estado numa era de conflito (1995-2002)

Como afirmei no Capítulo 1, em meados dos anos 1990 os conflitos entre os movimentos sociais e o Estado brasileiro se intensificaram. Globalmente, e particularmente na América Latina, os governos aplicavam políticas neoliberais que promoviam a redução dos recursos aplicados em programas sociais, a eliminação de tarifas e a abertura dos mercados domésticos ao investimento financeiro. No Brasil, o presidente Fernando Henrique Cardoso assumiu em 1995. Embora FHC tenha criado alguns programas sociais, a principal preocupação de seu governo era manter a estabilidade econômica mediante austeridade fiscal e uma política monetária conservadora. Ele também implementou uma série de reformas voltadas para o interesse do mercado, inclusive cortes no setor de serviços públicos e no sistema de pensões, privatização e liberalização do comércio (Ondetti, 2008, p. 144).

Em 1995, quando FHC assumiu, o MST realizou seu Terceiro Congresso Nacional, com 5.226 delegados de 22 estados. A palavra de ordem desse congresso era "Reforma agrária, uma luta de todos", uma tentativa de demonstrar que a reforma agrária não beneficiava apenas os camponeses, mas também os trabalhadores urbanos ao aumentar a produção de alimentos e reduzir o custo da moradia nas cidades (MST, 2015, p. 45). O MST também começou a organizar mais ocupações de terras por todo o país. Embora, durante a campanha eleitoral em 1994, FHC tivesse prometido implementar um programa de reforma agrária, como presidente ele criticou as ocupações de terras, o que encorajou a elite agrária, que se opunha à reforma. Os episódios de violência contra trabalhadores rurais cresceram por todo o país. Em 9 de agosto de 1995, em Rondônia, a Polícia Militar do estado invadiu uma ocupação de terra e matou dez sem-terras, inclusive uma menina de sete anos. Três das lideranças do acampamento teriam sido executadas e muitos foram torturados (Ondetti, 2008, p. 150).[1] Esses eventos inspiraram uma série de protestos nacionais.

Depois, em 1996, a PM massacrou 19 militantes do MST no Pará. Em 17 de abril, duas mil famílias tinham acampado ao longo da rodovia em Eldorado dos Carajás, quando dois grupos de policiais militares caíram sobre elas. A PM tinha ordens do governador Almir Gabriel (que era do mesmo PSDB de FHC) para "eliminar as famílias acampadas" (MST, 2015, p. 47). A polícia abriu fogo e 19 trabalhadores foram mortos imediatamente. Dois homens morreram, alguns meses depois, e mais de 70 foram feridos.[2] O massacre foi filmado e levou a uma indignação internacional.[3] Ironicamente, o acontecimento criou uma oportunidade política – um evento que "serve para minar os cálculos

---

[1] O acampamento dos sem-terra foi organizado por um grupo dissidente do MST.

[2] Dois policiais foram presos e condenados quinze anos depois, a 228 e a 158 anos de prisão. O governador e os demais 155 PMs nunca foram condenados (MST, 2015, p. 47).

[3] Por causa dessa história, a Via Campesina, uma coalizão internacional de organizações camponesas que lutam por soberania alimentar, reconhece o 17 de abril como Dia Internacional de Luta Camponesa.

e premissas sobre os quais está estruturado o *establishment* político", como define McAdam (1999, p. 41) –, pois o choque do público com as ações do governo aumentou a simpatia nacional pelo movimento e pela reforma agrária. Uma semana depois do massacre, o presidente expropriou dezenas de fazendas, inclusive a área ocupada pelos militantes assassinados no Pará, oferecendo direito de uso da terra para milhares de famílias acampadas (Ondetti, 2008).

O massacre de 1996 inspirou uma onda de solidariedade à reforma agrária por todo o país. Em fevereiro de 1997, o MST organizou uma Marcha Nacional a Brasília pela Reforma Agrária. Três grupos, cada um com algumas centenas de militantes do MST, saíram de diferentes partes do país e marcharam por dois meses até a capital, cada um deles percorrendo quase mil quilômetros. À medida que caminhavam, também organizavam encontros e eventos educacionais com as comunidades locais ao longo do caminho. A marcha, junto com uma cobertura simpática da mídia, mais a atenção nacional e internacional, ajudou o Movimento a reunir ainda mais solidariedade. Quando os militantes chegaram à capital no dia 17 de abril, aniversário de um ano do massacre de Eldorado dos Carajás, mais de 100 mil pessoas de vários movimentos sociais, sindicatos, universidades e outras organizações se juntaram ao MST para pedir uma reforma agrária em grande escala. Sob pressão, FHC foi forçado a cumprir sua promessa de implementar a reforma agrária. Ao final dos quatro anos de seu mandato, em 1998, o Estado havia dado acesso à terra a mais de 300 mil famílias - o dobro das famílias atendidas na década anterior. No Capítulo 1, as figuras 1.2, 1.3 e 1.4 ilustram esses picos no número de ocupações de terra e de famílias participantes durante esse período, e o número de novas famílias que receberam direito à terra.[4]

Criação do Programa Nacional de Educação na Reforma Agrária (Pronera)

No final dos anos 1990, o Setor Nacional de Educação do MST já tinha desenvolvido dezenas de iniciativas educacionais com governos

[4] Como explica o Capítulo 1, essas figuras representam o número total de ocupações de terra que ocorreram, lideradas por dezenas de organizações diferentes. Entretanto, o MST era, de longe, a maior e mais poderosa entre elas, respondendo por pelo menos 50% das ocupações.

municipais e estaduais de todo o país, inclusive inúmeras campanhas de alfabetização e programas de formação de professores. No entanto, segundo Edgar Kolling, dirigente nacional do MST, no final dos anos 1990 a proposta educacional do movimento se expandiu, pegando carona no grande movimento pela reforma agrária. Em julho de 1997, poucos meses depois da grande marcha nacional e da manifestação de mais de 100 mil pessoas em Brasília, o Setor de Educação do MST nacional organizou o Encontro Nacional de Educadores das Áreas de Reforma Agrária (Enera). Mais de 700 educadores participaram, quase o dobro da audiência esperada (Kolling, Vargas e Caldart, 2012, p. 503). O encontro consistia em uma semana de debates sobre a proposta pedagógica do MST, com palestras de lideranças do MST, professores universitários e outros aliados convidados. As centenas de professores no evento tiveram a oportunidade de compartilhar suas experiências letivas nos acampamentos e assentamentos do MST. Uma creche, chamada de "Ciranda [Infantil]" no MST,[5] foi instalada para as crianças presentes, de forma a garantir a total participação dos pais. O dia começava com as místicas de cada região (ver Capítulo 1): apresentações teatrais usando poesia, música e dança para tratar de temas relacionados ao campo brasileiro, educação e luta social. Outras atividades culturais - apresentações musicais, *performances* de dança, interlúdios teatrais - foram integradas ao longo da semana.

A principal demanda que resultou do encontro foi a criação, do governo federal, de um programa nacional de educação especificamente para áreas de reforma agrária (acampamentos e assentamentos). Em outubro de 1997, professores da Universidade de Brasília (UnB) - uma das instituições que coordenavam a conferência Enera - organizaram um encontro com representantes de seis universidades para discutir como suas instituições podiam apoiar o MST para criar esse programa.[6] Muitos desses profes-

---

[5] O movimento adotou o nome de "ciranda", a brincadeira de roda, para enfatizar a natureza pedagogicamente apropriada do cuidado com as crianças.

[6] A proposta foi aprovada em novembro de 1997 no Conselho de Reitores. Os professores participantes eram da UnB, da Universidade Federal do Rio Grande do Sul (UFRGS), da Universidade do Vale do Rio dos Sinos (Unisinos), da Universidade Regional do Nordeste do Rio Grande do Sul, da Universidade Federal de Sergipe (UFSE) e da Universidade Estadual Júlio de Mesquita Filho (Unesp).

sores já estavam familiarizados com a abordagem educacional do MST porque, nos dez anos anteriores, haviam sido parceiros do Movimento na organização dos programas de alfabetização. O apoio desses professores universitários foi crucial, legitimando a demanda do Movimento. A professora Mônica Molina, da UnB, por exemplo, observa que seu reitor tinha conexões com o governo FHC e ajudou a obter apoio para o programa proposto pelo MST.[7]

Embora o Ministério da Educação (MEC) geralmente administre todos os programas federais de educação, a liderança do MST se opôs a colocar seu novo programa nessa enorme agência burocrática. Durante o governo FHC, o MEC tinha priorizado avaliações nacionais, padronização e responsabilização de professores, não diversidade e inclusão. Além disso, a colaboração entre o MEC e a sociedade civil era mínima. Como Edgar explicou, "até então, a gente nunca tinha conseguido uma audiência que não fosse através da mediação de um senador ou deputado federal. Para nós, o MEC era um claustro, um lugar fechado, não havia diálogo. Jamais proporíamos alguma coisa gerida pelo MEC, porque ali a gente não conseguia nem audiência!". De fato, com muitos recursos e centralizado, o MEC era uma agência importante nos debates de política pública e refletia de perto os ideais do governo federal direitista.

Em contraste, o Instituto Nacional de Colonização e Reforma Agrária (Incra), agência que supervisiona os aspectos administrativos, técnicos e judiciais da reforma agrária, tinha recursos insuficientes e era relativamente negligenciado na política nacional. Depois do massacre de 1996, FHC tirou o Incra da jurisdição do conservador Ministério da Agricultura e o colocou sob o Ministério Extraordinário de Política Fundiária, que em dezembro de 1999 tornou-se o Ministério da Política Fundiária e do Desenvolvimento Agrário. Um mês depois, em janeiro de 2000, por decreto, surge o Ministério do Desenvolvimento Agrário (MDA). Enquanto o Ministério da Agricultura continuava a promover o agronegócio de grande escala e o modelo de exportação de produtos primários, o MDA estava encarregado do apoio à agricultura familiar ou de pequena escala. O fato de que o Incra estava agora

[7] Todas as citações ou informações atribuídas a Mônica Molina foram obtidas numa entrevista em 10 de novembro de 2010.

sob o MDA significava mais apoio à reforma agrária. Além disso, os dirigentes do MST já tinham boas relações pessoais com funcionários do Incra. Em consequência, o Movimento lutou para que o Incra – uma agência que parecia mais alinhada com os seus objetivos políticos – administrasse o novo programa educacional nacional.[8]

Em 16 de abril de 1998, um dia antes do segundo aniversário do massacre de Eldorado dos Carajás, o Presidente FHC criou oficialmente o Programa Nacional de Educação na Reforma Agrária (Pronera) sob a jurisdição do Incra. FHC criou esse programa por causa da pressão política que sofreu para desculpar-se com o Movimento dos Sem Terra depois dos massacres de 1995 e 1996, por causa do crescente apoio à reforma agrária na população em geral e das manobras internas nas universidades. O Pronera foi claramente uma concessão ao Movimento, uma tentativa de debelar a agitação rural. Inicialmente, o governo federal pretendia que o programa trabalhasse apenas com iniciativas de alfabetização, mas os dirigentes do MST tinham outros planos: queriam usar o Pronera para oferecer Ensino Superior aos militantes em universidades públicas.

O primeiro programa de bacharelado do MST (1998-2001)

Quando o Pronera foi criado em 1998, centenas de dirigentes nacionais e estaduais do MST já tinham diplomas dos programas formais de

---

[8] Wolford (2010a, 2016) argumenta que, para entender a natureza do Incra e as relações entre seus funcionários e os militantes de movimentos sociais, é necessário percorrer a história dessa agência no cenário institucional brasileiro. O Incra foi criado em 9 de julho de 1970, sob a ditadura militar, para supervisionar a colonização do noroeste da região amazônica. O principal objetivo desse programa de nova colonização era debelar a agitação social rural nos estados do Nordeste e do Sul do país, oferecendo terra amazônica às famílias pobres dessas regiões. Um objetivo secundário do regime militar era "civilizar" essa parte do país, sobre a qual tinha pouco controle. Em meados dos anos 1980, esse processo de colonização na Amazônia chegava lentamente ao seu fim. Em 1987, o Congresso Nacional acabou com o Incra. No entanto, o final dos anos 1980 foi também um período de grandes mobilizações pela reforma agrária. O Incra foi reaberto em 1989, embora com uma missão muito diferente: "O principal foco do Incra agora seria o assentamento, em vez da colonização, e agora deveria desapropriar terras de grandes latifundiários no coração de áreas já povoadas em cada estado, em vez de trabalhar nas fronteiras onde as terras públicas pareciam disponíveis gratuitamente" (Wolford 2016, p. 30). No entanto, essa mudança do alinhamento institucional tinha muito pouco dinheiro, pois o Incra era uma das agências mais pobres e mais carentes de pessoal no governo brasileiro (Wolford, 2010a, 2016; Haesbaert, 1995).

educação do Movimento. Grande parte desses militantes tinha viajado ao Rio Grande do Sul para cursar os programas de formação de professores (MAG) e de técnico na administração de cooperativas (TAC) (ver Capítulo 1). Outros foram alunos dos programas de alfabetização e de educação de jovens e adultos que o movimento tinha desenvolvido em parceria com o MEC, universidades e governos estaduais. Mas, em 1998, dos milhares de militantes do MST nas direções estaduais e nacional, muito poucos tinham cursado uma faculdade.

Embora esses dirigentes estudassem, lessem e aprendessem constantemente por meio dos cursos não formais e dos encontros realizados nas escolas de formação política, aos olhos do Estado brasileiro eles continuavam tendo apenas o Ensino Médio. A liderança do MST não tinha como oferecer educação formal para além do Ensino Médio. Além disso, os militantes achavam difícil fazer faculdade por conta própria, porque os vestibulares para universidades públicas e gratuitas eram notoriamente difíceis e, mesmo que conseguissem passar, ficariam com muito pouco tempo para dedicar ao movimento. Rubneuza Leandro, uma militante do Setor de Educação de Pernambuco, explica porque era importante para o MST, nessa época, obter Ensino Superior:

> No movimento, a gente tem uma militância de 24 horas. Você está à disposição do movimento em todo momento. Para fazer uma faculdade, você precisava dar um freio na sua disponibilidade – e era o que estava acontecendo, muita gente estava deixando a militância para poder estudar. [...] Nas universidades, os professores não nos respeitavam porque não tínhamos titulação, achavam que éramos apenas mobilizadores de gente e que não poderíamos ter propostas. Atingimos um limite, porque não tínhamos educação superior. Só que a gente não queria qualquer coisa. Começamos a analisar como oferecer educação superior aos nossos militantes.[9]

Em 1997, um ano antes da aprovação do Pronera, o MST começou a abordar dezenas de universidades públicas para propor a criação de um programa de Pedagogia para educadores que viviam em comunidades da reforma agrária. Contatou antigos aliados entre professores universitários, explicou o Pronera e pediu ajuda. Embora alguns professores apoiassem

---

[9] Todas as citações ou informações atribuídas a Rubneuza Leandro foram obtidas numa entrevista em 22 de julho de 2011. Exceções serão apontadas.

a ideia, outros – e todos os reitores – rejeitaram a proposta do MST. Embora muitos reitores tivessem apoiado as iniciativas educacionais do MST, especialmente as campanhas de alfabetização, nenhum deles queria oferecer um programa de graduação universitária especificamente para o MST e em parceria com o movimento. Edgar interpretou essa relutância como um indício de que, embora o MST fosse convidado o tempo todo para falar nessas universidades sobre suas iniciativas educacionais, "a ideia de que os sem-terra poderiam estudar nessas universidades, como pares, era intolerável".

O encontro com a Universidade de Ijuí

A tentativa do MST de oferecer o Ensino Superior aos militantes poderia ter acabado em 1998, se não fosse pela ideia do próprio MST de procurar uma pequena instituição privada do Rio Grande do Sul – a Universidade de Ijuí (Unijuí).[10] Como lembra Dinarte Belato, professor da Unijuí, a universidade já tinha uma longa história de militância, remontando aos anos 1960.[11] Nessa época, a sociedade fervilhava com movimentos de base – havia um gigantesco movimento estudantil, os grupos católicos progressistas eram fortes, a educação popular freireana proliferava – e os professores da Unijuí eram parte dessa febre organizadora. Essa militância de base foi abruptamente interrompida em 1964, com o golpe militar. No entanto, mesmo sob a repressão, os professores da Unijuí desenvolveram projetos clandestinos de educação. Dinarte, por exemplo, alfabetizou operários da construção civil pelo método de Freire, ensinando-os a ler e escrever e, ao mesmo tempo, refletir sobre suas más condições de trabalho. O fato de que a universidade era privada facilitou o engajamento dos professores nesse trabalho furtivo, o que demonstra como as instituições podem proteger militantes sob regimes autoritários e hostis.[12]

---

[10] O nome completo é Universidade Regional do Noroeste do Estado do Rio Grande do Sul, hoje conhecida como Unijuí, já que sua sede é no município de Ijuí (RS). Até 1985, chamava-se Faculdade de Filosofia, Ciências e Letras de Ijuí (Fafi), fundada em 1956. O nome atual foi adotado em 1993. Aqui, será adotado o nome mais conhecido hoje – Unijuí.

[11] Todas as citações ou informações atribuídas a Dinarte Belato foram obtidas numa entrevista com ele e outros dois professores da Unijuí em 30 de novembro de 2010.

[12] Houtzager (2001) também afirma que a Igreja Católica era um "hospedeiro institucional" para os militantes de base durante esse mesmo período no Brasil.

Durante a transição democrática no início dos anos 1980, houve outra explosão de protestos e militância por todo o Brasil. Os professores da Unijuí estavam bem-posicionados para ajudar esses movimentos emergentes, já que haviam passado duas décadas ajudando clandestinamente na organização popular. Eles desenvolveram conexões importantes com os militantes locais, inclusive o movimento dos sem-terra, e mantiveram essas conexões vivas na década seguinte. No final de 1997, quando a proposta do MST para criar um bacharelado em Pedagogia tinha sido rejeitada por dezenas de universidades públicas, os militantes contataram alguns professores da Unijuí. Dinarte lembra desse momento: "O MST perguntou quem poderia ajudá-los a criar um bacharelado em Pedagogia para o movimento. Nós podíamos, claro, porque havia toda uma trajetória entre nós, que construiu a confiança mútua. Sabíamos que os professores da Unijuí abraçariam o projeto". De fato, enquanto os professores das universidades públicas eram reticentes, os da Unijuí se entusiasmaram com a ideia.

Quando concordaram em desenvolver o programa de bacharelado em parceria com o MST, o próximo passo era a elaboração da proposta para um curso de quatro anos, que precisava ser aprovado pela administração da Unijuí. A proposta incluiu uma explicação sobre a necessidade do programa e uma descrição de sua abordagem pedagógica, sua estrutura e seus requisitos curriculares, além do papel dos diferentes parceiros no programa, inclusive o Setor de Educação do MST. O objetivo do curso era formar professores para trabalhar em salas de aula do 5º ao 8º ano nos assentamentos da reforma agrária. A proposta identificou a Unijuí como a instituição adequada para criar esse programa, devido à sua história de dedicação aos movimentos sociais. A universidade aprovou a proposta e o programa ficou conhecido como Pedagogia da Terra, indicando a relação entre a formação pedagógica e a reforma agrária.

Em 20 de janeiro de 1998, 58 alunos de acampamentos e assentamentos do MST em 13 estados viajaram para Ijuí para frequentar o primeiro semestre do bacharelado em Pedagogia da Terra. Muitos dos alunos já eram dirigentes do Setor de Educação do MST e, embora a maioria dos alunos fosse gaúcha, o fato de que 13 estados estavam representados indicava o alcance do programa educacional do movimento. Cinquenta dos 58 alunos eram mulheres, o que também refletia o papel feminino dominante no Setor de Educação. O governo FHC anunciou sua intenção de criar o Pronera no final desse mesmo ano. Mas a liderança do MST decidiu lançar o programa de bacharelado antes mesmo, com seus próprios recursos, para aumentar a pressão sobre o governo federal para cumprir sua promessa. Depois que o Pronera foi estabelecido oficialmente em abril de 1998, o Incra começou a cobrir os custos do programa. Portanto, o próprio Pronera não criou mais acesso educacional para o MST; em vez disso, foi o Setor de Educação do MST que usou criativamente essa nova legitimidade institucional para convencer professores universitários a desenvolver um programa educacional específico para o movimento.

A abordagem pedagógica do MST na Unijuí

Além de formar professores para trabalhar nas escolas dos assentamentos, o MST procurou usar o primeiro programa de bacharelado para refinar sua proposta pedagógica, por meio de sérios estudos de teorias educacionais e da prefiguração dessas teorias na prática. A liderança do MST entendeu esse processo como uma forma de práxis ou de diálogo permanente entre teoria e prática, ação e reflexão. A seguir, descrevo seis práticas pedagógicas e organizacionais que se tornaram centrais no programa Pedagogia da Terra.

Pedagogia da Alternância

O aspecto mais original do programa Pedagogia da Terra foi a utilização da Pedagogia da Alternância pela universidade, a rotação entre períodos de estudo de um ou dois meses e períodos de trabalho na comunidade de quatro a seis meses. Os alunos viajaram para a Unijuí por sete períodos de estudo (janeiro-fevereiro e julho) durante quatro anos, quando a maioria do corpo discente não estava no *campus*. O Pronera pagou casa, comida e outras necessidades básicas dos alunos enquanto estavam na universidade, assim como a viagem de ida e volta duas vezes por ano. Assim, os alunos podiam responder por suas responsabilidades como professores e como militantes em seus estados de origem ao mesmo tempo que cursavam a faculdade.

Além dessas preocupações logísticas, a opção do MST pela Pedagogia da Alternância também refletia o compromisso do Movimento com a integração entre teoria e prática. Durante os períodos de estudo, os alunos passavam o dia em sala de aula e tinham uma agenda rigorosa, envolvendo dez disciplinas por "semestre" de um a dois meses (ver o currículo completo no Anexo B). Em seguida, nos períodos comunitários, os alunos colocavam em prática as teorias que haviam aprendido, como "lição de casa". Por exemplo: num curso sobre Educação Infantil na Unijuí, os alunos teorizavam sobre o papel da brincadeira na experiência educacional de crianças pequenas. Para completar suas horas de atividade para o curso, eles voltavam a suas comunidades e criavam, nas escolas locais, um parquinho pedagogicamente apropriado para crianças pequenas. Às vezes, os alunos conseguiam integrar horas de atividade para vários cursos num único projeto – por exemplo, ao implementar pedagogias freireanas nas salas de aula de suas escolas ou ao praticar teorias educacionais por meio de sua participação no Setor de Educação do MST.

Pesquisa

Para o MST, a pesquisa é um princípio fundamental da educação, pois permite que os alunos investiguem sua própria realidade, registrem histórias locais, questionem aparências e entendam processos sociais. No final do programa Pedagogia da Terra, os alunos deviam completar um Trabalho de Conclusão de Curso (TCC), coletando dados primários sobre tópicos educacionais em suas comunidades. Rubneuza Leandro, por exemplo, escreveu seu projeto final de estudos sociais sobre a falta de participação dos professores das regiões canavieiras de Pernambuco nas atividades educacionais do MST.[13] Ela entrevistou dezenas de professores, tentando entender as razões políticas, econômicas e culturais para a resistência ao apoio pedagógico do MST. Além disso, Rubneuza analisou a história da produção de cana-de-açúcar e da violência política na região, e seus efeitos na educação. O projeto de pesquisa contribuiu tanto para o crescimento intelectual de Rubneuza como para as decisões educacionais

[13] Ver o Capítulo 5 para mais detalhes sobre a luta educacional do MST nessa região.

do MST nessa região, colaborando diretamente para o desenvolvimento da capacidade estratégica do Movimento.

Autogestão estudantil

Outra parte fundamental do programa Pedagogia da Terra foi a prefiguração do princípio da autogestão no MST. A prática da autogestão constituía uma rejeição da hierarquia tradicional, na qual os alunos vão à universidade para aprender e os professores vão para ensinar. A turma da Pedagogia da Terra adotou a estrutura organizacional dos acampamentos e assentamentos do MST: criou pequenos coletivos ou núcleos de base (NBs; ver Capítulo 1) de cinco a oito alunos cada um. Como essa turma tinha um conjunto de experiências em outros espaços coletivos do MST, os NBs sempre incluíam uma combinação de militantes mais e menos experientes. Os NBs estavam encarregados de muitas das tarefas pedagógicas, organizacionais e logísticas durante o programa. Em cada curso, por exemplo, um NB era responsável pela chamada, pela moderação de debates e pela disciplina em sala de aula.

No final de cada período de estudo, os NBs avaliavam coletivamente os cursos realizados, inclusive as metodologias dos professores e as leituras que tinham feito. A turma também se encontrava para crítica e autocrítica, avaliando a contribuição de todos e de cada um. Ivori Moraes, uma militante de Rio Grande do Sul da primeira turma, refletiu: "Esse processo de crítica e autocrítica é importante, porque você vai viver num coletivo e é necessário saber expressar as queixas sobre os outros. Agora sou professora numa escola. Se eu falar mal de alguém, essa pessoa vira minha inimiga. Isso não nos ajuda a crescer coletivamente".[14]

Também essencial para a autogestão estudantil era o coletivo de coordenação de turma, que incluía um representante de cada NB. A coordenação tomava decisões para toda a turma, com base nos debates dos NBs, e era também responsável pela organização da logística diária do programa com os professores universitários. Se os alunos decidissem que queriam mais um dia para completar uma lição de casa, a coordenação

[14] Todas as citações ou informações atribuídas a Ivori Moraes foram obtidas em entrevistas realizadas em 3 de outubro de 2011 e em 27 de agosto de 2016. Exceções serão apontadas.

levaria esse pedido ao professor e negociaria uma nova data para a entrega do trabalho. Ivori fez parte da coordenação. Ele lembra que, certa vez, pediram um novo professor para a aula de metodologia de pesquisa, porque todos os NBs tinham criticado o plano de curso e a abordagem pedagógica do professor encarregado. A Unijuí designou um novo professor para essa disciplina no período de estudo seguinte. A cogestão conflituosa e as críticas abertas dos militantes do MST permitiram que eles alcançassem um raro grau de influência na sua experiência educacional - talvez em detrimento dos desejos de alguns professores.

O Coletivo Político-Pedagógico

Alguns militantes do MST que não eram alunos também participavam de cada período de estudos para oferecer conselhos, orientação e apoio. Esse coletivo de apoio, que está presente em todos os programas educacionais formais e não formais do MST, é chamado de Coletivo Político-Pedagógico (CPP).[15] Roseli Caldart e Edgar Kolling eram dois líderes nacionais do MST nesse coletivo de apoio, responsável por visitar a turma a cada período de estudos. Os dois estavam lá para garantir que o programa atingisse seu objetivo político: formar uma turma de militantes do MST que poderia participar de maneira mais significativa no Movimento. A cada período de estudo, eles se encontravam regularmente com a coordenação para refletirem sobre desafios internos à turma ou questões da turma com os professores universitários. Roseli e Edgar também organizavam horas extras de estudo e debate sobre temas particularmente relevantes para o Movimento. Durante um período de estudo, por exemplo, eles convidaram o dirigente nacional João Pedro Stedile para dar três dias de aulas sobre o contexto agrário contemporâneo no Brasil - um curso sem notas, que não era parte do currículo oficial. Edgar e Roseli também compartilhavam informações com a turma sobre as atividades nacionais do MST, como o número de ocupações de terra naquele mês ou os preparativos para o Fórum Social Mundial de 2001. "Mas, no dia a dia, quem coordenava mesmo, quem fazia essa relação

[15] Esse nome não era usado no primeiro programa universitário, em 1998. O grupo era chamado apenas de "líderes do MST que acompanham o programa". Ao longo do livro, para evitar confusão, utilizarei sempre o nome atual, Coletivo Político-Pedagógico (CPP).

direta com a universidade eram os próprios educandos", destaca Vanderlúcia Simplício, uma militante do Ceará.

Viver coletivo e práticas de trabalho colaborativo

Um dos princípios educacionais mais importantes do MST é o que envolve coletividade e colaboração. Para promover o sentido de coletividade na turma, o Setor Nacional de Educação decidiu que os alunos deveriam viver juntos numa pensão. Os alunos da turma de Pedagogia da Terra organizavam a vida na pensão coletivamente, cozinhando juntos, comendo juntos e estudando juntos, da mesma forma como haviam, por anos, coordenado coletivamente seus acampamentos e assentamentos. Ao viverem juntos, também davam ao MST muitas oportunidades para praticar a resistência coletiva. O proprietário da pensão era um idoso alemão, o Sr. Schultz, que estava acostumado a tirar vantagem dos alunos, sempre oferecendo a eles os piores quartos. Os travesseiros eram enchidos com ração para gado, e muitos alunos tiveram erupções cutâneas por todo o corpo por causa disso. Durante um período de estudo, muitos alunos da Pedagogia da Terra marcharam para o quintal da pensão, arrastando três travesseiros, e puseram fogo neles, exigindo que o proprietário investisse seu próprio dinheiro em travesseiros novos. Como não estava acostumado a receber demandas coletivas de seus inquilinos, o Sr. Schultz concordou em comprar novos travesseiros para a pensão. Essa história ilustra como a presença do MST nessa cidade universitária, e como a vontade dos alunos de engajar-se em ações políticas conflituosas, influenciou a comunidade inteira.

A solução da moradia coletiva também ajudava os alunos a superar dificuldades financeiras. "O Pronera devia pagar tudo, os professores, a universidade, a comida e a estadia, mas às vezes o dinheiro não chegava e a gente tinha de fazer rifa ou trabalhar de diarista", lembra Elizabete Witcel, uma dirigente do MST no Rio Grande do Sul: "Todas as nossas discussões eram coletivas". Numa ocasião, os alunos com mais dificuldades financeiras pediram ajuda ao diretor da escola local, que os deixou dormir lá por todo o período de estudo.

Cuidar das crianças também era uma responsabilidade coletiva. No cenário universitário convencional, as mulheres muitas vezes abandonam os estudos quando têm filhos. Mas as mulheres da turma da Pedagogia da Terra podiam continuar estudando, porque a turma organizava uma creche coletiva (uma Ciranda Infantil, na linguagem do MST). A turma encontrou uma militante do Setor de Educação do MST que, por um pequeno salário pago pelo Pronera, cuidava das crianças enquanto as mulheres estudavam. Os alunos negociaram com a universidade para poderem usar uma sala de aula vazia para a Ciranda, uma iniciativa que inicialmente desagradou outros alunos, convencidos de que era um privilégio para o MST. No entanto, como explica Ivori, alguns desses alunos perceberam que fora a organização coletiva do MST que levou a universidade a oferecer esse espaço e também começaram a se mobilizar em torno de demandas semelhantes. Para os militantes do MST, a incorporação da moradia coletiva e de tarefas colaborativas era um jeito de introduzir os princípios organizacionais do movimento na própria universidade, com implicações para além de sua turma.

Práticas culturais e luta política

Por fim, o MST priorizava a integração de suas práticas políticas e culturais na esfera universitária. Toda manhã os alunos faziam uma mística, com poesia, teatro, música e dança, para expressar um aspecto da luta social no campo. Nas noites de sábado, depois de seis dias de estudo intenso, os alunos organizavam uma grande festa na pensão, uma "noite cultural", quando cozinhavam pratos tradicionais e tocavam música de suas comunidades. Essas noites também começavam com uma mística elaborada, que incorporava algum tema político específico, como um tributo à Revolução Cubana ou a denúncia do assassinato de um líder do MST. Em seguida, dançavam até tarde da noite.

A turma da Pedagogia da Terra também participava de lutas políticas reais enquanto estudava na Unijuí. Apoiou eventos políticos locais e se engajou em debates do movimento estudantil, com o centro acadêmico e outros grupos da universidade. Em julho de 1998, no segundo período de estudo, toda a turma tomou um ônibus para Brasília e participou da I Conferência Nacional por uma Educação Básica do Campo (ver Capítulo 3), apresentando a mística de abertura da conferência. Houve um período de estudo no qual toda a turma participou da ocupação de uma fazenda que plantava soja geneticamente modificada pela Monsanto. Participar de uma ocupação de terra instilava um significado novo e combativo nas pedagogias da terra que estavam estudando.

Conflitos entre o MST e a Universidade de Ijuí

Durante os quatro anos de estudo dos militantes do MST na Unijuí, o corpo docente que supervisionava o programa apoiava amplamente os alunos e suas inovações pedagógicas. Não obstante, conflitos e tensões surgiram entre as normas institucionais da universidade e os objetivos políticos do MST. Esses conflitos não eram específicos da Unijuí; ao contrário, representavam as tensões que continuariam a emergir na medida em que o MST ocupava a esfera universitária. Adílio Perin, um militante gaúcho do MST, lembra de um professor de Matemática Espacial que "dava um monte de informação que não tinha nada a ver com nossa realidade": "Ele entrava na sala de aula, dava sua palestra e deixava o quadro negro cheio de exercícios para nós. Ele nem falava com a classe. Não se interessava por nós".[16] Enquanto o MST queria que os professores conectassem o conteúdo às vidas dos alunos por meio de debate e diálogo, muitos dos professores apenas davam as mesmas aulas que tinham criado para o corpo discente geral. Rita de Cascia, outra gaúcha, lembrou que a turma da Pedagogia da Terra queria professores que participassem de suas avaliações coletivas.[17] Alguns se recusavam a participar desse processo que subvertia a tradicional hierarquia de poder professor-aluno. Assim, as normas institucionais da universidade entraram em conflito com a prática do MST de avaliação coletiva da experiência educacional.

Como já mencionado, os dirigentes do MST também queriam garantir que o currículo do programa incluísse teóricos que constituíam a base filosófica da proposta pedagógica do Movimento, como os soviéticos (discutidos no Capítulo 1) e as publicações do próprio Movimento. Mas os professores exigiam que os alunos aderissem ao cânone clássico. Por isso, os alunos liam os textos do Movimento à noite ou nos fins de semana e também participavam de atividades importantes para o MST, como o trabalho coletivo e as discussões internas sobre o próprio Movimento.

---

[16] Todas as citações ou informações atribuídas a Adílio Perin foram obtidas numa entrevista em 28 de novembro de 2010. Exceções serão apontadas.

[17] Todas as citações ou informações atribuídas a Rita de Cascia foram obtidas numa entrevista em 16 de janeiro de 2011.

Elizabete lembra dessas sessões extras: "Alguns educadores achavam que a gente devia aproveitar o máximo para estudar, passar horas na biblioteca e esquecer do tempo de trabalho, do tempo de reuniões das equipes do nosso grupo. A gente entrava em conflito entre nós mesmos. O que queremos? Que educação é essa? Será que a gente valoriza mais o estudo acadêmico do que nossa própria realidade?". Na prática, os alunos estudavam dois currículos paralelos, como explica Roseli Caldart: "A base do programa era o currículo da universidade, mas todos os ajustes, os temperos, as inclusões curriculares, eram do movimento. A gente fazia pensando no nosso povo".

A insistência do Movimento no estudo extracurricular ofendeu alguns dos professores universitários, que achavam que convidar palestrantes externos era um desrespeito ao corpo docente que já trabalhava na universidade. Esses professores afirmavam que os alunos da Pedagogia da Terra não estavam interessados em receber uma educação da Universidade de Ijuí - estavam apenas usando a universidade para seus próprios fins. Edgar relatou outro conflito, desta vez com os professores que apoiavam a virada "pós-moderna" na academia: a rejeição de grandes teorias e ideologias, inclusive o marxismo, e o foco na desconstrução e na crítica. Na perspectiva de muitos dos militantes do MST, essas ideias pós-modernas não ajudavam nada, porque rejeitavam a teoria unificadora da luta de classes, promovida pelo Movimento, e ao mesmo tempo negavam a importância de movimentos sociais e da resistência coletiva ao focar a "desconstrução" das categorias sociais. Edgar explicou: "Como organização, não concordamos com essa nova vertente teórica, que não combina nossa visão do mundo e do conhecimento". Outros dirigentes do MST concordam com ele, afirmando que a academia valoriza muitas teorias que negam a direção das populações trabalhadoras.

Alguns alunos da turma da Pedagogia da Terra, porém, ressentiam-se do trabalho extra que o MST requeria – o que criou outro conflito com a universidade, pois os professores ignoravam as práticas coletivas do MST e apoiavam a escolha individual dos alunos de não completarem as tarefas extras. Elizabete contou a história de um colega que queria que o programa Pedagogia da Terra "entrasse no ritmo da universidade". Esse aluno achava que os líderes do MST que coordenavam o coletivo estavam excedendo sua autoridade ao organizarem um programa diferente daquele seguido pelo resto da universidade. Ivori lembrou como a situação foi estressante, porque esse aluno "não queria participar dos coletivos, não queria ser incomodado com crianças e só queria ser um estudante". Os coordenadores disseram que ele precisava participar da organização coletiva da turma ou deveria abandonar o programa. Os professores da Unijuí apoiaram a decisão do aluno de se matricular no programa normal de Pedagogia, que não incluía estudos suplementares, moradia coletiva ou aulas separadas do resto do corpo discente. Ao refletir sobre o apoio dos professores à decisão do aluno, Elizabete disse: "Houve toda uma polêmica, e acabamos por nos dar conta de que a universidade não nos entendia e não entendia nossa discussão coletiva. Pois eles deram 100% de apoio ao aluno e valorizaram sua decisão. No fim, nós fazíamos o nosso curso e ele fazia outro". Um dos professores da Unijuí, Neyta Oliveira, também refletiu sobre o caso: "Há um limite. A universidade não pode simplesmente expulsar um aluno, é muito difícil fazer isso. Então resolvemos transferi-lo para o programa convencional de Pedagogia".[18]

Enquanto os professores universitários protegiam os direitos individuais desse aluno, os dirigentes do MST se preocupavam com o precedente que o programa Pedagogia da Terra estabeleceria para futuros bacharéis do Pronera. Ivori deu mais detalhes:

> Nós parecíamos monstros, estalinistas, anti-humanistas, mas não se tratava de uma questão pessoal. Estávamos criando o caminho para que milhares de sem-terra tivessem acesso à educação superior. Legalmente, já tínhamos o direito de entrar na universidade. Mas o acesso não estaria direito sem um lugar para morar, comida, creche... Sabíamos que o programa Pedagogia da Terra seria um modelo para oferecer acesso e sabíamos que precisávamos garantir os princípios coletivos e organizacionais do movimento no programa.

A turma da Pedagogia da Terra era rígida com sua disciplina coletiva, porque acreditava que, para transformar a estrutura tradicional do sistema universitário, seria necessário abrir o Ensino Superior para as populações pobres do campo. Para os militantes do MST, todo seu projeto educacional estava em jogo, o que suplantava qualquer preocupação com os direitos individuais de um único estudante.

---

[18] Todas as citações ou informações atribuídas a Neyta Oliveira foram obtidas numa entrevista coletiva em 30 de novembro de 2010.

Apesar desses desafios, Dinarte e outros professores que supervisionavam o programa Pedagogia da Terra continuaram a apoiar a maioria das iniciativas do MST. Durante o último período de estudos, porém, um conflito insolúvel surgiu entre os alunos e justamente os professores que tinham sido seus mais firmes apoiadores. No fim dos anos 1990, o Ministério da Educação começou a exigir que todas as universidades públicas e privadas aplicassem testes padronizados que permitiriam avaliar os programas universitários em todo o país. O movimento estudantil nacional conclamou por um boicote público a esses testes, com base no fato de que a avaliação quantitativa reduziria os propósitos do Ensino Superior e produziria uma concorrência entre as instituições. Não obstante, para os professores que se esforçaram tanto para criar o Pronera, como Dinarte, o exame era crucial para dar legitimidade nacional ao programa Pedagogia da Terra e à própria universidade. A turma da Pedagogia da Terra debateu a questão e tomou a decisão coletiva de se alinhar com o movimento estudantil, a despeito das preocupações do corpo docente da Unijuí. No entanto, em vez de boicotar o teste (uma ação que a Unijuí poderia ter usado para negar os diplomas aos alunos), eles sentaram-se para fazer o exame e deixaram todas as respostas em branco. Para piorar as coisas, eles não avisaram os professores sobre essa decisão. Embora outros alunos da Unijuí também tenham se recusado a fazer o exame, a turma da Pedagogia da Terra foi a única turma que decidiu coletivamente não passar no teste.

Os professores da Faculdade de Pedagogia se sentiram ultrajados. Os exames em branco afetariam seriamente a reputação nacional da faculdade, podendo até reduzir o número de matrículas e o acesso a recursos. O professor Neyta Oliveira afirmou: "Concordamos em trabalhar com as práticas do Movimento; fizemos o que o Movimento quis, mas o Movimento se recusou a trabalhar com as práticas da universidade". Neyta criticou a recusa dos militantes em fazer concessões estratégicas de curto prazo para poder promover o sucesso do programa no longo prazo. Dinarte, um dos mais importantes agentes no convencimento da universidade para desenvolver esse primeiro bacharelado do Pronera, sentiu-se tão insultado pelas ações dos alunos que se recusou a assistir à cerimônia de formatura da turma. Os valores políticos do MST tinham entrado em conflito com os requisitos da universidade, mesmo numa universidade progressista com professores dedicados à mudança social. Nunca mais o MST faria outro Pronera na Universidade de Ijuí.

A história do primeiro programa de bacharelado do MST é importante por seu papel histórico, pois ajudou o movimento a refinar sua abordagem pedagógica; mas também é importante como um caso emblemático das restrições, oportunidades e tensões enfrentadas pelo MST durante a implementação da sua proposta educacional na universidade. Em primeiro lugar, o caso ilustra porque certos atores institucionais são mais interessados em experimentar práticas alternativas. Enquanto administradores e professores das universidades públicas eram cautelosos demais para fazer uma parceria com o MST, especialmente no contexto de um governo federal antagônico, a comunidade da Universidade de Ijuí abraçou a proposta. Era uma instituição privada relativamente isolada do governo federal, com professores que tinham uma longa história de conexões com movimentos sociais e uma missão política comum. Em segundo lugar, o caso ilustra como o processo de institucionalização dos objetivos de um movimento social no Estado é um processo dinâmico e ativo, não apenas um momento no qual os objetivos do movimento se congelam dentro da estrutura do Estado. Ao contrário, uma vez criado o Pronera, os dirigentes do MST precisaram usar o programa criativamente para promover seus objetivos educacionais, buscando aliados nas universidades e ajudando a construir um programa educacional que aderisse aos ideais do movimento. Em terceiro lugar, esse processo era intrinsicamente contencioso, no qual conflitavam diferentes práticas e visões de mundo. Embora o Setor de Educação do MST e os professores universitários tivessem muitos pontos em comum, a recusa do movimento a fazer concessões que comprometessem seus ideais levou a tensões e rupturas. Em quarto lugar, esses conflitos se tornaram um processo importante de aprendizagem. Embora o MST já tivesse uma proposta educacional estabelecida, colocar essa teoria em prática no nível do Ensino Superior levou os militantes do Movimento a reconstruir algumas das teorias anteriores, uma forma de práxis. Esse processo foi particularmente importante para a primeira turma da Pedagogia da Terra porque, como expõe a próxima seção, os formados por esse programa tornaram-se líderes proeminentes nos coletivos de educação do MST em todo o país, implementando programas semelhantes de graduação em suas universidades locais.

Como as instituições constroem movimentos: reflexões dos formados pela Universidade de Ijuí

Até que ponto o programa universitário apoiou a organicidade do MST como movimento, definida por Andrews (2004) como sua capacidade de direção coletiva, estrutura organizacional e acesso a recursos? Nesta seção, baseio-me em entrevistas com 20 graduados da turma da Pedagogia da Terra, provenientes de sete estados diferentes, para mostrar como o programa ajudou a "construir" o Movimento. Em termos de capacidade de liderança, o programa aumentou as habilidades e os conhecimentos dos militantes para navegarem em conflitos e tensões resultantes do engajamento com a esfera institucional. A estrutura organizacional do MST também se beneficiou, pois alunos que, antes, não estavam envolvidos no movimento integraram-se aos diferentes setores temáticos e coletivos de direção. Por fim, o programa ofereceu recursos materiais, equipando os militantes com os diplomas necessários para procurar empregos formais, que usavam para se sustentar financeiramente, muitas vezes compartilhando seus salários com o Movimento. O dinheiro para que os militantes viajassem duas vezes por ano para estudar também era um recurso, que permitia que militantes de estados remotos participassem pessoalmente de debates e diálogos sobre o Movimento. Como diz Edgar Kolling, "esses programas educacionais eram laboratórios pedagógicos. São espaços privilegiados, porque não há outros espaços que reúnam os militantes por longos períodos, discutindo e criando teorias para o movimento".

Dos 47 alunos-militantes do MST que receberam seus diplomas de Pedagogia da Terra da Universidade de Ijuí, 34 (cerca de dois terços) ainda estavam envolvidos com o movimento em 2011.[19] Dezenove desses militantes participavam de um dos coletivos dirigentes estaduais ou nacional, ou de setores temáticos como educação, formação política e gênero. Os outros 15 eram lideranças regionais, quase sempre professores ou diretores em escolas locais, mas ainda ativos no Movimento.[20] Por fim, 13 desses diplomados já não tinham nenhuma participação direta no Movimento,

[19] No início, havia 57 pessoas no programa, mas dez desistiram por razões principalmente pessoais. Dos 47 que ficaram, pude determinar onde estava cada um deles em 2011 mediante entrevistas com outros diplomados da turma.

[20] Um desses militantes regionais morreu em 2011.

embora cinco deles lecionassem em escolas de assentamentos da reforma agrária. Entre os 20 diplomados que entrevistei, havia dirigentes nacionais e estaduais, militantes regionais e não participantes. Embora as entrevistas com lideranças do MST tenham mostrado como o programa Pedagogia da Terra aumentou a organicidade interna do Movimento, as entrevistas com diplomados destacaram os conflitos que emergiram na turma e porque a disciplina coletiva do movimento levou alguns militantes a se afastarem completamente.

Reflexões de dirigentes estaduais e nacionais do MST

Em minhas entrevistas com dirigentes estaduais e nacionais do MST, um assunto recorrente era como a Pedagogia da Terra aumentou a sua habilidade para se comunicar como iguais com as autoridades. Vanderlúcia, por exemplo, era do sertão do Ceará e só tinha feito até o 4º ano primário quando completou 20 anos de idade, em 1992. Nessa época, ela se tornou militante do MST e teve a oportunidade de terminar a escolarização primária e secundária por meio dos programas de educação de adultos e de Ensino Médio do MST. Em 1997, foi escolhida para fazer o bacharelado em Ijuí. Ela descreveu a oportunidade como um sonho; os militantes do MST nunca imaginaram que poderiam ter acesso ao Ensino Superior. Logo depois de se formar, ela se mudou para Brasília e, então recém-diplomada, foi encarregada de conversar com as autoridades sobre as iniciativas educacionais do MST.

Maria de Jesus Santos[21] é outra militante cearense que se formou no programa Pedagogia da Terra. Em 2011, ela era um dos dois representantes do Ceará na direção nacional do MST (ver Figura 1.6). Ela também mencionou a influência positiva do Pronera nas relações entre militantes e autoridades. "Antes, essa gente não nos respeitava, mas quando começamos a nos formar no nível superior, podíamos debater como iguais, nós defendendo um projeto de educação para os trabalhadores e eles defendendo o projeto capitalista". Por outro lado, ela reconhece que os diplomas de nível superior também causaram divisões no interior do movimento. Ela lembrou que os estudantes da Pedagogia da Terra eram tratados em Ijuí como

---

[21] Todas as citações ou informações atribuídas a Maria de Jesus Santos foram obtidas numa entrevista em 5 de setembro de 2011. As exceções serão apontadas.

"os acadêmicos do MST". Maria de Jesus celebrou o respeito adquirido pelos militantes, mas também lamentou as hierarquias que os diplomas universitários produziram:

> É importante entender nosso papel na universidade. A primeira turma da Pedagogia da Terra debateu muito essa questão, porque alguns já estavam até gostando da ideia de ser acadêmico. Mas quando um militante do MST estuda, o objetivo é se apropriar de um conhecimento para ajudar na construção da transformação social, ajudar no projeto de luta do MST. Esse é o nosso papel.

Outro tema que emergiu das entrevistas foi o papel do programa no desenvolvimento da proposta pedagógica. Como muitos militantes me disseram, a turma chegou a Ijuí com a intenção de transformar a universidade, mas ninguém sabia direito o que isso significava. Primeiro, os militantes tentaram controlar vários aspectos do programa da universidade, criticando os professores sempre que eles recomendavam uma leitura que não ecoava os valores do movimento. Isso gerou muito ressentimento no corpo docente, e o movimento teve de repensar como implementar sua proposta pedagógica sem prejudicar suas relações com professores aliados. Começaram a enxergar sua proposta pedagógica como um acréscimo ao currículo oficial da universidade, não um substitutivo. Ivori refletiu sobre o conflito da turma com professores que apoiaram o programa, como Dinarte:

> Nossas ações tiveram sérias consequências. Feriram a relação entre o movimento e nossos mais antigos aliados na universidade. [...] Não quero defender a academia, mas acho mesmo que os professores tinham razão. No mínimo, podíamos ter boicotado o exame de uma vez, o que não teria prejudicado a classificação nacional da faculdade. Pode ser que não recebêssemos nossos diplomas imediatamente, mas essa teria sido uma ação com mais princípios.

Os conflitos que emergiram no programa Pedagogia da Terra eram um processo de aprendizagem. Em vez de sempre adotar uma atitude antagônica, os militantes começaram a pensar em como integrar os professores no processo de gestão coletiva do MST. Desde a primeira turma do programa, o movimento já incluiu os professores no CPP, de maneira a envolver o corpo docente das universidades nos processos de decisão coletiva das turmas de estudantes. Essa primeira experiência em Ijuí ajudou os dirigentes estaduais e nacionais do MST a aprender o que valia a pena combater e o que não valia a pena.

Reflexões de militantes regionais

Para os militantes regionais do MST que participaram das atividades do Movimento, mas não ocupavam posições nas direções estadual ou nacional, o assunto mais frequente em nossas entrevistas era como o programa Pedagogia da Terra expandiu as oportunidades profissionais dos militantes. Em 2000 e em 2002, por exemplo, foram abertos dois concursos públicos para professores da rede estadual de educação no Rio Grande do Sul.[22] Oito alunos do programa Pedagogia da Terra fizeram os concursos, foram aprovados e se tornaram membros da rede pública estadual. Marli Zimmerman lembra: "Eu já tinha feito muitos concursos públicos, sem sucesso. Só consegui passar no concurso estadual de 2002, porque tinha acabado de me formar no programa Pedagogia da Terra. Estava tudo muito fresquinho na cabeça, muito vivo". Quando se tornou professora do ensino público, Marli passou a ter um salário que a sustentava financeiramente e também continuou ativa no Movimento.

O programa Pedagogia da Terra também refinou o entendimento dos militantes regionais sobre a proposta educacional do MST e os integrou ao Movimento. Carmen Vedovatto, por exemplo, uma professora no Rio Grande do Sul, trabalhou com um grupo de crianças pequenas em seu assentamento como TCC, organizando um coletivo de trabalho artesanal. Em seguida, ela entrevistou as crianças sobre o significado, para elas, dessa colaboração e do trabalho manual, o que ajudou Carmen a melhorar as futuras versões do projeto. Mauriceia Lima era uma militante regional em Pernambuco quando entrou para o programa, mas nunca tinha participado na direção estadual. Ficou intimidada pela presença de muitas lideranças importantes do MST na turma: "Eu nem falava muito, porque estava cercada pela nata do movimento, não só fundadores do Setor de Educação, mas fundadores do próprio MST".[23] A experiência levou ao crescimento

---

[22] Eram os anos do governo Olívio Dutra (1999-2002), do PT, no Rio Grande do Sul. Ver Capítulo 4.

[23] Todas as citações ou informações atribuídas a Mauriceia Lima foram obtidas numa entrevista em 23 de fevereiro de 2011.

político de Mauriceia em seu estado: depois de se formar, ela participou de outras atividades do MST em Pernambuco. Rosângela do Nascimento, outra professora do Rio Grande do Sul, disse que o programa a ajudou a entender o próprio papel no Movimento: "Sempre serei uma militante do MST, mas sou uma militante que trabalha nas escolas".[24]

A institucionalização do Pronera sob o Partido dos Trabalhadores (2003-2010)

O primeiro bacharelado do Pronera foi um marco na luta educacional do MST, pois se tornou a porta de entrada institucional do movimento na esfera da universidade pública. A despeito do fato de que a Universidade de Ijuí era privada e não era uma das melhores do país, seu trabalho com o MST deixou os professores de outras universidades mais confortáveis para criar programas semelhantes em suas próprias instituições. Na década seguinte, dezenas de outras universidades, quase todas públicas, patrocinaram cursos de bacharelado e de pós-graduação por meio do Pronera. Isso é ainda mais surpreendente, pois o Pronera não era inicialmente destinado a apoiar cursos de graduação em universidades. Não obstante, o MST usou esse programa para legitimar e financiar o Ensino Superior. O Pronera se tornou uma alavanca do MST para abrir portas em outras instituições, transformando o programa em algo maior do que o governo pretendera. Assim, a institucionalização não foi um processo passivo, monolítico, mas sim uma luta ativa, de contestação permanente, derrotas e avanços.

A eleição presidencial do candidato Luiz Inácio Lula da Silva, do PT, em 2002, criou oportunidades e desafios para a expansão e institucionalização do Pronera. O governo Lula deu início a um período de mais participação do movimento social em âmbito federal e também de conciliação de classes (uma mudança política que discuto em mais detalhes no Capítulo 3). O fato de que o PT tenha incluído o agronegócio como parte importante da coalizão governamental constrangeu o governo em termos de sua habilidade para implementar uma reforma agrária em larga escala. Sua estratégia, portanto, foi a de investir recursos em assentamentos de reforma

[24] Todas as citações ou informações atribuídas a Rosângela Nascimento foram obtidas numa entrevista em 18 de dezembro de 2011.

agrária já estabelecidos. Isso permitiu que o governo do PT mantivesse um equilíbrio delicado entre o apoio do partido à agricultura industrial e sua promoção de políticas sociais nas áreas de reforma agrária. O Pronera era um dos muitos programas de reforma agrária que receberam um aumento substancial de recursos durante essa era contraditória do PT. Além disso, o partido apontou aliados do movimento para o Incra, o que ajudou a facilitar a institucionalização de uma nova forma de cogestão Estado-universidade-movimento, que veio a ser conhecida como gestão tripartite. A gestão tripartite significava que os cursos do Pronera aderiam rigorosamente aos objetivos políticos e econômicos do MST. No entanto, talvez sem surpresa, essa participação do movimento social também deixou o programa mais vulnerável a ataques conservadores. Portanto, a contínua mobilização do MST era fundamental para defender o programa federal, mesmo sob um presidente da República abertamente simpático à causa.

Mais recursos e um tremendo crescimento

Durante o segundo mandato de FHC, entre 1998 e 2002, a sede operacional do Pronera tinha uma estrutura muito pequena e as relações institucionais entre funcionários do Incra e dirigentes do MST eram precárias, para dizer o mínimo. O governo tinha criado o Pronera em 1998 com o objetivo declarado de eliminar o analfabetismo em assentamentos da reforma agrária até 2004. Pesquisadores (Andrade *et al.*, 2004) estimaram que isso seria possível com um investimento de 21 milhões de reais, mas o Pronera recebeu um orçamento de apenas três milhões de reais no seu primeiro ano de operação. Esse orçamento aumentou ligeiramente nos três anos seguintes. De acordo com Clarice dos Santos, diretora do Pronera de 2007 a 2013, o programa não teria recebido orçamento algum nesses quatro anos se não fosse por uns poucos parlamentares do PT no Congresso Nacional, que emendaram o orçamento proposto a cada ano e incluíram algum dinheiro para o programa.[25]

A eleição de Lula em 2002 foi um marco importante no Pronera, financeira, institucional e substantivamente. Financeiramente, o orçamento do

[25] Todas as citações ou informações atribuídas a Clarice dos Santos foram obtidas numa entrevista em 8 de novembro de 2010. Exceções serão apontadas.

programa cresceu rapidamente sob o novo governo. A Figura 2.1 ilustra o fabuloso aumento no orçamento do Pronera ao longo dos dois mandatos de Lula (2003-2010).[26] Institucionalmente, o governo do PT apontou aliados do Movimento para administrar o programa. Mônica Molina, professora da Universidade de Brasília e uma velha aliada do MST, tornou-se diretora do Pronera em 2003. Toda a trajetória pessoal de Mônica estava conectada à luta pela reforma agrária, e sua tese de doutorado foi uma avaliação dos primeiros quatro anos de operação do Pronera. Substantivamente, houve um princípio de diversificação dos cursos do Pronera. Como Mônica Molina descreve, "esse foi o período em que começamos a falar sobre desenvolver cursos de graduação em História, Direito, Artes e Literatura. O Pronera começou a expandir suas ofertas de disciplinas e de cursos técnicos".[27] Isso foi significativo, porque aumentou o número de oportunidades profissionais disponíveis para estudantes em áreas de reforma agrária.

Não obstante, a despeito dessas mudanças, a operação do Pronera nunca foi fácil, mesmo sob os governos do PT. Mônica disse, por exemplo, que muitos funcionários do Incra acreditavam que o programa deveria estar sob a jurisdição do Ministério da Educação. Dentro da agência, ela tinha de defender a própria existência do Pronera constantemente. Apesar disso, as articulações políticas de Mônica como diretora, seu diálogo com o Movimento e as constantes mobilizações do MST conseguiram avançar com o programa.

Havia três categorias de cursos do Pronera: Educação de Jovens e Adultos, Ensino Médio e Ensino Superior. Os cursos de educação de adultos representavam cerca de metade dos cursos do Pronera realizados entre 1998 e 2011 (um total de 167 cursos), mas atendiam a mais de 90% dos alunos (um total de 154.192 alunos, ver Tabela 2.1).[28] Esses cursos eram vastos: cada um deles envolvia de mil a dois mil alunos e centenas de professores, que viajavam aos acampamentos e assentamentos para trabalhar em cursos

[26] A redução do orçamento do Pronera em 2010 resultou de um ataque judicial ao programa entre 2008 e 2010, que discutirei no final deste capítulo.

[27] Todas as citações ou informações atribuídas a Mônica Molina foram obtidas numa entrevista em 10 de novembro de 2010. As exceções serão apontadas.

[28] Esta informação vem da II Pesquisa Nacional sobre Educação na Reforma Agrária (Ipea, 2015), o estudo mais atualizado sobre o Pronera, que cobre os dados de 1998 a 2011.

de alfabetização e de educação primária acelerada para adultos. A segunda maior categoria dos cursos do Pronera estava no nível do Ensino Médio. Por volta de 2011, um total de 99 cursos de Ensino Médio tinham sido realizados, com 7.373 alunos matriculados. Todos esses cursos de Ensino Médio usavam a Pedagogia da Alternância: os alunos viviam vários meses por ano na instituição educacional que abrigava o programa e depois voltavam para suas comunidades para fazer projetos locais de pesquisa. Dez dos primeiros 20 cursos de Ensino Médio pagos pelo Pronera ocorreram na instituição do próprio MST, o Instituto Educacional Josué de Castro, em Veranópolis, no Rio Grande do Sul (IEJC). Portanto, o Pronera ajudou o MST a custear cursos de Ensino Médio que o Movimento já vinha oferecendo na década anterior e expandiu esses cursos para outras regiões do Brasil.

Tabela 2.1 – Número de cursos do Pronera realizados e de alunos matriculados, 1998-2011

Categoria			Nº de alunos		Nº de cursos realizados
			Por área	Total	
EJA[1] Fundamental	Alfabetização		101.245	154.192	167
	Ensino Fundamental		52.947		
Ensino Médio	EJA Ensino Médio	Regular	257	7.373	99
		MAG[2]	2.479		
	Técnico[3]		3.575		
	Profissional (pós-Médio)[4]		1.068		
Ensino Superior	Graduação		2.635	3.323	54
	Especialização[5]		373		
	Residência agrária[6]		315		
TOTAL GERAL			164.894		320

Fonte: Relatório da II PNERA, Pesquisa Nacional sobre Educação na Reforma Agrária (Ipea 2015).

*Notas:

1. Educação de Jovens e Adultos.
2. Certificado em Magistério (ver Capítulo 1).
3. Contabilidade, por exemplo, é um dos muitos cursos técnicos de nível médio.
4. Com o Ensino Médio completo, o aluno pode fazer um curso profissionalizante de dois anos de duração em Agroecologia ou Administração de Cooperativas, por exemplo.
5. Especialização é um curso de pós-graduação com dois anos de duração, anterior ao mestrado.
6. Especialização *lato sensu*, que forma para atividades de assistência técnica e extensão rural, com enfoque agroecológico em áreas de agricultura familiar e de reforma agrária.

Os cursos de Ensino Superior eram os mais raros e os mais difíceis de aprovar, pois requeriam o endosso de conselhos universitários para novos cursos de graduação. Apesar disso, por volta de 2011 já haviam sido realizados 54 cursos de Ensino Superior, envolvendo 3.323 estudantes, 2.635 em bacharelado e 688 em especializações.[29] Esses cursos de nível superior também funcionavam com a Pedagogia da Alternância e ocorriam em universidades ou em instituições parceiras. Os estudantes precisavam completar o mesmo número de créditos, como os demais alunos da universidade, e, além disso, executavam tarefas nos períodos comunitários. Um trabalho de conclusão de curso também era uma parte central desses cursos. A Tabela 2.1 apresenta o número total dos cursos do Pronera realizados entre 1998 e 2011, e o Mapa 2.1 mostra a distribuição geográfica desses cursos.

Mapa 2.1 – Municípios com cursos do Pronera, 1998-2011

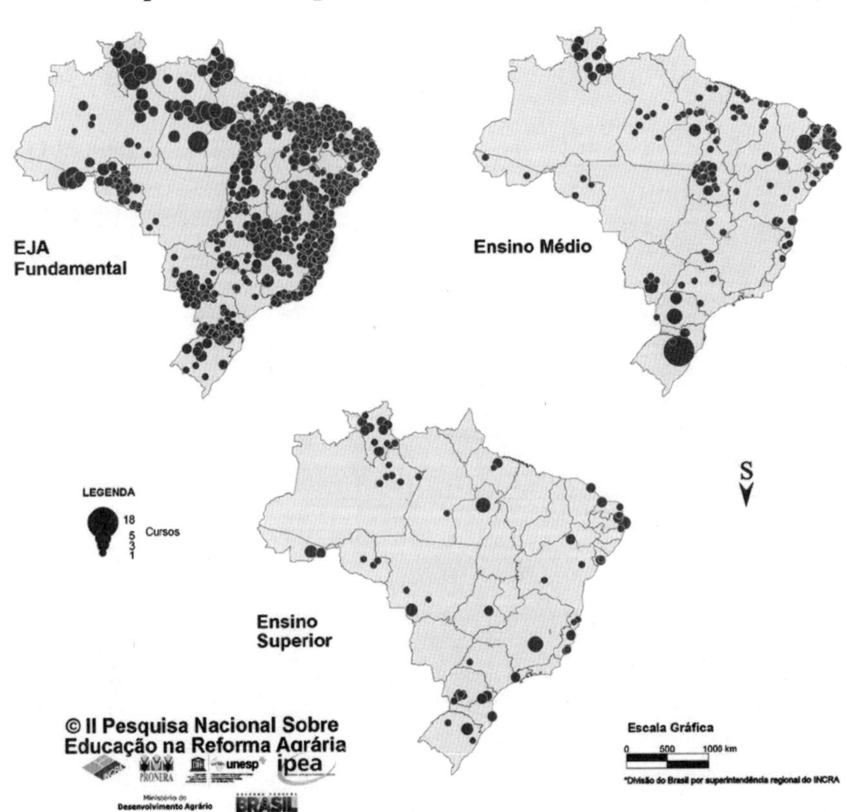

Fonte: Cortesia do Relatório II da Pesquisa Nacional sobre a Educação na Reforma Agrária (Incra, 2015)
*Ensino Médio inclui os graduados pelo EJA.

---

29 A especialização é uma formação de dois anos depois do bacharelado e antes do mestrado.

Em 2003, o MST desenvolveu uma proposta para o primeiro curso de graduação pelo Pronera, uma especialização em Educação do Campo na Universidade de Brasília. Em 2003 e 2004, o movimento propôs dois cursos de bacharelado em Agronomia, por meio de parcerias com as universidades federais do Pará e de Sergipe. Também em 2004, o MST criou o primeiro programa de Ensino Superior do Pronera fora das áreas de Pedagogia e Agronomia: um bacharelado em História patrocinado pela Universidade Federal da Paraíba. Esses fatos ilustram a demanda por formação em um vasto conjunto de profissões nas áreas da reforma agrária, não apenas Pedagogia e Agronomia. A Tabela 2.2 lista todos os cursos de bacharelado e de pós-graduação do Pronera realizados entre 1998 e 2011. O MST propôs 80% desses 54 cursos de Ensino Superior e todos os demais fora das áreas de Pedagogia e estudos agrários.

Tabela 2.2 – Cursos de Ensino Superior do Pronera realizados, 1998-2011

Descrição	Número de cursos	Número de alunos matriculados (formados)
Cursos de bacharelado		
Pedagogia da Terra	30	1.997 (1.682)
Agronomia, Agroecologia ou Gestão de Cooperativas	6	299 (273)
História	2	120 (106)
Literatura	2	160 (121)
Geografia	1	59 (45)
TOTAL	41	2.635 (2.227)
Cursos de pós-graduação		
Residência agrária	6	315 (266)
Especialização em Educação do Campo	2	176 (121)
Especialização em Educação de Jovens e Adultos	1	44 (34)
Especialização em Agroecologia, Agricultura Familiar ou Gestão de Cooperativas	3	122 (77)
Especialização em Economia e Desenvolvimento Agrário	1	31 (29)
TOTAL	**13**	**688 (527)**

Fonte: Dados do II PNERA, Pesquisa Nacional sobre Educação na Reforma Agrária (Ipea, 2015)

Desde 2011, a diversidade dos cursos de Ensino Superior do Pronera cresceu rapidamente, incluindo Jornalismo, Artes e Música, Matemática, Administração, Veterinária, Ciências Sociais e Serviço Social, além de um bacharelado em Direito. Em 2012, em coordenação com a Universidade Estadual Paulista (Unesp), o MST criou seu primeiro mestrado em

Desenvolvimento Territorial na América Latina e no Caribe.[30] Graças a esses cursos de Ensino Superior do Pronera, a direção do MST se transformou, em pouco mais de uma década, de um grupo de dirigentes com diplomas de Ensino Médio, na melhor das hipóteses, num movimento de egressos da universidade.

Uma forma única de gestão tripartite

Outra evolução importante durante os governos de Lula foi a formalização das relações entre movimentos sociais (entre os quais o MST, os sindicatos filiados à Contag e a CPT), autoridades do Incra e universidades parceiras, que se tornou conhecido como um sistema de "gestão tripartite". A ideia por trás da gestão tripartite era a de que o Estado *não* poderia ser responsável pela decisão sobre quais cursos oferecer; em vez disso, as comunidades deveriam propor novos cursos com base em suas necessidades locais. Além disso, as universidades e outras instituições educacionais ligadas ao Pronera deveriam funcionar com a participação ativa e a supervisão das comunidades a que estivessem servindo. Um grupo de pesquisadores que trabalhou com o Pronera explicou assim o processo de gestão tripartite:

> As instituições de ensino superior cumprem uma função estratégica no programa, pois acumulam papéis de mediação entre os movimentos sociais e o Instituto Nacional de Colonização e Reforma Agrária (Incra), de gestão administrativo-financeira e de coordenação pedagógica dos projetos. Os movimentos sociais respondem pela mobilização das comunidades, enquanto as superintendências regionais do Incra desempenham funções de acompanhamento financeiro, apoio logístico e articulação interinstitucional. (Andrade *et al.*, 2004, p. 22)

Uma Comissão Pedagógica Nacional (CPN), que inclui governo, universidades e representantes da sociedade civil, também foi criada para aprovar todas as propostas de cursos do Pronera.

A gestão tripartite do Pronera permitiu estabelecer um processo centralizado de desenvolvimento descentralizado de cursos. O desenvol-

[30] Esse programa de dois anos de duração é oferecido na Escola Nacional Florestan Fernandes (ENFF), do MST, e só aceita estudantes que participem da organização camponesa internacional Via Campesina. Em 2016, a quarta turma estava começando o curso.

vimento é descentralizado, porque grupos de militantes de movimentos sociais ou de sindicalistas rurais, em parceria com uma universidade, devem participar do desenvolvimento de todo novo curso do Pronera. Nos primeiros três anos do Programa, o MST foi a principal organização a sugerir novos projetos. Outras organizações rurais, particularmente a Confederação Nacional dos Trabalhadores na Agricultura (Contag), começaram a desenvolver suas próprias propostas independentemente do MST durante os anos 2000. Mesmo assim, o Movimento propôs 190 dos 320 cursos realizados entre 1998 e 2011, sozinho ou em parceria com outras organizações do campo.

O processo de desenvolvimento de um curso do Pronera também é centralizado, pois todo novo curso precisa passar por um organismo central em Brasília e ser aprovado pela CPN. No entanto, os funcionários do governo federal não podiam desenvolver essas propostas; em vez disso, eram os professores universitários, em parceria com militantes locais, que propunham novos cursos. Clarice dos Santos explica como funciona essa centralização descentralizada:

> A diferença fundamental [entre o Pronera e o Ministério da Educação] é que nossos projetos são demandas permanentes das universidades e dos movimentos sociais, juntos. A gente não faz chamada pública por propostas; poderíamos fazer, mas não fazemos. O fato é que a demanda vem dos movimentos sociais, de assentamentos reais, lá nos estados. Essas lideranças locais tomam a iniciativa de propor um curso à universidade; mas a proposta inclui um processo de gestão do curso que também está de acordo com seus projetos educativos. Portanto, os alunos não vão simplesmente à universidade e depois voltam para casa; eles são parte da construção de um processo educacional e da gestão coletiva dos cursos. Este é um importante componente do programa: os alunos assumem efetivamente o protagonismo no curso.

O Pronera estimula a participação direta da sociedade civil porque todo novo curso surge de uma proposta feita por militantes de grupos regionais, que também ajudam a gerir o curso que propõem. No entanto, isso reduz a possibilidade de ampliar os cursos por todo o país. A cada turma formada num curso do Pronera, o movimento social e a universidade precisam apresentar uma nova proposta, mesmo que seja para oferecer o mesmo curso a uma nova turma. Portanto, a colaboração permanente entre militantes e universidades parceiras tem sido essencial para que o programa funcione. O relato da aprovação de um bacharelado em Geografia, apresentado a seguir, ilustra tanto os benefícios como os desafios desse processo de gestão tripartite, além da importância de uma mobilização contínua quando novos cursos do Pronera são propostos.

Um exemplo de gestão tripartite: a proposta de um bacharelado em Geografia

Em 2005, o dirigente nacional do MST Edgar Kolling abordou Bernardo Mançano Fernandes, um professor de Geografia na Universidade Estadual Paulista (Unesp) e um velho colaborador e pesquisador do MST (Fernandes 1996, 2000, 2008). Edgar pediu a Bernardo para ajudar o MST a propor um curso de bacharelado em Geografia na Unesp.[31] Bernardo sabia que aprovar um curso do Pronera para militantes do MST não seria fácil numa universidade importante do conservador estado de São Paulo. As três universidades mais importantes do estado (Unesp, USP e Unicamp) eram notoriamente resistentes a programas de ação afirmativa, como as cotas para afro-brasileiros e para estudantes de baixa renda (Johnson e Heringer, 2015). Um curso do Pronera cairia nessa categoria de ação afirmativa, pois só estudantes que vivessem em áreas de reforma agrária poderiam se matricular. A despeito das incertezas, Bernardo concordou em desenvolver uma proposta para o novo curso: o Curso Especial de Geografia (Licenciatura e Bacharelado).

Foi necessário um ano inteiro para escrever a proposta, pois o curso era considerado uma nova oferta da universidade e deveria incluir uma descrição detalhada de todas as aulas, atividades, tarefas e avaliações. A proposta delineava a estrutura do curso, que ocorreria por meio da Pedagogia da Alternância durante um período de cinco anos, com um total de 3.465 horas de estudo, aí incluídas as aulas, as atividades comunitárias e as atividades em sala de aula (ver currículo completo no Anexo C). Sessenta alunos de áreas de reforma agrária poderiam participar do curso por meio de um vestibular especial. A Faculdade de

[31] Esta informação veio de uma conversa telefônica com Bernardo Mançano Fernandes no dia 11 de julho de 2016. Todas as demais citações ou informações atribuídas a Bernardo foram obtidas numa entrevista em 10 de novembro de 2011. Exceções serão apontadas.

Ciências e Tecnologia da Unesp seria o patrocinador oficial do curso, e o corpo docente da Faculdade de Geografia ficaria encarregado das disciplinas e das tarefas administrativas.

A estrutura de gestão tripartite do Pronera estava claramente explicitada na proposta, com listas das diferentes responsabilidades do corpo docente, do Incra e dos movimentos sociais. A universidade era responsável por:

- desenvolver a proposta de curso, ouvidos os parceiros;
- selecionar os candidatos a estudante;
- avaliar a aprendizagem;
- organizar o currículo e escolher os professores responsáveis pelas disciplinas;
- aplicar os recursos de acordo com o previsto, contemplando a gestão dos recursos e a prestação de contas;
- estabelecer as parcerias necessárias à execução do projeto;
- certificar os alunos do curso;
- acompanhar e avaliar o andamento do projeto junto com os parceiros;
- compor a coordenação do curso juntamente com representantes dos movimentos sociais;
- selecionar os bolsistas e monitores necessários ao apoio técnico do curso e oferecer a infraestrutura necessária.

Os movimentos sociais ficariam encarregados de:

- mobilizar os interessados em participar do processo seletivo entre os assentados;
- articular com os demais parceiros a infraestrutura necessária ao bom funcionamento das salas de aula;
- acompanhar o trabalho dos estudantes, assegurando a frequência nas atividades não presenciais;
- acompanhar a aplicação dos recursos e a execução do plano de trabalho;
- acompanhar e avaliar o curso junto com os parceiros;
- participar da coordenação pedagógica do curso e propor docentes que tenham experiência com projetos dessa natureza.

A Superintendência Regional do Incra era responsável por:

- divulgar, articular, implementar e acompanhar o projeto no âmbito da superintendência;
- articular com os demais parceiros a infraestrutura necessária ao bom funcionamento das salas de aula;
- acompanhar e avaliar, junto com os parceiros, o andamento do projeto, garantir o uso apropriado dos recursos financeiros;
- comprovar que os candidatos ao curso são assentados ou filhos de assentados da reforma agrária.

Um dos componentes mais insólitos do curso era a alternância entre períodos de estudo no *campus* de Presidente Prudente (SP) da Unesp e na Escola Nacional Florestan Fernandes (ENFF), em Guararema (SP). A ENFF é uma das escolas de formação do MST, fundada em 2005 para dar apoio à formação interna e à educação política de militantes do MST e de outros movimentos sociais de todo o Brasil e da América Latina. Diferente de muitas outras instituições educacionais do MST, como o IEJC/Iterra (ver Capítulo 1), a ENFF não está ligada ao Estado e os cursos oferecidos não são programas formais de graduação. Não obstante, os militantes do MST e os professores universitários queriam que a Faculdade de Geografia da Unesp fizesse uma parceria com a ENFF para abrigar metade das aulas. Em parte, a decisão foi tomada, porque não havia infraestrutura adequada no *campus* da Unesp para moradia e estudo de 60 estudantes por vários meses no ano. Por outro lado, colocar o curso também na ENFF daria aos militantes do MST um alto grau de influência sobre o curso.[32]

Uma vez concluída a elaboração dessa proposta, em janeiro de 2006, começou o próximo passo: conseguir a aprovação da Unesp. Ao longo de sete meses, a proposta foi lida e votada por quatro diferentes organismos da universidade. Primeiro, a Faculdade de Geografia aprovou unanimemente a proposta em seu primeiro encontro. Em seguida, votaram o Faculdade de Ciências e Tecnologia e os conselhos consultivos da reitoria. Conseguir apoio para o projeto nesses dois níveis foi mais difícil do que

[32] Esta solução tinha um precedente histórico, visto que o primeiro programa de graduação do Pronera, oferecido pela Universidade de Brasília entre 2003 e 2005, também foi realizado na ENFF.

no nível da faculdade. Houve um grupo de representantes de professores e estudantes que se opôs ao curso, alegando que a proposta privilegiava alguns setores da população em detrimento de outros e que o papel da universidade era oferecer acesso universal à educação.

Apesar da resistência, a proposta passou pelos dois organismos e foi enviada ao nível de aprovação final, o mais desafiador: o conselho universitário, que tinha 80 representantes de professores, funcionários, estudantes e administradores. Bernardo recordou: "Levamos a proposta ao conselho universitário duas vezes e, nas duas ocasiões, o conselho adiou a votação, pedindo mais tempo para ler o projeto". Tanto Bernardo como os militantes do MST estavam preocupados com uma possível rejeição. Depois do segundo adiamento, eles convidaram o senador Eduardo Suplicy (PT-SP) para falar ao corpo docente sobre as contribuições positivas do Pronera. Também organizaram muitas manifestações para pressionar o conselho universitário. Quando finalmente a proposta foi a voto, em junho de 2006, foi aprovada pela menor margem possível, 41 votos.

Em julho de 2007, mais de dois anos depois da primeira conversa entre Edgar e Bernardo, o Curso Especial de Geografia (Licenciatura e Bacharelado) do Pronera teve início com 60 estudantes – 49 do MST e 11 de cinco outros movimentos sociais rurais.[33] O curso seria realizado uma única vez; se a Unesp quisesse criar um programa semelhante no futuro, professores e militantes teriam de passar pelo mesmo processo outra vez.

Em julho de 2009, Bernardo me convidou para observar uma semana do curso de Geografia na ENFF.[34] Quando cheguei, os estudantes de Geografia estavam tomando café da manhã na cafeteria da escola. Logo depois, às 7h30, fomos todos para o pátio e um pequeno grupo de alunos, membros de um dos coletivos de estudantes (os núcleos de base ou NBs), apresentou a representação [teatral] de uma ocupação de terra, com os camponeses resistindo ao despejo pela polícia. Essa mística foi finalizada com um homem tocando violão e todo mundo cantando uma canção sobre a reforma agrária. Dois alunos hastearam uma bandeira do

[33] Movimento dos Atingidos por Barragens (MAB), Escola Família Agrícola (EFA), Movimento dos Trabalhadores Sem Teto (MTST), Pastoral da Juventude Rural (PJR) e Movimento dos Pequenos Agricultores (MPA).

[34] As informações desta seção vêm de minhas anotações de campo em julho de 2009.

MST no centro do pátio e todos cantaram o hino do Movimento. Cada um dos NBs anunciou sua presença com palavras de ordem sobre a luta social. Às 8h, fomos para a sala de aula.

Nessa manhã, Bernardo, que era o professor da Unesp encarregado das aulas naquela semana, discutiu a diferença entre terra e território. Ele explicou que a terra é um local físico, enquanto o território é a totalidade das relações sociais e econômicas nessa área. A turma era dinâmica: os alunos interrompiam e faziam perguntas ao longo de toda a aula. A certa altura, um aluno levantou a mão e disse: "Nós não estamos lutando por terra, estamos lutando por território!". Bernardo assentiu com entusiasmo. Um dos NBs estava encarregado da disciplina e organização do debate em sala de aula. Esses coordenadores de NB convidaram os alunos a falar, pediram que evitássemos conversas paralelas e anunciaram o intervalo de 20 minutos.

Depois de quatro horas de aula, fomos almoçar, e vários NBs estavam encarregados de servir a comida e lavar os pratos. Depois do almoço, os estudantes participaram dos coletivos de trabalho da ENFF, ajudando na horta da escola, limpando banheiros, lavando roupas e decorando a escola. Às 16h, todos nos reunimos outra vez em sala de aula. Bernardo deu aos alunos uma tarefa individual e três tarefas para pequenas equipes, a serem completadas nessa tarde, mais uma tarefa extra para os alunos que haviam faltado à aula no início da semana. Os alunos trabalharam até tarde da noite, mesmo depois do jantar, lendo e debatendo sobre território, terra e reforma agrária. Num único dia, o grupo de estudantes-militantes apresentou uma *performance* cultural, participou na gestão de sua sala de aula, completou muitas tarefas manuais diferentes e estudou tanto individual como coletivamente. Eles receberiam o mesmo diploma dos outros alunos de Geografia da Unesp, mas teriam vivido uma experiência educacional muito diferente.

Os cursos de nível superior do Pronera foram fundamentais para oferecer aos jovens de áreas de reforma agrária um ponto de acesso ao sistema de universidades públicas, com recursos para estudar por quatro anos e um calendário escolar que lhes permitia manter uma conexão com suas comunidades rurais. Nas palavras de João Pedro Stedile, dirigente nacional do MST, "o Pronera é uma das experiências mais valiosas que temos;

combate a ignorância em todo o campo brasileiro".[35] Ao formar centenas de profissionais-militantes, de advogados a veterinários que trabalham nas tarefas internas do Movimento, o MST aumentou sua capacidade interna. O programa também permitiu que esses estudantes aprendessem sobre a visão política e social do movimento – inclusive direção coletiva e autogestão – e a prefigurassem. Foi justamente a habilidade do MST para usar o Pronera em apoio à sua luta pela reforma agrária que deixou o programa vulnerável a um processo judicial, descrito na próxima seção.

Requisitos técnicos *versus* um ataque político

Visitei a sede do TCU em Brasília em novembro de 2010 para saber mais sobre essa decisão e os debates a respeito da gestão do Pronera. Encontrei Paulo Nogueira de Medeiros, que era o interlocutor entre o Congresso Nacional e os ministros do TCU.[36] Perguntei sobre a história do caso Pronera e Paulo expôs rapidamente seu ponto de vista: "Tudo no programa é terceirizado e, quando programas federais são terceirizados, é preciso cuidado redobrado para impedir fraudes".[37] É por isso, disse ele, que a terceirização via contratos é sempre preferível aos convênios, que não envolvem responsabilização ou transparência sobre quais entidades estão recebendo dinheiro federal. No caso do Pronera, acrescentou, os movimentos sociais estavam escolhendo quais universidades participariam do programa. Paulo insistiu que o TCU não investigou o Pronera por causa de um suposto desprezo político pelo MST. O objetivo do TCU, afirmou, era simplesmente garantir o uso apropriado do dinheiro federal. Outro advogado que trabalhou para o braço estadual do TCU no Rio Grande do Sul, Jorge Martuis, também descreveu o tribunal como uma entidade técnica, apolítica:

> O TCU faz centenas e centenas de auditorias todo ano, quase milhares. Isso não depende das preferências do TCU; escolhemos com base na necessidade técnica. Não há política envolvida na escolha do que vai ser

---

[35] Painel de abertura do IV Seminário Nacional do Pronera (anotações de campo, novembro de 2010).

[36] Ele era diretor da Assessoria Parlamentar (Aspar) do TCU, um funcionário de alto escalão.

[37] Todas as citações ou informações atribuídas a Paulo Nogueira de Medeiros foram obtidas numa entrevista em 10 de novembro de 2010.

auditado. A seleção é baseada no volume de dinheiro em questão e na relevância social. Questões como educação e reforma agrária têm mais relevância social.[38]

Tanto Paulo como Jorge estavam fazendo o que Tania Li (2007) denomina "tornar técnico": representar conflitos políticos como problemas com soluções técnicas. Para os altos funcionários do TCU, o problema em questão é de potencial corrupção na terceirização do dinheiro federal. A solução técnica foi garantir que nenhum terceiro possa ter influência indevida no processo de terceirização, requerendo, para isso, licitações e contratos entre o Incra e os terceiros.

Ao contrário do assessor parlamentar do TCU, Clarice dos Santos interpretou as sanções ao Pronera como um processo escancaradamente político - não técnico. Ela acredita que a direita esperou anos por um pretexto para atacar o Pronera. Quando ocorreu o incidente com o aluno da Unemat, autoridades conservadoras usaram a investigação do TCU para acabar com o programa. O processo de licitação e a exigência de contratos tiveram a aparência de solução técnica neutra, mas inviabilizou o Pronera. Clarice explicou que os cursos do Pronera emergiram de demandas específicas da comunidade e que o objetivo era que essas comunidades fossem agentes do desenvolvimento e da gestão dos cursos. O que aconteceria, por exemplo, se as universidades e os militantes desenvolvessem um programa pedagógico para comunidades pernambucanas, mas uma fundação privada de São Paulo, que não soubesse nada do Nordeste, recebesse o contrato? Clarice acreditava que isso destruiria o programa. Devido às dificuldades para estabelecer contratos, o Incra não aprovou nenhum curso do Pronera entre 2008 e 2010, período em que as novas normas do TCU estiveram em vigor.

O contra-ataque do MST

Em resposta à decisão do TCU, em 2009 e 2010 os dirigentes do MST buscaram aliados e apoiadores políticos para envergonhar publicamente os ministros do tribunal e pressioná-los a reverter a decisão.

---

38 Todas as citações ou informações atribuídas a Jorge Martuis foram obtidas numa entrevista em 16 de novembro de 2010.

Professores e gestores universitários foram fundamentais no apoio a essa coalizão. Embora dez anos antes nenhuma universidade pública brasileira quisesse patrocinar um bacharelado pelo Pronera, em 2009 centenas de professores e dezenas de reitores haviam abraçado esses cursos como um jeito alternativo de oferecer acesso à universidade para populações pobres do campo. Esses apoiadores da universidade tornaram-se parte de um amplo movimento de contestação da decisão do TCU e defenderam a importância do Pronera para o campo brasileiro.

Essa coalizão empregou uma estratégia dupla (Alvarez, 1990) para pressionar os ministros do TCU: protesto contencioso e articulação política. Primeiro, os dirigentes do MST mobilizaram centenas de pessoas para apoiar o Pronera por meio de manifestações, marchas e ocupações. Em junho de 2009, por exemplo, houve um protesto em apoio ao Pronera no Recife (PE). Panfletos distribuídos diziam o seguinte:

> Nos seus dez anos, o Pronera foi responsável pela escolarização e formação de cerca de 600 mil jovens e adultos assentados [...]. Esse programa tem contribuído para a melhoria da qualidade de vida das pessoas do campo e também para sua permanência [no campo]. No entanto, no último ano o Incra resolveu suspender os convênios para novos cursos e ainda cortou 62% do orçamento do Pronera. Estamos em luta por recomposição do orçamento, retomada das parcerias para novos cursos e regularização do pagamento dos coordenadores e professores. Em defesa da educação e do Pronera. Movimento Sem Terra: por escola, terra e dignidade![39]

Por dois anos, mobilizações semelhantes reuniram nas ruas militantes, estudantes e funcionários das universidades. A participação de dezenas de professores e reitores de prestígio, que abertamente declaravam seu apoio ao Pronera nessas manifestações, ilustra o respeito que o programa tinha em todo o país.

A coalizão nacional também desenvolveu estratégias menos conflituosas de articulação política, como campanhas de escrever cartas e encontros com o governo. Uma carta enviada ao presidente do TCU em 13 de julho de 2010 – com assinaturas de um grupo diverso da sociedade civil e de

[39] Panfleto recolhido por mim na rua, no Recife (PE), em 10 de junho de 2009.

autoridades cearenses[40] – descreve a história do Pronera e da participação dos movimentos sociais no programa:

> Destaca-se o protagonismo dos movimentos sociais e sindicais, como interlocutores legítimos dos trabalhadores rurais, numa iniciativa ímpar de reparação da negação do direito à educação a que foram submetidos. Portanto, sua participação [em] identificação de demandas, busca de parcerias e apoio à construção do processo pedagógico tem sido essencial ao desenvolvimento e ao sucesso do programa Educação do Campo e está em plena consonância com o manual de operações do Pronera aprovado [...] em 2004 e com a gestão democrática e participativa que as políticas públicas educacionais devem adotar, conforme toda a legislação vigente.

O documento prosseguia: "A determinação de realizar licitação em vez de convênio coloca a educação num patamar de mercadoria e não de direito do cidadão e responsabilidade do Estado, como preconiza a Constituição Federal e entende o Pronera". Cartas como essa, assinadas por grupos da sociedade civil, autoridades e professores contestavam a justificativa legal do TCU para sua decisão. Enquanto o TCU afirmava que a participação dos movimentos sociais era ilegal, a coalizão abraçava o direito de cogestão da sociedade civil no ensino superior.

O auge da mobilização

Grupos da sociedade civil e apoiadores do governo e das universidades reuniram-se em Brasília em novembro de 2010 para o IV Seminário Nacional do Pronera. Fui a Brasília para participar, chegando ao centro de convenções junto com dezenas de militantes do MST vindos de todo o país.[41] A conferência reuniu todos os apoiadores do Pronera para iniciar um esforço conjunto de pressão sobre o TCU. Os participantes incluíam mais de 600 estudantes e professores universitários que tinham partici-

---

40 Os signatários incluem um representante da Federação de Trabalhadores Rurais, Agricultores e Agricultoras Familiares do Estado do Ceará (Fetraece), um professor da Universidade Federal do Ceará (UFCE), um representante do Comissão Pedagógica Nacional do Pronera, um professor da Universidade Estadual do Ceará (UECE), um representante do Comitê Executivo de Educação do Campo do Ministério da Educação, um alto funcionário do Incra, a Coordenadoria do Desenvolvimento dos Assentamentos e Reassentamentos (Codea) da Secretaria do Desenvolvimento Agrário do Ceará, um representante da Secretaria de Educação do Ceará e um membro do Setor de Educação do MST no Ceará.

41 Esta seção se baseia em minhas anotações de campo de novembro de 2010.

pado dos cursos do Pronera na década anterior. Também havia dezenas de militantes do MST, funcionários do Incra de todos os estados, parlamentares federais e estaduais e representantes de outros movimentos sociais do campo, que tinham ajudado a organizar os cursos do Pronera, especialmente a Confederação Nacional de Trabalhadores na Agricultura (Contag, ver Capítulo 3). Múltiplos reitores também estavam presentes ao encontro, assim como o presidente do Incra e representantes do Ministério do Desenvolvimento Agrário e do Ministério da Educação. A conferência ocorreu em um dos auditórios do Congresso Nacional, o que ajudou a colocar o evento sob os holofotes da mídia.

A cerimônia de abertura começou com uma elaborada *performance* musical e cultural, uma mística do MST. Envolvia dezenas de pessoas com chapéu de palha, que entravam e caminhavam lentamente para a frente do palco, mimetizando camponeses trabalhando com enxadas e foices ou fazendo a colheita. Enquanto isso acontecia, alguns dos participantes liam poemas em voz alta sobre a importância da educação para a reforma agrária. Logo em seguida, uma banda infantil de um assentamento do MST no Ceará executou várias canções sobre Educação do Campo, usando instrumentos produzidos com materiais recicláveis. Um estudante do curso de bacharelado em Pedagogia da Terra, do Pronera, tinha ajudado as crianças a formar essa banda como seu projeto comunitário de final de curso. O refrão de uma das canções dizia: "Não vou sair do campo/ pra poder ir pra escola/ Educação do campo/ é direito e não esmola". Esse refrão expressava o sentimento geral da conferência: a necessidade de mais acesso à educação de qualidade, em todos os níveis, para as populações rurais.

Depois da *performance*, falaram todos os representantes de universidades, movimentos sociais, sindicatos e governos. Os discursos dos políticos enfatizaram o trabalho que estavam fazendo para defender o Pronera no governo federal. O deputado federal Valmir Assunção (PT-BA) falou de um encontro que membros do governo federal tinham marcado para o dia seguinte com o presidente do TCU. O plano era convencer o ministro do tribunal de que as licitações e os contratos não eram viáveis para o Pronera. Outro parlamentar, Dionilso Marcon (PT-RS), disse que "amanhã vamos tentar um diálogo, vamos conversar com o TCU. Eles precisam entender o volume de aprendizagem que ocorre nesses cursos do Pronera e a importância de trabalhar tanto com as universidades quanto com os movimentos sociais".

Os muitos reitores presentes à conferência do Pronera também aumentaram a pressão sobre o TCU. O então reitor da Universidade Federal de Goiás (UFG), Edward Madureira Brasil, falou sobre o bacharelado em Direito oferecido pelo Pronera em sua universidade, que tinha sido criticado tanto pelo TCU como pelo Ministério Público Federal (MPF) como "desnecessário" para as populações da reforma agrária. O reitor expressou seu desacordo com a ideia de que a população rural só precisava de cursos de Agronomia e Pedagogia, como se lecionar e lavrar a terra fossem as únicas profissões do campo. Também destacou a importância de formar advogados para trabalhar nessas comunidades rurais e mencionou um documento assinado por 59 reitores em apoio ao Pronera: "Estamos pensando no papel social da universidade [...]. A decisão do TCU é absurda. É ridículo forçar um processo de licitações e contratos, não é possível. Educação não é mercadoria. A questão central aqui é a autonomia da universidade". A declaração pública de apoio ao Pronera por 59 reitores ajudou a legitimar a participação dos movimentos sociais nos cursos de ensino superior. Esse apoio foi uma mensagem poderosa no sentido de que esses cursos de alta qualidade não envolviam uso indevido dos recursos federais. A defesa da autonomia universitária na Constituição brasileira era mais uma razão para questionar a decisão do TCU.

Esses esforços coletivos culminaram no segundo dia da conferência, 4 de novembro de 2010, quando o Presidente Lula assinou um decreto que transformou em políticas públicas oficiais tanto o Pronera como o Educação do Campo (ver Capítulo 3).[42] O MST e outros movimentos sociais rurais tinham pressionado Lula para assinar esse decreto, como um de seus últimos atos como presidente. O documento afirma que o

[42] Os artigos 11 a 17 do Decreto n. 7.352, de 4 de novembro de 2010, tratam do Pronera. A inclusão do Pronera nesse decreto foi controversa. O diretor de Diversidade do Ministério da Educação, Armênio Schmidt, disse-me que, no último minuto, funcionários do Incra conseguiram convencer conselheiros do presidente da República a também incluir o Pronera no decreto, inicialmente previsto para tratar somente do Educação do Campo (ver Capítulo 3). Já Clarice, coordenadora do Pronera à época, afirma que o MEC deliberadamente tentou excluir o Pronera do decreto.

Pronera seria governado pelo Incra, com a supervisão de uma Comissão Pedagógica Nacional, "formada por representantes da sociedade civil e do governo federal" para "orientar e definir as ações político-pedagógicas; emitir parecer técnico e pedagógico sobre propostas de trabalho e projetos; e acompanhar e avaliar os cursos implementados no âmbito do programa".[43] Essa afirmação do direito de participação da sociedade civil no Pronera contradizia diretamente a decisão do TCU. Além disso, o decreto elevou o Pronera do *status* de programa governamental para o de política pública. A distinção, de acordo com altos funcionários do Estado e militantes com quem conversei, era esta: se um novo governo chegasse ao poder, não poderia simplesmente eliminar o programa. No entanto, como me explicou alguns dias depois a advogada do Incra, Gilda Diniz dos Santos, o decreto não autorizava expressamente o Incra a implementar quaisquer novos cursos por meio de parcerias institucionais.[44] Ela afirmou que o decreto só era importante para influenciar o TCU, porque o Incra continuava legalmente limitado pela decisão do tribunal. Gilda insistiu que outras ações, como as articulações parlamentares, eram igualmente importantes para convencer o TCU a revogar sua decisão.

No último dia do IV Seminário Nacional do Pronera, os 667 participantes aprovaram uma declaração final, "Compromissos para a consolidação do Pronera" (ver Anexo D). O documento reafirmou a importância do Pronera como um programa que "abriu as portas das instituições [educacionais] para o acesso à alfabetização e à escolarização básica, assim como a cursos de nível superior e pós-graduação pouco disponíveis aos trabalhadores, [...] além de cursos de formação profissional de nível médio", e enfatizou a participação de movimentos sociais e sindicais na construção do programa. O final do documento lista 16 demandas, inclusive a revogação da decisão do TCU e um aumento no orçamento do Pronera. Essa declaração final da conferência, o decreto presidencial, o encontro entre parlamentares e o presidente do TCU, e o documento

[43] Artigo 17 do Decreto n. 7.352, de 4 de novembro de 2010.

[44] Todas as citações ou informações atribuídas a Gilda Diniz dos Santos foram obtidas numa entrevista em 9 de novembro de 2010.

assinado por 59 reitores – tudo em novembro de 2010 – foram um esforço coletivo de mobilização para obrigar o TCU a voltar atrás.

A vitória do movimento social

Em 1º de dezembro de 2010, por meio do acórdão n. 3.269/2010, o TCU de fato revogou várias restrições que tinham sido impostas ao Pronera. Rejeitou, principalmente, a exigência de implementar novos cursos por meio de licitações e contratos. Foi uma enorme vitória para os apoiadores do Pronera e, especificamente, para o MST. Em nota oficial do Incra, Clarice dos Santos atribuiu a revogação da decisão do TCU à "união de esforços entre várias entidades" e considerou o resultado "uma vitória das forças sociais que lutam pela educação no país": "Houve intensa manifestação das universidades, de governos estaduais e secretarias de Educação e dos movimentos de trabalhadores pedindo a reconsideração do tribunal".[45] Dois anos depois, em 2012, essa coalizão de grupos da sociedade civil, da universidade e do governo obteve outra vitória legal: o direito de pagar um honorário extra aos professores que lecionam nos cursos do Pronera e, ainda, recursos para bolsas estudantis.[46]

Mesmo assim, o TCU não voltou atrás em todas as restrições sobre a participação de movimentos sociais no programa. A nova decisão exigia que o Incra reescrevesse o manual do Pronera para explicitamente limitar o envolvimento de movimentos sociais. O novo manual de 2012 dizia que, embora os militantes pudessem ajudar a identificar necessidades educacionais locais e oferecer sugestões ao processo pedagógico, eles não poderiam ser parceiros oficiais dos cursos do Pronera (MDA, 2012, p. 24). Além disso, o manual baniu explicitamente a "restrição à participação de alunos que não pertençam a determinado movimento", a "formação de técnicos militantes" e a seleção de professores com base em "questões políticas, partidárias, filosóficas ou ideológicas" (MDA 2012, p. 19). Em setembro de 2015, pude entrevistar Clarice novamente, um ano depois de ela ter deixado sua posição de coordenadora do Pronera. Perguntei sobre a decisão final do TCU e as consequências do novo regulamento para a

[45] A nota oficial está disponível em Incra (2020).

[46] Artigo 33 da Lei 12.695/2012. Essa mudança foi importante, pois os professores precisavam abrir mão de uma parte grande de suas férias para lecionar nos cursos do Pronera.

participação de movimentos sociais no Pronera. "Tiramos os movimentos sociais da parte administrativa, para não chamar muita atenção, e colocamos na parte pedagógica", disse ela. Os dirigentes do MST criticaram Clarice por concordar em fazer essa mudança, mas ela lhes garantiu que isso não mudaria a real participação do MST no programa.[47] "Agora, o MST concorda que nada mudou sobre a estrutura de gestão do programa", afirmou, lembrando que, a despeito das restrições do TCU, os militantes continuam participando no desenvolvimento, na supervisão e na avaliação dos cursos do Pronera.

A habilidade do MST para ganhar aliados tanto no Incra como entre os parceiros universitários, que apoiam a participação do movimento, foi fundamental para esse processo. Embora já não possa oficialmente escrever novas propostas de cursos do Pronera, por exemplo, o MST pode colocar aliados das universidades em contato com funcionários do Incra para desenvolver um novo curso. Da mesma forma, embora os dirigentes do MST já não possam escolher os alunos que compõem cada nova turma de um curso, eles podem mobilizar seus próprios militantes para se candidatar sempre que um novo curso é anunciado. O movimento também pode oferecer seus próprios cursos para ajudar a preparar esses militantes para o vestibular. Enfim, embora os militantes já não possam ser remunerados para ajudar a coordenar esses cursos, se os professores são simpáticos ao movimento podem encorajar os dirigentes a participar e oferecer remuneração informalmente. Portanto, apesar das limitações, os militantes ainda estão envolvidos na cogestão dos cursos do Pronera. A chave para essa habilidade do MST para participar do Pronera sob condições mais rígidas de regulamentação estatal é a expansão de suas iniciativas para incluir aliados do Estado e das universidades, que oficialmente administram o programa.[48] Isto constitui essencialmente a "guerra de posições" a que Gramsci se refere, obtendo o consentimento de diferentes atores institucionais para um projeto hegemônico alternativo.

---

[47] Entrevista com Clarice dos Santos em 24 de setembro de 2015.

[48] Na versão de 2016 do manual do Pronera já não havia referências à decisão de 2010 do TCU, nem qualquer restrição explícita à participação dos movimentos sociais, o que sugere um abrandamento, ao longo do tempo, das restrições que resultaram da decisão de 2010.

A despeito dos altos níveis de mobilização e participação do movimento social, em 2015 Clarice afirmou que a decisão do TCU ainda produzia graves consequências no programa.[49] Uma delas foi o tempo que levou para que as universidades voltassem a oferecer cursos do Pronera. Quando a decisão do TCU entrou em vigor em 2008, dezenas de universidades tinham aprovado propostas de cursos e tinha estudantes matriculados – e tudo foi suspenso por três anos. Em 2011, quando o Incra finalmente podia avançar com esses cursos, muitos professores já não estavam interessados e os alunos já tinham se matriculado em outros cursos. Ela deu o exemplo da Universidade Estadual do Piauí, que tinha vários bacharelados aprovados em 2008 e precisou cancelar todos: "Os movimentos sociais do Piauí tiveram de mobilizar todo mundo de novo, descobrir quais cursos eram necessários e estabelecer relações com os professores que ofereciam esses cursos". Clarice disse que a mobilização só deu resultado em 2015, quando a Universidade Estadual do Piauí abriu três novos cursos de bacharelado pelo Pronera (Geografia, Agronomia e Pedagogia). "Então, qual foi o efeito da decisão do TCU? Por sete anos, de 2008 a 2014, funcionamos com muito menos cursos."

Clarice também disse que os funcionários do Incra agora têm medo de trabalhar com o Pronera. Quando saiu a decisão do TCU, Clarice e sua equipe foram multados por má gestão de recursos. Embora nunca tenham acabado de pagar essas multas, todos os funcionários do Incra hesitavam em colocar seus nomes em propostas de cursos do Pronera. Agora, afirmou Clarice, tudo que se relaciona ao Pronera avança lentamente: "Se houver uma vírgula fora do lugar, as propostas de cursos não vão adiante". A decisão do TCU também afetou o orçamento do Pronera, que tinha crescido para 60 milhões de reais em 2009, quando Clarice não pôde usar o dinheiro por causa da proibição do TCU: "O presidente do Incra veio conversar comigo no final de 2009 e avisou: 'Como você só gastou 40% do orçamento, em 2010 o orçamento será de 40 milhões de reais'. Em 2010 tampouco pudemos gastar esses 40 milhões, então o orçamento caiu para 15 milhões de reais em 2011".

---

[49] Os próximos dois parágrafos resultam da entrevista com Clarice dos Santos em 24 de setembro de 2015.

Portanto, quando finalmente a decisão do TCU foi revertida em dezembro de 2010, o Pronera tinha um orçamento já muito menor, muito mais relutância burocrática e nenhuma universidade com uma proposta à mão. Só cinco anos depois, por meio de articulação política e mobilização do MST, de outros movimentos sociais, do próprio Estado e de atores de universidades, o Pronera voltou a ser o que era.

Conclusão

Neste capítulo, explorei um dos pontos de entrada do MST no Estado, o Programa Nacional de Educação na Reforma Agrária (Pronera). O caso do Pronera ilustra dois dos principais argumentos do livro: que os movimentos sociais podem atuar na cogestão de instituições públicas desde que continuem engajados em mobilização conflituosa; e que ocupar instituições formais ajuda a construir uma base de recursos e a capacidade organizacional e de liderança do movimento. Como outros pesquisadores que analisam a longa marcha dos movimentos sociais pelas instituições, com a dupla estratégia de trabalhar dentro e fora do Estado (Alvarez, 1990; Paschel, 2016), afirmo que um grupo estratégico de militantes do Movimento foi capaz de obter enormes ganhos na esfera do Estado – sem desmobilizar. Ao contrário, dirigentes do MST expressaram o temor de que o movimento poderia perder muitos de seus militantes se não oferecesse educação de nível superior à base. Essa foi uma estratégia gramsciana explícita para desenvolver intelectuais orgânicos dentro do movimento, que poderiam atender às necessidades agrícolas, educacionais, legais e de saúde dos assentamentos e acampamentos.

A história da criação e da expansão do Pronera corrobora o argumento de que a participação eficaz de movimentos sociais em instituições formais requer uma combinação de articulação política com protesto contencioso. O exemplo mais claro disso foi a aprovação inicial do próprio Pronera, que só ocorreu depois que o movimento organizou uma marcha nacional a Brasília com 100 mil participantes. A marcha foi organizada depois de uma mudança naquilo que os estudiosos de movimentos sociais chamam de estrutura de oportunidade política (McAdam, 1999; Tarrow, 2011). Mais especificamente, os massacres de militantes sem-terra em 1995 e 1996 aumentaram o apoio nacional à reforma agrária e pressionaram o governo federal a oferecer uma série de concessões ao movimento dos sem-terra, inclusive o Pronera. O MST soube, então, usar o Pronera para justificar a entrada dos militantes numa nova esfera de acesso educacional: o Ensino Superior. Mas, num contexto de intenso conflito Estado-sociedade, o Setor de Educação do MST teve dificuldade para encontrar uma universidade que apoiasse essa ideia. Foi preciso um tipo específico de instituição – privada, com uma longa história de mobilização social – disposta a arriscar abrigar o primeiro programa de bacharelado do MST. Mesmo depois que o PT chegou ao governo e aumentou o orçamento do Pronera, o MST precisou continuar a mobilizar sua base para pressionar universidades a aprovar novos cursos, como foi o caso do curso de Geografia descrito. Portanto, a institucionalização nunca foi um congelamento no tempo da proposta educacional do MST; em vez disso, foi um processo dinâmico que requeria tanto a mobilização como manobras políticas para avançar com os objetivos institucionais.

O primeiro programa de bacharelado do MST na Universidade de Ijuí ilustra tanto a evolução da proposta educacional do movimento como os conflitos que surgem quando militantes entram na esfera universitária. Esses estudantes puderam manter muitos de seus ideais educacionais no programa, inclusive a rotação entre períodos de estudo e de comunidade, práticas culturais, coletividade, autogestão, um coletivo de coordenação pedagógica e pesquisas. Mas esse processo também estava cheio de tensões e conflitos. No fim, a turma do MST recusou a conciliação e essa recusa rompeu suas relações com os professores universitários que tinham se desdobrado para apoiar o movimento. Não obstante, esse foi um processo de aprendizagem, tanto para o MST quanto para a universidade, o que ajudou o Setor de Educação a refinar sua abordagem educacional e os tipos de relações que construiriam no futuro com universidades e com o Estado. A maioria dos alunos dessa primeira turma ainda era militante, mas agora estão equipados com diplomas, oportunidades profissionais e um claro entendimento da visão educacional do MST.

O mais importante é que o caso do Pronera também mostra as contradições inerentes à cogestão conflituosa de instituições públicas pelos movimentos sociais. A decisão do Tribunal de Contas da União (TCU) contra o Pronera em 2008, motivada politicamente ou não, resultou da tensão entre a defesa dos direitos individuais pelo Estado e as práticas coletivas do MST. Para os ministros do TCU, sua decisão garantia acesso universal a recursos públicos. Para o MST, a decisão solapou o direito das comunidades de participar da gestão de seus serviços educacionais. Os militantes do MST, suas universidades e seus aliados nos governos uniram-se numa tentativa de pressionar o TCU a revogar sua decisão. Essa campanha deu certo porque o MST conseguiu obter o consenso em torno de seus objetivos educacionais num amplo conjunto de representantes da sociedade civil e do Estado. Os ministros do TCU tiveram de emendar sua decisão. Embora os movimentos sociais ainda enfrentem algumas restrições, os militantes conseguiram encontrar maneiras para continuar participando do desenvolvimento, da supervisão e da implementação dos cursos do Pronera. Mesmo assim, os recursos do Pronera são necessariamente escassos, pois o programa apoia os objetivos e os desejos de um segmento específico da população. De forma que a defesa do Pronera requer o apoio de uma coalizão diversa, envolvendo a sociedade civil, a universidade e membros do governo.

Enfim, o caso do Pronera ilustra que, entre os vários tipos de instituições que os movimentos sociais podem tentar influenciar, o Ensino Superior é uma esfera especialmente importante. O sistema brasileiro de universidades públicas é notoriamente um sistema de elite, com vestibulares difíceis, o que força os jovens mais pobres a pagar por instituições privadas de baixa qualidade. Para quase todos os militantes do MST com quem conversei em 20 meses de pesquisa de campo, entrar para uma universidade pública era um sonho, algo que ninguém de suas comunidades tinha conseguido. Embora muitos jovens já fossem militantes do MST quando entraram nesses programas universitários, muitos outros tinham pouco contato com o movimento e se matricularam para melhorar suas oportunidades individuais de carreira. Como nos programas de Ensino Médio que o MST desenvolveu no início dos anos 1990, estes cursos do Ensino Superior do Pronera apresentaram os alunos à luta do MST pela reforma agrária e lhes permitiu prefigurar, no atual mundo social, as práticas econômicas e políticas que o Movimento espera construir no futuro. Muitos estudantes se tornaram intelectuais orgânicos, usando suas novas capacidades técnicas e intelectuais para contribuir com o Movimento.

Em agosto de 2012, 47 alunos se formaram bacharéis em Direito pelo Pronera. Embora nem todos tenham continuado a participar do Movimento, muitos são hoje advogados militantes, assumindo tarefas legais que o MST antes encaminhava para aliados fora do Movimento. Numa breve década, milhares de dirigentes do MST obtiveram diplomas de Ensino Superior. A existência do Pronera desafia a crença de que "não é possível obter das elites concessões que possam ser usadas como recursos para sustentar uma organização de oposição ao longo do tempo" (Piven e Cloward, 1997, p. xxi). Ao contrário, o Pronera integra novos militantes ao movimento, contribui para seu desenvolvimento intelectual e profissional, e apoia diretamente o desenvolvimento econômico dos assentamentos de reforma agrária. No próximo capítulo, descrevo a institucionalização dos objetivos educacionais do MST em outro organismo federal, o Ministério da Educação, um processo que teve resultados muito diferentes para o Movimento.

CAPÍTULO 3: DA PEDAGOGIA DO MST À EDUCAÇÃO DO CAMPO: EXPANSÃO, TRANSFORMAÇÃO E CONCILIAÇÃO

A Educação do Campo nasceu com o MST,
mas não é mais só do MST.
Bernardo Mançano Fernandes,
professor da Universidade Estadual de São Paulo (Unesp)

Às vezes, sinto que só estamos no Ministério da Educação
para aparecer; somos obrigados a aparecer como se
apoiássemos tudo, ainda que critiquemos os programas deles.
Vanderlúcia Simplício,
do Setor Nacional de Educação do MST

No capítulo anterior, contei a história de como o MST implementou sua abordagem educacional no nível federal durante o final dos anos 1990 e nos anos 2000, por meio do Pronera. Esse programa ajudou o movimento a consolidar sua abordagem educacional, permitindo que os militantes do MST experimentassem pedagogias alternativas na esfera universitária. Por estar no Incra, o Pronera permitiu ao Movimento um alto grau de controle do programa; mas a habilidade do MST para aprovar novos cursos se desenvolveu em um longo processo, que sempre exigiu um equilíbrio delicado entre articulação política e protestos. Além disso, a entrada do Movimento na esfera universitária foi cheia de conflitos e tensões, transformando tanto a universidade como o próprio movimento.

Para o MST, o acesso ao ensino superior por meio do Pronera integrou novos militantes ao Movimento, apresentou-lhes a visão política do MST e os equipou com as habilidades técnicas e os diplomas profissionais necessários à autogestão. Dirigentes do movimento também aprenderam a escolher suas batalhas e a fazer concessões estratégicas em algumas questões e não em outras. Quanto às universidades, o contato com o Movimento transformou muitos professores e administradores em defensores da proposta educacional do MST, integrando-os num movimento social de base muito ampla para defender o programa. Para outros professores, o Pronera reforçou a percepção de que agentes externos não deveriam influenciar o ensino superior. Embora o Pronera mantenha um espaço frágil dentro do aparato de Estado brasileiro, os militantes do MST permanecem como os verdadeiros protagonistas nessa esfera institucional, desenvolvendo programas educacionais que servem diretamente a suas comunidades e ao Movimento.

Neste capítulo, discuto a transformação da proposta pedagógica do MST numa proposta geral para todo o campo, no final dos anos 1990, e a trajetória desse programa educacional – o Educação do Campo – no Ministério da Educação (MEC) entre 2004 e 2014. Este capítulo apresenta uma outra narrativa da história do Pronera, que, enquanto era pequeno, facilitava pequenas iniciativas tomadas pelo Movimento. Mas a promoção do Educação do Campo no MEC foi conduzida pelo Estado, com menos envolvimento direto do Movimento, e era mais vasta. Essa rápida expansão atraiu o interesse de outros atores, que reclamavam as iniciativas para si e diluíam as propostas originais. Isso exige uma reflexão sobre o significado do sucesso quando se discute a proposta pedagógica do MST. Por um lado, o sucesso poderia ser definido como o grau de expansão das iniciativas de cursos do MST, o volume de recursos investidos nesses programas e o seu alcance geográfico e numérico. Por outro, a liderança do MST definiria sucesso mais como a participação direta do Movimento nesses programas educacionais e até que ponto os cursos funcionariam como apoio ao objetivo mais amplo de construir o socialismo no campo brasileiro. O caso do programa Educação do Campo no MEC é uma oportunidade única para refletir sobre esses diferentes resultados do movimento social e sobre as diferentes visões do que seja sucesso.

As origens do Educação do Campo datam de 1998, o último ano do primeiro mandato do presidente Fernando Henrique Cardoso. Durante esse período, muitas organizações internacionais encorajaram o MST a expandir seu programa educacional para outras populações do campo, aquelas que não viviam em áreas da reforma agrária. Em parte, era uma proposta estratégica, já que o governo federal era antagônico ao MST e era improvável que a educação só para assentamentos e acampamentos da reforma agrária pudesse angariar mais apoio nacional. No entanto, essa mudança também refletia o fato de que os dirigentes do MST perceberam a importância de construir um programa educacional para todos os trabalhadores do campo e de estabelecer relações com outras organizações do campo. A mudança de foco entre a Pedagogia do MST e o programa Educação do Campo ecoou com dezenas de outros grupos da sociedade civil, um processo que os estudiosos de movimentos sociais denominam de alinhamento de quadros (D. A. Snow, Rochford, Worden e Benford, 1986). Mais importante ainda, a grande e poderosa Confederação Nacional de Trabalhadores na Agricultura (Contag) se tornou um agente central na coalizão nacional pela Educação do Campo. Essa evolução fortaleceu a proposta educacional do MST, mas também teve profundas implicações na habilidade do movimento para controlar o conteúdo dessas iniciativas educacionais. Mesmo assim, a parceria contenciosa que se estabeleceu entre o MST e a Contag - organizações com trajetórias históricas muito distintas, estratégias políticas contrastantes e concorrência pela base de associados - deu certo no sentido de pressionar o governo para aprovar as Diretrizes Operacionais para a Educação Básica nas Escolas do Campo em 2002. Mas essa lei permaneceu somente no papel até que o candidato do Partido dos Trabalhadores (PT), Luiz Inácio Lula da Silva, conseguisse chegar à Presidência da República nas eleições de 2002.

Em 2004, o MEC criou uma Coordenação Geral de Educação do Campo, com um conselho consultivo que oferecia aos movimentos um ponto de acesso direto para participar na tomada de decisões no Estado - um espaço participativo típico do novo governo do PT. Junto com o conselho consultivo, a Coordenação organizou seminários em todos os estados brasileiros para promover essa nova abordagem educacional. Isso levou a múltiplos conflitos, ao mesmo tempo que aprofundava as conexões entre os militantes locais do MST, pessoal educacional do Estado, professores universitários e outros movimentos do campo. O programa Educação do Campo adquiriu vida própria: as universidades institucionalizaram o conceito por meio de novos cursos de graduação e especialização; as secretarias estaduais de Educação criaram suas próprias coordenações de Educação do Campo; e um conjunto de grupos encampou essas ideias educacionais. A Coordenação Geral de Educação do Campo no MEC implementou uma série de novos programas que expandiram a Educação no Campo a um grau sem precedentes; esses programas, porém, estavam muito distantes das intenções originais do MST. Analisarei dois desses programas para entender como, ao implementar soluções universais de larga escala para acesso educacional, o MEC criou barreiras à cogestão do movimento.

A última parte deste capítulo analisa a trajetória do Educação do Campo durante o primeiro mandato presidencial de Dilma Rousseff (2011-2014). Avalio criticamente o significado do Educação do Campo durante esse período, considerando a falta de capacidade ou vontade política do PT para implementar uma reforma agrária. O MST continuava participando ativamente em debates sobre o Educação do Campo, mas agora era apenas um entre dezenas de grupos se apropriando do significado, do conteúdo e do propósito do programa Educação do Campo. Até grupos da elite do agronegócio começaram a abraçar a ideia dessa abordagem educacional como solução para as necessidades de escolarização e treinamento de trabalhadores rurais. O Educação do Campo não tinha sido apenas institucionalizado: também se tornara hegemônico.

Quando falo de hegemonia, refiro-me à definição de Gramsci para o termo: uma aliança dirigente que mantém o poder por meio de uma combinação tanto da força coercitiva como do consentimento voluntário, sendo que este último requer concessões e também liderança moral e intelectual (Gramsci, 1971, p. 258). Depois que o Educação do Campo se tornou senso comum para essa coalizão policlassista,[1] esses programas serviram, em parte, para reforçar o modo capitalista, dominante, de produção econômica no Brasil – a despeito das origens socialistas da proposta educacional. Dessa perspectiva, a era PT gerou dois fenômenos: (1) uma bem-sucedida guerra de posições – pela qual os intelectuais orgânicos do MST convenceram um amplo conjunto de grupos da sociedade civil e do Estado a apoiar suas ideias educacionais; e (2) uma revolução passiva ou a absorção dessa proposta pelo meio ideológico do bloco hegemônico. Tuğal (2009, p. 3-4) considera revolução passiva aquela que resulta "das maneiras complicadas, às vezes não intencionais, pelas quais os setores

[1] O conceito gramsciano de "senso comum" refere-se às crenças espontâneas e contraditórias das pessoas, seus entendimentos filosóficos e acríticos sobre o mundo.

dominantes estabelecem o consentimento voluntário ('hegemonia') em torno de seu governo". Esse processo de revolução passiva não foi simples cooptação, pois a absorção do Educação do Campo pelo MEC teve implicações positivas reais para as populações pobres do campo, oferecendo a milhares de camponeses mais oportunidades educacionais. No entanto, o apoio ao Educação do Campo também reforçou a aliança de classes entre o governo federal e o agronegócio. Portanto, embora esta seja claramente uma história de transformação da educação rural, o processo não ocorreu exatamente como os dirigentes do MST esperavam. Para entender a incrível ascensão do Educação do Campo no cenário nacional, é necessário voltar aos anos 1990 e à série de eventos que estabeleceram as bases para a emergência dessa proposta educacional nacional.

Neoliberalismo e o conflito Estado-sociedade (1998-2002)

Aliados poderosos: Unesco, Unicef e os apoiadores nas universidades

Foi por necessidade que o MST começou a participar da esfera da educação pública, no início dos anos 1980: a existência, nos assentamentos e acampamentos da reforma agrária, de milhares de crianças e jovens longe da escola. Além disso, seus militantes estavam motivados para entrar nessa luta por causa do contraste entre a visão do Movimento para o campo - de comunidades intelectuais vibrantes de pequenos agricultores e de produção agrícola coletiva - e a visão tradicional da educação, encampada por professores, como um caminho para os jovens saírem das atrasadas áreas rurais. Os dirigentes do MST queriam desenvolver novos militantes entre os jovens, não assistir a uma migração rural-urbana em massa. Eram altíssimas as taxas de analfabetismo nas comunidades da reforma agrária, o que levou os militantes a organizar muitas campanhas massivas de alfabetização.

Ao mesmo tempo, no início dos anos 1990, organizações internacionais como a Unesco, a Unicef e o Banco Mundial tornavam-se vozes dominantes nos debates globais sobre educação (Klees, Samoff e Stromquist, 2012; Samoff, 1999). Essas organizações se concentravam na erradicação do analfabetismo e na oferta de acesso universal à educação primária em países muito pobres. Coordenadores de programas internacionais sempre criticavam as prioridades dos governos nacionais e tentavam desviar de burocracias ineficientes e corruptas, trabalhando diretamente com as comunidades locais. Isso era, em parte, consequência da crescente influência do neoliberalismo no discurso sobre o desenvolvimento da educação, promovendo a involução da autoridade escolar para níveis municipais, que os neoliberais consideram mais eficientes e responsáveis (Bray, 2003). Nesse contexto, a Unesco e a Unicef começaram a patrocinar as iniciativas educacionais do MST. Essas organizações investiram no MST a despeito de seus objetivos políticos e socialistas radicais, porque os militantes estavam organizando os maiores programas educacionais de massa no campo.

A chefe da unidade educacional da Unesco-Brasil em 2014, Maria Rebeca Otero Gomes, explicou a relação da agência com o MST nesse período: "As ONGs ligadas ao MST eram as únicas que atuavam nessa área. As outras não atuavam muito, porque é muito difícil atuar nos assentamentos do MST. São áreas muito carentes, então é muito difícil. Qualquer ONG que fosse trabalhar nos assentamentos precisava ter um relacionamento com o Movimento ou não conseguiria implementar atividades lá".[2] Como sugeriu a funcionária da Unesco, o imperativo de expandir o acesso educacional em áreas muito pobres era mais importante do que as diferenças ideológicas entre os coordenadores do programa e o Movimento. Dadas as redes organizacionais do MST nessas comunidades, fazia todo sentido pedir ajuda ao Movimento para as campanhas de alfabetização da agência. Em 1995, o MST também recebeu um prêmio de Educação e Participação da Unicef pelos cursos de magistério que os militantes tinham desenvolvido para professores rurais (o programa MAG). Era significativo que uma organização respeitada internacionalmente desse um prêmio tão prestigioso para um movimento conflituoso – o que lhe garantia uma legitimidade pública. Portanto, a mobilização do MST e o mandato educacional de organizações internacionais conectaram-se de maneiras complexas.

Em meados dos anos 1990, as iniciativas educacionais do MST estavam maduras para uma expansão. Primeiro, o MST desenvolveu práticas

---

[2] Maria Rebeca Otero Gomes foi entrevistada em 14 de fevereiro de 2014.

concretas que representavam uma abordagem abrangente da escolaridade rural. Em seguida, as organizações internacionais reconheceram essas práticas como legítimas por meio de recursos e prêmios. Em terceiro lugar, o MST cultivou dezenas de parcerias com professores universitários de todo o Brasil, que ativamente promoviam e abraçavam os programas de alfabetização do MST. Em quarto e último lugar, o governo federal enfrentava pressões crescentes para encontrar uma solução para o lamentável estado do sistema público de educação nas áreas rurais do país. Essa conjuntura política criou as condições para um período de apoio federal às iniciativas educacionais do movimento.

Estruturação e construção de coalizões sob condições de conflito Estado-sociedade

O ano de 1997 foi um momento decisivo para a luta educacional do MST, como descrito no Capítulo 2. Os dois massacres de dezenas de camponeses militantes, em 1995 e 1996, estimularam um apoio de âmbito nacional para a reforma agrária e também aumentaram o número de ocupações de terra em todo o país. Em julho de 1997, o MST organizou o I Encontro Nacional de Educadoras e Educadores da Reforma Agrária (Enera), em parceria com Unicef, Unesco, Universidade de Brasília (UnB) e Conferência Nacional dos Bispos do Brasil (CNBB). Dos debates nesse encontro saiu uma proposta de criação do Pronera, que, na década seguinte, pagaria por centenas de cursos de educação de adultos e de Ensino Médio, além de programas universitários em áreas de reforma agrária.

A essa altura, todas as iniciativas educacionais do MST, até o Pronera, eram dirigidas a populações em áreas de reforma agrária, ou seja, acampamentos e assentamentos. No entanto, essas áreas só representavam uma fração da população do campo. Durante o Enera de 1997, uma representante da Unesco, Ana Catarina Braga, desafiou as cinco organizações que coordenavam o evento a pensar numa proposta mais abrangente de educação para todo o campo (Kolling *et al.*, 1999, p. 13-14). Essa proposta incluiria outros grupos rurais, como os povos indígenas, os quilombolas, as populações atingidas por barragens, pequenos agricultores e camponeses em geral. Os militantes do MST estavam abertos à ideia, como uma oportunidade estratégica para pedir mais apoio financeiro para sua proposta educacional e também para influenciar toda a classe trabalhadora do campo.

Em agosto de 1997, representantes da Unesco, da Unicef, da UnB, da CNBB e do MST encontraram-se para planejar uma outra conferência nacional e estimular esse debate: a I Conferência Nacional por uma Educação Básica do Campo. A expressão "Educação *do* Campo" era deliberada, indicando uma proposta não apenas *no* campo ou *para* populações rurais, mas sim uma proposta *dessas* populações, implementada *por* elas, de acordo com suas realidades. Essa linguagem estava ligada à ideia freireana de uma *Pedagogia do oprimido*, não para o oprimido; em outras palavras, não era uma pedagogia criada para eles, sem a participação deles. O objetivo da conferência nacional de 1998 era debater a Educação do Campo e, em particular, a relação entre essa proposta educacional e um modelo sustentável de desenvolvimento no campo, baseado em pequenas propriedades e produção agrícola coletiva. Para estimular essas discussões, os organizadores da conferência escreveram um texto sobre Educação do Campo e sua relação com o desenvolvimento rural, que afirma: "Há uma tendência dominante em nosso país, marcado por exclusões e desigualdades, de considerar a maioria da população que vive no campo como a parte atrasada e fora de lugar no almejado projeto de modernidade" (Kolling *et al.*, 1999, p. 21). Em contraste, a Educação do Campo tinha uma nova visão do desenvolvimento rural, incluindo reforma agrária, agricultura familiar, cooperativas agrárias, soberania alimentar e comercialização local (p. 22).

Durante os seis meses anteriores à conferência nacional, esse documento de estudo se tornou a base para 27 seminários estaduais sobre a Educação do Campo. Cada um dos seminários incluía representantes de um amplo conjunto de populações rurais e organizações de base. Os coordenadores desses seminários estaduais eram responsáveis por apontar experiências educacionais locais que poderiam ser compartilhadas na conferência nacional.[3] Em 27 de julho de 1988, 974 delegados desses

[3] Algumas dessas experiências: Escolas Família Agrícola (EFAs), que inspiraram o MST a usar a Pedagogia da Alternância; Movimento de Educação de Base (MEB); os programas de formação de professores do MST; as atividades educacionais do Movimento dos Atingidos por Barragens (MAB); e o movimento indígena.

seminários estaduais viajaram a Brasília para a I Conferência Nacional por uma Educação Básica do Campo. Universidades federais e estaduais, muitas agências governamentais e pelo menos uma dezena de movimentos sociais rurais e ONGs participaram da conferência. Durante uma semana, o encontro discutiu a relação entre o desenvolvimento rural e a educação, o *status* da educação rural na América Latina, financiamento educacional, educação indígena e desenvolvimento rural sustentável. Também houve *performances* culturais, que exibiram as tradições de diferentes comunidades do campo presentes à conferência. A turma da Pedagogia da Terra do programa de bacharelado do Pronera na Universidade de Ijuí (descrito no Capítulo 2) organizou a *performance* cultural de abertura, uma mística elaborada com apresentação de poesia, canção e teatro relacionados à justiça social no campo.

No final da conferência, os participantes aprovaram um texto, "Conclusões da I Conferência Nacional: por uma Educação Básica do Campo". O trecho "Desafios e propostas de ação" afirma:

> A discussão dessa conferência mostrou que somente é possível trabalhar por uma educação básica do campo se vinculada ao processo de construção de um projeto popular para o Brasil, que inclui necessariamente um novo projeto de desenvolvimento para o campo e a garantia de que todo o povo tenha acesso à educação [...]. (a) Envolver nesse debate os movimentos populares, os sindicatos, as universidades, as igrejas, as paróquias, as comunidades de base, os governos de gestão popular e demais entidades interessadas na construção de uma educação básica do campo. (b) Criar coletivos de pais para discutir propostas de educação com o objetivo de preparar os filhos para a vida no campo. (Kolling *et al.*, 1999, p. 77-78)

O documento final da conferência enfatizou a conexão entre Educação do Campo e a nova proposta de desenvolvimento baseada em tradições de pequenas propriedades, produção agroecológica de alimentos, trabalho coletivo e democracia participativa. O documento identificou as comunidades rurais como os principais agentes de desenvolvimento e implementação dessas alternativas educacionais e econômicas.

Depois da conferência de 1998, o Setor de Educação do MST começou a mudar sua linguagem: em vez de se referir à sua abordagem educacional como "Pedagogia do MST", passou a usar o nome mais geral de Educação do Campo. Essa mudança é semelhante ao que os estudiosos de movimentos sociais denominam alinhamento de quadros ou a conexão entre os "interesses, valores e crenças" do Movimento com as ideologias e objetivos de outros movimentos (D. A. Snow *et al.*, 1986, p. 464). Muitos dirigentes do MST explicam:

> Aos poucos, o MST passou a entender que o avanço de suas conquistas dependia da pressão por políticas públicas para o conjunto da população trabalhadora do campo. Especialmente para conseguir escolas de Ensino Fundamental completo e de Ensino Médio, era necessária uma articulação maior com outras comunidades do campo, porque isso demanda uma pressão mais forte sobre secretarias de Educação e a sociedade política em geral. As experiências de pensar escolas como polos regionais entre assentamentos e estudantes de outras comunidades de camponeses aos poucos vão educando o olhar dos trabalhadores sem-terra para uma realidade mais ampla. Foi assim que o MST chegou à Educação do Campo. (Kolling *et al.*, 2012, p. 502)

O conceito de Educação do Campo seduziu um amplo conjunto de movimentos sociais, sindicalistas, ONGs e acadêmicos que trabalhavam no campo, mas não estavam ligados à reforma agrária.

Unir os sem-terra aos demais trabalhadores rurais

A despeito desses avanços, em 1998 havia um grupo ostensivamente ausente da I Conferência Nacional por uma Educação Básica do Campo: a Confederação Nacional dos Trabalhadores na Agricultura (Contag). Essa confederação de sindicatos é composta de dezenas de federações e milhares de sindicatos, representando mais de 15 milhões de trabalhadores rurais. Os membros da Contag incluem trabalhadores rurais assalariados; acampados e assentados em áreas de reforma agrária; agricultores familiares, meeiros, comodatários, extrativistas, quilombolas, pescadores artesanais e ribeirinhos. A ausência de uma organização que representasse milhões de trabalhadores rurais significava que seria improvável o convencimento do governo federal para apoiar uma política educacional destinada a todo o campo. O que exige a pergunta: por que a Contag não queria abraçar a causa da Educação do Campo?

Sob pressão dos movimentos sociais organizados no campo nos anos anteriores, o presidente João Goulart criou a Contag pelo decreto presidencial n. 53.517, de 31 de janeiro de 1964. A partir de então, o processo de sindicalização rural passou a ser orientado e institucionalizado pelo Ministério do Trabalho, reforçando no âmbito nacional as lutas e demandas estaduais dos trabalhadores rurais. Mas o maior crescimento da Contag ocorreu durante os 21 anos da ditadura civil-militar, quando o número de sindicatos rurais saltou de 266, em 1963, para 2.144 em 1980 (Anthony Pereira, 1997, p. 58). Os militares estimularam deliberadamente esse crescimento para tentar aumentar a produção agrícola, estimular a integração nacional e incorporar o trabalho rural à sociedade nacional (Houtzager, 1998). Oligarcas rurais ainda mandavam no campo e o governo militar queria reduzir o seu poder por meio da presença até em regiões remotas. Esse objetivo poderia ser atingido pela transformação do sindicato em um braço distributivo do Estado, já que os programas de bem-estar social se tornaram um elo entre o governo federal e populações rurais dispersas.[4] Para muitos movimentos sociais do campo, essa história provava que a Contag era simplesmente um sindicato pelego, funcionando como apêndice do governo militar.

No entanto, essa não era a história inteira. Embora muitos sindicatos locais funcionassem mesmo como serviços de assistência social, alguns sindicalistas tiraram vantagem do pouco espaço de que dispunham para lançar uma campanha nacional pelos direitos dos trabalhadores. Esses eram principalmente os militantes que tinham trabalhado em organização de base junto com a Igreja Católica, antes do golpe de 1964. Em contraste com os militantes do Partido Comunista Brasileiro (PCB), quase todos expurgados de seus sindicatos, estes sindicalistas

> entenderam que a provocação excessiva das elites rurais e das autoridades, dadas as relações de poder no campo, acabaria por prejudicá-los e por reverter seus esforços de organização [...]. Aprenderam o valor de respeitar a lei. De fato, os sindicalistas tornaram-se campeões da lei, pressionando pela aplicação das políticas descritas nos códigos legais para proteger ostensivamente seus próprios direitos. (Maybury-Lewis, 1994, p. 73)

[4] O Programa de Assistência ao Trabalhador Rural (Prorural), criado em 1971 para oferecer serviços de assistência médica e odontológica às populações rurais, foi especialmente importante para o crescimento da Contag. Quase todos os sindicatos locais da Contag tinham parcerias com o Prorural (Maybury-Lewis, 1994, p. 41).

Em 1968, um grupo de sindicalistas egresso dessa tradição de organização conseguiu controlar a Contag. Embora seu raio de ação fosse limitado, sua presença ali resultou em benefícios importantes para os trabalhadores rurais: "Impedida de mobilizar as bases ou de engajar em qualquer forma de ação coletiva, a Contag optou por iniciar uma 'campanha por direitos' em que os sindicatos educariam os trabalhadores sobre seus direitos legais e os estimulariam a entrar com ações individuais na Justiça do Trabalho" (Houtzager, 1998, p. 132). Essa estratégia legal resultou em ganhos concretos para os trabalhadores durante um período altamente repressivo. O lado ruim dessa estratégia foi que toda uma geração de militantes trabalhistas se acostumou com uma abordagem não conflituosa do sindicalismo. Além disso, enquanto alguns militantes comprometidos organizavam a campanha por direitos dos trabalhadores, quase dois terços dos sindicatos continuavam envolvidos exclusivamente com a prestação de serviços (Houtzager, 1998).

Em 1979, no contexto de uma abertura política mais geral, líderes sindicais filiados à Contag iniciaram uma série de greves anuais em Pernambuco e começaram a reivindicar uma reforma agrária de larga escala (Maybury-Lewis, 1994, 76; Welch, 2009). A essa altura, outras organizações rurais também começavam a se engajar em ações diretas no campo. Entre elas estava a Comissão Pastoral da Terra (CPT), fundada em 1975. A CPT foi essencial para ajudar os trabalhadores a ocupar terras no início dos anos 1980, levando à fundação do MST em 1984 (ver Capítulo 1). Esses líderes religiosos sem-terra se uniram a movimentos urbanos, associações de bairro e sindicalistas militantes para ajudar a fundar o PT em 1980 e a Central Única dos Trabalhadores (CUT) em 1983. Em contraste, a liderança nacional da Contag "fez de sua autonomia dos partidos políticos uma religião" (Houtzager, 1998, p. 135).

Não obstante, as relações entre líderes locais da Contag e o emergente movimento dos sem-terra eram complexas e cheias de tensões.[5] Muitos sindicalistas locais desenvolveram relações com a CPT, o MST e o PT e,

[5] Para mais informações sobre a Contag e as relações entre o movimento sindicalista rural e outros movimentos sociais nesse período, ver Maybury-Lewis (1994); Welch (1999); e Sauer e Welch (2015).

com a ajuda desses movimentos, conseguiram conquistar os sindicatos locais (Maybury-Lewis, 1994, p. 173-197). Em Pernambuco, no início dos anos 1990, militantes da Contag hospedaram dirigentes do MST em sua sede e ajudaram o movimento a organizar as primeiras ocupações na região de cana-de-açúcar. Isso levou a federação pernambucana de sindicatos rurais a liderar suas próprias ocupações de terra em meados dos anos 1990 – a despeito do "caráter ilegal das ocupações, o que afrontava a tradição daquela federação, que sempre teria agido dentro de marcos legais" (Rosa, 2009, p. 471-472).

No âmbito nacional, porém, havia profundas divergências ideológicas entre a Contag e a CUT, a CPT e os dirigentes do MST. Os militantes da CUT, por exemplo, acreditavam que o movimento sindical deveria rejeitar fundos federais, enquanto a Contag considerava que essa posição criaria ainda mais dificuldades para os trabalhadores rurais (Maybury-Lewis, 1994, p. 242). Em muitos sindicatos locais, estabeleceu-se uma relação competitiva entre Contag e CUT, pois os militantes desta apresentavam seus próprios candidatos às eleições sindicais, muitas vezes em conjunto com o MST e a CPT. Isso alimentou uma desconfiança generalizada entre a Contag e os dirigentes do MST, para além de outras disputas ideológicas.

Uma mudança crucial ocorreu em 1995, no 6º Congresso Nacional de Trabalhadores e Trabalhadoras Rurais, organizado pela Contag. Os sindicalistas da CUT tinham ganhado eleições locais suficientes para alterar o equilíbrio de poder dentro da Contag, levando a confederação a se filiar à CUT. Nesse congresso, os delegados também começaram a discutir, nos anais do Congresso, uma proposta por políticas sociais mais abrangentes no campo, sob o título "Elementos do projeto alternativo de desenvolvimento para a agricultura". A discussão representava um novo foco, mais amplo, em políticas públicas para o campo. No 7º Congresso Nacional de Trabalhadores e Trabalhadoras Rurais, em 1998, os delegados aprovaram o Projeto Alternativo de Desenvolvimento Rural Sustentável (PADRS).[6] Esse projeto enfatizava reforma agrária, agricultura familiar, conservação ambiental, soberania alimentar, biodiversidade, soberania

6 Depois, o nome do projeto mudou para Projeto Alternativo para Desenvolvimento Rural Sustentável e Solidariedade (PADRSS).

territorial, direitos das mulheres e igualdade racial – questões estreitamente alinhadas com a visão do próprio MST.

A proposta transformava o engajamento da Contag com a educação rural, tornando a escolaridade uma preocupação central do movimento sindical rural. Em consequência, embora a confederação não tivesse participado da I Conferência Nacional por Educação Básica do Campo em 1998, dois anos depois a Contag estava à frente da coalizão nacional pela Educação do Campo. Uma liderança da federação pernambucana, Sônia Maria dos Santos, explicou como o PADRSS motivou o envolvimento da Contag em educação:

> Nosso movimento girava em torno do acesso, mas não do tipo de educação. Só na década de 1990 isso passa a ser uma discussão no movimento sindical. No congresso de 1995 surgiu a ideia do PADRSS, e no de 1998 aprovamos essa proposta de construção de um projeto alternativo de sociedade, com enfoque no desenvolvimento rural sustentável e solidário. Concluímos que não queríamos essa sociedade que está posta. O PADRSS é um projeto que se contrapõe a esse modelo. A educação entra nessa perspectiva não mais como uma escola lá no campo, mas como uma política pública de educação do campo.[7]

A combinação da nova proposta do PADRSS com a atenção que a educação rural estava recebendo nacionalmente levou a liderança da Contag a tomar posição na questão da Educação do Campo.

Aprovar legislação para apoiar a Educação do Campo

Quando ocorreu a II Conferência Nacional da Educação do Campo, em 2005, a Contag já era um dos participantes mais importantes na luta nacional pela Educação do Campo – às vezes até superando o papel do próprio MST. Muitos pesquisadores demonstraram como o processo de alinhamento de quadros pode expandir a rede de aliados de um movimento (Benford e Snow, 2000; McCammon, Muse, Newman e Terrell, 2007; Snow, 2004). Mas as outras implicações desse processo são menos enfatizadas nessa literatura. Neste caso, à medida que mais organizações da sociedade civil começaram a internalizar a luta pela Educação do

[7] Todas as citações ou informações atribuídas a Sônia Maria dos Santos foram obtidas numa entrevista em 2 de março de 2011.

Campo, o MST se tornou apenas um dos muitos grupos a se apropriar do significado dessas ideias educacionais. Além disso, os militantes da Contag não abraçaram a luta pela Educação do Campo simplesmente porque os militantes do MST mudaram seu enquadramento interpretativo, ou seja, mudaram sua interpretação dos fatos. Essa aliança ocorreu num momento histórico específico no qual uma série de mudanças internas na Contag abriu a possibilidade de a confederação tomar uma posição na questão da escolaridade rural.[8]

A despeito das mudanças que ocorreram na Contag entre 1995 e 1998, décadas de prática com a abordagem legalista dos direitos dos trabalhadores ainda estavam enraizadas na organização. Por isso, assim que os militantes da Contag decidiram tratar da Educação do Campo, seu primeiro passo foi conversar com o governo FHC para aprovar uma legislação em apoio a essa abordagem educacional. Como a relação do MST com o governo FHC era muito mais conflituosa, o Movimento não participou desse processo. Mais uma vez, este caso ilustra as maneiras como os movimentos, com histórias diferentes, transformam-se mutuamente por meio de suas interações. O repensar da luta educacional no MST estimulou a Contag a tomar posição sobre a educação rural. Os sindicalistas da Contag, que ainda abordavam os direitos dos trabalhadores por meio de intervenções legislativas, aplicaram essa abordagem à Educação do Campo.

Entre 2000 e 2002, a liderança da Contag trabalhou com o Conselho Nacional de Educação (CNE) para aprovar legislação em apoio à Educação do Campo. O CNE é um órgão de 24 representantes educacionais, apontados pelo governo federal e encarregados de escrever as diretrizes educacionais nacional para o Brasil.[9] No início dos anos 2000, a ex-secretária municipal de Educação do Recife, Edla Soarez, era membro do CNE e notória aliada de movimentos sociais urbanos e rurais. A liderança da Contag abordou Edla e pediu que ela patrocinasse um novo conjunto

[8] Como no argumento de Steinberg (1999) de que a literatura sobre o assunto deveria ter um foco mais dialógico, de maneira a reconhecer discurso e linguagem como um processo de comunicação social em andamento.

[9] Embora não sejam aprovadas pelo Congresso, as diretrizes educacionais nacionais estabelecidas pelo CNE têm força de lei no Brasil.

de diretrizes federais em apoio à Educação do Campo. Ela concordou e viajou por todo o país para ouvir grupos rurais sobre suas experiências educacionais.

Edla fez questão de manter contato com militantes do MST em cada estado, mas eles nem sempre apareceram para os encontros. Edla suspeitou que eles estivessem mais preocupados em defender suas próprias escolas.[10] José Wilson, um sindicalista da Contag, acreditava que os militantes do MST não participavam porque não tinham as conexões necessárias para pressionar o governo federal.[11] Roseli Caldart, dirigente do MST, concordou em parte: "Nós participamos pouco da elaboração das diretrizes, o movimento sindical estava mais envolvido. Não por uma decisão política de não participar, mas porque não tínhamos muita familiaridade com essas questões de legislação, não era o mundo de quem trabalhava no Setor de Educação".[12] Em consequência, embora muitas populações do campo sejam mencionadas nas diretrizes, inclusive quilombolas, ribeirinhos e pequenos agricultores, as diretrizes de 2002 não mencionam explicitamente os residentes das áreas de reforma agrária (assentados e acampados). Isso só mudaria em 2008, com a expansão das diretrizes.

Em 3 de abril de 2002, a Câmara de Educação Básica (CEB) do Conselho Nacional de Educação (CNE) aprovou uma resolução de apoio às Diretrizes Operacionais para a Educação Básica nas Escolas do Campo. A despeito do papel trivial do MST no processo, tanto os dirigentes do MST como os da Contag consideraram uma vitória a nova política. De acordo com as diretrizes, "a identidade da escola do campo é definida pela sua vinculação às questões inerentes à sua realidade, ancorando-se na temporalidade e saberes próprios dos estudantes, na memória coletiva que sinaliza futuros, na rede de ciência e tecnologia disponível na sociedade e nos movimentos sociais em defesa de projetos que associem as soluções exigidas por essas questões à qualidade social da vida coletiva no país". As diretrizes também mencionavam a necessidade de apoiar um projeto edu-

---

[10] Todas as citações ou informações atribuídas a Edla Soarez foram obtidas numa entrevista em 6 de abril de 2011.

[11] Todas as citações ou informações atribuídas a José Wilson foram obtidas numa entrevista em 18 de novembro de 2011.

[12] O trecho entre aspas foi adaptado do livro de Marcos de Anhaia (2010).

cacional conectado a "experiências e estudos direcionados para o mundo do trabalho, bem como para o desenvolvimento social, economicamente justo e ecologicamente sustentável".[13] O documento não especifica um modelo único; em vez disso, dá às populações rurais o direito explícito de participar nas decisões sobre as abordagens pedagógicas e organizacionais de suas escolas.

Alguns meses depois, em novembro de 2002, as mesmas cinco organizações que tinham coordenado a primeira conferência nacional – Unesco, Unicef, CNBB, UnB e MST – fizeram um seminário nacional para refletir sobre a nova legislação. Havia 372 participantes de 25 estados, com representantes de dezenas de outros movimentos sociais, universidades e governos estaduais. Dessa vez, os militantes da Contag estavam presentes e tiveram um papel destacado nas deliberações do seminário. O momento era crucial, já que o candidato do PT, Luiz Inácio Lula da Silva, tinha acabado de vencer as eleições presidenciais. O documento final do seminário incluiu uma longa lista de demandas para o presidente eleito, entre elas a formação de professores, um aumento dos programas de alfabetização de adultos, educação infantil universal, formação técnica para trabalhadores do campo, livros didáticos, infraestrutura, seminários estaduais do Educação do Campo, uma Secretaria de Educação do Campo no MEC e o direito à cogestão desses programas educacionais pelos movimentos sociais e pelos sindicatos. Legalmente, a semente do Educação do Campo tinha sido plantada durante o conflituoso governo FHC; mas seria necessário o governo mais a esquerda, do PT, para colocar a nova legislação em prática.

A Era PT: participação de movimentos sociais e conciliação de classes (2003-2010)

Quando Lula tomou posse em 2003, seu governo representava uma complexa conciliação entre os interesses dos movimentos populares, que eram a base de seu partido, e os interesses das elites econômicas e políticas, que ele tinha persuadido para conseguir ser eleito. A famosa "Carta aos brasileiros", escrita por Lula meses antes da eleição de 2002, é um

[13] Artigo 4º da resolução CNE/CEB 1, de 3 de abril de 2002.

bom exemplo dessa conciliação: no texto, ele se comprometia a honrar um acordo com o Fundo Monetário Internacional (FMI) e a manter uma abordagem voltada para o mercado na política macroeconômica. Quando chegou ao poder em 2003, uma de suas primeiras iniciativas foi cortar o sistema público de pensões para funcionários públicos, o que resultou num êxodo de grupos esquerdistas do PT e na fundação de um novo partido de esquerda em 2004, o Partido Socialismo e Liberdade (PSOL). Em seguida, em 2005, eclodiu o grande escândalo do mensalão, revelando que lideranças do PT estavam comprando a lealdade política de deputados federais e senadores. Isso levou a uma nova série de defecções do Partido, com mais destacados congressistas trocando o PT pelo PSOL.

Portanto, o PT que chegou ao poder em 2003 era um PT diferente daquele que se consolidou nos anos 1980. Não obstante, Lula implementou muitos programas sociais em larga escala, inclusive o maior programa de transferência de renda do mundo, o Bolsa Família. Por volta de 2005, esse programa alcançava mais de 11 milhões de famílias por todo o país, contribuindo para reduzir a pobreza em 15% (Ondetti, 2008, p. 204). O governo Lula conseguiu implementar programas distributivos como esse graças ao imenso crescimento do mercado de *commodities* durante seus dois mandatos, o que permitiu garantir uma economia em firme curva ascendente.[14] O governo do PT também ampliou a institucionalização da participação de movimentos sociais no âmbito federal. Assim que tomou posse, por exemplo, Lula criou uma Secretaria Especial de Políticas de Promoção da Igualdade Racial (Seppir), convidando lideranças do movimento negro para gerir o novo órgão (Paschel, 2016). Durante o primeiro mandato de Lula, seu governo organizou 29 conferências nacionais e centenas de conferências estaduais e municipais para promover o debate da sociedade civil sobre vários temas. Mesmo assim, muitos militantes criticaram esses esforços por terem pouquíssimo efeito nas políticas públicas e por fragmentar as demandas dos movimentos sociais (Goldfrank, 2011b, p. 173).

[14] A revista *The Economist* (12 de novembro de 2009) referiu-se a esse processo como "a decolagem do Brasil".

Quanto às políticas agrárias do governo federal, os movimentos sociais rurais que tinham se mobilizado na campanha eleitoral de 2002 presumiram que Lula implementaria uma reforma agrária em larga escala. Por isso, assim que ele venceu as eleições, milhares de famílias participaram de novas ocupações de terra, organizadas pelo MST e por dezenas de outros grupos.[15] No entanto, embora o novo presidente apoiasse publicamente a reforma agrária, na prática suas políticas agrárias continuaram baseadas nos interesses do mercado.[16] Portanto, "sem criminalizar a luta pela terra e ainda contando com o apoio dos movimentos sociais e sindicatos rurais, o governo Lula pôde operar um tipo de 'acomodação' entre a reforma agrária constitucional e os programas de crédito para comprar terra que eram apoiados pelo Banco Mundial" (Pereira e Sauer, 2006, p. 198). Devido aos bons preços internacionais, as taxas de câmbio favoráveis e o apoio do PT, o agronegócio foi de vento em popa durante o primeiro mandato de Lula (Ondetti, 2008, p. 205).

Apesar do aumento no número de ocupações de terra nos primeiros anos do novo governo, esse número declinou à medida que os trabalhadores sem-terra percebiam que uma reforma agrária em grande escala não estava nos planos do PT. Em 2005, o MST organizou a maior marcha de sua história, com 12 mil militantes (inclusive 130 crianças) caminhando por mais de 200 quilômetros de Goiânia a Brasília. Depois da marcha, o governo do PT concordou em assentar milhares de famílias; mas a maioria delas foi para lotes vazios de assentamentos já estabelecidos ou para terras

---

15 De acordo com um grupo de pesquisa da Universidade Estadual Paulista (Unesp), entre 2000 e 2016 surgiram 137 movimentos sócio-territoriais no Brasil, embora apenas 18 estivessem ativos em 2016. Entre 2000 e 2016, houve 6.298 ocupações com 829.138 famílias envolvidas. O MST liderou 3.180 com 530.555 famílias envolvidas, ou seja, 50,5% das ocupações com 64% do número total de famílias. A Contag, no mesmo período, organizou a segunda maior ocupação de terras: 547 ocupações com 55.605 famílias envolvidas, ou seja, com 8,7% do total de ocupações e 6,7% do total de famílias. Depois do MST e da Contag, os demais movimentos promovendo ocupações eram Movimento Indígena, Fetraf, MLST e CPT (Nera, 2017).

16 FHC expropriou um volume de terras sem precedentes durante seu primeiro mandato, mas depois passou a apoiar as abordagens de reforma agrária com base nos interesses do mercado. A justificativa foi que "os mecanismos do mercado proverão acesso à terra sem confrontos ou disputas e, portanto, reduzirão os problemas sociais e as despesas federais ao mesmo tempo" (Sauer, 2006, p. 182).

públicas. Em outras palavras, houve pouquíssimas novas expropriações de terras privadas durante o primeiro mandato de Lula (Ondetti, 2008, p. 207). Apesar da decepção, os dirigentes do MST apoiaram o presidente na sua reeleição em 2006, temendo um contexto ainda mais hostil se o candidato da direita, Geraldo Alckmin, chegasse à presidência. No entanto, durante o segundo mandato de Lula (2007-2010), o governo assentou ainda menos famílias.[17] As figuras 3.1 e 3.2 ilustram essas tendências, com mais famílias participando das ocupações depois da posse de Lula (2003-2004) e um crescimento do número de famílias recebendo o direito de uso da terra somente nos dois últimos anos de seu primeiro mandato (2005-2006), voltando a cair em seguida.

Em vez de implementar uma reforma agrária em larga escala, a estratégia do PT para tranquilizar seus eleitores rurais nesse período foi investir mais dinheiro nos assentamentos. Como descrito no Capítulo 2, essa estratégia levou ao aumento dos recursos para muitos programas de reforma agrária, inclusive o Pronera. Esse aumento dos recursos e o etos mais participativo do governo também levaram a uma transformação radical do Ministério da Educação, historicamente impenetrável.

Institucionalizar a Educação do Campo no Ministério da Educação (MEC)

O Ministério da Educação (MEC) é uma grande agência do Estado, hierárquica e burocrática, encarregada de modernizar o sistema de educação pública do país. O MEC foi criado em 1930, quando pela primeira vez a educação se tornou um objetivo nacional. Por trinta anos, a oferta de educação pública foi centralizada no Ministério, até a aprovação da primeira Lei de Diretrizes e Bases (LDB) da Educação em 1961. Essa lei delegou a autoridade sobre a educação pública para governos estaduais e municipais. Embora tenha havido uma descentralização parcial da administração educacional durante as duas décadas da ditadura civil-militar, a Constituição de 1988 descentralizou a gestão da educação novamente, uma vez que os estados e os municípios assumiram

[17] Nesse contexto, em 2007, o MST organizou seu 5º Congresso Nacional, com 17.500 militantes Sem Terra de 24 estados brasileiros (MST, 2013, p. 57).

a administração do sistema escolar nos níveis do Ensino Fundamental e do Ensino Médio. A LDB mais recente, aprovada em 1996, reforçou o sistema descentralizado.

Mesmo assim, o MEC continua a ser a autoridade máxima do país em matéria de educação. Seu papel é o de desenvolver políticas e diretrizes para a educação, em coordenação com o Conselho Nacional de Educação (CNE), e os governos estaduais e municipais são obrigados obedecer. O MEC também pode influenciar estados e municípios ao condicionar recursos ou estabelecer parcerias com eles em torno de certos programas. Além disso, o Ministério compartilha com os governos estaduais a responsabilidade pela educação superior e, portanto, está encarregado de supervisionar dezenas de universidades federais por todo o país. Esses importantes métodos de influência e o enorme orçamento do MEC o tornam uma agência poderosa no cenário institucional brasileiro.

Em 2004, o governo Lula implementou uma série de mudanças internas no MEC para tentar ampliar a participação de movimentos sociais nessa agência estatal tradicionalmente burocrática e inacessível. Particularmente, em 2004 o Ministério da Educação criou uma Secretaria de Educação Continuada, Alfabetização, Diversidade e Inclusão (Secadi),[18] que incluía uma Diretoria de Educação para a Diversidade e a Cidadania.[19] O objetivo da Secadi e, mais especificamente, da Diretoria de Diversidade era criar programas educacionais voltados para populações com dificuldades educacionais devidas à sua diversidade

[18] Essa secretaria se chamava inicialmente Secretaria de Educação Continuada, Alfabetização e Diversidade (Secad). A palavra "inclusão" foi adicionada em 2011, sob o governo Dilma Rousseff, como referência a programas para alunos com necessidades de educação especial. Ao longo do livro, usarei apenas a sigla Secadi.

[19] Em 2011, o MEC criou uma outra diretoria chamada Diretoria de Políticas para a Educação do Campo, Educação Indígena e Relações Étnico-Raciais. A Coordenação Geral de Educação do Campo ficou dentro dessa Diretoria até 2019. Em 2019, com o governo de Jair Bolsonaro, a Secadi foi extinta e o governo criou a Secretaria de Modalidades Especializadas de Educação (Semesp). Dentro do Semesp existe a Diretoria de políticas para Mobilidades Especializadas de Educação e Tradições Culturais Brasileiras, e dentro da Diretoria há uma Coordenação Geral de Educação Indígena, Quilombola e do Campo. Em agosto de 2019, segundo Erivan Hilário, um dirigente nacional do Setor de Educação do MST, essa coordenação já existia, mas sem recursos e sem projeto.

geográfica, étnica ou racial, inclusive populações nativas, afro-brasileiros e comunidades do campo.

Armênio Bello Schmidt se tornou diretor da nova Diretoria de Educação para a Diversidade e a Cidadania.[20] Armênio era professor e um velho militante do PT no Rio Grande do Sul. Ele lembrou o significado da reestruturação dentro do MEC: jamais houvera uma diretoria educacional encarregada de desenvolver políticas públicas para a diversidade da população brasileira. Disse ele:

> Não havia nenhum setor do Ministério que cuidasse da diversidade, ou seja, das populações que estão fora da idade/série normais, como os analfabetos. Ou os negros, que são quase 50% da população e sofrem um preconceito muito forte na escola. Ou a questão do campo. Não tinha quem cuidasse de nada disso.

Na Diretoria de Educação para a Diversidade e a Cidadania, o governo criou a Coordenação Geral de Educação do Campo, inspirada diretamente na proposta pedagógica que o MST e outros movimentos sociais rurais vinham promovendo nos cinco anos anteriores. Como Armênio explicou:

> Isso foi uma discussão de muitos anos, especialmente entre os movimentos sociais do campo, como o MST, a Contag e mais de 20 outros: quem mora no campo é camponês, então eles precisam de uma educação diferenciada. Não a educação da cidade *no* campo, porque eles não se identificam com essa escola, com esse currículo, com esse conteúdo. Era preciso criar uma educação no campo para os camponeses.

Como essa declaração ilustra, os altos funcionários do MEC estavam conscientes das principais ideias subjacentes ao projeto Educação do Campo e começaram a promover essas ideias em seus próprios discursos. Armênio me disse que os movimentos sociais do campo haviam realizado muitas conferências no final dos anos 1990 e que, em 2002, o governo aprovou as Diretrizes Operacionais para Educação Básica do Campo, que se tornaram a justificativa legal para criar a Coordenação Geral de Educação do Campo no MEC em 2004. Portanto, esse setor era uma resposta direta às demandas dos movimentos sociais rurais.

---

[20] Todas as citações ou informações atribuídas a Armênio Schmidt foram obtidas numa entrevista em 28 de novembro de 2011.

Além de criar a Coordenação Geral, o MEC estabeleceu um conselho consultivo permanente para a Educação do Campo,[21] que podia orientar os profissionais do MEC sobre o processo de implementação das diretrizes federais. O conselho consultivo se chamava Coordenação Nacional para Educação do Campo (Conec) e incluía representantes de todos os principais parceiros em movimentos sociais, ONGs e universidades que haviam pressionado por uma Educação do Campo nos cinco anos anteriores e que agora trabalhavam diretamente com altos funcionários do MEC. Portanto, as relações antagônicas entre os movimentos sociais e o MEC, que foram comuns durante o governo FHC, pareciam superadas, pois a Contag, o MST e seus aliados receberam um espaço institucional para cogerir a educação rural com agentes do Estado.

Em agosto de 2004, para inaugurar o novo setor, funcionários do MEC ajudaram a organizar a II Conferência Nacional por uma Educação do Campo. Ao contrário da primeira conferência em 1998, patrocinada pelo MST e outras quatro organizações, a conferência de 2004 tinha 38 grupos como organizadores oficiais do evento. Teve 1.100 participantes, inclusive os membros de movimentos sociais, sindicatos, universidades e agências governamentais, e centenas de professores de nível fundamental e médio. Nada menos que 39 grupos assinaram o documento final da segunda conferência nacional. O aumento no número de participantes resultou da consolidação do movimento nacional pela Educação do Campo nos cinco anos anteriores, da inclusão da Contag na coalizão, da aprovação da lei federal que apoia iniciativas educacionais e da dedicação do PT a relações Estado-sociedade mais inclusivas e participativas no Ministério da Educação.

Apesar da pluralidade de vozes na segunda conferência, o MST e a Contag continuaram a conduzir o processo numa parceria tênue e contenciosa. Por exemplo, assim que foi criada a Coordenação Geral de Educação do Campo, as duas organizações queriam indicar o coordenador. No fim, o primeiro coordenador da Educação do Campo foi o professor

21 Em 2003, esse conselho foi chamado de Grupo de Trabalho Permanente (GTP) da Educação do Campo e, em 2006, tornou-se a Coordenação Nacional para Educação do Campo (Conec). Refiro-me aos dois órgãos como Coordenação Nacional para Educação do Campo.

Antonio Munarim, da Universidade Federal de Santa Catarina (UFSC), que não era abertamente afiliado a nenhum dos dois movimentos. Na versão de Antonio, ele foi escolhido porque tinha muita experiência no desenvolvimento de programas educacionais em assentamentos do MST e da Contag nos anos 1980 e 1990, mas não era considerado um "membro" de nenhum dos dois movimentos.[22] De fato, Antonio não tivera nenhum papel importante na coalizão nacional para a Educação do Campo no final dos anos 1990 e início dos anos 2000, precisamente porque estava terminando sua tese de doutorado. Segundo o próprio Antonio, o momento de sua pesquisa de doutorado foi a principal razão para sua seleção para o cargo: ele não tinha se envolvido o suficiente para que qualquer dos dois Movimentos formasse uma opinião sobre ele.

Em julho de 2004, o secretário da Secadi, Ricardo Henrique, pediu a Antonio que fosse a Brasília e participasse da II Conferência Nacional por uma Educação do Campo, onde ele seria anunciado como coordenador. Antonio riu ao contar a história: "Ricardo e o ministro me jogaram para cima durante a conferência para ver se alguém aparava com a espada. Se ninguém aparasse com a espada, eu estava aceito e seria o coordenador". Quando Antonio chegou à conferência, a primeira pessoa que encontrou foi Roseli Caldart. Ele conta que Roseli exclamou: "Professor Munarim! O que o senhor está fazendo aqui?". Antonio respondeu que tinha sido indicado como coordenador da Educação do Campo no MEC. Rindo, Roseli comentou que era melhor não lhe dar um abraço ainda, porque, se os militantes da Contag vissem esse abraço, seu nome seria rejeitado. Em 6 de agosto de 2004, Antonio se tornou o primeiro coordenador geral da Educação do Campo no MEC, representando uma conciliação institucional entre a Contag e o MST, mediada pelo pessoal do MEC.

A primeira iniciativa tomada pelo novo coordenador da Educação do Campo foi a realização de uma série de seminários em todos os estados do Brasil entre 2005 e 2006. O objetivo dos seminários era familiarizar os governos estaduais e municipais com as diretrizes nacionais da Educação

---

[22] Todas as citações ou informações atribuídas a Antonio Munarim foram obtidas numa entrevista em 28 de novembro de 2011.

do Campo que tinham sido aprovadas em 2002.[23] Esses seminários reuniram todas as organizações locais que haviam participado das conferências nacionais nos cinco anos anteriores, junto com funcionários dos governos municipais e estaduais. Antonio lembra desses encontros como intensos, já que os secretários de Educação de partidos políticos conservadores nunca tinham sido colocados na mesma sala com lideranças do MST e de outros movimentos do campo. Muitos encontros acabaram em briga, com representantes dos governos abandonando os seminários antes do fim. No entanto, muitos outros encontros deram certo e conseguiram criar conselhos consultivos Estado-sociedade regionais (comitês de Educação do Campo), o que deu aos militantes do MST novos caminhos de acesso aos tomadores de decisão sobre políticas educacionais. Acadêmicos em universidades de todo o país também começaram a estabelecer grupos de pesquisa e programas acadêmicos sobre Educação do Campo. Isso aconteceu organicamente, pois os professores que lideraram esses programas em suas universidades haviam estado diretamente envolvidos na coalizão nacional. Assim, a Educação do Campo se tornou rapidamente um legítimo campo de estudo acadêmico, com dezenas de grupos de pesquisa e programas de graduação dedicados a esse tópico. A proposta da Educação do Campo tornava-se hegemônica, apoiada não apenas pelo MST e seus aliados, mas por diferentes universidades e governos estaduais e municipais em todo o país.

"Uma portinha que abriu para a sala de espera": hierarquia no Ministério da Educação

A II Conferência Nacional por uma Educação do Campo, em 2004, e a série de seminários que se seguiu representaram a grande esperança para o movimento nacional por uma Educação do Campo. Mas, logo em seguida, veio a frustração com o processo institucional. Embora Armênio Schmidt tenha descrito a criação da Diretoria de Diversidade como uma grande realização, o dirigente nacional do MST Edgar Kolling lembra do episódio com raiva. O MST tinha apoiado a criação de uma Secretaria da Educação do Campo que se reportasse diretamente ao ministro da

[23] O único governo estadual que se recusou a abrigar um seminário foi São Paulo.

Educação. Em vez disso, a Coordenação Geral de Educação do Campo estava em uma diretoria, dentro de uma secretaria. Essa localização no fundo da hierarquia do MEC significava que o poder de decisão da Coordenação era muito limitado. A Figura 3.3 apresenta a proposta original do MST para reestruturar o MEC, e a Figura 3.4 mostra a estrutura adotada depois de 2004.

De fato, desde o começo Antonio Munarim enfrentou enormes barreiras para convencer funcionários do MEC de que seu setor tinha um propósito importante. Embora dezenas de funcionários do Ministério trabalhassem diretamente com educação rural, esses agentes não estavam preocupados em aderir às diretrizes de 2002 da Educação do Campo. Como Antonio não conseguia mudar o restante do Ministério, o setor de Educação do Campo ficou cada vez mais isolado. Ele explicou:

> Nós precisávamos de uma estrutura organizativa e de gestão forte, com um quadro de profissionais em número adequado, mas nada disso acontecia. Eu tinha uma equipe diminuta, com contatos precários. O MEC se revelou o que efetivamente era: uma estrutura muito pesada. A Secadi era uma abertura, uma portinha que abria para uma sala de espera, mas não ia além disso. Não se conseguia entrar na cozinha, no interior do MEC. Eu fiquei tentando sair dessa antessala, tentando comprometer e mobilizar outros setores do MEC que poderiam efetivamente avançar as proposições. Era o que eu chamava de 'Estado em ação', mas não acontecia, não acontecia, não acontecia...

Ele esperou dois anos para ter algum poder real dentro do MEC e, por fim, decidiu fazer suas críticas mais abertamente.

Em agosto de 2006, Antonio escreveu uma carta aos membros da Coordenação Nacional para Educação do Campo (então chamada de "GPT[24] da Educação do Campo"), com uma lista de razões pelas quais ele acreditava que a proposta não avançava:

> A portaria ministerial que institui o GPT [...] sinaliza uma forte articulação intra-MEC e abre a possibilidade de convidar representantes de outros órgãos e da sociedade civil. [...] Apesar disso, [...] tem ocorrido o contrário, ou seja, as representações das organizações e dos movimentos sociais do campo têm sido as principais, quase únicas presenças efetivas

[24] GPT significa Grupo Permanente de Trabalho.

> nos encontros do GPT, bem como nos grupos de trabalho temáticos definidos no GPT. [...] A impressão que se tem é de que a criação da Coordenação Geral de Educação do Campo/Secad, ao par do que significou de avanço, acabou por produzir duas consequências indesejáveis: o GPT perde seu papel/sua força de efetiva articulação intra-MEC; e *a 'Articulação Nacional',*[25] *como força necessária para a construção de políticas públicas e genuinamente da sociedade civil, se desmobiliza.*[26] (grifos da autora)

Em sua carta, Antonio expressou sua frustração com a frágil relação entre o GPT da Educação do Campo, do qual a sociedade civil participava, e os funcionários do MEC que tinham poder de decisão. Afirmava que a criação da Coordenação, na verdade, enfraqueceu o movimento nacional. A GPT da Educação do Campo, que virou a Coordenação Nacional para Educação do Campo (Conec) fora uma tentativa de transformar a tradicional relação entre o Estado e a sociedade civil. No entanto, como escreveu Antonio, os movimentos sociais participavam desse espaço sem a participação dos funcionários do MEC que tinham poder para implementar suas decisões. Antonio escreveu essa carta para gerar debate sobre os desafios para implementar a Educação do Campo, com a esperança de discutir esses desafios no próximo encontro do GPT. Logo antes desse encontro, em agosto de 2006, Antonio foi despedido: ele tinha mandado a carta ao GPT sem autorização de seus supervisores. Não era permitido passar por cima da hierarquia interna do MEC e publicamente criticar as prioridades do Ministério.

"Encerrando outras experiências": a imposição das "melhores práticas" e a Escola Ativa

> Nosso envolvimento com o Pronera a partir de 2002, quando começamos a pesquisa, nos aproximou dos movimentos sociais rurais, aos quais não teríamos acesso só pela via acadêmica. Foi aí que tomamos conhecimento de toda essa história da luta, de organização, e o Escola Ativa não tinha nada a ver com isso. Era uma ilha de excelência dentro do MEC, totalmente isolada, enquanto as demais escolas multisseria-

[25] Referência ao Movimento Nacional pela Educação do Campo.
[26] Antonio Munarim me deu uma cópia de sua carta.

> das eram largadas, não havia política alguma para elas como um todo. [...] Enquanto o Pronera chamava a gente para o engajamento, para a militância, para a relação com os movimentos sociais, o Escola Ativa nos convidava para reuniões com a Unesco e com a ONU, com aquela ideia redentora e salvadora.

Como sugere esta afirmação, a despeito das semelhanças entre as abordagens educacionais do MST e do Escola Ativa (participação dos alunos, envolvimento da comunidade e aprendizagem ativa), a filosofia geral do programa era percebida de outra forma pelos movimentos sociais brasileiros e seus professores aliados. De acordo com Salomão Hage, professor da Universidade Federal do Pará (UFPA), enquanto o MST via a educação como um meio de ação coletiva, o Escola Ativa abordava a educação como uma ajuda para as populações pobres. Salomão foi convidado duas vezes para reuniões no Secadi: "Nas duas vezes, eu fui bem claro em dizer que o Escola Ativa não era o programa de que as escolas rurais precisavam. Eu disse isso para todos os atores". Antonio acrescentou que, devido a essa insatisfação e ao fato de que outros agentes do Estado estavam interessados em controlar o orçamento do Escola Ativa, "não foi possível transferir o programa para a Secadi":

> Tive algumas reuniões com o pessoal que coordenava o Escola Ativa junto ao FNDE[27], que era, na verdade, um Banco do Ministério. Eles chamaram o fundo do programa de Fundescola. Eu reclamava: 'Como pode existir um programa Escola Ativa junto ao Banco do MEC? Se esse programa existe, deve vir para a Secadi'. Mas eu explicava que, vindo para a Secadi, o programa teria de mudar. Pois eu já conhecia o Escola Ativa, já tinha uma crítica. E fomos discutir em que termos o programa poderia ser transferido para a Secadi. Mas eles queriam transferir como um pacote fechado, para continuar sendo executado nos termos em que existia. Claro que não aceitei, o próprio secretário da Secadi não aceitava, os movimentos sociais não aceitavam... Então ficou nisso.

Em seguida, em 2007, o Banco Mundial parou de financiar o Escola Ativa. Antonio lembrou que, quando isso aconteceu, o governo federal precisava financiar o programa: "Para nossa surpresa, o programa foi transferido como um pacote para a Secadi. Era a contradição das con-

[27] Fundo Nacional de Desenvolvimento da Educação.

tradições". Embora o Escola Ativa tivesse existido quase anonimamente por mais de uma década, quando os recursos do Banco Mundial foram cortados o programa se tornou um item do orçamento do governo federal. Nesse momento, em 2007, os funcionários da Secadi ainda estavam buscando um carro-chefe para a Educação do Campo; mas as iniciativas educacionais do MST eram demasiado controversas para implementar em larga escala. Nesse contexto, investir no Escola Ativa, um programa colombiano já testado, fazia sentido para demonstrar a preocupação do Estado com a educação rural (que era o mandato da Coordenação Geral da Educação do Campo), ao mesmo tempo investindo num programa mais seguro (não conectado com um movimento social radical). Dar recursos ao Escola Ativa era parte da conciliação de classes que caracterizou a era PT.

Militantes, tanto do MST quanto da Contag, ficaram furiosos com a imposição do Escola Ativa na Coordenação Geral da Educação do Campo, que eles tinham se mobilizado para criar. Para eles, a Coordenação era um espaço institucional para implementar as ideias educacionais dos movimentos de base, não um programa colombiano patrocinado pelo Banco Mundial. A despeito dos protestos, o MEC insistia que o Escola Ativa se encaixava nos objetivos da Educação do Campo. Mesmo assim, para acalmar os militantes, Armênio abriu um edital público para outras propostas que tratassem da questão da escola multisseriada do campo:

> E o que aconteceu? Eles não apresentaram nada. Por quê? [...] Porque eles têm várias experiências maravilhosas, mas que não estão formatadas em livro, para formação de professores. Ou seja, são programas bons para soluções locais, mas não têm condições de escala para se estender a todo o Brasil.

Essa afirmação revela a natureza do MEC: sua legitimidade está na habilidade para promover uma política educacional universal. Os interesses do Estado venceram e, em 2010, o Escola Ativa era um dos maiores programas do MEC, implementado em 27 estados e 39.732 escolas para servir 1,3 milhão de alunos (MEC, 2010).

Mas os altos funcionários do MEC que apoiavam o Escola Ativa não podiam ignorar completamente a oposição unida dos movimentos sociais e dos sindicatos rurais, pois esses militantes começaram a se mobilizar publicamente contra o programa. Em resposta, o Ministério permitiu que a Coordenação Nacional para Educação do Campo (Conec) participasse num processo de reescrita dos livros didáticas do Escola Ativa, que eram baseados no modelo colombiano de autoaprendizagem. Armênio lembrou o longo processo de desenvolvimento de 25 livros didáticos para o Escola Ativa. O currículo também foi adaptado em muitas versões regionais, mais sensíveis às realidades locais. O resultado foi um novo currículo híbrido, que incluía elementos do programa colombiano assim como as principais ideias filosóficas do projeto Educação do Campo. Em 2010, por exemplo, o manual do professor do Escola Ativa discutia a educação como um processo de transformação social e enfatizava o trabalho manual, a cooperação, o cultivo de valores humanistas, o desenvolvimento sustentável e a democracia participativa (MEC, 2010, p. 17-19). Essa linguagem era muito parecida com a proposta educacional do próprio MST. Portanto, a forma híbrida adquirida pelo programa Escola Ativa representava tanto o processo de imposição de um programa externo num setor criado pelos movimentos sociais como um processo de concessões do Estado a esses militantes.[28]

A despeito de todas essas mudanças e das formas híbridas que o Escola Ativa assumiu, o MST e outros movimentos sociais continuaram a denunciar o programa. Em 18 de abril de 2011, eles publicaram um documento crítico às origens e à abordagem pedagógica do Escola Ativa. Afirmavam, por exemplo, que o programa nunca tinha sido avaliado, tinha uma abordagem teórica baseada em pragmatismo e construtivismo (não em teoria crítica), presumia que o ensino era um processo neutro que só precisava de novas técnicas e representava uma iniciativa de cima para baixo que só incorporava superficialmente os conceitos da Educação do Campo (Fonec, 2011). Dois meses depois dessa publicação, o Escola Ativa começou a chegar às manchetes da imprensa nacional por outra razão: erros matemáticos foram encontrados num dos novos livros didáticos. Por semanas, os jornais criticaram o Ministério: "MEC gasta R$ 14 milhões para imprimir 7 milhões de livros e 'ensinar' que 10 menos 7 são 4"; e

[28] Em outro artigo, descrevo como uma professora do estado da Bahia pôde oferecer, em sua universidade, uma versão explicitamente marxista da formação de professores do Escola Ativa (Tarlau, 2017).

"Falhas do MEC envolvem contratos de R$ 200 mi" foram algumas das manchetes publicadas.[29]

Nesse mesmo ano, funcionários do MEC começaram a discutir o fim do Escola Ativa. Em novembro de 2011, a nova coordenadora do Educação do Campo, Viviane Fernandes, disse-me que o Escola Ativa estava sendo reestruturado porque "já tinha alcançado seus objetivos, que eram a formação de professores e a distribuição de materiais didáticos".[30] Embora o grande objetivo do Escola Ativa fosse a reestruturação total das classes multisseriadas, Viviane sugeriu que o programa só tinha sido criado para formar professores e distribuir livros didáticos. Em contraste, André Lázaro, secretário da Secadi durante a rápida expansão do programa, atribuiu o fim do Escola Ativa às críticas conservadoras aos erros nos livros didáticos: "O programa foi fechado por falta de postura. [...] Quando o erro no livro didático foi descoberto, o programa foi denunciado." Edson Anhaia, um aliado do MST que se tornou coordenador do Educação do Campo em 2012, afirmou que as críticas dos movimentos sociais eram responsáveis pelo fim do Escola Ativa: "Na reunião nacional do Fórum da Educação do Campo, os movimentos sociais disseram: 'Nós não queremos mais o Escola Ativa, a gente quer um outro programa que dê conta de atender as especificidades das regiões do Brasil'. Então, com o novo ministro, Fernando Haddad, decidimos mudar o programa com a participação dos movimentos sociais".[31] Enfim, em agosto de 2015, fiz a mesma pergunta a Divina Lopes, nova coordenadora do Educação do Campo, que tinha trabalhado na Coordenação nos oito anos anteriores. Ela tinha uma explicação diferente: "Encomendamos uma pesquisa ao professor Salomão Hage, da UFPA, e a equipe dele fez uma avaliação pontual do programa. Encontraram alguns desafios [...]. Então, decidimos mudar o programa".

Todas essas explicações eram claramente entendimentos parciais do contexto político conflituoso que levou ao fim do Escola Ativa. Por exem-

[29] Ver manchetes em Salomon e Madueño (2011) e Balmant, Mandelli e Moura (2011).

[30] Todas as citações ou informações atribuídas a Viviane Fernandes foram obtidas numa entrevista em 7 de novembro de 2011.

[31] Todas as citações ou informações atribuídas a Edson Anhaia foram obtidas numa entrevista em 7 de fevereiro de 2014.

plo, a afirmação de Divina, de que a crítica de Salomão Hage conduziu o processo, é improvável, já que ele vinha criticando o programa desde o início dos anos 2000. Da mesma forma, os movimentos sociais também criticaram o Escola Ativa continuamente nos cinco anos anteriores. Já os erros nos livros didáticos foram certamente embaraçosos para o governo federal, mas ninguém os viu como a razão para o fim do programa – exceto André Lázaro, que carregou o maior peso das acusações. O próprio professor Hage ofereceu uma das melhores explicações:

> O que eu acho que levou à extinção da Escola Ativa é, primeiro, o fato de que o programa atendia todo mundo mas não produzia modificações grandes no processo, não atendia os movimentos, e queria transformar a escola num modelo conteudista. Com isso, o movimento começou a pressionar, o Fonec começou a questionar... E chegou um tempo em que já não agradava quase ninguém além das pessoas envolvidas. O recurso necessário também era muito grande, e a Escola Ativa acabou sendo abortada. Aí começou o movimento para construção da Escola da Terra.[32]

De uma perspectiva gramsciana, segundo a qual a educação é uma concessão do Estado à sociedade civil para manter a estabilidade social, um programa educacional que não agradava ninguém não fazia sentido algum.

A rápida ascensão e queda do Escola Ativa é representativa das tensões que se desenvolvem quando os objetivos do movimento social são institucionalizados sob regimes políticos nominalmente progressistas. Por um lado, esses movimentos sociais se preocupavam em promover suas próprias iniciativas educacionais e consideravam os programas tão importantes quanto sua participação na gestão do processo. A despeito de algumas semelhanças entre o Escola Ativa e a proposta da Educação do Campo, o MST e outros movimentos rurais se recusavam a aceitar a imposição de um programa externo no espaço que eles consideravam "seu". Por outro lado, os agentes do Estado estavam em busca de programas "testados" como eficientes na melhoria da educação rural, que era o mandato da

[32] Alguns anos mais tarde, o MEC lançou um novo programa para escolas multisseriadas, agora com o nome Escola da Terra. Os funcionários do MEC entendiam o novo programa como uma continuação do Escola Ativa, mas os militantes dos movimentos sociais achavam que era mesmo um novo programa, sobre o qual tiveram muito mais influência e que aderia muito mais aos seus objetivos educacionais (Tarlau, 2017).

Coordenação da Educação do Campo. Embora a principal razão para a criação dessa coordenação tenha sido a mobilização dos movimentos sociais, os agentes do MEC consideravam que era sua responsabilidade escolher os programas apropriados. Na Conec, os movimentos sociais podiam dar sua opinião, mas os funcionários do MEC tinham a palavra final. Está claro que estes não tinham todo o poder, já que a mobilização dos movimentos sociais os obrigou a transformar bastante o Escola Ativa e resultou no fim do programa em 2012.

"Perdendo tudo que devia ser": armadilhas da rápida expansão e o Ledoc

Outro grande programa da Coordenação foi a Licenciatura em Educação do Campo (Ledoc), um programa de formação de professores no nível do bacharelado, preparando as pessoas para lecionar em escolas de Ensino Médio em áreas rurais.[33] Em contraste com o Escola Ativa, esse programa era baseado em uma das iniciativas educacionais do próprio MST, o programa Pedagogia da Terra, que o movimento tinha desenvolvido no Pronera. O objetivo do programa Ledoc era oferecer acesso à educação superior para jovens de áreas rurais e formá-los como professores de Ensino Médio para lecionar em escolas do campo. O programa também apresentava a esses alunos a filosofia subjacente ao projeto Educação do Campo.

Os funcionários do MEC permitiram que o MST ajudasse no desenvolvimento do piloto do Ledoc, dada a experiência prévia do movimento em criar programas universitários por meio do Pronera. Em 2006, o primeiro programa Ledoc foi lançado por uma parceria entre o MEC, a UnB e o IEJC, do Rio Grande do Sul - que foi a primeira instituição educacional independente do MST, fundada em 1995 (ver Capítulo 1). Sessenta estudantes de regiões rurais de todo o país entraram na primeira turma do Ledoc. Um pequeno grupo de professores da UnB, muitos dos quais já estavam envolvidos no Movimento Nacional pela Educação do Campo, foi responsável por lecionar o programa. Os estudantes do Ledoc

---

[33] Um terceiro grande programa desenvolvido pela Coordenação da Educação do Campo foi o Saberes da Terra, que não discuto aqui. Trata-se de um programa de educação de adultos de comunidades rurais, oferecendo formação do 5º ao 8º anos do Ensino Fundamental.

deviam atender a todos os requisitos tradicionais da UnB para um diploma em Pedagogia, inclusive cursos de história do sistema escolar brasileiro e teoria educacional. O foco do programa era na formação interdisciplinar, em vez de resultar em credenciais para ensinar uma única disciplina. Isso era importante para escolas do campo por duas razões. Em primeiro lugar, a divisão do conhecimento em disciplinas não é adequada ao campo, já que os camponeses precisam integrar diferentes áreas de conhecimento para sobreviver. Em segundo lugar, o maior desafio para a educação secundária no campo era encontrar professores qualificados; se as escolas rurais do campo exigissem um professor diferente para cada disciplina, não haveria professores suficientes para essas escolas.

Os quatro anos do programa Ledoc usaram a Pedagogia da Alternância, com todos os períodos de estudo no IEJC. O fato de que o primeiro programa Ledoc ocorreu num espaço do próprio movimento - onde o Setor de Educação do MST implementara suas práticas pedagógicas por uma década - significava que o curso aderia intimamente à abordagem educacional do MST. Os dirigentes educacionais do Movimento participavam diariamente, como gestores e diretores do programa Ledoc, até publicando uma série de reflexões sobre essa primeira experiência.[34] Os militantes incorporaram ao programa pedagogias que tinham sido desenvolvidas pelo Movimento ao longo da década anterior, inclusive a autogestão dos alunos por meio dos núcleos de base; uma ênfase tanto no trabalho intelectual como no trabalho manual; um foco na formação agroecológica; e o início de cada dia de aula com uma mística. Os alunos receberam um diploma da UnB, mas o MST era a força dominante na organização cotidiana do programa-piloto do Ledoc. As experiências anteriores e a *expertise* educacional do MST aumentaram a capacidade institucional do MEC para desenvolver esse programa. Abers e Keck (2017, p. 36) descrevem isso como "autoridade prática", ou seja:

> um tipo de poder em que a capacidade para resolver problemas e o reconhecimento obtido possibilitam aos atores tomar decisões que serão acatadas. [...] Criar autoridade prática não significa necessariamente

[34] O MST escreveu um livro sobre o primeiro programa Ledoc. Ver Caldart, Fetzner, Freitas e Rodrigues (2010).

tomar o poder de outros atores, pode referir-se a uma autoridade criadora, envolvendo a produção de competências para fazer coisas que ninguém havia feito.

Isso também ilustra como a sociedade civil pode se tornar importante não apenas em processos de deliberação sobre políticas públicas, mas também para *mobilizar a própria capacidade do Estado* em benefício do interesse público (Abers e Keck, 2009; Hochstetler e Keck, 2007).

Mesmo antes de acabar o primeiro dos quatro anos do programa-piloto, o MEC patrocinou mais três programas-piloto do Ledoc em outras universidades.[35] Embora os alunos continuassem estudando pela Pedagogia da Alternância, dessa vez os períodos de estudo teriam lugar nos campi das próprias universidades. Eram todos programas de ação afirmativa, pois só podiam se matricular os alunos vindos de regiões rurais. Em 2007, uma segunda turma de estudantes entrou para o programa Ledoc da UnB, mas também estudava no *campus*. À medida que o Ledoc era implementado em cada uma dessas universidades, os militantes dos coletivos regionais de educação do MST contatavam os professores do programa, explicando suas origens e objetivos. Eles também participavam das atividades diárias das primeiras turmas do Ledoc, mas a dedicação de militantes do Movimento à supervisão dos programas ficou mais difícil do que no IEJC, onde um grupo de lideranças do MST já vivia e trabalhava na escola. Além disso, mesmos professores universitários simpáticos à causa estavam considerando complicado aderir aos objetivos originais do programa.

Depois de alguns programas-piloto, os agentes do Estado no MEC declararam que o Ledoc era um sucesso e decidiram expandir o programa o mais rápido possível. Eles pensavam em números, particularmente no fato de que 150 mil professores de áreas rurais não tinham curso superior. Algumas turmas de 60 alunos cada uma não resolveriam esse problema. O objetivo do MEC, de resolver o problema da formação de professores rápida e eficazmente, era uma forma de "alto modernismo" ou de "uma engenharia extensa e racional de todos os aspectos da vida social para melhorar a condição humana", como definiu James Scott (1998, p. 88).

[35] As universidades federais de Sergipe, Bahia e Minas Gerais.

Em outras palavras, assim que os funcionários do MEC testaram o programa-piloto do Ledoc e constataram que era um modelo bem-sucedido para tratar da falta de educação superior e de formação de professores no campo, eles imediatamente procuraram reproduzir o modelo. Embora o programa-piloto fosse baseado na abordagem pedagógica do MST, que tinha sido desenvolvida por meio de experiência e prática recorrente, o objetivo do MEC era se apropriar dessa experiência local e implementá-la por todo o país.

Entre 2008 e 2010, o MEC trabalhou com dezenas de universidades para formalizar o Ledoc como um curso regular. O pessoal do MEC não queria ser responsável pela execução desses programas: queria que as universidades institucionalizassem o Ledoc em suas próprias estruturas burocráticas, com recursos do Ministério para contratar novos professores e funcionários, inclusive para mais dez vagas de efetivação em cada uma dessas universidades, na área de Educação do Campo. Até 2011, já havia 32 universidades com programas Ledoc em sua própria estrutura institucional, com funcionários exclusivos, professores efetivados, um currículo oficial e um processo anual de seleção de alunos – uma tremenda transformação na esfera da educação superior no Brasil. Até 2015, 42 universidades tinham programas Ledoc e 600 novos professores tinham sido contratados para lecionar neles.[36] O Mapa 3.1 mostra a localização desses programas em 2015.

A rápida expansão do Ledoc por todo o país demonstra a capacidade do MEC para ampliar programas em escala nacional e seu foco em soluções quantificáveis para problemas educacionais. Neste caso, o ministério identificou como problema a falta de professores preparados para trabalhar em escolas do campo de Ensino Médio e adotou como solução a criação de programas de formação universitária de professores para estudantes rurais, tantos quanto fosse possível. A participação do MST no primeiro programa Ledoc tinha sido importante, já que o Movimento tinha experiência em desenvolver programas de Pedagogia

---

[36] Informações obtidas numa entrevista com o secretário da Secadi, Gabriel Soledade Nacif, em 6 de agosto de 2015. Algumas universidades tinham programas Ledoc em dois campi, que contavam como dois programas diferentes.

por meio do Pronera. No entanto, uma vez decidido pelo MEC que o programa-piloto fora um sucesso, a participação dos movimentos sociais já não era necessária. Repito que essa ideologia altamente modernista, que promove vastos programas sociais para melhorar as condições humanas, nega a importância da participação e do conhecimento locais. Isso está em contraste direto com o Pronera, no qual um grupo de militantes e professores locais tinham de adaptar cada programa ao seu contexto social e político específico e, em seguida, propor esse programa ao Estado. No caso do Ledoc, em algumas universidades havia professores aliados que convidavam os militantes a participar dos programas. Em outros casos, o Ledoc era completamente institucionalizado, sem qualquer participação de movimentos sociais.

Mapa 3.1 – Programas de Licenciatura em Educação do Campo (Ledoc), 2015

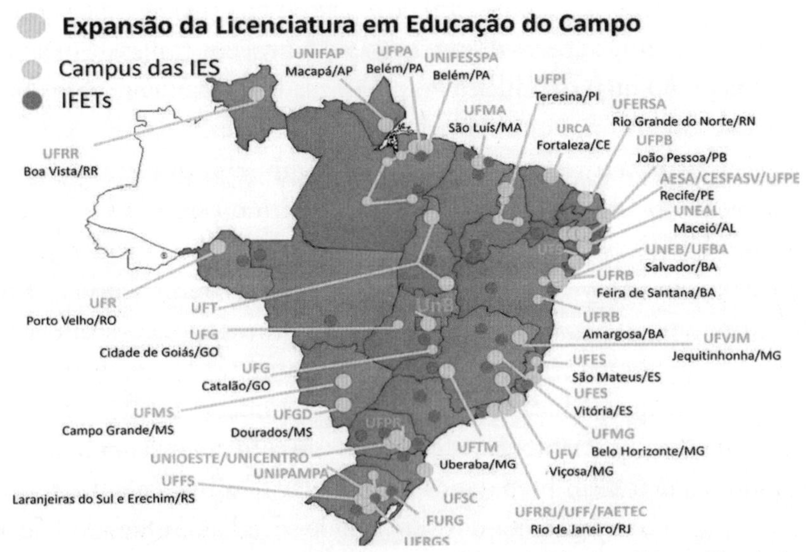

*IES são Instituições de Ensino Superior; IFETs são Institutos Federais de Educação, Ciência e Tecnologia.
Fonte: Secretaria de Educação de Adultos, Alfabetização, Diversidade e Inclusão (Secadi) do Ministério da Educação (MEC)

Mesmo onde tinha aliados na universidade, o MST nem sempre tinha a capacidade para participar integralmente dos programas Ledoc – especialmente quando não tinha o apoio institucional do MEC. A trajetória do programa na UnB oferece um exemplo importante dos desafios que emergiram de sua institucionalização, mesmo quando há um grupo de professores aliados participando. Luiz Antônio (Tonico) Pasquetti foi efetivado como professor do programa Ledoc da UnB.[37] Tonico era militante do MST há mais de uma década e entendia história e o propósito do Educação do Campo. Em 2010, ele me explicou que o programa Ledoc se alimentou de muitas práticas educacionais do MST e que os professores até promoviam o cuidado coletivo das crianças (as Cirandas), as assembleias de turma e a autogestão dos estudantes. No entanto, continuou, havia limitações para esse processo coletivo dentro da rígida estrutura universitária. Um exemplo: os alunos que entravam para o programa Ledoc recebiam bolsas individuais para alimentação e moradia; embora os professores estimulassem os estudantes a contribuir com parte do dinheiro da bolsa para a moradia coletiva, a universidade não exigia isso. Assim, estudantes que tinha recursos pessoais podiam juntar esses recursos com o dinheiro da bolsa para viverem sozinhos ou com outros amigos perto do *campus*. Isso estava em contraste direto com o Pronera, no qual o dinheiro do programa ia diretamente para apoiar a moradia coletiva dos estudantes.

Em 2010, a dirigente Vanderlúcia Simplício, que era do Setor de Educação do MST e vivia em Brasília, afirmou que "o Ledoc está se expandindo, mas está perdendo tudo o que devia ser". Vanderlúcia disse que o objetivo do MST nunca foi simplesmente oferecer acesso ao Ensino Superior a populações do campo; se o movimento quisesse apenas isso, teria lutado por cotas para estudantes do campo. O verdadeiro objetivo era oferecer uma educação diferente, que pudesse formar professores criticamente conscientes, que entendessem a história da exploração do campo e que fossem preparados para ajudar os alunos a enfrentar essas injustiças e construir uma nova sociedade socialista. Quando falei com ela em 2010, Vanderlúcia estava ajudando a supervisionar a quinta turma do Ledoc na UnB. Vanderlúcia explicou que era difícil para ela garantir que o programa aderisse à proposta original do movimento. Ela acreditava que parte do problema era o fato de que, embora os estudantes

[37] Todas as citações ou informações atribuídas a Luiz Antonio (Tonico) Pasquetti foram obtidas numa entrevista em 17 de novembro de 2011. Exceções serão apontadas.

viessem do campo, muitos não tinham qualquer conexão anterior com qualquer movimento social. Como resultado, eles eram mais resistentes à orientação coletiva do programa, como moradia, estudo coletivo e tarefas compartilhadas. Vanderlúcia tentou intervir, lembrando aos alunos os princípios do Educação do Campo. Mesmo assim, era muito difícil, e ela temia que a situação fosse ainda pior em universidades onde o Ledoc era implementado sem a presença de militantes do MST.

A perspectiva dos dirigentes do MST sobre o Ledoc é variada. No lado positivo, os militantes reconhecem que a mera existência do programa é um avanço enorme sobre os programas tradicionais de bacharelado em Pedagogia, que eram centrados numa perspectiva urbana. Além disso, o Ledoc é uma forma de ação afirmativa, mirando especificamente as populações do campo. Na UnB, muitos dos estudantes matriculados vinham de quilombos. Quando conversei com Tonico em agosto de 2015, ele refletiu a respeito: "Ainda tenho muitas críticas ao programa, mas não deixa de ser uma oportunidade importante para a juventude rural. Por exemplo, 80% da turma, hoje, é afrodescendente – é o programa mais negro da universidade".[38] No lado negativo, os militantes do MST sentem ter perdido sua habilidade para cogerir ativamente esses programas. Quando falei com Vanderlúcia em agosto de 2015, ela já não participava da coordenação do programa Ledoc. Ainda ia à universidade quando os professores a convidavam para um encontro importante, mas o MST já não estava envolvido na operação diária do programa. Roseli Caldart, uma das principais colaboradoras do programa-piloto, ponderou que o Ledoc "é um desenho de curso que o MST ajudou a pensar para o conjunto dos educadores do campo, não apenas para os educadores do MST". Essa licenciatura é, "ao mesmo tempo, mais ampla e mais restrita", explicou: "Mais ampla porque estou preocupada com as escolas onde estudam os camponeses de modo geral e mais restrita porque, quando você amplia, certas coisas são menos radicalizadas".

A trajetória do programa Ledoc exibe as ambiguidades na definição do sucesso de movimentos sociais. Ao contrário do Escola Ativa, o Ledoc foi diretamente baseado em uma das iniciativas educacionais do MST

[38] Conversa informal em 7 de agosto de 2015.

e sua implementação em mais de 40 universidades era uma enorme conquista. Mas o MST queria ser tanto o protagonista na criação do programa quanto um participante no processo de implementação por todo o país. Em parte, seu interesse nesse tipo de cogestão de serviços públicos está ligado à sua promoção da democracia participativa, direta, na qual as pessoas participam das decisões que afetam suas vidas. O MST também quer garantir que os programas Ledoc mantenham os valores políticos, econômicos e sociais do próprio movimento. Para o MST, a medida do sucesso é quanto o programa ajuda o movimento a acumular forças, para prefigurar hoje o mundo socialista que os militantes querem criar no futuro.

Por essas medidas de sucesso, os programas universitários do Pronera, nos quais o MST mantém um grau de controle mais alto, podem ser considerados mais bem-sucedidos do que os programas Ledoc. Mas, em termos de escala da influência do MST, os programas Ledoc são muito mais impressionantes. A despeito do fato de que muitos programas Ledoc se afastaram de suas raízes, mesmo assim eles abriram espaço, dentro do sistema de elite das universidades públicas, para as populações rurais, que jamais teriam acesso a uma educação superior de qualidade. Além disso, os programas Ledoc são muito mais estáveis do que o Pronera, pois foram institucionalizados nas 40 universidades e, portanto, não estão à mercê do apoio e dos recursos do governo federal. Enfim, há muitos militantes do MST, como Tonico, que se tornaram professores universitários por meio do Ledoc. Muitos desses militantes continuam a contribuir com o Movimento, ao mesmo tempo que são apoiados financeiramente por suas universidades. Também encontrei muitos jovens alunos vivendo em assentamentos por todo o país, que estavam estudando para se tornar professores por meio do Ledoc e planejavam voltar para lecionar nas escolas dos assentamentos. Portanto, tanto em termos de acesso educacional para comunidades marginalizadas quanto em termos da própria capacidade interna do MST, o programa Ledoc foi claramente bem-sucedido. Não obstante, o programa também revela que, mesmo quando os militantes ajudam a desenvolver um programa-piloto, a escala de implementação desejada por uma grande agência burocrática como o MEC prejudica a participação da sociedade civil.

Dilma Rousseff, agronegócio e a consolidação da conciliação de classes (2011-2014)

Em 2010, a sucessora indicada por Lula, Dilma Rousseff, também do PT, ganhou as eleições presidenciais em uma vitória apertada. Seu governo consolidou a conciliação de classes que começou nos dois mandatos de Lula, assim como aprofundou a relação cada vez mais forte entre o PT e os setores do agronegócio.

Essa influência das elites rurais na política brasileira contemporânea é parte de uma estratégia desenvolvida ao longo de trinta anos, remontando a 1985, quando um grupo de latifundiários criou a União Democrática Ruralista (UDR), com o objetivo de defender a propriedade privada contra expropriações de terra. A despeito das vastas mobilizações sociais nos anos 1980 e do crescente número de ocupações de terra, "a UDR mostrou que tem força para fazer prevalecer seus interesses" (Bruno, 1997, p. 63). Em 1993, os setores do agronegócio fundaram a Associação Brasileira do Agronegócio (Abag) para "conscientizar os segmentos decisivos da nação para a importância do *agribusiness* brasileiro" e para criar uma "instituição representativa dos interesses comuns aos agentes das cadeias agroeconômicas, de modo que possam expressar-se de maneira harmônica e coesa nas questões que lhes são comuns" (Bruno, 1997, p. 36). A Confederação da Agricultura e Pecuária do Brasil (CNA)[39] também é uma coalizão poderosa de *lobbies* por políticas que beneficiem grandes latifundiários e os interesses do agronegócio. A representação desses dois segmentos sociais no Congresso Nacional entre 1995 e 2006 era, em média, 2.587 vezes maior do que a representação de trabalhadores sem-terra e pequenos agricultores (Carter, 2010, p. 62-63). Guilherme Costa Delgado (2009, p. 108) escreve que "esse arranjo conservador se apoia no poder econômico do agronegócio, que os militares ajudaram a construir": "Detém também forte representação política - a Bancada Ruralista -, que se distribui por vários partidos e

---

[39] Associação sindical patronal fundada em janeiro de 1964 como Confederação Nacional da Agricultura (CNA) para substituir a Confederação Rural Brasileira (CRB), que fora fundada em 1951 por Getúlio Vargas. Foi provavelmente nos anos 1990 que a entidade passou a representar também o setor de pecuária e mudou seu nome, mantendo a sigla CNA. Mais informações em Lamarão e Pinto (2009).

detém entre um quarto e um terço dos deputados e senadores, todos votando segundo sua orientação".

O poder da Bancada Ruralista no Congresso resultou em uma série de ataques ao MST durante os governos Lula, na forma de Comissões Parlamentares de Inquérito (CPIs) e Comissões Parlamentares Mistas de Inquérito (CPMIs, que reúnem deputados e senadores). A primeira foi a CPMI da Terra, lançada em 2003 para investigar o uso de recursos federais pelo MST. Outras investigações foram a CPI das ONGs em 2009 e a CPMI do MST em 2010, assim como muitas investigações conduzidas pelo TCU. Embora nenhum desses processos tenha resultado em condenação do Movimento, eles criaram mais barreiras para os investimentos em reforma agrária (ver o Capítulo 2 para uma discussão sobre a investigação do TCU).

Apesar do apoio nominal dos governos do PT à reforma agrária, Lula incorporou grupos do agronegócio à coalizão governamental durante seu primeiro mandato e estimulou o investimento de capital internacional na agricultura brasileira. Durante esse período, houve uma enorme expansão da produção de soja, milho e cana-de-açúcar (Sauer e Leite, 2012). Em 2005, a agricultura já respondia por 42% das exportações brasileiras e era a principal fonte de renda do governo federal para saldar a dívida externa (Carter, 2009, p. 68). O Estado teve um importante papel nesses fatos; por exemplo, entre 2004 e 2011, o Banco Nacional de Desenvolvimento Econômico e Social (BNDES) aumentou seus investimentos no agronegócio de 27,1 bilhões de reais para 100 bilhões de reais (MST, 2013, p. 64).

O crescimento contínuo e a expansão das empresas de agronegócio ao longo dos anos 2000 levou o MST a redefinir o inimigo da reforma agrária como sendo as corporações transnacionais, como a Monsanto e a Cargill, em vez dos latifundiários improdutivos do passado. Em meados dos anos 2000, o MST começou a organizar ocupações de terra em algumas propriedades dessas corporações. As mulheres do movimento tiveram um papel importante na liderança dessas ações mais radicais contra as empresas de agronegócio. Em 8 de março de 2006, Dia Internacional da Mulher, por exemplo, duas mil mulheres ocuparam a fazenda da corporação Aracruz Celulose, a maior produtora mundial de polpa de eucalipto, e destruíram centenas de mudas (Wiebe, 2006).[40] O Movimento apoiou a destruição das mudas e condenou os danos ambientais e humanos causados pela monocultura do eucalipto, entre os quais a deterioração do solo, a secagem dos rios e a expulsão de famílias de pequenos agricultores. Não obstante, esse tipo de ocupação de monoculturas reduziu expressivamente o apoio público ao MST.

Quando Dilma Rousseff tomou posse em 2010 e aprofundou suas relações com certos setores agrários, intensificaram-se as contradições entre o apoio nominal do governo federal à reforma agrária e seu pesado investimento no agronegócio. De acordo com um relatório publicado pela Comissão Pastoral da Terra (CPT) em 2015, o governo Dilma foi o que expropriou menos terras, reconheceu menos territórios indígenas e quilombolas, e criou menos reservas extrativistas desde a volta da democracia em 1985.[41] Em vez disso, as políticas econômicas de Dilma concentraram-se nos incentivos ao agronegócio e à agroindústria, à mineração e aos grandes projetos de infraestrutura. Pouco mais de 40 mil famílias foram assentadas durante seu primeiro mandato, menos da metade do número assentado por Lula em seu segundo mandato. Além disso, muitas dessas famílias já estavam em processo de assentamento antes da posse de Dilma. As figuras 3.5 e 3.6 mostram o número de famílias participantes de ocupações de terra e o número de famílias assentadas durante os governos Lula (2003-2010) e Dilma (2011-2016).[42] As duas figuras mostram o declínio significativo no número de famílias participantes de ocupações de terra durante os dois mandatos de Dilma, com um declínio ainda maior no número de famílias assentadas. Esses números estão relacionados, pois o fato de as famílias não serem

---

40 Também em meados dos anos 2000, devido à pressão interna das mulheres do movimento, o MST estabeleceu que elas deveriam ocupar 50% da direção nacional. Para mais informações sobre essa dinâmica de gênero e as mudanças organizacionais do movimento, ver Caldeira (2009), Deere (2003), Peschanski (2007) e Wiebe (2006).

41 "Balanço da reforma agrária 2014 e do primeiro mandato da presidenta Dilma Rousseff." (Comissão Pastoral da Terra, 2015).

42 Esses números incluem o ano de 2016, embora o segundo mandato de Dilma tenha sido abruptamente interrompido em maio de 2016, quando ela precisou se afastar do cargo para responder a um processo de destituição.

assentadas tornava difícil, para o MST e outros movimentos sem-terra, convencer as pessoas a participar de novas ocupações.

O agronegócio adota o Educação do Campo

Quando Dilma Rousseff se tornou presidente da República em janeiro de 2011, os apoiadores do Educação do Campo estavam numa encruzilhada. Por um lado, não era possível voltar atrás; o Educação do Campo era agora a abordagem oficial da educação rural no Ministério da Educação (MEC). Havia dezenas de universidades com departamentos de Educação do Campo, centenas de mestrandos e doutorandos pesquisando essa área e muitos programas federais de massa no setor de Educação do Campo. Por outro lado, a institucionalização do programa no MEC estava a anos-luz do que desejavam o MST, a Confederação Nacional dos Trabalhadores na Agricultura (Contag) e outros atores da sociedade civil. Para muitos, o Educação do Campo já não tinha nenhuma ligação com o modelo de desenvolvimento socialista para o campo. Ao contrário, muitos dos novos apoiadores do Educação do Campo defendiam modos de produção capitalista para o campo brasileiro, inclusive grandes empresas de agronegócio, monoculturas e uso intensivo de pesticidas.

Em 20 de março de 2012, Dilma lançou um novo programa federal, o Programa Nacional de Educação do Campo (Pronacampo). O plano era criar um enorme programa interministerial para expandir as políticas do Educação do Campo para além de uma Coordenação no MEC e integrá-las a todos os ministérios que lidam com desenvolvimento rural. O programa propunha dar acesso a bibliotecas a 1,9 milhão de estudantes do campo e transformar dez mil escolas rurais em escolas de período integral. Também formaria 100 mil professores com uma educação superior específica para o campo (por meio de investimentos no programa Ledoc), construiria três mil novas escolas rurais, implementaria importantes melhorias de infraestrutura em outras 30 mil escolas, criaria 20 mil laboratórios de informática, aumentaria o acesso à formação técnica para jovens do campo, reverteria a tendência de fechamento de escolas rurais e compraria oito mil ônibus, bicicletas e barcos para melhorar o transporte escolar no campo.[43] Vanderlúcia disse que o Pronacampo era "maravilhoso no papel", mas estava preocupada com sua implementação.[44]

O aspecto mais controverso do Pronacampo era o grande papel desempenhado por empresas de agronegócio nos debates. A mesa que presidiu a cerimônia de lançamento do programa, em março de 2012, era emblemática dessa mudança: Aloizio Mercadante, o novo ministro da Educação; José Wilson de Sousa Gonçalves, secretário de Políticas Sociais da Contag, que representava "os movimentos sociais do campo"; e Kátia Abreu, senadora do PMDB pelo estado de Tocantins e presidente da CNA entre 2008 e 2011. Kátia foi uma das maiores defensoras do agronegócio no Brasil e era conhecida pelos militantes do MST por seu ódio ao Movimento. Embora muitos militantes do movimento estivessem no auditório nesse dia, não foram convidados a falar publicamente. Os discursos mostraram, em primeiro lugar, o tremendo sucesso do movimento pela Educação do Campo na transformação da consciência nacional e, em segundo lugar, os conflitos contemporâneos sobre o significado da Educação do Campo.

O discurso do novo ministro da Educação, Aloizio Mercadante, é prova da legitimidade que o Educação do Campo alcançara no âmbito federal:

> Estamos certos de que esse programa vai dar uma grande contribuição para que o Brasil resgate uma dívida histórica e valorize o homem do campo. É muito mais inteligente preservar os milhões de pessoas do campo do que essa urbanização acelerada que cada vez dificulta mais as vidas nas grandes cidades. E, se nós resgatamos a cultura, damos oportunidade para esses jovens, valorizamos a sua história e a contribuição imensa que os trabalhadores do campo dão a este país, seguramente estaremos resgatando uma história de dívida social deste país e abrindo um novo caminho para o futuro para os trabalhadores do campo.

[43] Todas essas metas foram afirmadas publicamente no lançamento formal do Pronacampo, em 20 de março de 2012. A cerimônia, inclusive os discursos, pode ser assistida online em TV Brasil (20/3/2012).

[44] Conversa informal com Vanderlúcia Simplício em novembro de 2011.

Menos de uma década antes, declarações desse tipo de importantes autoridades eram muito mais raras. O que se considerava "educação de qualidade" era a educação universal, que não diferenciava entre populações rurais e urbanas. Agora, em 2012, o próprio ministro da Educação se referia à dívida social do governo brasileiro com as populações do campo e o direito a uma educação vinculada às suas necessidades específicas.

O discurso de José Wilson, da Contag, mostrou o papel crucial dos movimentos sociais nesse processo, mas também expôs as tensões que ainda existem entre os movimentos. O fato de que um conjunto de movimentos sociais, inclusive o MST, pôde participar de uma cerimônia com dezenas de senadores e deputados, governadores, prefeitos, ministros e até a presidenta da República demonstrava tanto o grau de crédito público oferecido a esses militantes como a anuência deles em participar de um processo público do qual já não eram os protagonistas. A escolha de uma liderança da Contag, em vez de um militante do MST, para representar esses movimentos sociais demonstra a redução do espaço do MST no âmbito federal. Para o governo brasileiro, a Contag é uma organização menos radical, com uma longa história de colaboração com o Estado. Permitir que o MST falasse numa cerimônia tão importante teria sido mais controverso. Mas José Wilson garantiu a participação do MST durante seu discurso, ao pausar para permitir que Vanderlúcia entregasse à presidenta da República o *Dicionário da Educação do Campo* (Caldart, Pereira, Alentejano e Frigotto, 2012), que acabara de ser publicado. Vanderlúcia, que usava orgulhosamente um boné do MST, fez a mística recitando um poema sobre a reforma agrária. No final de sua apresentação, dezenas de pessoas no auditório levantaram e cantaram uma canção sobre a Educação do Campo, uma das muitas canções que os militantes compuseram ao longo dos dez anos anteriores.

Finalmente, Kátia Abreu foi convidada a falar, sob as vaias e os assobios de muitos dos presentes. Desde que Dilma tomara posse em 2011, ela se aproximou muito de Kátia Abreu e acabou por nomeá-la ministra da Agricultura em 2014 (para desconsolo do MST). Nessa cerimônia de 2012, Kátia, pela primeira vez, defendeu a Educação do

Campo; mas sua visão dessa filosofia educacional não era a mesma visão socialista que o MST esperara promover:

> São décadas de abandono do campo. A educação rural praticamente não existe, as escolas sem *internet*, sem biblioteca, sem quadro-negro, algumas delas ainda no tempo do mimeógrafo, só 50% das escolas têm diretores, os professores ganham muito menos do que os da cidade, enfim, um desestímulo total. Nos últimos quarenta anos, as políticas públicas para o campo concentraram-se apenas com o transporte escolar, nada mais.

Kátia prosseguiu, dizendo que nos últimos 40 anos as políticas educacionais do campo focaram o transporte de alunos para áreas urbanas. Portanto, não houve tentativa de desenvolver uma educação específica para as áreas rurais.

Até esse ponto, o discurso de Kátia poderia ter sido feito por qualquer militante do MST no auditório. Mas as diferenças ideológicas sobre o modelo de desenvolvimento para o campo logo se tornariam evidentes. Sob ainda mais assobios e vaias, Kátia afirmou:

> A Educação do Campo é da maior importância para que o agronegócio seja cada vez mais pujante. [...] Não queremos um país de pobres e miseráveis. [...] Queremos que os jovens do segundo grau deste país possam aprender a lidar com o campo, não como um peso, não como uma atividade arcaica, retrógrada, atrasada, mas como uma atividade moderna, que gera lucro, uma atividade que gera renda e prosperidade para as pessoas. A juventude deste país precisa ser empreendedora, seja como trabalhador ou como patrão.[45]

Em seu discurso, Kátia se apropriou da proposta de Educação do Campo para o agronegócio, situando-a numa posição diametralmente oposta à dos criadores dessa filosofia educacional, que apoiava a agricultura coletiva, de pequena escala, e não o agronegócio.

Seis meses depois do lançamento do Pronacampo e da esperança que acompanhou a cerimônia, o Fórum Nacional de Educação do Campo (Fonec), uma coalizão de 16 movimentos sociais, confederações de trabalhadores e ONGs, assim como 35 instituições de educação superior, escreveu um longo relatório de crítica a todo o programa. Essas entidades

---

[45] A íntegra dos discursos proferidos na cerimônia está disponível em TV Brasil (20/3/2012).

tinham criado o Fonec em agosto de 2010 como resposta às frustrações pela falta de apoio do MEC ao programa Educação do Campo.[46] Os movimentos queriam um espaço para debate independente do Estado brasileiro, onde poderiam discutir o futuro do Educação do Campo e as contradições de seu rápido crescimento na década anterior.

O relatório do Fonec[47] afirmava que o rápido reconhecimento da Educação do Campo no final dos anos 1990 resultava da luta na base, mas também do momento histórico: a classe tradicional dos latifundiários estava em crise e o agronegócio ainda não dominava o campo. Foi durante essa breve conjuntura histórica que a proposta da Educação do Campo ganhou impulso. Menos de uma década depois, o agronegócio e as corporações transnacionais eram a força dominante no campo brasileiro. Diz o relatório do Fonec:

> As investidas das classes dominantes no campo da educação merecem uma reflexão especial, tendo em vista que há um claro interesse em se apropriar do discurso pela defesa da educação dos trabalhadores rurais no campo, no sentido de afirmar (confundir) à sociedade que os representantes do agronegócio também estão empenhados em superar as desigualdades, cessar o fechamento de escolas no campo e garantir uma boa formação aos trabalhadores. [...] As investidas atuais afirmam que há um papel importante da educação para a ampliação e manutenção do agronegócio. (Fonec, 2012, p. 8)

De acordo com essa análise, a Educação do Campo era agora usada para levar os trabalhadores a acreditar que os proprietários das grandes fazendas industriais se preocupavam com os problemas da pobreza, quando, na realidade, essa suposta preocupação era diametralmente oposta ao principal interesse do agronegócio: a busca do lucro. A Educação do Campo se tornou hegemônica no sentido gramsciano de prover liderança moral a uma aliança policlassista que funciona para apoiar o modo de produção dominante. Por meio da linguagem da Educação do

---

[46] De acordo com o documento de fundação do Fonec, esse fórum era "uma coalizão de grupos coletivos formados para manter sua autonomia na relação com o Estado, tendo por objetivo a promoção da análise crítica das políticas públicas para o Educação do Campo".

[47] "Notas para análise do momento atual da Educação do Campo", Seminário Nacional do Fonec em Brasília, 15 a 17 de agosto de 2012.

Campo, o *lobby* do agronegócio podia apresentar seus próprios interesses como sendo os interesses de todos.

Reflexões dos militantes

O MST estava consciente dos desafios que enfrentava, à medida que mais grupos abraçavam a proposta da Educação do Campo. Roseli Caldart explicou:

> A construção originária da Educação do Campo vem dos movimentos sociais, mas já na relação com governos e universidades, ou seja, com outros sujeitos, exatamente porque você está no plano da relação com o Estado. Então ela não nasce pura, porque nasce no meio da contradição. Os sujeitos que ali estão disputam seus projetos, que não são apenas projetos de educação, mas sim projetos de campo. Ou seja, simplificando um pouquinho os conceitos, quem defende projeto de agronegócio terá um tipo de projeto de educação, e quem defende a agricultura camponesa terá outro projeto de educação.[48]

Como Roseli afirmou, o conceito de Educação do Campo já não pertencia aos movimentos sociais que criaram a proposta; agora, dezenas de outros grupos e organizações queriam apropriar-se dessas ideias. Ao comparar a Educação do Campo com a educação popular freireana, Roseli lembrou que muitas iniciativas de educação popular contemporâneas não tinham qualquer conexão real com a *Pedagogia do oprimido* ou com as lutas sociais. Foi por isso que alguns grupos abandonaram a expressão "educação popular", porque estava sendo des-radicalizada. Para Roseli, a questão crucial não era se os militantes do MST usavam ou não a expressão Educação do Campo; o que era importante era que eles continuassem defendendo um projeto educacional diretamente ligado aos seus três objetivos – luta pela terra, reforma agrária e transformação social.

Salete Campigotto também refletiu sobre os prós e contras da expansão do Educação do Campo. No lado positivo, ela reconhece um enorme avanço em relação ao que existia antes. A juventude do campo estava estudando, até indo à faculdade, coisa que muitas famílias do campo nunca julgaram

---

[48] Todas as citações ou informações atribuídas a Roseli Caldart foram obtidas numa entrevista em 17 de janeiro de 2011. Exceções serão apontadas.

possível. "Se você comparar isso com o que tínhamos quando iniciamos este movimento, claro que é um avanço!". Mas, para Salete, um dos pontos negativos era que as pessoas já não precisavam lutar por esses benefícios, o que as tornava menos conectadas ao movimento. Ela também disse:

> O que me preocupa um pouco é que o Educação do Campo daqui a pouco vira modismo e perde seu objetivo principal. [...] Vivi nesta região toda minha vida e fui estudante na Universidade de Passo Fundo. E descobri que agora eles têm um curso de Educação do Campo. Acho que estão usando o nome [...], mas descaracterizam a essência do que construímos.

Edgar Kolling também discutiu os benefícios e problemas da expansão da coalizão de aliados que lutam pelo Educação do Campo. "Percebemos que, ao ampliar a coalizão, havia o perigo de criar algo *light* demais, mas com a vantagem de alargar e trazer muito mais força, e, pela força maior, conquistar a Secadi", disse ele. Para Edgar, a criação da Secadi não teria sido possível sem essa coalizão mais ampla:

> Se fosse só o MST, teria conseguido criar a Secadi? Essa secretaria permitiu que os trabalhadores do campo tivessem uma presença mais ativa no próprio MEC. É contraditório, mas é real. Esse alargamento nos deu mais força dentro do MEC, onde, antes, nem éramos recebidos. Ninguém era recebido. [...] Então, no nosso balanço, houve muitas conquistas sim, tanto no sentido da verticalização – da Educação Infantil à universidade também para os camponeses – quanto no reconhecimento do sujeito do campo, essa ideia das Diretrizes Operacionais para Educação Básica nas Escolas do Campo, que foi conquista nossa e reconhece a singularidade do campo, permitindo até que se considere o calendário agrícola nas escolas rurais, e assim por diante.

Não obstante, houve desafios no engajamento com esse reino educacional que agora era de massa: "Acho que fomos um tanto absorvidos por tudo isso. Lutamos por políticas públicas e não nos descaracterizamos, mas, quando o governo começou a criar essas políticas [...], fomos sendo um pouco engolidos pelas iniciativas do Estado". Edgar enfatizou tanto os incríveis ganhos de uma coalizão nacional pelo Educação do Campo quanto o fato de que essas iniciativas muitas vezes consumiam a energia e o tempo limitados do MST. Outros atores da coalizão também se referiram a essas dificuldades. Para o professor Bernardo Mançano

Fernandes, da Unesp, a Educação do Campo nasceu no MST, mas já não pertence ao MST:

> A certa altura, o MST questionava se devia continuar com o nome Educação do Campo, porque até o agronegócio já tinha político da Educação do Campo. Eu briguei na época pela manutenção do nome: não é porque os outros se apropriaram que nós vamos mudar. Pois fomos nós que criamos o nome. O Movimento dos Pequenos Agricultores (MPA), por exemplo, queria chamar de Educação Camponesa. Ponderei que, se mudasse para Educação Camponesa, eles também se apropriariam desse nome. Não adiantava.[49]

Para Bernardo, o fato de que a Educação Educação do Campo estava em disputa provava o sucesso do MST na transformação do debate sobre educação pública no Brasil, embora, ao mesmo tempo, colocasse limites na habilidade do Movimento para cogerir esses programas.

Elisa Urbano Ramos, uma Pankararu que vive numa reserva indígena em Pernambuco, foi uma ativa participante do Comitê Pernambucano da Educação do Campo em 2011.[50] Ela enfatiza a importância desse programa para todas as populações trabalhadoras do campo, inclusive as comunidades indígenas.[51] Mas também diz que as vozes dos movimentos estão quase sempre ausentes do atual debate. Certa vez ela foi a uma conferência acadêmica local sobre o Educação do Campo, onde era a única representante de movimentos sociais. Ela se levantou e disse aos presentes que eles não deviam esquecer a história de luta quando debatessem a proposta: "A Educação do Campo chegou até nós por meio de conflitos, séculos de assassinatos no campo. Muito sangue foi derramado para que essas ideias fossem legitimadas". Embora o apoio atual à Educação do Campo seja um avanço, Elisa estava decepcionada com o esquecimento das histórias de luta política quando se debatia a Educação do Campo.

---

[49] Todas as citações ou informações atribuídas a Bernardo Mançano Bernardes foram obtidas numa entrevista em 10 de novembro de 2011. Exceções serão apontadas.

[50] Em meados dos anos 2000, muitas secretarias de Educação criaram conselhos consultivos da sociedade civil para a Educação do Campo (os comitês de Educação do Campo). Em Pernambuco, o movimento indígena participou desse espaço institucional. Mas a relação entre os grupos indígenas e o movimento pela Educação do Campo varia muito pelo país.

[51] Todas as citações ou informações atribuídas a Elisa Urbano Ramos foram obtidas numa entrevista em 16 de junho de 2011.

Tabela 3.1 – Algumas conferências, políticas públicas e coalizões em apoio à Educação do Campo, 1997-2012

	Evento	Data e local	**Propósito**	**Comentários**
Governos FHC (PSDB, 1995-2002)	***CONFERÊNCIA*** I Encontro Nacional de Educadoras e *Educadores* da *Reforma Agrária* (Enera)	Julho de 1997, Universidade de Brasília (UnB)	Discutir a proposta educacional do MST para as áreas de reforma agrária	700 participantes; organizações coordenadoras: MST, CNBB, UnB, Unesco e Unicef.
	COALIZÃO Articulação Nacional por uma Educação Básica do Campo	Agosto de 1997, Brasília	Mobilizar por uma proposta educacional alternativa para todas as populações do campo	Organizações coordenadoras: MST, CNBB, UnB, Unesco e Unicef
	CONFERÊNCIA I Conferência Nacional por uma Educação Básica do Campo	Julho de 1998, Luziânia (GO)	Debater uma nova proposta nacional de Educação do Campo para todas as populações rurais	973 participantes (19 universidades, 22 grupos de base); organizações coordenadoras: MST, CNBB, UnB, Unesco e Unicef.
	POLÍTICA PÚBLICA *Diretrizes operacionais para a Educação Básica nas escolas do campo*	3 de abril de 2002, Resolução CNE/CEB nº1/2002	Institucionaliza a Educação do Campo como um direito de todas as populações rurais	Aprovada pela Câmara de Educação Básica (CEB) do Conselho Nacional de Educação (CNE)
	CONFERÊNCIA *Seminário* Nacional por uma *Educação do Campo*	Novembro de 2002, UnB	Refletir sobre as políticas para Educação do Campo e expandir a coalizão nacional	372 participantes de 25 estados (movimentos, universidades, professores, membros do governo federal). Organizações coordenadoras: MST, CNBB, UnB, Unesco e Unicef.

Governos Lula e Dilma (2003-2014)	*CONFERÊNCIA* II Conferência Nacional por uma Educação do Campo	Julho de 2004, Luziânia (GO)	Debater a Educação do Campo e sua institucionalização no Ministério da Educação (MEC)	1.100 participantes (movimentos, sindicatos, universidades, professores, membros do governo federal); 39 grupos assinam o documento final da conferência, incluindo grupos do Estado e da sociedade civil. Coordenada pela Secretaria de Educação Continuada, Alfabetização, e Diversidade (Secad) do MEC.
	COALIZÃO Comissão Nacional para Educação do Campo	Julho de 2004, Luziânia (GO)	Estabelecer uma comissão Estado-sociedade civil para aconselhar o MEC	Inclui grupos do Estado e da sociedade civil, coordenados pela Secad.
	POLÍTICA PÚBLICA Estabelece diretrizes complementares para a Educação Básica do Campo	2008	Inclui, nas diretrizes de 2002, referências às famílias em acampamentos e assentamentos da reforma agrária.	Aprovado pelo CNE/CEB
	COALIZÃO Criação do Fórum Nacional de Educação do Campo (Fonec)	Agosto de 2010, na sede da Confederação Nacional de Trabalhadores na Agricultura (Contag), em Brasília.	Apoiar a autonomia de movimentos e universidades em relação ao Estado para debater e promover a Educação do Campo	28 organizações (13 de base e 15 universidades) assinam a declaração de apoio à criação do Fonec
	CONFERÊNCIA IV Seminário Nacional do Pronera	Novembro de 2010, no Congresso Nacional, em Brasília.	Avaliar as realizações do Pronera, promover sua expansão adicional e defender o programa dos ataques do TCU.	667 participantes (movimentos, sindicatos, universidades, professores, estudantes e membros do governo federal)
	POLÍTICA PÚBLICA Programa Nacional de Educação do Campo (Pronacampo)	Março de 2012	Uma política interministerial para a enorme expansão dos programas e iniciativas da Educação do Campo	Criado no governo Dilma

Juntas, todas essas reflexões de militantes do MST e outros aliados da coalizão nacional indicam tanto o impressionante grau de institucionalização da Educação do Campo por todo o país quanto o fato de que esse programa educacional é quase sempre desconectado de suas intenções originais. A Tabela 3.1 resume as conferências que ocorreram, as coalizões formadas e as políticas públicas aprovadas que transformaram a Educação do Campo numa abordagem oficial do governo brasileiro à escolaridade rural.

Conclusão: uma proposta nacional para a Educação do Campo

Foi no início dos anos 1980 que o MST percebeu pela primeira vez o importante papel da educação, quando ficou claro que seria necessária uma intervenção na esfera da educação pública para manter os jovens no campo e convencê-los a lutar pela reforma agrária. Os dirigentes do Setor de Educação do MST e seus aliados lutaram para transformar o conceito de educação rural como algo atrasado, negligenciado e destinado a desaparecer em uma nova esfera de intervenção que poderia produzir comunidades do campo sustentáveis e intelectuais. Para o MST, esse conceito de educação rural está explicitamente atrelado a um modelo alternativo de desenvolvimento, centrado em diferentes formas de práticas agrícolas coletivas e na propriedade, pelos trabalhadores, de seus próprios meios de produção. Como escreveu Fernandes (2012), "é impossível dissociar da reforma agrária a origem da Educação do Campo". O MST essencialmente criou e, em seguida, politizou o que era, até então, uma não questão: a educação rural.

No entanto, ao contrário das práticas educacionais iniciais do MST, o Educação do Campo agora é uma proposta para todas as populações do campo. De acordo com o *Dicionário da Educação do Campo* (Caldart *et al.*, 2012), estas são as características dessa proposta educacional:

1. Constitui-se como luta social pelo acesso dos trabalhadores do campo à educação (e não a qualquer educação) feita por eles mesmos e não apenas em seu nome. A Educação do Campo não é para nem apenas com, mas sim dos camponeses, expressão legítima de uma pedagogia do oprimido.
2. Assume a dimensão de pressão coletiva por políticas públicas mais abrangentes ou mesmo de embate entre diferentes lógicas

de formulação e de implementação da política educacional brasileira, [...] sem deixar de ser luta pelo acesso à educação em cada local ou situação particular dos grupos sociais que a compõem, materialidade que permite a consciência coletiva do direito e a compreensão das razões sociais que o impedem.

3. Combina luta pela educação com luta pela terra, pelo direito ao trabalho, à cultura, à soberania alimentar, ao território. Por isso, sua relação de origem com os movimentos sociais de trabalhadores. Na lógica de seus sujeitos e suas relações, uma política de Educação do Campo nunca será somente de educação em si mesma e nem de educação escolar, embora se organize em torno dela.
4. Defende a especificidade dessa luta e das práticas que ela gera, mas não em caráter particularista, porque as questões que coloca à sociedade a propósito das necessidades particulares de seus sujeitos não se resolvem fora do terreno das contradições sociais mais amplas que as produzem, contradições que, por sua vez, a análise e a atuação específicas ajudam a melhor compreender e enfrentar. E isso se refere tanto ao debate da educação quanto ao contraponto de lógicas de produção da vida, de modo de vida.
5. Suas práticas reconhecem e buscam trabalhar com a riqueza social e humana da diversidade de seus sujeitos: formas de trabalho, raízes e produções culturais, formas de luta, de resistência, de organização, de compreensão política, de modo de vida. Mas seu percurso assume a tensão de reafirmar [...] que se almeja a unidade no confronto principal e na identidade de classe que objetiva superar, no campo e na cidade, as relações sociais capitalistas.
6. Não nasceu como teoria educacional. Suas primeiras questões foram práticas. Seus desafios atuais continuam sendo práticos, não se resolvendo no plano apenas da disputa teórica. Contudo, exatamente porque trata de práticas e de lutas contra-hegemônicas, ela exige teoria e exige cada vez maior rigor de análise da realidade concreta, uma perspectiva de práxis. [...] A Educação do Campo reafirma e revigora uma concepção de educação de

perspectiva emancipatória, [visando] à construção social e humana de longo prazo. Faz isso ao se mover pelas necessidades formativas de uma classe portadora de futuro.

7. Seus sujeitos têm exercitado o direito de pensar a pedagogia desde a sua realidade específica, mas não visando somente a si mesmos: a totalidade lhes importa e é mais ampla do que a pedagogia.
8. A escola tem sido objeto central das lutas e reflexões pedagógicas da Educação do Campo, pelo que representa no desafio de formação dos trabalhadores, como mediação fundamental, hoje, na apropriação e produção do conhecimento que lhes é necessário, mas também pelas relações sociais perversas que sua ausência no campo reflete e sua conquista confronta.
9. A Educação do Campo, principalmente como prática dos movimentos sociais camponeses, busca conjugar a luta pelo acesso à educação pública com a luta contra a tutela política e pedagógica do Estado (reafirma em nosso tempo que não deve ser o Estado o educador do povo).
10. Os educadores são considerados sujeitos fundamentais da formulação pedagógica e das transformações da escola. Lutas e práticas da Educação do Campo têm defendido a valorização do seu trabalho e uma formação específica nessa perspectiva.

Mais amplamente, a proposta da Educação do Campo incorpora o reconhecimento de que o propósito da escolaridade rural não é preparar os alunos para um mercado de trabalho urbano, mas sim apoiar as vibrantes e diversas populações que vivem no campo e contribuir para o desenvolvimento sustentável dessas comunidades rurais. O conceito de Educação do Campo - de que as populações do campo têm direito a escolas em suas comunidades, com base nas realidades locais e apoio ao desenvolvimento sustentável nessas regiões - tornou-se parte da abordagem oficial do governo brasileiro à educação rural. Esse fato criou oportunidades e desafios para o MST. Em particular, a institucionalização da Educação do Campo no Ministério da Educação expandiu os recursos para educação rural a um nível sem precedentes, mas o MST perdeu muito de sua influência sobre o conteúdo e a implementação desses programas. Além disso, o fato de que o agronegócio estava tentando incorporar a Educação do Campo em sua própria visão para o campo demonstrou como atores rurais de elite tiraram vantagem dos novos recursos para estabelecer um consentimento voluntário aos seus próprios interesses econômicos - uma forma de revolução passiva (Gramsci, 1971). Há múltiplas lições a serem extraídas desses fatos sobre os resultados do engajamento de movimentos sociais na esfera institucional.

Em primeiro lugar, este capítulo mostrou o papel crucial de alianças amplas para a transformação institucional, bem como como essas alianças alteraram a natureza da luta política. O MST estabeleceu parcerias bilaterais com múltiplas agências do Estado durante os anos 1990, para avançar com suas iniciativas educacionais. Esses programas eram inicialmente isolados em assentamentos e acampamentos da reforma agrária. A reorganização da proposta educacional do MST como Educação do Campo foi parte da guerra de posição do movimento para expandir sua proposta para todo o campo e criar um senso comum sobre a importância de investir na educação rural no Brasil. No entanto, esse rearranjo teve profundas implicações, pois mudou os objetivos dessa luta. A Contag se tornou o aliado mais importante da coalizão pela Educação do Campo, mas era um movimento cujos líderes estavam acostumados a promover os direitos dos trabalhadores rurais apenas por meio das leis. Tanto a Contag como o MST foram se transformando, por meio de suas interações contínuas, adaptando estratégias e objetivos educacionais que não eram parte de suas intenções originais. Portanto, o rearranjo não é apenas uma ferramenta que os militantes podem usar para mobilizar mais gente, mas é também um processo que pode redefinir o sentido e o conteúdo da mobilização (Steinberg, 1999). Essas alianças entre organizações da sociedade civil foram um componente essencial para promover uma mudança institucional sistêmica, especialmente sob um governo federal de direita.

Em segundo lugar, este capítulo mostrou os riscos da incorporação de iniciativas de movimentos sociais nas instituições existentes. Como Piven e Cloward escreveram há quatro décadas, militantes que trabalham em ambientes institucionais podem criar um efeito desmobilizador em seus movimentos. Isso ocorre porque as lideranças políticas, ou as elites aliadas a elas, tentarão aquietar distúrbios não só ao lidar com queixas imediatas, mas também fazendo esforços para canalizar as energias e a raiva dos manifestantes para formas de comportamento político mais legítimas e menos conflitivas (Piven e Cloward. 1977, p. 30). Foweraker (2001, p. 842) faz uma afirmação semelhante especificamente sobre o MST, argumentando que o Movimento teve uma tendência a se institucionalizar, a depender dos recursos do Estado e a parecer mais uma ONG do que um movimento social mobilizado. Muitos aspectos deste capítulo corroboram esses argumentos sobre os riscos dos militantes que trabalham no mundo das instituições: a Coordenação Geral de Educação do Campo continua isolada dentro da estrutura hierárquica do MEC; uma iniciativa do Banco Mundial, originalmente criada para a Colômbia, tornou-se o maior programa da Educação do Campo no Ministério; e a implementação massiva dos programas universitários de Ledoc impediu a participação consistente do movimento. Esses exemplos expõem as barreiras enfrentadas pelos militantes quando se envolvem com instituições do Estado. Além disso, como a Educação do Campo foi apoiada por uma aliança policlassista, serviu como uma forma de aprovação do modelo econômico de produção que o MST tentava contestar: grandes empresas de agronegócio. Piven e Cloward (1977, p. 35) também argumentam que as concessões do Estado sempre "acabam sendo compatíveis (ou pelo menos não incompatíveis) com os interesses dos grupos mais poderosos, particularmente com o interesse dos grupos econômicos dominantes". Ao contrário dos programas educacionais que o MST desenvolveu por meio do Pronera, este capítulo mostrou que os movimentos podem facilmente perder o controle de suas propostas de mudança institucional, mesmo sob um governo de esquerda simpático à causa. No entanto, o declínio de uma cogestão eficaz não é inevitável. Juntos, os capítulos 2 e 3 também demonstram que a institucionalização dos objetivos de movimentos sociais pode ter trajetórias políticas muito diferentes – dependendo da natureza da agência onde esses objetivos são institucionalizados.

Mesmo assim, há uma terceira observação: a despeito dos perigos da institucionalização, os movimentos sociais podem alterar significativamente os debates nacionais e as políticas públicas com relação à oferta de bens públicos em suas comunidades. Mesmo Piven e Cloward (1977, p. xiii) afirmam que "o que se obteve deve ser julgado pelo que era possível". É significativo o fato de que o MST foi capaz de legitimar a ideia de que escolas do campo devem ter uma abordagem pedagógica diferente de escolas urbanas e, com isso, de que pôde criar dezenas de programas educacionais desenhados especificamente para populações rurais. Durante os governos do PT, o conceito de Educação do Campo se tornou hegemônico, o que significava que certos discursos públicos - como dizer que as áreas rurais são "atrasadas", que as escolas urbanas são melhores que as escolas rurais ou que a educação é um meio de adaptar a juventude rural ao mercado de trabalho urbano - já não eram legítimos. A luta educacional já não era a mesma do início dos anos 1990. O agronegócio ainda podia contestar a relação entre a Educação do Campo e os modelos socialistas de desenvolvimento rural; mas já não podia contestar a importância de expandir o acesso à educação de qualidade no campo, o que era uma novidade. Além disso, agora havia um espaço permanente em mais de 40 universidades brasileiras para estudar questões relacionadas à educação do campo, representando o que Rojas (2007, p. 21) denomina um "contra-centro" que permite uma consciência crítica dentro de uma instituição do Estado. Portanto, a habilidade do MST para alterar o debate sobre educação rural no Brasil teve implicações materiais reais para milhares de jovens e adultos que vivem no campo.

Em conclusão, a despeito das atuais disputas sobre o significado da Educação do Campo e da entrada dos grupos de agronegócio nesses debates, os militantes do MST - por meio de suas interações com outros movimentos e com autoridades do Estado e das universidades - redefiniram os limites de futuras decisões sobre política pública para a educação. Eles expressam surpresa genuína com o grau de influência que atingiram no campo da educação, mas também uma certa ambivalência a respeito do efeito que a Educação do Campo poderá ter para as mudanças políticas e econômicas que desejam para o campo. Em grande medida, o resultado dessa luta educacional no sistema público de ensino no Brasil dependeu de estratégias regionais de militantes locais do MST, vivendo em contextos políticos e econômicos extremamente diversos, o que será discutido na Parte II.

PARTE II:

CASOS REGIONAIS E COGESTÃO CONFLITUOSA DA EDUCAÇÃO PÚBLICA

CAPÍTULO 4: RIO GRANDE DO SUL – COGESTÃO DE REGIMES POLÍTICOS E MOVIMENTOS SOCIAIS

Não é a escola que muda a sociedade;
é a sociedade que muda e leva a escola junto.
Salete Campigotto,
do Setor Estadual de Educação do MST
no Rio Grande do Sul

Nas últimas duas décadas, o MST foi capaz de traduzir sua visão de mudança social para uma prática pedagógica por meio de experimentos em um amplo leque de instituições educacionais. No começo dos anos 1990, militantes do movimento começaram a fazer campanhas de alfabetização e a oferecer Ensino Médio a professores de seus assentamentos e acampamentos. Em 1995, fundou sua primeira escola independente, o IEJC (ou Iterra), que oferecia formação de Ensino Médio e cursos técnicos para milhares de jovens nas áreas de reforma agrária. Em 1998, o governo federal criou o Pronera, permitindo que o MST estabelecesse parcerias com dezenas de universidades e oferecesse ainda mais acesso à educação a famílias do campo, de cursos de alfabetização a programas universitários. No mesmo ano, o MST reorganizou suas iniciativas pedagógicas como uma abordagem para todas as populações trabalhadoras do campo, a Educação do Campo, e na década seguinte o governo federal aprovou políticas públicas e implementou programas em apoio à Educação do Campo. O MST também continuou a fundar mais instituições educacionais próprias durante esse período, de escolas de Ensino Médio credenciadas pelo Estado a institutos para formação técnica em agroecologia.

Mesmo assim, a despeito dessas conquistas, a maioria dos alunos vivendo em acampamentos e assentamentos do MST continuava a frequentar o tradicional sistema público de educação. O sistema escolar brasileiro é descentralizado, com 27 governos estaduais e 5.570 governos municipais administrando escolas por todo o país, cada um com relativa autonomia.[1] Isso significa que os coletivos locais de educação do MST precisam convencer centenas de diferentes governos subnacionais para que deixem os militantes cogerir as escolas. Mesmo quando as escolas estão dentro de assentamentos do MST, o controle nunca é dado completamente ao Movimento. Os militantes precisam negociar o tempo todo, protestar e mobilizar suas comunidades para conseguir implementar seu programa educacional nessas instituições. A capacidade do MST para conduzir esse processo de cogestão conflituosa varia radicalmente por todo o país.

Neste capítulo, analiso um dos primeiros estados onde o MST começou a participar da cogestão conflituosa do sistema de educação pública, o Rio Grande do Sul. Sob muitos aspectos, o Rio Grande do Sul é um caso ideal de cooperação Estado-movimento, com uma longa história de movimentos sociais mobilizados e de governos progressistas. Os militantes do Rio Grande do Sul estão envolvidos com o sistema público de educação desde o início dos anos 1980, como professores e pais desenvolvendo propostas para suas próprias escolas. A primeira tentativa do Movimento para criar um programa mais sistemático de transformação do sistema escolar ocorreu depois da fundação do Setor Nacional de Educação do MST, em 1987. Mais importante ainda, em 1995 militantes regionais escreveram uma proposta para Escolas Itinerantes pelos acampamentos. Uma combinação de táticas conflitivas e aliados internos pressionaram o governo para aceitar a proposta da Escola Itinerante em 1996.

Depois, quando Olívio Dutra (PT) tomou posse no governo do estado em 1999, floresceram tanto as Escolas Itinerantes nos acampamentos como

---

[1] A Lei de Diretrizes e Bases da Educação (LDB, 1996, Título IV, artigos 10/11) indica que os governos municipais devem "oferecer a educação infantil em creches e pré-escolas, e, com prioridade, o ensino fundamental" e que os governos estaduais devem "assegurar o ensino fundamental e oferecer, com prioridade, o Ensino Médio". Na prática, porém, muitos governos estaduais e municipais oferecem educação fora de suas áreas prioritárias. O governo federal participa da educação primária e secundária com o Plano Nacional de Educação (PNE), com diretrizes e com assistência técnica e financeira.

a proposta pedagógica do movimento para as escolas nos assentamentos. Embora, entre 1999 e 2002, o governo federal tenha começado a reprimir os esforços de organização do MST e a criminalizar as ocupações de terra, no Rio Grande do Sul o governador petista protegeu o movimento desses ataques e apoiou muitos dos objetivos educacionais, políticos e econômicos do MST. Portanto, a primeira parte deste capítulo é a história do cenário ideal para mudanças institucionais lideradas por um movimento social, quando três fatores estão presentes: um regime político simpático à causa, um estado com alto nível de capacidade para gestão educacional e uma ampla infraestrutura do movimento social (quadro superior esquerdo da Tabela I.1 na Introdução).

A segunda parte do capítulo mostrará a fragilidade desses momentos de cooperação Estado-movimento e, mais especificamente, como a mudança no regime político pode reverter a transformação institucional. Embora o Setor de Educação do MST no Rio Grande do Sul tenha podido participar da cogestão conflituosa das Escolas Itinerantes ao longo de três governos estaduais diferentes, em 2006 chegou ao poder um governo extremamente conservador,[2] que lançou um ataque frontal contra a organização do MST no Rio Grande do Sul. As Escolas Itinerantes foram fechadas durante esse período, e ficou muito mais difícil implementar as iniciativas educacionais dos militantes locais nas escolas dos assentamentos. Embora a liderança do MST tenha mobilizado suas bases contra esses ataques, o Movimento não conseguiu impedir a revogação de muitos de seus ganhos institucionais (quadro superior na centro-direita da Tabela I.1 na Introdução). Paradoxalmente, todos esses ataques ocorreram quando a proposta pedagógica do MST era reconhecida nacionalmente, sob um governo federal nominalmente simpático, o que mostra as diferentes trajetórias da mudança institucional nos níveis local e federal. Acima de tudo, este capítulo destaca a influência das inclinações políticas de um governo sobre a habilidade de um movimento para participar, cogerir e transformar instituições do Estado.

O Rio Grande do Sul fica no extremo sul do país e faz fronteira com o Uruguai e a Argentina. Tem a quinta maior população do Brasil, com

[2] A deputada federal Yeda Crusius, do PSDB, foi eleita governadora.

10,7 milhões de habitantes em 2010, 85% dos quais são residentes urbanos (IBGE, 2011).[3] É também o quarto estado mais rico do Brasil, com prósperos setores agrícolas e industrial (IBGE, 2011). De acordo com um estudo de 2015, a renda mensal média de uma família gaúcha era de R$ 1.435 em 2015,[4] a terceira maior renda *per capita* do país, depois de Brasília e São Paulo, um indício da grande população do estado situada nas classes médias e altas.

Durante o século XIX, o Império estimulou uma onda constante de imigração europeia, principalmente da Alemanha, para os estados do sul do Brasil. Um dos objetivos expressos era "branquear" a população por meio de colônias europeias estabelecidas em remotas áreas rurais, onde viviam populações indígenas.[5] Com a decadência da escravidão a partir de 1875 e sua abolição em 1888, houve grandes ondas de imigração, principalmente de italianos e portugueses.[6] Essas ondas de imigração transformaram o sul do Brasil numa das áreas mais brancas do país, especialmente nas zonas rurais, onde as colônias europeias foram criadas. No censo de 2010, 83,2% da população gaúcha identificava-se como branca, 5,6% como preta; 0,3%, amarela; 10,6%, parda; e 0,3%, indígena (IBGE, 2010).[7] A região tem uma longa história de agricultura familiar e criação de gado.[8]

O estado do Rio Grande do Sul é a terra natal do MST: no final dos anos 1970, grupos de trabalhadores sem-terra organizaram as primeiras

---

[3] Em 2015, a população estimada para o Rio Grande do Sul era de 11,2 milhões de habitantes (IBGE, 2015).

[4] Esse estudo registra a renda nominal, sem contar a inflação. O mesmo estudo foi usado para as estimativas de renda mensal média nos capítulos 4 a 6 (IBGE, 2016).

[5] Especialmente em Santa Catarina, embora também tenha havido alguns casos no Rio Grande do Sul (o primeiro nome de Caxias do Sul era Campo dos Bugres, por exemplo).

[6] Muitos portugueses vieram ao longo de todo o século XIX e também no XX, mas a maioria deles foi para as grandes cidades. No Sul, houve grande imigração açoriana para Florianópolis e Itajaí, em Santa Catarina. Sobretudo italianos e alemães foram para o interior, assim como ucranianos, poloneses, russos etc. Muitos deles receberam lotes de terra que precisavam desmatar. O assentamento de imigrantes como colonos em grandes latifúndios ocorreu principalmente no estado de São Paulo.

[7] Há uma vasta literatura acadêmica sobre raça, essas categorias e a autoidentificação no censo brasileiro (Loveman, 2014; Telles, 2004; Paixão, 2013).

[8] Para mais detalhes sobre a imigração europeia, ver Lesser (1999), Ribeiro (2000) e Skidmore (2010).

ocupações, que levaram à fundação do movimento. Como descrevi no Capítulo 1, esse foi um momento histórico muito importante, quando dezenas de movimentos sociais urbanos e rurais se mobilizavam por todo o país, clamando pelo fim da ditadura. No Rio Grande do Sul, as lideranças desses movimentos comunicavam-se constantemente e colaboravam em várias campanhas. Também há uma longa história de militância urbana na capital do estado, Porto Alegre, o que levou à eleição do primeiro prefeito do Partido dos Trabalhadores (PT), Olívio Dutra, em 1988. Nos 16 anos seguintes, o PT se manteve no poder municipal e implementou um leque de experiências participativas que se tornaram conhecidas internacionalmente.[9]

A proposta da Escola Itinerante: governador Antônio Britto e o PMDB (1995-1998)

Ao longo dos anos 1980 e 1990, a política gaúcha foi dominada pelo Partido do Movimento Democrático Brasileiro (PMDB). Esse partido é notório no Brasil pelas posições politicamente ambíguas de seus membros e por seu alinhamento com grupos progressistas e conservadores para se manter no poder.[10] Em 1995, Antônio Britto (PMDB) foi eleito em meio a crescentes mobilizações sociais, protestos e atividades de movimentos sociais por todo o estado.

O MST foi um dos muitos movimentos sociais crescendo e ganhando força nesse período. Entre 1995 e 1999, houve mais de 40 ocupações de terra por 25 mil famílias, o maior número de famílias envolvidas desde a fundação do movimento em 1984 (Nera, 2015).[11] Os militantes da educação no Rio Grande do Sul também estavam à frente do desenvolvimento de práticas pedagógicas alternativas em seus acampamentos e assentamentos, antes mesmo da criação do Setor Nacional de Educação do

---

[9] Entre essas experiências, a mais famosa foi o sistema de orçamento participativo (Abers, 2000; Baiocchi, 2005; Goldfrank, 2011a). As "escolas da cidadania" de Porto Alegre também se tornaram um modelo internacional de inovação educacional e de gestão escolar participativa (Gandin e Apple, 2002).

[10] O Partido Democrático Trabalhista (PDT) também esteve no poder por um mandato (1991-1994).

[11] Esse é o número total de ocupações de terra no estado, incluindo as que foram lideradas por outras organizações. Mas o MST organizou a grande maioria dessas ocupações.

MST em 1987. Como as famílias que ocupavam terras recebiam direitos de uso em novos assentamentos da reforma agrária, esses militantes ajudaram os pais a organizar protestos para pressionar os governos estadual ou municipal a construir escolas para seus filhos. Também encorajaram os pais e outros militantes a formar coletivos regionais de educação. Esses coletivos estudaram as publicações do MST sobre educação (ver Capítulo 1) e discutiram como implementar essas novas propostas pedagógicas em escolas de assentamentos. Elizabete Witcel[12] e Marli Zimmerman,[13] duas dessas dirigentes do Setor de Educação, lembram de visitar acampamentos com frequência para encorajar as famílias a estabelecer iniciativas educacionais para as crianças. Muitas vezes, as mulheres que hesitavam em assumir posições de liderança em seus acampamentos acabaram por se envolver nessas atividades, o que, mais tarde, veio a ser a porta de entrada para que assumissem mais responsabilidades no movimento.

Em 1994, o Setor de Educação do Rio Grande do Sul organizou o 1º Congresso Infantojuvenil do MST/RS, com a participação de centenas de alunos de todos os acampamentos e assentamentos. O Setor de Educação organizou atividades políticas e pedagógicas para as crianças, inclusive criando cartazes sobre seu direito à educação, aprendendo canções sobre a reforma agrária e participando de oficinas de circo para entreter as multidões durante protestos. Ao longo do ano seguinte, o Setor de Educação do MST no Rio Grande do Sul também começou a discutir a questão urgente da população infantil nos acampamentos: o que fazer com as crianças? Como as famílias desses acampamentos eram quase sempre despejadas, havia pouca oportunidade para que as crianças frequentassem a escola pública convencional. Militantes do Setor de Educação improvisaram escolas para as crianças dos acampamentos, mas essas escolas não eram reconhecidas pelo Estado. O Setor de Educação desenvolveu, então, uma proposta de Escolas Itinerantes: escolas públicas reconhecidas pelo Estado e localizadas nos acampamentos do MST acompanhariam as famílias ao longo de suas várias transições, como despejos, marchas

[12] Todas as citações ou informações atribuídas a Elizabete Witcel foram obtidas numa entrevista em 15 de novembro de 2010.

[13] Todas as citações ou informações atribuídas a Marli Zimmerman foram obtidas numa entrevista em 9 de novembro de 2010.

e novas ocupações. Como Elizabete explicou: "Começamos a discutir a ideia da escola do acampamento, que ela deveria estar onde estivessem as crianças. Ou seja, a escola deve estar em movimento, deve acompanhar as famílias na luta pela terra".

Em outubro de 1995, o movimento organizou um 2º Congresso Infantojuvenil do MST/RS, com a participação de 110 crianças e jovens e 45 adultos. Dessa vez, o congresso foi organizado com a intenção explícita de estudar o Estatuto da Criança e do Adolescente (ECA), aprovado pelo Congresso Nacional em 13 de julho de 1990. As crianças leram o estatuto e, segundo a liderança do MST, chegaram a um consenso de que seu direito constitucional à educação lhes era negado, pois haviam passado anos fora da escola enquanto ocupavam terras. O Setor de Educação do MST organizou uma marcha com essas 110 crianças até a Secretaria de Educação do estado para apresentar a proposta de estabelecer escolas nos acampamentos. As crianças gritavam palavras de ordem e cantavam canções sobre seu direito à educação; um grupo delas leu em voz alta o ECA (Camini, 2009). Ao longo do ano seguinte, o Setor de Educação do MST continuou engajado numa série de mobilizações, aumentando a pressão política sobre o governo para oferecer uma alternativa educacional a essas crianças.

O movimento também usou o que Fox (1992; 2015) denominou "estratégia sanduíche": usar alguém de dentro do Estado para facilitar ativamente as demandas dos militantes externos. Essa pessoa era a irmã Alda Moura, uma freira progressista e burocrata no governo Britto. A irmã Alda tinha sido professora, mas também estava conectada aos movimentos sociais por meio da Teologia da Libertação e de seu trabalho com educação popular na Igreja Católica.[14] Em 1995, ela encontrou um velho amigo que trabalhava na Secretaria de Educação e que lhe disse que lá precisavam de alguém que pudesse ser um mediador junto aos movimentos sociais. O amigo indicou a irmã Alda, que foi contratada pela Secretaria como responsável pelo contato com movimentos sociais. As mobilizações de

[14] Todas as citações ou informações atribuídas à irmã Alda Moura foram obtidas numa entrevista em 23 de novembro de 2010.

protesto do MST convenceram o governo da necessidade de contratar alguém que pudesse interagir de maneira mais eficaz com o movimento.

Assim que a irmã Alda começou a trabalhar, o Setor de Educação do MST convidou-a para um encontro com os sem-terrinha. Alda ouviu as preocupações das crianças sobre a falta de acesso à educação, a discriminação que enfrentavam nas escolas públicas e o seu desejo de ter escolas em seus acampamentos. Ela concordou em ajudar o MST a escrever a proposta das Escolas Itinerantes para as terras ocupadas. Essa proposta foi apresentada ao governo, mas, depois de um ano de espera, o governador Antônio Britto não tomara nenhuma iniciativa.

No outono de 1996, o MST organizou outra manifestação em frente à Secretaria de Educação, com centenas de crianças – uma ocupação que a irmã Alda sabia que tinha sido planejada ao longo de semanas. Ela descreveu a seguinte cena, ocorrida no dia da ocupação:

> Eu saí ao meio-dia do encontro com eles, sabendo que a manifestação ocorreria para reivindicar acesso à educação. A Secretaria tinha muito medo do MST, temia uma invasão do prédio. Fui direto para a minha sala, muito ansiosa. Ali pelas 14h, eles apareceram, todos de vermelho, as crianças à frente. Não sei dizer quantos eram, mas ocuparam a rampa de acesso ao prédio. Aí a secretária de Educação me ligou, bem apavorada: 'Alda, vem ligeiro aqui para a frente, que o MST está chegando!' Fui lá e a polícia também já estava chegando, os seguranças junto, e fizeram aquele cordão de isolamento na frente do prédio. Muita violência da polícia... Todo mundo na Secretaria me perguntava o que fazer e eu sugeri: 'Alguém daqui precisa ir lá pedir a eles que organizem uma comissão. Vamos receber a comissão'. *Eu disse isso porque era o que estava combinado com o MST.* Demorou um pouco, mas resolveram receber a comissão e todo o movimento entrou junto. (grifos meus)

O MST estava usando a estratégia sanduíche, tanto pressionando o governo do estado por meio do protesto conflitante quanto coordenando tudo com uma funcionária do Estado para facilitar o processo de negociação.[15] No encontro com a comissão, ficou decidido que as lideranças do MST teriam 15 dias para finalizar sua proposta de construir escolas

[15] Na Introdução, alinhei uma série de referências a autores que documentam a estratégia sanduíche, principalmente pesquisadores dos movimentos feministas da América Latina (Alvarez, 1990) e dos Estados Unidos (Banaszak, 2010).

nos acampamentos das ocupações de terras. Depois, essa proposta seria submetida ao Conselho Estadual de Educação.[16]

Em 19 de novembro de 1996, o Conselho considerou a proposta do MST. Elizabete descreveu o que aconteceu:

> Enchemos uns ônibus com crianças e professores dos acampamentos e paramos na porta do prédio do Conselho. As crianças queriam entrar para acompanhar a discussão e eles não deixavam. Continuamos pressionando e eles acabaram concordando. As crianças subiram para assistir à aprovação da Escola Itinerante, que era o último tópico da agenda. Assim que elas entraram no recinto, eles logo colocaram em debate a Escola Itinerante, que foi aprovada por unanimidade como uma experiência pedagógica de dois anos de duração.

O MST levou 80 crianças para participar do debate. A irmã Alda acreditava que, "sob pressão, o Conselho se veria obrigado a aprovar a proposta". Elizabete concordou que essa pressão política foi crucial, mas também ponderou que "a proposta era boa": "Tinha argumentos claros sobre como organizar escolas nos acampamentos e não havia como o governo dizer não. Era um direito das crianças e precisava ser garantido". Segundo Elisabete, não foi apenas a pressão política do MST, mas também a capacidade dos militantes de produzir uma proposta bem escrita, de alta qualidade, que convenceu o governo a apoiar essa iniciativa educacional.

Com a aprovação do Conselho Estadual de Educação, o governador Antônio Britto concordou em financiar as Escolas Itinerantes como uma "experiência pedagógica" com dois anos de duração. O governo entrou com os recursos para a construção de Escolas Itinerantes em dois acampamentos do MST que tinham uma grande população infantil. As próprias famílias desses acampamentos construíram as escolas, usando a mesma estrutura de madeira, com cobertura de lona plástica preta, que usavam para construir as barracas nos acampamentos. O governo entrou com materiais básicos, como cadeiras, lousas e livros didáticos, mas as famílias tinham de montar as salas de aula e decorar as escolas. As duas Escolas Itinerantes cobriam do 1º ao 4º ano, com uma dúzia de alunos em cada ano. Por meio de contratos temporários o MST usou como pro-

---

[16] Esse conselho é composto por representantes do Estado e de sindicatos, membros da sociedade civil e estudantes.

fessores seus próprios militantes com formação em magistério. O Setor de Educação supervisionou a construção das escolas, engajou a comunidade num debate coletivo sobre essa missão e ajudou os professores a criar o currículo e a planejar as aulas de cada semana.

Foi uma combinação de protesto conflitante e estratégia sanduíche que convenceu o governo do estado a permitir a construção e a cogestão das Escolas Itinerantes. Mesmo depois da aprovação da proposta, essa estratégia sanduíche continuou a ser importante. A irmã Alda lembrou que muita gente na Secretaria de Educação ainda se opunha a essas escolas e atrasava de propósito a liberação de recursos para elas. Ela usou muito de seu tempo para visitar os acampamentos e documentar as escolas, de forma a mudar a opinião das pessoas na Secretaria. A combinação da pressão externa com a articulação interna permitiu o funcionamento de duas Escolas Itinerantes, mesmo sob um governo estadual que não apoiava a ideia.

Todo apoio do governo: Olívio Dutra e o PT (1999-2002)

Em 1998, quando um conjunto de movimentos sociais continuava a mobilizar o povo por todo o estado, os eleitores escolheram Olívio Dutra como o primeiro governador do PT no Rio Grande do Sul. Como diz Goldfrank (2011b), Dutra era ideologicamente comprometido com o governo participativo e cumpriu o que prometeu em campanha – muito mais do que outros candidatos do PT por todo o país. No Rio Grande do Sul, o MST estava alinhado com Dutra e ajudou a levar o partido ao poder. Portanto, não foi surpresa que o governo abraçasse imediatamente as ideias educacionais do movimento. Lúcia Camini, secretária de Educação no governo Dutra, explicou a relação com o MST:

> Era um momento político muito importante; estávamos crescendo tanto no estado e com tal credibilidade que conquistamos o governo [...]. O que sustentou a proposta educacional do MST foi o acordo que o movimento tinha com o Olívio, pois o MST mandou uma carta a ele recomendando meu nome para a Secretaria de Educação. O cargo era muito disputado entre duas visões diferentes: a de uma educação mais popular, que garantisse a inclusão social e a qualidade, que era nossa visão; e a que defendia que o governo deve tratar da educação formal e o resto que se enquadre. [...] A decisão política não foi apenas de garantir

as Escolas Itinerantes, mas também de estimular a participação do MST nas escolas dos assentamentos.[17]

Lúcia destacou que a linha separando Estado e movimento se turvou: o governo Olívio Dutra não apenas apoiou financeiramente o MST, mas também incluiu militantes de movimentos sociais na administração pública. Vários militantes foram absorvidos pela Secretaria de Educação, "gente com muita experiência no movimento". A própria Lúcia era uma militante veterana do sindicato dos professores, e sua irmã, Isabela Camini, era membro ativo do Setor Estadual de Educação do MST.

Como o número de ocupações de terra continuou a crescer nesse período - houve 60 ocupações entre 1998 e 2001, envolvendo mais de 20 mil famílias -, o governador ofereceu recursos para construir dezenas de Escolas Itinerantes. Lúcia lembra que a estrutura dessas escolas era em madeira, mas as paredes e o teto eram de uma grossa lona plástica preta, que lhe pareceu muito sombria para crianças. Ela procurou por todo o estado para encontrar lona plástica em outras cores, mais claras. Esse tipo de articulação dentro do governo mostra como a Secretaria de Educação se empenhava não apenas nas políticas públicas, mas também em detalhes mundanos como a construção das escolas e o apoio a elas. Durante o governo Olívio Dutra, o número de Escolas Itinerantes flutuou de acordo com as novas ocupações, os despejos de acampamentos e a transição de alguns deles para assentamentos. Em 2002, último ano do mandato de Dutra, havia 16 Escolas Itinerantes em acampamentos do MST, atendendo vários milhares de alunos do 1º ao 8º ano (Camini, 2009).

O apoio do governo a essas escolas era uma forma ideal de cogestão do movimento social no ensino público. O governo entrava com os recursos financeiros, o aparato burocrático e o currículo básico para as escolas. As famílias nos acampamentos construíam as escolas, escolhiam os professores, incorporavam as práticas culturais do MST, transformavam a estrutura organizacional delas e tinham influência até na maior parte do currículo. Para cuidar dos registros administrativos de todas as crianças em Escolas Itinerantes, uma escola pública estadual, a Escola Nova Socie-

[17] Todas as citações ou informações atribuídas a Lúcia Camini foram obtidas numa entrevista em 26 de outubro de 2010.

dade, localizada num assentamento do MST, tornou-se a Escola Base das Escolas Itinerantes. Nos registros oficiais do governo, todos os alunos de Escolas Itinerantes eram considerados alunos da Nova Sociedade, mesmo que estudassem em acampamentos a centenas de quilômetros dessa escola.

A formação de professores era outra área importante para a coordenação entre o MST e o governo do estado. A irmã Alda lembrou: "O MST escolhia os professores, mas a gente procurava se assegurar de que todos estivessem estudando. Essa era a grande contribuição do governo, a formação continuada dos professores das Escolas Itinerantes". A proposta do MST para as Escolas Itinerantes priorizava o recrutamento de professores dos próprios acampamentos, mas, neles, não havia gente suficiente com formação em magistério. Para aumentar o nível de educação nos acampamentos, o Setor Estadual de Educação começou a matricular militantes no IEJC, a escola de Ensino Médio independente que o MST fundara em 1995 (ver Capítulo 1). Esses militantes frequentavam o Programa de Ensino Médio e Certificação para o Magistério (MAG), passando vários meses por ano no IEJC e logo voltando a seus acampamentos para lecionar nas Escolas Itinerantes de suas comunidades como um projeto de pesquisa. Além disso, o governo Olívio Dutra custeou seminários estaduais e regionais para todos os professores das Escolas Itinerantes. Essas escolas, portanto, serviam para educar tanto as crianças como os adultos dos acampamentos.

A característica mais peculiar das Escolas Itinerantes era que, legalmente, elas podiam mudar junto com as famílias acampadas, que eram frequentemente despejadas. Os professores improvisavam salas de aula com cadeiras e lousas aonde quer que fossem. Se o MST organizava uma marcha, as Escolas Itinerantes participavam, usando a marcha para estudar Geografia ou Biologia. Marli lembrou:

> Calculávamos os quilômetros que percorríamos e fazíamos uma conta de matemática, mas a partir de um contexto que vivíamos com eles. A gente podia dizer: 'Hoje caminhamos quantos quilômetros? E amanhã serão quantos?' E assim era com Ciência, Geografia... A gente se deslocava de uma cidade para outra e o clima, a vegetação eram diferentes. A história de cada cidade era diferente da história da cidade anterior.

As Escolas Itinerantes tornaram-se um símbolo nacional da cogestão do movimento social e de inovação pedagógica.

Durante o governo Olívio Dutra, Marli e Elizabete passaram nos concursos públicos que foram abertos para contratação de novos professores pelo governo do estado e se tornaram parte da rede oficial de professores do Rio Grande do Sul. Em vez de nomeá-las para escolas públicas, a Secretaria de Educação contratou-as como coordenadoras estaduais das Escolas Itinerantes, ou seja, o Estado agora pagava militantes do MST para viajar a diferentes acampamentos e acompanhar uma dezena de Escolas Itinerantes por todo o estado. Marli descreveu essa iniciativa como "um arranjo interessante", já que agora ela era paga para fazer o mesmo trabalho que já fazia voluntariamente, como militante do MST. "Eu recebia o salário do estado por 20 horas de trabalho por semana, mas trabalhava 40 horas por semana para acompanhar as Itinerantes", disse ela. Seu trabalho incluía ajudar a construir novas Escolas Itinerantes quando ocorriam ocupações de terra, informar os professores sobre o programa pedagógico do MST, observar e aconselhar esses professores, e organizar seminários estaduais. Embora Marli e Elizabete fossem responsáveis por essas tarefas como funcionárias do governo, sua lealdade principal continuava com o MST.

Mesmo com as boas relações que se desenvolveram entre o MST e o governo Olívio Dutra, não foi fácil organizar as Escolas Itinerantes durante esse período. Marli explicou: "Sempre teve uma dura realidade de negociação com o governo, nunca foi uma coisa dada. A gente tinha que pressionar a Secretaria, avisar que os salários não tinham chegado aos educadores, que um convênio não se tinha concretizado. Não foi um período fácil". Carlota Amado, professora numa dessas escolas, lembrou que o salário dos professores costumava atrasar ou não havia dinheiro suficiente para todos, então eles precisavam compartilhar seus salários.[18] Se os recursos do estado não chegassem, o MST dependia das famílias acampadas para manter as escolas abertas – em termos gramscianos, precisava do consentimento dessas famílias para seu projeto hegemônico alternativo. O MST também precisou voltar continuamente ao protesto contencioso. Durante uma mobilização em Porto Alegre, famílias acampadas vindas de

[18] Todas as citações ou informações atribuídas a Carlota Amado foram obtidas numa entrevista em 26 de novembro de 2010.

todo o estado ocuparam vários edifícios governamentais por sete meses. As Escolas Itinerantes funcionaram durante todo esse período nos gramados diante desses prédios – enquanto ainda financiadas pelo governo do estado. Portanto, o sistema de ensino público do estado tornou-se, basicamente, parte da capacidade de mobilização do movimento.

Governar escolas públicas sem o Estado: Germano Rigotto e o PMDB (2003-2006)

Em 2002, o PT perdeu as eleições do governo do estado para um político do PMDB, Germano Rigotto. Embora a irmã Alda já fosse funcionária da Secretaria de Educação há oito anos, o novo secretário pediu-lhe para sair de seu cargo. Segundo ela, o governo Rigotto não queria um defensor do MST em seus quadros. Não obstante, o novo governador decidiu não mexer na proposta pedagógica do MST, incluindo as Escolas Itinerantes. Elizabete e Marli continuaram a acompanhar as Escolas Itinerante como funcionárias públicas. Mas o governo parou de alocar recursos para essas escolas.

Fernanda,[19] uma funcionária da Secretaria encarregada da educação rural durante o governo Rigotto, explicou a posição desse governo com relação às Escolas Itinerantes: "Não interferimos com a parte pedagógica das Escolas Itinerantes, até porque eles tinham publicações muito profundas a respeito". Segundo ela, "o MST sabia o que queria dessas escolas e não era nosso papel dizer a eles o que fazer, porque a Escola Itinerante era um tipo diferente de escola".[20] Muitos outros funcionários do governo e militantes do MST confirmaram essa falta de ação do governo Rigotto – uma clara tentativa de evitar quaisquer conflitos políticos.

A gestão das Escolas Itinerantes tornou-se mais difícil nesse período, pois os recursos financeiros foram muito reduzidos. Marli explicou:

> Uma coisa que estava no auge começou a despencar, já no início do governo Rigotto. [...] Quando José Fortunati assumiu a Secretaria de Educação, ele nos chamou para conversar sobre Educação do Campo e Escolas Itinerantes. Mas ele é muito sabonete, escorregava por todos os

---

19 Pseudônimo.

20 Todas as citações ou informações atribuídas a Fernanda foram obtidas numa entrevista em 11 de outubro de 2011.

lados. [...] Nós chegamos lá e ficou só na conversa, uma reunião da qual não se aproveitou nada depois. Eles engavetaram tudo que dissemos.

Elizabete lembrou das dezenas de relatórios que teve de escrever sobre a precariedade das Escolas Itinerantes e a necessidade de mais recursos para torná-las bem-sucedidas. Elas continuaram a ser reconhecidas como escolas públicas estaduais, mas o estado já não investia recurso algum nas escolas.

Foi a essa altura que a capacidade do próprio MST para gerir as escolas tornou-se mais crítica. Para que as Escolas Itinerantes continuassem funcionando, as famílias dos acampamentos tiveram de investir seus próprios recursos e sua própria energia. Felizmente, por volta de 2003 já havia uma rede de militantes do MST com certificados de magistério, familiarizados com a proposta pedagógica do Movimento. Esses professores-militantes eram dedicados às Escolas Itinerantes, mesmo passando meses sem receber salário. Quando algum dinheiro chegava, o Setor de Educação dividia esses recursos entre uma dúzia de Escolas Itinerantes. O próprio MST passou a custear os seminários estaduais e a formação de professores, e Marli e Elisabete usaram suas posições como funcionárias públicas estaduais para coordenar esses eventos. Portanto, a despeito dos fundos decrescentes, as escolas continuaram a funcionar com o apoio da infraestrutura do próprio MST. Entre 1996 e 2008, as Escolas Itinerantes formaram 4.601 alunos (Camini, 2009).

Escolas públicas nos assentamentos da Reforma Agrária

Além de acompanhar as Escolas Itinerantes, os militantes do MST envolvidos com educação também estavam preocupados em implementar a proposta pedagógica do movimento nas escolas públicas de seus assentamentos. Durante meus cinco meses de pesquisa de campo no Rio Grande do Sul, em 2010 e 2011, coletei informações sobre nove escolas públicas estaduais localizadas em assentamentos do MST, entrevistei professores, diretores e funcionários do governo encarregados dessas escolas.[21] O

[21] Em 2011, esse número correspondia a cerca de um terço das escolas públicas estaduais e mais da metade das escolas de Ensino Médio em assentamentos do MST no Rio Grande do Sul.

Mapa 4.1 indica o nome e a localização dessas escolas e a Coordenadoria Regional de Educação (CRE), organismo da Secretaria de Educação do estado, responsável pela administração das escolas da região.

Ivori Moraes, membro do Setor de Educação do MST no Rio Grande do Sul, disse que, em meados dos anos 1990, o plano do movimento era focar duas questões: as Escolas Itinerantes e as escolas públicas dos assentamentos.[22] Mas explicou que, à medida que o trabalho com as Escolas Itinerantes acelerava, os militantes perderam o foco nas escolas dos assentamentos. Embora as famílias continuassem pedindo a construção de escolas públicas em seus assentamentos, a ênfase dos militantes continuava nas Escolas Itinerantes. Mesmo assim, nos assentamentos onde militantes tinham sido contratados como professores, eles conseguiam implementar alguns componentes da proposta pedagógica do Movimento.

Quando Olívio Dutra se elegeu governador em 1999, a Secretaria de Educação criou mais espaços para a participação do MST nas escolas públicas estaduais localizadas em assentamentos. Primeiro, entre 1999 e 2002, o governador construiu dezenas de novas escolas do campo e expandiu a estrutura física das escolas públicas que já existiam nos assentamentos do MST. Esse investimento contrastou com a atitude de governos posteriores, que fecharam centenas de escolas do campo para priorizar as escolas públicas em centros urbanos.[23] Mas, como as comunidades do MST eram mais mobilizadas do que outras comunidades do campo, uma vez construída uma escola pública num assentamento não era fácil fechá-la. Das nove escolas que aparecem no Mapa 4.1, seis foram fundadas por Olívio Dutra ou passaram por grande expansão durante seu governo.

A professora Rosângela Nascimento, por exemplo, militante do MST e ex-diretora da Escola Joceli Correa, explicou que, quando a comunidade começou a discutir a necessidade de uma escola, precisou decidir se faria o pedido ao município de Joia ou ao governo do estado. “Decidimos pela escola estadual, porque tínhamos muitos conflitos com o governo

[22] Todas as citações ou informações atribuídas a Ivori Moraes foram obtidas em entrevistas realizadas em 3 de outubro de 2011 e em 27 de agosto de 2016. Exceções serão apontadas.

[23] Esta informação veio de uma entrevista com Mariza Abreu, então ex-secretária de Educação do governo Yeda Crusius, em 1º de novembro de 2010.

municipal", disse ela.[24] As negociações com a Coordenadoria Regional de Educação (CRE) na cidade de Ijuí começaram em 1998, nos últimos meses do governo Britto; mas a construção da escola só foi aprovada quando Olívio Dutra tomou posse, em 1999. Eliane Beatriz Muller, diretora da Escola Oziel Alves Pereira, contou uma história parecida. Seu assentamento foi fundado em 1999, e logo em seguida a cidade de Canguçu construiu uma escola pública municipal nele. Mas, como explicou Eliane, a comunidade queria que fosse uma escola estadual, porque a Prefeitura de Canguçu não apoiava a proposta pedagógica do MST. "Nós fomos ao CRE de Uruguaiana e tivemos de esperar cinco horas para saber se nossa escola poderia ser estadual", recordou. "Eles concordaram, porque havia uma abertura para os assentamentos no governo Olívio; senão, isso nunca teria acontecido."[25] Se fosse um outro governador, disse Eliane, sua escola ainda estaria sob a jurisdição de um governo municipal conservador.

Um segundo impacto que o governo de Olívio Dutra teve na trajetória das escolas em assentamentos foi a criação das Constituintes Escolares. Um documento publicado sobre essas assembleias em junho de 1999 afirma: "A Constituinte Escolar, enquanto processo de participação direta do conjunto da comunidade escolar e da sociedade gaúcha na definição dos rumos da educação pública no RS, inicia seu segundo momento: estudo da realidade e resgate de práticas pedagógicas".[26] Não houve apenas assembleias únicas, mas quatro anos de fóruns participativos (1999-2002), envolvendo membros de comunidades, professores, alunos, pais, diretores e representantes do governo. Esse tipo de iniciativa participativa era típico do governo de Olívio Dutra. Houve várias fases no processo, inclusive estudos coletivos de práticas pedagógicas correntes e extensos debates sobre o propósito e os objetivos da educação para cada comunidade específica. Embora esse processo participativo não se limitasse às escolas dos assentamentos do MST, nelas os debates eram

[24] Todas as citações ou informações atribuídas a Rosângela Nascimento foram obtidas numa entrevista em 18 de dezembro de 2011.

[25] Todas as citações ou informações atribuídas a Eliane Muller foram obtidas numa entrevista em 17 de janeiro de 2011.

[26] "Constituinte Escolar: construção da escola democrática e popular", Caderno 3, Governo do Estado do Rio Grande do Sul (1999).

particularmente dinâmicos, pois os militantes aproveitavam esses fóruns como oportunidades para discutir a proposta pedagógica do Movimento e a luta pela reforma agrária.

Mapa 4.1 – Escolas estaduais pesquisadas em assentamentos do MST no Rio Grande do Sul, 2010-2011

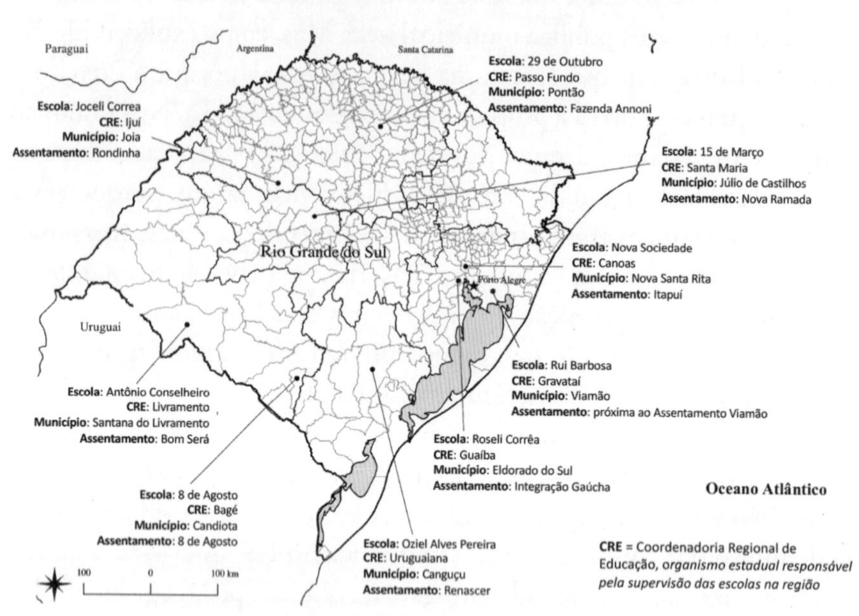

Nota: Todas as escolas oferecem Ensino Fundamental completo, exceto a Escola Rui Barbosa, de Viamão, que só tem o Ciclo I do Ensino Fundamental.

As declarações de missão das escolas, referidas no Brasil como Projeto Político-Pedagógico (PPP), transformaram-se nesse período em longos documentos sobre o propósito da educação. O PPP da Escola Joceli Correa, por exemplo, incluía o seguinte: uma análise da história do assentamento (a começar pela ocupação inicial da terra); o significado do nome da escola; as características dos alunos; as características dos professores; o objetivo geral da escola; a concepção de educação e escolaridade; uma declaração sobre pedagogia; uma lista das diferentes dimensões da formação humana; e uma explicação do processo de avaliação de alunos, professores e da escola como um todo. O PPP afirmava que o objetivo da escola era "contribuir na construção de sujeitos com capacidades de analisar, refletir e interagir com a realidade local e geral, ensinando o fazer pela prática, preparando igualmente para o trabalho manual e intelectual, tornando-se sujeito da História e da sociedade que almejamos".[27] Embora esse PPP tenha sido revisto muitas vezes, as famílias do assentamento escreveram a versão original durante o governo Olívio Dutra. Uma representante do governo com quem falei ficou muito impressionada com a diversidade das pessoas convidadas a participar desses debates. Os funcionários das escolas, os conselhos de pais, os alunos – todos participavam.[28]

Apesar desses espaços de debate e diálogo sancionados pelo Estado, um grande tema nas minhas entrevistas com representantes do governo, professores e militantes do MST era que Olívio Dutra não teve tempo suficiente para implementar as muitas propostas discutidas. Rosângela, da Escola Joceli Correa, por exemplo, afirmou: "O governo do Olívio se preocupou muito mais com o pedagógico, com a formação de professores. Mas o trabalho deles não era para quatro anos, era para mais. Então foi um baque [quando perderam a eleição], porque eles não conseguiram concretizar o trabalho". Carmen, de Santana do Livramento, disse que, durante esse período, eles tinham dezenas de pessoas para ajudar a escrever o PPP, "mas, assim que Olívio saiu, os novos governos ignoraram o documento". Uma entrevista com outra funcionária do governo confirmou a percepção desses professores militantes do MST: "No tempo do Olívio, havia muitas reuniões e tentativas de mudar as escolas [...], mas essas ideias nunca foram implementadas".[29] Não obstante, nas escolas públicas dos assentamentos do MST os PPPs se tornaram a justificativa escrita para implementar a proposta pedagógica do Movimento durante os governos posteriores ao de Olívio Dutra. Tornaram-se, portanto, ferramentas usadas pelas famílias dos assentamentos para fazer demandas ao Estado, por meio de protestos contenciosos.

A terceira ação importante do governo Olívio Dutra foi abrir dois concursos públicos para expandir a rede estadual oficial de professores em 2000 e em 2002. Um grupo de militantes do MST prestou esses concursos

[27] Projeto Político-Pedagógico (PPP), Escola Joceli Correa, 2006.

[28] Entrevista com uma funcionária do CRE de Santa Maria em 25 de novembro de 2010.

[29] Entrevista com uma funcionária do CRE de Ijuí em 29 de novembro de 2010.

e entrou no sistema de ensino público como novos professores e diretores de escolas. Uma vez dentro do sistema, esses militantes não poderiam ser despedidos por nenhum governo futuro. Dos 16 professores-militantes que entrevistei em escolas de assentamentos, nove passaram em um desses dois concursos. Foi essencial, porque na década seguinte o estado do Rio Grande do Sul não abriu mais nenhum concurso público para professor. Juntos, esses líderes regionais convenceram outros professores em suas escolas a apoiar a proposta pedagógica do movimento. Foi nessa época que Elizabete e Marli se tornaram professoras da rede pública estadual, o que permitiu que o governo as contratasse para acompanhar as Escolas Itinerantes. Por acaso, a eleição de Olívio Dutra coincidiu com o primeiro programa de Pedagogia da Terra na Universidade de Ijuí (ver Capítulo 2), o que facilitou muito a aprovação desses militantes nos concursos.

A história da militante Cleusa Reichenbach, que nunca foi parte da rede oficial de ensino, demonstra porque esses concursos eram tão importantes para garantir a participação do MST nas escolas dos assentamentos. Cleusa começou trabalhando na escola do Assentamento Roseli Corrêa, no início dos anos 1990. No começo, ela tinha muita liberdade para implementar a proposta pedagógica do MST, mas começou a circular um boato de que o MST "ensinava terrorismo":

> A diretora do CRE de Guaíba começou a me assediar. Fez um relatório dizendo que eu entoava cânticos de guerra e negava a bandeira do Brasil. A verdade é que eu trabalhava a bandeira do Brasil e também a bandeira do MST. Não podia deixar de fazer isso! Estava todo mundo empolgado, criando bandeira, hino, criando tudo dentro do Movimento Sem Terra. Como educadora popular, eu precisava trabalhar isso com as crianças, não podia ignorar o que estava acontecendo. Aí essa diretora me denunciou e eles armaram pra me tirar da sala de aula, mas os pais trancaram, bateram pé... Como a gente tinha a comunidade junto, eu pude ficar.[30]

Mas a segurança do emprego de Cleusa não era certa, pois ela tinha um contrato emergencial com o município para trabalhar numa escola estadual. No fim, o governo conseguiu despedi-la com a justificativa de que professores concursados tinham direito à vaga dela. O governo não

[30] Todas as citações ou informações atribuídas a Cleusa Reichenbach foram obtidas numa entrevista em 27 de novembro de 2010.

podia fazer isso com professores-militantes que eram parte dessa rede oficial de ensino do estado.

Pedi a dezenas de militantes gaúchos do MST a opinião sobre os fatores que permitiram a cogestão conflituosa do sistema público de ensino. Esta foi a resposta de uma maioria esmagadora: é essencial a presença de um coletivo de professores comprometidos dentro da escola. Isso não significa que todos os professores das escolas precisam ser militantes do MST; o mais importante era a presença de um pequeno coletivo de professores-militantes, familiarizados com a proposta pedagógica do Movimento, que pudessem convencer os outros professores sobre os méritos dessa proposta. Eis alguns excertos das entrevistas que fiz em 2010 e 2011 com militantes e professores, todos enfatizando a importância dessa liderança coletiva:

> O que mantém a escola é ter um grupo de educadores que consiga defender e manter uma proposta de escola. No nosso caso, só conseguimos porque tínhamos um grupo de professores que até ajudou a construir a escola. Esse é o principal fator. Mas se o grupo não for unido, na linha 'nós queremos isso para esta escola', então não dá certo. (Adílio Perin, diretor da Escola Joceli Correa)[31]
>
> Como os professores muitas vezes trabalham em várias escolas, é difícil manter uma unidade coletiva numa única escola. Essa é uma das questões, a outra é ter sujeitos, educadores comprometidos com a luta social, com a reforma agrária. Mesmo não sendo assentado, o professor comprometido respeita e resgata a história da comunidade. (Elizabete Witcel, professora na Escola Nova Sociedade)
>
> Onde conseguíamos ter autonomia era onde tínhamos pessoas com formação ou concursadas. Em Charqueadas, por exemplo, a gente tinha autonomia para perguntar às famílias como elas queriam a escola para os filhos. Onde a gente tinha pessoas com essa compreensão, lá conseguíamos fazer a escola ser diferente. Se os professores vinham do município para dar aula, a gente tinha muita dificuldade, especialmente quando as famílias exigiam uma bandeira do MST na escola ou que os professores trabalhassem os símbolos do Movimento ou que participassem das formações político-pedagógicas que o Movimento propunha. Quando os professores não tinham esse interesse, a escola só era do assentamento por estar dentro dele, não por assumir uma proposta pedagógica diferente das outras escolas. O fundamental mesmo era a intenção da comunidade,

---

[31] Todas as citações ou informações atribuídas a Adílio Perin foram obtidas numa entrevista em 28 de novembro de 2010. Exceções serão apontadas.

de ter professores de dentro, de forma que pudessem dizer: 'Temos esses professores formados no movimento e queremos que eles assumam a escola'. Esse aval da comunidade era fundamental. (Marli Zimmerman, diretora da Escola Rui Barbosa)

Em última instância, quem coordena a escola são os professores. Por isso a nossa aposta na formação dos professores, por isso estamos sempre jogando tanto peso nessa formação, tanto a inicial como a continuada, para atualização pedagógica. (Edgar Kolling, do Setor Nacional de Educação do MST)[32]

Acho que o trabalho nas nossas escolas vem dos professores. Se o professor quer fazer diferente, se ele quer sair do processo educacional tradicional, ele vai fazer isso porque é um sonho de classe, é um sonho de luta, é um sonho de ver uma sociedade melhor. Mas se não está preocupado com o cidadão que está formando, então esse professor vai lá pregar conteúdo e depois vai pra casa deitar e dormir. (Izabela Braga, do Setor Estadual de Educação, RS)[33]

De acordo com essas entrevistas, a presença de coletivos de professores-militantes comprometidos com a proposta pedagógica do movimento era o ingrediente essencial para a cogestão conflituosa do MST na educação pública. Esses professores não precisavam ser militantes do Movimento, mas precisavam conhecer e apoiar o projeto educacional do MST para o campo. Em termos gramscianos, o corpo docente representava a sociedade civil em áreas de reforma agrária, em geral reproduzindo relações sociais tradicionais no campo. Mas alguns poucos dedicados militantes do MST, com uma ideia clara sobre como a educação pode apoiar novas relações sociais e econômicas, podia ativamente angariar o consenso de outros professores para esse projeto educacional alternativo. Portanto, o que deu forma às possibilidades futuras de transformação das escolas públicas foi o fato de que pequenos coletivos de militantes do MST conseguiram se tornar professores do sistema público de ensino durante o governo de Olívio Dutra.

Quando Rigotto assumiu em 2003, sua política de não confrontar permitiu que os coletivos de militantes continuassem implementando

---

[32] Todas as citações ou informações atribuídas a Edgar Kolling foram obtidas numa entrevista em 18 de novembro de 2010. Exceções serão apontadas.

[33] Todas as citações ou informações atribuídas a Izabela Braga foram obtidas numa entrevista em 24 de novembro de 2010. Exceções serão apontadas.

aspectos da proposta pedagógica do MST. O PPP da escola de Rosângela, por exemplo, já estava escrito quando Rigotto tomou posse e não podia ser mudado. "O novo governador não pode simplesmente mudar o PPP de uma escola, então pudemos manter nossa proposta pedagógica ao longo do governo Rigotto", disse ela. Cícero Marcolan, diretor da Escola Nova Sociedade em 2010, observou:

> Quando o PT estava no governo, havia mais possibilidade de diálogo, embora nem sempre fosse uma relação tranquila. Mas existia pelo menos a disposição de receber, de escutar, e havia margem para negociar. [...] Era um tratamento no mínimo igualitário, republicano. Com o Rigotto já não foi tão fácil, mas tampouco foi um governo impossível.

Cícero até contou uma história sobre a defesa da escola de seu assentamento pelo governo Rigotto. A revista *Veja*, notoriamente conservadora, publicou uma reportagem sobre as escolas em assentamentos do MST, comparando-as com madraçais, as escolas religiosas de muçulmanos fundamentalistas. A prova, escreveu *Veja*, estava nas bandeiras do MST, no retrato de Che Guevara, nas fotos de Sebastião Salgado – tudo dentro das escolas. A revista concluiu que as escolas dos assentamentos eram centros de treinamento de guerrilha, mas Cícero lembrou que o então secretário da Educação, José Fortunati, foi à escola, mostrou a bandeira, o retrato e as fotos e também mostrou um livro com o Hino Nacional na contracapa. "Ele mostrou que era uma escola plural e diversificada", recordou Cícero: "Ele até foi a um programa de televisão e argumentou que a escola tinha direito a ter a bandeira do MST, porque ficava dentro de um assentamento e boa parte dos alunos eram filhos de assentados. A bandeira fazia parte da história dessas crianças". Assim, às vezes, o governo Rigotto foi além da mera tolerância e chegou a apoiar abertamente a presença do MST nas escolas de assentamentos.

Mudança de regime e um ataque frontal: Yeda Crusius e o PSDB (2007-2010)

Em 2006, Olívio Dutra do PT e Germano Rigotto do PMDB confrontaram-se novamente nas urnas, dessa vez com um terceiro candidato concorrendo. Nos quatro anos anteriores, um grupo de lideranças políticas gaúchas de direita – determinadas a impedir o PT de voltar ao poder – começou a se organizar dentro do PSDB. Como já apontado em capítulos anteriores, o partido tinha uma posição ideológica mais coerente do que o PMDB, geralmente em favor de políticas econômicas baseadas no mercado e com uma relação mais antagônica em relação a movimentos sociais como o MST. Yeda Crusius, do PSDB, participou das eleições de 2006 com uma plataforma claramente conservadora, criticando o acesso dado por governos anteriores aos movimentos sociais. Depois de um primeiro turno apertado, Yeda Crusius venceu Olívio Dutra no segundo turno.

Os membros do governo Crusius eram mais do que simples antagonistas do Movimento: estavam abertamente dedicados a enfraquecer a presença do MST no estado. Mariza Abreu, por exemplo, que se tornou secretária de Educação (2007-2009), costumava dizer que, na década anterior, o Rio Grande do Sul tinha se tornado a "República Socialista Soviética Sindicalista do Partido dos Trabalhadores".[34] A oposição de Mariza aos políticos de esquerda no estado era consistente com sua oposição ao MST. Quando perguntei pela primeira vez a Mariza sobre as Escolas Itinerantes nos acampamentos do MST, ela respondeu: "Para dizer a verdade, nem sei contar direito a história [dessas escolas]. Antes de mais nada, o MST é um problemão, ele em si é um problemão". Ela afirmava que "o Movimento é muito ideologizado" e que sua liderança "tem objetivos políticos e revolucionários muito explicitados, é muito pouco centrada na questão da reforma agrária". Quanto às 12 Escolas Itinerantes do estado, ela lamentava ter herdado essa "situação horrível":

> Já existia, eu nem sei dizer desde quando, um convênio da Secretaria da Educação com o MST através de uma ONG sei lá o quê, para contratação de professores nas escolas de assentamentos. Já era complicado quando chegamos lá. Eles mesmos indicavam os professores, havia um conjunto de irregularidades e nem vou falar do processo pedagógico em si.

Mariza fez muitos comentários sobre todos os problemas que via nas Escolas Itinerantes, inclusive uma suposta recusa do MST de permitir

[34] Todas as citações ou informações atribuídas a Mariza Abreu foram obtidas numa entrevista em 1º de novembro de 2010.

a entrada de representantes da Secretaria nos acampamentos. Quando finalmente permitiram, disse Mariza, esses representantes teriam descoberto que os professores listados na folha de pagamento nunca eram os mesmos que estavam de fato dando aulas.

A despeito de suas opiniões, Mariza Abreu não podia fechar as Escolas Itinerantes; elas tinham atraído muita atenção nacionalmente. Em vez disso, ela simplesmente parou de se encontrar com representantes do MST e reduziu drasticamente o número de horas que Elizabete e Marli (as duas militantes do MST que tinham sido contratadas pela Secretaria para acompanhar as Escolas Itinerantes) podiam dedicar a esse trabalho. Sob Mariza, Elizabete e Marli eram obrigadas a usar parte de seu tempo para lecionar em escolas públicas convencionais. Durante o governo Crusius, segundo Marli, a secretária de Educação só recebeu o MST uma única vez, a pedido do deputado estadual Frei Sérgio:

> Nós queríamos melhorar as Escolas Itinerantes e não fechá-las. Queríamos melhorar a estrutura básica e que se encontrasse uma forma de contratar os professores. Naquele dia da audiência, nossa intenção era dizer a ela: 'Nós estamos aqui, somos uma escola e temos uma especificidade, pois as famílias acampadas se deslocam de um lugar para outro. Essas crianças estão lá e precisam de escola. A LDB garante esse direito'. Ela simplesmente nos ignorou. Ouviu, mas insistiu que as Escolas Itinerantes não eram diferentes das outras escolas da rede pública. Não concordava com uma escola que tivesse essa característica específica, com concurso público específico. Eu não lembro dos detalhes, mas lembro que foi uma discussão muito pesada e muito ruim. Ela foi extremamente grosseira não só com os representantes do Movimento, mas até com assessores e funcionários da própria Secretaria.

As tensões entre a governadora Crusius e o MST foram muito além da educação. Ao longo dos quatro anos de seu governo, houve múltiplos conflitos, com dezenas de acampamentos desmontados e encontros do MST interrompidos pela Brigada Militar do estado. Numa dessas ocasiões, em janeiro de 2008, o Assentamento Fazenda Annoni hospedou um encontro de centenas de militantes do MST. O militante Roberto explica: "Tinha havido um protesto num latifúndio antes do encontro estadual. Dezenas de policiais invadiram o encontro na Annoni, sob a alegação de que alguns objetos tinham sido roubados da outra fazenda. Houve um conflito com a polícia e muitas pessoas foram feridas".[35] Também houve interações violentas entre o governo Crusius e outros movimentos sociais. Só em 2007 e 2008, houve confrontos com o movimento camponês de mulheres, sindicatos de professores, trabalhadores rurais, trabalhadores urbanos e o movimento de moradores de rua.[36] Crusius investiu ativamente na força policial, aumentando os salários da Brigada Militar. Seu governo ficou rapidamente famoso no país inteiro pela criminalização de movimentos sociais.

Usar a lei para acabar com a participação: o papel do Ministério Público

Em 2008, a campanha de Crusius contra o MST recebeu o apoio de um agente poderoso: o Ministério Público (MP), que tem autonomia, mas depende do Poder Executivo. É o governador do estado que indica o procurador geral de Justiça, chefe do MP estadual, que, em seguida, deve ser aprovado pela respectiva Assembleia Legislativa (assim como o procurador geral da República é indicado pelo presidente da República e sabatinado pelo Congresso Nacional). No caso do Rio Grande do Sul, entre 2007 e 2010, o Ministério Público estadual estava perfeitamente alinhado politicamente com o governo Crusius. Em 2008, o Conselho Superior do MP gaúcho, que reúne os 11 procuradores de Justiça mais antigos, decidiu abrir uma investigação contra o MST. No final, essa investigação levou ao fechamento das Escolas Itinerantes.

Luís Felipe Tesheiner, um dos promotores responsáveis pela investigação, explicou que o MP resolveu investigar por causa de múltiplas reclamações de proprietários de terras sobre atividades ilegais do MST no campo.[37] Para ele, "esse era um caso atípico, não tinha a formatação dos casos normalmente levados ao MP, porque tramitava no Conselho Superior, que entendeu que alguma ação deveria ser tomada em relação a diversos acontecimentos envolvendo o MST".

---

[35] Notas da pesquisa de campo, janeiro de 2011.

[36] Esta informação veio de uma coleção de artigos de jornal que o MST do Rio Grande do Sul reuniu sobre a violência policial nesse período.

[37] Todas as citações ou informações atribuídas a Luís Felipe Tesheiner foram obtidas numa entrevista em 17 de novembro de 2010.

Em outras palavras, foi uma decisão de cima para baixo dentro do próprio MP. Os promotores designados para o caso identificaram quatro locais do Rio Grande do Sul onde houvera recentes conflitos pela terra.[38] Luís descreve:

> A Granja Nenê, por exemplo, era uma fazenda altamente produtiva, uma empresa rural. Tem produção de arroz, tem gado, legumes sem agrotóxico, uma produção fantástica. Mas o MST decidiu que aquela terra devia ser deles. Passaram a invadir repetidamente a fazenda. Invadiam, a proprietária conseguia uma ordem judicial de despejo, a polícia ia lá, retirava, depois eles invadiam de novo. Quando entravam, queimavam equipamentos agrícolas, matavam o gado - matavam um boi, por exemplo, tiravam um pedaço de carne e deixavam o resto jogado no campo. Ou queimavam a plantação. Nós temos foto de tudo isso. Há uma série de atos criminosos descritos. Mas eles faziam tudo isso de noite e voltavam para seus acampamentos.

Como ninguém estava processando o MST no sistema judicial, era necessário, disse Luís, que o MP fizesse isso em nome dos cidadãos brasileiros. Ele também explicou que o MP não pretendia inicialmente investigar as Escolas Itinerantes. Mas, no processo de investigação, os promotores aprenderam mais sobre essas escolas e chegaram à conclusão de que eram sustentadas por dinheiro público, mas controladas pelo Movimento. O MP começou a coletar informações a respeito, com o apoio de Mariza Abreu, a secretária de Educação.

Gilberto Thums,[39] principal responsável pela investigação do MP, explicou como o Ministério Público começou a analisar as Escolas Itinerantes:

> Constatamos que as Escolas Itinerantes servem como instrumento de alienação das crianças para que elas não saiam do [acampamento] [...]. Elas precisam continuar acampadas, precisam reproduzir o modelo dos pais e continuar nesse mesmo processo - invadir, ocupar e resistir -, porque existe atrás disso uma ideia política maior. Trata-se de uma organização de extrema-esquerda, inclusive considero o MST um movimento terrorista.
>
> [RT: Mas como começou esse processo?]

---

[38] Pedro Osório, Coqueiros do Sul, São Gabriel e Nova Santa Rita.

[39] Todas as citações ou informações atribuídas a Gilberto Thums foram obtidas numa entrevista em 11 de novembro de 2010.

> Investigamos toda a violência e aí descobrimos que o Movimento tem uma técnica: escolher áreas produtivas de empresas rurais ligadas ao agronegócio, invadir e forçar o governo a desapropriar a área, entendeu? Eles não querem uma terra para começar do zero, eles querem uma terra pronta, com tudo já funcionando.
> [RT: Qual foi o papel da Secretaria de Educação?]
> Quando a Secretaria de Educação nos disse 'não temos interesse nenhum em manter essas escolas', o MP fez um acordo, um Termo de Compromisso de Ajustamento de Conduta (TAC). Pelo TAC, o governo do estado se obriga a matricular as crianças dos acampamentos na escola mais próxima e a fornecer um meio de transporte.

Portanto, o fechamento das Escolas Itinerantes não foi devido, pelo menos inicialmente, a uma avaliação pedagógica das escolas; foi resultado de uma investigação mais ampla, relativa à presença do MST no Rio Grande do Sul.

Ao contrário de Luís, que explicou o processo contra o MST de maneira calma, detalhada e sem viés aparente, Gilberto expôs abertamente sua posição ideológica contra o movimento. Fez um grande esforço para me convencer que o MST era uma ameaça comunista. A certa altura de nossa conversa, falou da primeira escola independente do Movimento, o IEJC, em Veranópolis, no Rio Grande do Sul. Embora sequer soubesse o nome certo da escola (confundiu-a várias vezes com a Escola Nacional Florestan Fernandes, em São Paulo), ele estava convencido de que havia treinamento de guerrilha na escola:

> Essas Escolas Itinerantes são escolas do Ensino Fundamental. Depois vem o Ensino Médio, mas não existe escola rural de Ensino Médio. Então, dentro da ideologia do Movimento, as crianças formadas nas Escolas Itinerantes podem tentar ter acesso às chamadas "escolas Florestan Fernandes" – é o nome de um comunista. Essa escola Florestan Fernandes fica em Veranópolis. Você não vai conseguir entrar lá. São escolas de treinamento de guerrilha.
> [RT: Mas são escolas reconhecidas pelo Estado? Como funciona?]
> Eu acho que eles têm convênio com o MEC, que é do governo federal. É muito curioso como essas escolas funcionam. Porque lá não se consegue entrar, são escolas isoladas, fechadas.
> [RT: Mas há várias escolas lá em Veranópolis, ligadas ao Incra?]
> Não, só tem uma escola lá.

[RT: É a Escola Florestan Fernandes?]
Sim, tem uma aqui no Rio Grande do Sul, tem uma na Bahia... no Ceará... Eu sei que tem umas cinco ou seis escolas dessas no país, chamadas Escolas Florestan Fernandes. Nelas, o sujeito tem que saber cantar o hino nacional de Cuba e aprende técnicas de guerrilha. Então, o caminho natural de um filho de acampado na Escola Itinerante é ter acesso a uma Escola Florestan Fernandes. E, de lá, eles voltam preparados para o acampamento.
[RT: Mas eles aprendem técnicas de guerrilha, com armas e tudo?]
Não, eu não sei, a gente não tem informação. *[pausa]* Mas com certeza! Sabotagem, uso de estacas para enfrentar a polícia, tudo que foi usado no Vietnã para atacar soldados americanos. Nessas escolas, eles aprendem técnicas para tomar de assalto uma fazenda que tem seguranças, por exemplo. E essas escolas continuam funcionando com dinheiro público.
[RT: E com apoio do MEC?]
Aí é que está. Como essas escolas se sustentam? Há várias formas, o dinheiro vem do governo federal para uma finalidade e é gasto em outra finalidade.
[RT: O MP não deveria investigar esse tipo de coisa?]
Sim, mas aí deve ser o MPF, o Ministério Público Federal. Como esse dinheiro é do governo federal, seria também da competência do MPF fiscalizar a aplicação do dinheiro.
[RT: Ou da competência do TCU?]
Isso, do Tribunal de Contas da União. Através do TCU, o MPF poderia conferir como esse dinheiro foi gasto, provar que as notas fiscais são todas falsas, é tudo frio... Mas não tem nenhuma investigação, até porque eles não querem fazer. O MPF também está cheio de comunistas, de vermelhos.

Gilberto supôs que eu não conhecesse nem a escola de Veranópolis, nem a Escola Nacional Florestan Fernandes, em São Paulo, embora eu tenha explicado que era uma pesquisadora interessada nas iniciativas educacionais do MST. Na verdade, eu tinha passado muitas semanas como observadora no IEJC, como descrevi no Capítulo 1. Para qualquer pessoa familiarizada com a região, a acusação de que havia treinamento militar na escola não faz sentido algum. O IEJC compartilha o mesmo prédio do centro de Veranópolis com a escola primária municipal, embora tenham entradas diferentes. Veranópolis é uma cidade de classe média relativamente conservadora, o que torna altamente improvável que militantes do MST conseguissem fazer treinamento de guerrilha ali sem atrair imediatamente a atenção da comunidade. Além isso, o Tribunal de Contas do Estado (TCE) do Rio Grande do Sul já tinha auditado o IEJC nada menos que 19 vezes por uso impróprio de dinheiro público – e absolveu a escola em todos os casos. Parece que as afirmações de Gilberto sobre o MST foram uma tentativa deliberada de deslegitimar o Movimento; na melhor das hipóteses, ele apenas exibiu uma ignorância abissal sobre o MST e suas escolas.

Essa investigação do MP resultou num relatório de cem páginas, publicado em junho de 2008, que analisava o fenômeno MST. O relatório incluía uma história de movimentos agrários, a emergência e evolução do MST, a rede internacional de apoio ao movimento e uma análise do Rio Grande do Sul e dos quatro municípios que eram o foco da investigação. No relatório, havia uma seção sobre o programa educacional do MST, citando, entre outros, este trecho da reportagem "Madraçais do MST", publicada na edição n. 1.870 da revista *Veja* (Weinberg, 2004):

> O MST implementou um sistema educacional paralelo, sobre o qual o poder público não exerce quase nenhum controle. O Ministério da Educação desconhece até mesmo quantas são e onde estão exatamente as escolas públicas com a grife do movimento. E as secretarias estaduais e municipais de ensino, embora sustentem as escolas, enfrentam dificuldades até para fazer com que professores não ligados aos sem-terra sejam aceitos nas salas de aula.

O relatório também citou indiretamente, sempre a partir da mesma reportagem de *Veja*, uma das publicações do próprio MST, o *Caderno de Educação* n. 88:

> O MST deixa claro que a educação que pretende dar a seus alunos deve ter 'o compromisso em desenvolver a consciência de classe e a consciência revolucionária'. [...] 'Essas escolas estão aprisionando as crianças num modelo único de pensamento', observa a pedagoga Sílvia Gasparian Colello, da Universidade de São Paulo.[40]

O relatório fez muitas recomendações concretas, que o governo Crusius ajudou a colocar imediatamente em prática: aumentar a pre-

---

[40] Esta e a citação anterior foram extraídas do Relatório do Ministério Público do Rio Grande do Sul, 16 de junho de 2008, p. 46.

sença policial ao redor dos assentamentos do MST, despejar as famílias dos acampamentos e fechar as Escolas Itinerantes. Luís comentou: "A governadora Yeda [Crusius] acredita que a lei deve ser cumprida, o que é impressionante no Brasil. Ela foi importante, porque controla a polícia e o Ministério Público precisava do apoio da polícia". Luís também disse que foi fácil fechar as Escolas Itinerantes porque Mariza Abreu, a secretária de Educação, imediatamente concordou com a recomendação e tomou as medidas necessárias.

Embora Mariza sempre tivesse criticado as Escolas Itinerantes, se a Secretaria de Educação fechasse as escolas o preço político seria muito elevado. Como ela explicou, a intervenção do Ministério Público foi bem-vinda:

> O fim desse convênio com as Escolas Itinerantes foi uma iniciativa do Ministério Público. O que achei ótimo.
>
> [RT: Por quê?]
>
> Porque se nós tomássemos essa decisão, seria muito questionado. Como veio do MP, ficou mais legitimado.

Por causa do reconhecimento público que as Escolas Itinerantes tinham recebido na década anterior, o governo do PSDB teve de trabalhar com o MP para conseguir fechá-las. Como disse o advogado do MST no Rio Grande do Sul, Leonardo Kauer: "O governo não teve peito para fechar essas escolas ele mesmo".[41] O MP também precisava do apoio do estado para executar suas recomendações. Luís se referiu a isso como uma "convergência de interesses". Claramente, o ataque contra as Escolas Itinerantes foi parte de uma tentativa maior de enfraquecer a influência do MST no estado ou, em termos gramscianos, um ataque frontal ao movimento.

Em 28 de novembro de 2008, representantes do Ministério Público e da Secretaria de Educação assinaram o Termo de Compromisso de Ajustamento de Conduta (TAC), que mandava o governo fechar as escolas.[42] Para esses agentes governamentais, fechar as escolas era necessário, porque elas contribuíam para os objetivos políticos e econômicos do MST, que

---

[41] Todas as citações ou informações atribuídas a Leonardo Kauer foram obtidas numa entrevista em 25 de outubro de 2010.

[42] Ministério Público do Estado do Rio Grande do Sul, Termo de Compromisso de Ajustamento de Conduta, Procedimento Administrativo 16.315-0900/07-9, 28 de novembro de 2008.

eram, na melhor das hipóteses, ilegais e, na pior, terroristas. Para o MST, o fechamento das Escolas Itinerantes era parte de um grande ataque conservador ao Movimento em todo o estado. Acabou ali a década de cogestão das Escolas Itinerantes, sancionada pelo Estado.

O MST reage: "Fechar as escolas é um crime!"

Embora setores conservadores por todo o Brasil tenham elogiado o fechamento das Escolas Itinerantes, essas ações foram largamente criticadas pelo MST e pelo público em geral. O advogado do MST, Leonardo Kauer, avaliou: "Foi uma bobagem, uma coisa idiota. Fizeram um relatório fantasioso, que eram escolas de guerrilha, que havia planos de fazer uma 'revolução vermelha' amanhã". Lúcia Camini, que foi secretária de Educação no governo Olívio Dutra, criticou o fato de que o Conselho Estadual de Educação não foi consultado para o relatório do MP, pois esse conselho é que havia aprovado as Escolas Itinerantes. A única autoridade na área de educação que foi entrevistada para o relatório foi Mariza Abreu. A liderança do MST considerou esse relatório como parte de um grande ataque nacional ao Movimento, que os militantes chamavam de "um novo momento de criminalização de movimentos sociais" – em parte, uma consequência da chegada do PT à Presidência da República (ver Capítulo 3), que inspirou duras reações de grupos conservadores. Em julho de 2008, um mês depois da publicação do relatório, o MST e outras nove organizações de direitos humanos entregaram uma denúncia formal ao Alto Comissariado de Direitos Humanos das Nações Unidas, condenando a descaracterização do MST pelo Ministério Público e sua aliança partidária com o governo do estado.[43]

O MST organizou dezenas de protestos por todo o estado para forçar a governadora Yeda Crusius a reabrir as Escolas Itinerantes, mas o governo ideologicamente conservador, inabalável em sua oposição (e até ódio) ao PT e ao MST, recusou-se. Inicialmente, porém, o fechamento

---

[43] Os outros grupos eram: Justiça Global; Terra de Direitos; Rede Social de Justiça e Direitos Humanos; Associação de Advogados de Trabalhadores Rurais da Bahia; Federação dos Órgãos para Assistência Social e Educacional (FASE); Nadine Borges; Assessoria Jurídica Popular Mariana Criola; Dignitatis Assessoria Técnica e Jurídica Popular; e Gabinete de Assessoria Jurídica às Organizações Populares (Uchinaka, 2008).

das escolas não foi tranquilo. Muitas famílias vivendo nos acampamentos do MST continuaram a mandar seus filhos para as Escolas Itinerantes e os professores continuaram a lecionar, mesmo diante da intimidação policial, a falta de recursos didáticos e o corte nos salários dos professores.

Em julho de 2009, oito meses depois do fechamento pelo Ministério Público e pelo governo do estado, visitei uma das escolas que continuava a funcionar.[44] A escola ficava no acampamento próximo ao assentamento Fazenda Annoni, um dos maiores e mais antigos assentamentos da reforma agrária no Rio Grande do Sul. Quando cheguei, um dos professores, Alexandre,[45] estava esperando para me acompanhar na visita. Enquanto caminhávamos pelo acampamento lamacento, Alexandre me contou que tinham enfrentado muitas dificuldades financeiras na escola desde que Crusius tomou posse. No ano anterior, todos os professores fizeram até uma greve de fome, porque não recebiam salário há nove meses. Mesmo assim, continuaram trabalhando e conseguiam sobreviver graças aos recursos oferecidos pelas famílias acampadas, dinheiro mínimo para comida e moradia grátis.

Alexandre disse que a carta oficial para fechar a Escola Itinerante, que chegou lá em 10 de fevereiro, afirmava que as escolas eram inadequadas e que as crianças receberiam uma educação apropriada em outras escolas. Isso era hipocrisia, disse ele, porque muitas das inadequações eram devidas ao fato de que a governadora cortou as verbas das escolas. "Depois que foram oficialmente fechadas", acrescentou, "a polícia chegava aqui e ia de barraca em barraca, tentando matricular as crianças e forçar sua transferência para escolas urbanas. Cinco ou seis famílias de nosso acampamento decidiram fazer isso, mas o resto conseguiu esconder as crianças quando a polícia veio." Alexandre disse que havia uma equipe de oito professores no acampamento, a maioria deles estudando no IEJC – a mesma escola de que Gilberto Thums não sabia nem o nome. Alexandre lecionava há dois anos na Escola Itinerante, depois de ter sido convidado para concluir o Ensino Médio e fazer o MAG no IEJC. Ele passava muitos meses por ano estudando e os outros meses aplicando na Escola Itinerante o que tinha

---

[44] As informações desta seção vêm de anotações de campo em julho de 2009.

[45] Pseudônimo.

aprendido. Quando estava no IEJC, era substituído por outro professor do coletivo de educação do acampamento.

Nesse acampamento, a Escola Itinerante só cobria até o 5º ano, porque lhe faltavam professores com as credenciais necessárias para lecionar nos anos posteriores. Havia entre 35 e 40 alunos na escola, mas Alexandre admitiu que era difícil saber o número certo porque os alunos faltavam muito. "Por exemplo, hoje, com a chuva, acho que muitos alunos não virão", explicou. "Está uma lama danada e as crianças vivem em barracas longe da escola." Às 13h30, nós dois fomos para a Escola Itinerante para as aulas da tarde. A estrutura da escola era muito básica, feita de tábuas e uma grossa lona plástica preta. Havia três salas, uma para o Educação Infantil e 1º ano, outra para 2º e 3º anos, e a sala de Alexandre, para 4º e 5º anos. Os alunos começaram a chegar à escola um a um, alguns descalços, caminhando na lama. "Do jeito que eles se vestem, jamais seriam aceitos na escola urbana", disse Alexandre. Só chegou um aluno dele, mas ele não desanimou: começou a lecionar imediatamente, contando ao menino, com grande entusiasmo, sobre os materiais de Matemática que ele tinha preparado. Em outra sala, um professor trabalhava com três crianças pequenas.

Nove Escolas Itinerantes continuavam a funcionar em acampamentos do MST no Rio Grande do Sul ao longo de 2009. Elizabete e Marli registraram tudo que foi ensinado e levaram esses relatórios ao CRE da Secretaria estadual. Mas o órgão logo foi orientado pela Secretaria a não receber os militantes do MST. Lourdes,[46] que trabalhava nesse escritório, explicou: "O MST vinha ao CRE porque eles não queriam que as Escolas Itinerantes fechassem. Mas tivemos de fechá-las... Notificamos os pais dos alunos, que deveriam ser transferidos para outras escolas, mas as aulas continuavam acontecendo".[47] Cícero Marcolan, diretor da escola de assentamento que era chamada de "escola-base", pois respondia legalmente pelas Escolas Itinerantes, descreveu essas interações:

> Quando fecharam as Itinerantes, eles queriam obrigar os alunos de um acampamento aqui perto a virem estudar aqui. Legalmente, os pais têm direito a

[46] Pseudônimo.

[47] "Lourdes" foi entrevistada no CRE 8 em 25 de novembro de 2010.

> escolher a escola para os filhos e precisam assinar o pedido de matrícula. Mas os pais não queriam assinar, porque queriam manter a escola lá mesmo. Aí [a Secretaria] queria que eu, como diretor da escola, matriculasse automaticamente na escola do assentamento todos os alunos do acampamento, à revelia dos pais. Houve muita pressão, [a Secretaria] orientou [o CRE] para documentar minha recusa, dizendo que eu me negava a cumprir a ordem. Fizeram o documento e ficou por isso mesmo, já que eles não tinham razão dentro da lei. Mas, sim, houve tentativas de coação.[48]

Com essas táticas, o governo do estado finalmente convenceu muitas famílias a matricular seus filhos em escolas urbanas. Elizabete e Marli foram contratadas em tempo integral em escolas de assentamentos, o que as afastou de seu trabalho de coordenação das Escolas Itinerantes. Lentamente, os professores dos acampamentos acabaram envolvidos com outras atividades para poder pagar as contas. No final de novembro de 2010, Izabela Braga, coordenadora do Setor Estadual de Educação do MST, disse-me que "ainda há algumas atividades educacionais informais nos acampamentos, mas as Escolas Itinerantes fecharam mesmo". A governadora Yeda Crusius tinha tanto a vontade como a capacidade para fechar as escolas; ela fez isso, mesmo diante de uma longa resistência, por meio do uso sistemático de investidas policiais, ameaças legais às famílias e supervisão administrativa. Assim como a alta capacidade do Estado para gestão educacional tinha facilitado a implementação das Escolas Itinerantes entre 1999 e 2002, essa mesma capacidade permitiu que o governo Crusius fechasse essas escolas – além de centenas de outras escolas do campo em todo o estado.

O fim das Escolas Itinerantes não significa que o MST parou de se mobilizar em torno delas. Ao longo de 2009 e 2010, houve dezenas de protestos relacionados com a educação no Rio Grande do Sul, sob o mote "Fechar escolas é crime!". Essas mobilizações foram direcionadas tanto a Crusius como ao Ministério Público. Participei de um dos grandes protestos em outubro de 2010, durante um encontro de todos os Sem Terrinha do estado inteiro, filhos e filhas das famílias que viviam nos assentamentos e acampamentos. Em 13 de outubro de 2010, centenas de crianças se reuniram no centro de Porto Alegre, em frente ao mercado

[48] Todas as citações ou informações atribuídas a Cícero Marcolan foram obtidas numa entrevista em 13 de novembro de 2010.

público. Marchamos em duas filas únicas pelas ruas, com um grupo de jovens militantes do MST batucando, tocando instrumentos musicais e puxando as palavras de ordem.

No fim, chegamos ao grande edifício de vidro onde o Ministério Público funcionava. Esperamos por quase uma hora, até que duas crianças receberam autorização para entrar, acompanhadas por vários militantes do MST. Quando as crianças saíram, anunciaram que o MP tinha se recusado a fazer quaisquer promessas ao Movimento sobre uma possível reabertura das Escolas Itinerantes. O protesto acabou com uma das crianças lendo uma carta que tinha sido escrita durante os três dias de encontro dos Sem Terrinha:

> Nós, os sem-terrinha do MST, no XIV Encontro Estadual dos Sem Terrinha, com o lema "Fechar escola é crime: Sem Terrinha na luta pela educação", estamos aqui para exigir deste órgão que nos garanta o acesso à educação com qualidade, respeitando nossa realidade do campo. Depois de 13 anos de Escola Itinerante, o governo Yeda, em 2008, conjuntamente com o Ministério Público, fechou nossa Escola Itinerante, deixando mais de 600 crianças sem escola. Isso é crime! Exigimos que se cumpra a lei: garantir o direito a educação de qualidade para todas as crianças, sejam do campo ou da cidade, respeitando as suas realidades. Não aceitamos que fechem nossas escolas do campo. Sabemos da importância da educação, precisamos entender a realidade do campo para poder permanecer nele. Não queremos ir para a cidade disputar emprego e espaço na favela. Nós queremos terra, trabalho e conhecimento. Queremos uma escola em que possamos aprender sem sofrer nenhum tipo de preconceito ou discriminação social, racial ou econômica.
>
> Lutamos por um pedaço de terra e pela reforma agrária e, nessa luta, a escola tem que nos acompanhar. Lutamos por uma escola do campo nos nossos acampamentos e assentamentos.
>
> Direito é direito!
>
> Não aceitamos 'não' como resposta!
>
> Escola Itinerante já!
>
> (Movimento dos Trabalhadores Sem Terra: por escola, terra e dignidade. Porto Alegre, 13 de outubro de 2010.)

Depois da leitura da carta, todos levantamos e cantamos o hino do MST; as crianças foram recolhidas por ônibus e voltaram para suas casas nos assentamentos e acampamentos de todo o estado.

Esses protestos atraíram atenção nacionalmente, levando vários parlamentares a denunciar o governo Crusius no Congresso Nacional. Embora a publicidade negativa não tenha conseguido convencer o governo estadual a reabrir as Escolas Itinerantes, houve outras repercussões para os envolvidos. Gilberto, chefe do Ministério Público local, admitiu que a investigação do MST teve um custo pessoal para ele:

> Essa tomada de posição me custou muito caro, eu sofri uma espécie de rejeição social. Nas universidades, por exemplo. Fui convidado para fazer uma palestra na Universidade de Caxias do Sul e, quando soube que era eu que ia lá, o MST deslocou um grupo de pessoas para o *campus* e fez um piquete na frente da universidade. O reitor ficou com medo de uma invasão e cancelou o evento.

Luís Tesheiner confirmou esse alto custo:

> O desgaste não foi só para mim ou para meus colegas, o desgaste foi para o Ministério Público como um todo. Quando um promotor age, é o MP que está agindo, então a crítica maior era ao Ministério Público.

Quatro anos de protestos também enfraqueceram o PSDB no Rio Grande do Sul, pois o Partido estava sempre sob os holofotes nacionais, recebendo publicidade negativa. Em 2010, o candidato do PT ao governo do estado, Tarso Genro, prometeu em campanha acabar com a criminalização dos movimentos sociais no estado e reabrir as Escolas Itinerantes. Ele venceu Yeda Crusius no primeiro turno.

Limitações para as escolas públicas nos assentamentos

Além das Escolas Itinerantes, o governo do PSDB fechou 175 outras escolas rurais entre 2007 e 2010. O fechamento dessas escolas refletia a posição ideológica do governo: priorizar a construção de escolas em áreas urbanas. A secretária de Educação Mariza Abreu explicou:

> Mas esse é o destino do mundo. Que fique 2%, 3%, 4% da humanidade na zona rural e que haja agronegócio, com uma agricultura cada vez mais mecanizada. E que a maioria das pessoas more nos centros urbanos. Esse é o destino do mundo.

Quando perguntei a Mariza Abreu sobre as mudanças que ela implementou quando foi secretária de Educação, ela disse que sua maior realização foi transformar o "modelo de gestão". Ela disse que os sindicatos de professores sempre tinham comandado as escolas públicas e que isso criava um ambiente ruim para os alunos:

> A lógica da gestão das escolas sempre focava o professor. A primeira coisa que fizemos foi tomar uma série de medidas para retomar o controle de gestão da rede. Foi muito legal e eles foram entendendo. Havia uma rede sobre a qual a Secretaria não tinha autoridade, que era gerida pelos professores na lógica dos interesses corporativos deles, sobrepostos aos interesses da sociedade.

Mariza revelou abertamente suas tentativas de centralizar o poder de decisão e de reduzir a autonomia dos professores. Ela abraçou uma série de políticas educacionais que estavam se tornando dominantes globalmente, sobretudo o pagamento do professor com base no mérito, avaliações com fortes consequências e currículo padronizado (Mundy *et al.*, 2016; Sahlberg, 2016). Embora os militantes do MST tenham conseguido manter suas posições como professores e diretores de escolas em muitas escolas de assentamentos durante esse período, o novo paradigma educacional era altamente restritivo a qualquer inovação educacional do movimento.

Em 2010, no fim do governo Crusius, falei com alguns militantes do MST sobre a sua capacidade para implementar a proposta pedagógica do movimento nas escolas de assentamentos durante esse período. Cícero, o diretor da Escola Nova Sociedade em 2010, descreveu a situação como de hostilidade aberta:

> Por exemplo, se um professor tira licença e nós ficamos sem um professor, temos de esperar entre três e quatro meses por um substituto. As outras escolas conseguem reposição em 15 ou 20 dias.
>
> [RT: E vocês acham que fazem isso porque é uma escola do MST?]

Sim, eles atendem primeiro todas as outras escolas. Se sobrar algum professor, aí atendem a nossa.

Carlota Amado, que trabalha na Escola Rui Barbosa, disse que "Olívio via a escola como um lugar para formar seres humanos, formar valores, formar cidadãos. No governo Yeda, ela tratou as escolas como empresas e queria formar funcionários para empresas". Carlota descreveu as parcerias que a Secretaria de Educação criou entre sua escola e várias empresas locais. Embora essas parcerias devessem ajudar a escola financeiramente,

Carlota afirma que a sua principal função era oferecer estágios aos alunos. Elizabete descreveu uma questão mais prosaica:

> Yeda exigia tanta burocracia das escolas que não teve tempo de pensar o pedagógico, algo além de responder questões da coordenadoria. A direção da escola fica o tempo todo respondendo...

E Angelita da Silva descreveu as novas dificuldades de sua escola, a Escola Joceli Correa, obrigada a oferecer disciplinas alternativas:

> Antes, a autogestão dos alunos e a organização coletiva eram consideradas uma disciplina, o que funcionava muito bem, porque tínhamos muito tempo para explicar a estrutura dos Núcleos de Base (NBs) aos alunos. [...] Neste novo governo, já não nos permitem fazer isso. Os nossos nomes para as disciplinas precisam corresponder aos nomes oficiais do estado. Já não temos tempo para ensinar sobre os coletivos estudantis.[49]

O diretor dessa escola, Adílio Perin, também falou da padronização do currículo e como isso limitou a autonomia da escola para oferecer disciplinas alinhadas às necessidades dos alunos do campo. Outra professora dessa escola, Rosângela, disse que "Rigotto não apoiou, mas a Yeda foi muito pior". Todas essas entrevistas com militantes do MST e professores de escolas públicas em assentamentos mostram a quantidade de barreiras que o MST precisou enfrentar para cogerir suas escolas públicas durante o governo Crusius: antagonismo escancarado, limites ao calendário escolar, aumento da burocracia, mais testes padronizados, menos oportunidades para desenvolvimento profissional, menos parcerias escola-comunidade e uma tendência geral a preparar os alunos para o mercado de trabalho urbano.

Em janeiro de 2011, o coletivo de educação do MST no Rio Grande do Sul teve uma reunião no IEJC para avaliar as escolas nos assentamentos.[50] Cerca de 25 militantes regionais da educação no MST, inclusive representantes de todas as escolas do Mapa 4.1, participaram do encontro. Ivori Moraes deu início aos trabalhos:

---

[49] Todas as citações ou informações atribuídas a Angelita da Silva foram obtidas numa entrevista em 18 de dezembro de 2010.

[50] As informações a seguir vieram de anotações de campo em janeiro de 2011.

> Quero lembrar dois pontos importantes para nosso estado. O fechamento das Escolas Itinerantes, dois anos atrás, e o fechamento de 175 outras escolas do campo pelo governo Yeda. Mariza Abreu, sob a perspectiva de que a urbanização é inevitável, pois é uma tendência mundial, disse que era importante fechar essas escolas, que é essa a lógica global. [...] Devemos pensar sobre nossas escolas dentro desse novo contexto.

A análise introdutória de Ivori levou a um dia inteiro de debates sobre como o MST continuaria implementando a proposta pedagógica do movimento nas escolas dos assentamentos sob essas condições muito longe do ideal. Os professores falaram sobre a necessidade de mais encontros e seminários estaduais sobre a proposta pedagógica do MST. Esse tipo de evento tinha sido bastante comum durante o governo de Olívio Dutra e até no governo de Rigotto, mas Yeda Crusius se recusou a pagar por esses seminários. A capacidade interna do Setor de Educação do MST sofreu as consequências.

Além disso, entre 1996 e 2010, os militantes do Setor de Educação tinha investido sua energia principalmente na organização das Escolas Itinerantes, deixando para militantes locais a participação nas escolas de assentamentos. Isso funcionou enquanto houve governos estaduais pelo menos tolerantes, o que dava um alto grau de autonomia a essas escolas. Mas, no contexto de um governo hostil e com alta capacidade para gestão educacional, caiu muito a capacidade desses militantes do MST para promover práticas pedagógicas alternativas. Como Roseli Caldart explicou nesse encontro de janeiro de 2011: "O Setor de Educação do MST precisa coordenar o trabalho que ocorre nas escolas dos assentamentos [...]. Nós queremos que essas escolas sejam autônomas em relação ao Estado, mas não as queremos autônomas em relação ao Movimento". O MST concorda que a educação deve ser um serviço público universal para todos os cidadãos brasileiros, como quer o Estado, mas acredita que as escolas públicas precisam se adaptar à diversidade local, particularmente ao contexto de acampamentos e assentamentos da reforma agrária. No Rio Grande do Sul, porém, a habilidade do Movimento para promover essa mudança institucional dependia das tendências ideológicas do regime político e, como a próxima seção destaca, da própria capacidade interna do Movimento.

Apoio do estado com baixa mobilização: governador Tarso Genro e o PT (2011-2014)

Quando Tarso Genro, do PT, chegou ao governo do estado em 2011, logo anunciou que as Escolas Itinerantes seriam reabertas e se manifestou contra o fechamento de quaisquer outras escolas do campo. No entanto, logo ficou claro que o governo Tarso Genro era mais inspirado por uma atitude anti-PSDB do que por uma preocupação com a participação de movimentos sociais. Era um momento histórico diferente, e o empenho do PT na gestão participativa tinha esmorecido na década anterior (Goldfrank, 2011b; Hunter, 2011). A despeito do apoio formal de Tarso Genro às iniciativas do MST, o Movimento não foi convidado a participar da gestão governamental.

Voltei ao Rio Grande do Sul em outubro de 2011 para pesquisar mais sobre essas mudanças. Um dos primeiros gestos do novo governo foi criar uma equipe político-pedagógica para a Educação do Campo na Secretaria da Educação. Ao fazer isso, Genro seguia uma tendência nacional, que começou depois da criação da Coordenadoria de Educação do Campo no Ministério da Educação em 2004 (ver Capítulo 3), quando dezenas de secretarias estaduais de Educação foram encorajadas a fazer o mesmo. O governo Crusius se recusou a fazê-lo. A iniciativa de Genro foi uma tentativa de realinhar a Secretaria de Educação do estado com essas iniciativas nacionais.

Quando visitei a Secretaria da Educação em 2011, Nancy Pereira[51] era a coordenadora da equipe político-pedagógica da Educação do Campo. Ela era uma advogada inspirada pela Teologia da Libertação e tinha trabalhado com a Comissão Pastoral da Terra (CPT), um movimento bem próximo do MST (ver Capítulo 1). Nancy disse que, quando Tarso Genro tomou posse, a liderança do MST entregou-lhe uma lista de demandas, como novas escolas, formação de professores e outros recursos educacionais. Embora ela tenha dito que seria difícil responder a todos esses pedidos, Nancy garantiu que Tarso tinha se comprometido a trabalhar com o Movimento. Ela me deu um documento com a lista dos

[51] Todas as citações ou informações atribuídas a Nancy Pereira foram obtidas numa entrevista em 7 de outubro de 2011.

objetivos de política pública da equipe político-pedagógica da Educação do Campo. Nessa lista estavam, entre outros, o fim do fechamento de escolas do campo; a construção de novas escolas no e do campo; a garantia da educação básica no e do campo, incluindo Educação Infantil, Ensino Fundamental e Ensino Médio; e o desenvolvimento de pedagogias alternativas para escolas do campo.[52] A Secretaria de Educação estava trabalhando para atingir todas essas metas. Mas Nancy afirmou que a vitória mais importante para o governo até então tinha sido encontrar um erro legal na investigação do Ministério Público sobre as Escolas Itinerantes: "É uma vitória legal importante, mesmo que ainda não tenhamos reaberto as Escolas Itinerantes".

A perspectiva do MST sobre esses fatos era bem diferente. Ivori Moraes, uma liderança educacional do movimento, falou comigo sobre as mudanças que tinham ocorrido durante os primeiros dez meses do governo Tarso Genro:

> Tudo era completamente novo. O novo governo precisava negar as políticas adotadas pelo governo anterior e o fechamento das Itinerantes foi uma coisa que marcou o governo Yeda. Os próprios procuradores do estado tinham dado um parecer dizendo que nenhuma secretaria, nem mesmo a governadora deveria assinar documentos que fecham escolas. Quando [os petistas] chegam ao governo, usam esses documentos para reverter o Termo de Compromisso para Ajuste de Conduta (TAC), dizendo que era ilegal. Mas não chamaram o MST para discutir o assunto. E educação não se muda com decretos, nem para a direita, nem para a esquerda. É um processo que você precisa propor. A metodologia de constituição dessa política vai determinar o resultado. Então, nesse caso, a reversão do TAC não mudou em nada a vida das crianças dos acampamentos, porque não foi estabelecido um método. Não estão olhando para a criança, estão olhando para um embate político de mídia, de procuradores, de Judiciário, de discussões intelectuais. Não estão olhando para as condições em que um educador poderá voltar a atender essas crianças.

Ivori disse que houve muitas boas iniciativas da Secretaria de Educação, inclusive o fim do fechamento de escolas rurais por todo o estado; mas

[52] Lista de metas para um documento interno da Secretaria de Educação: "Políticas estaduais de educação do campo do Rio Grande do Sul, 2011, rascunho".

os movimentos sociais não estavam participando da tomada de decisões. Izabela Braga, coordenadora do Setor Estadual de Educação do MST em 2011, concordou: "A relação com o governo tem sido tranquila, mas também muito superficial. Eles acham que está tudo perfeito, mas não tem como voltar ao que era: a Yeda desmontou muita coisa".[53]

Em 2011, a infraestrutura local do MST no Rio Grande do Sul era muito mais fraca do que quatro anos antes. Agora havia poucos acampamentos no estado, cada um com um punhado de famílias. Isso significava que não havia sequer crianças suficientes nos acampamentos para merecer a abertura de uma escola. Quatro anos de governo hostil tinham enfraquecido o MST. Além disso, a consolidação do agronegócio por todo o estado, o aumento do preço da terra, a recusa do governo federal em implementar a reforma agrária e o Bolsa Família, juntos, tinham tornado muito mais difícil organizar ocupações de terra. Mais importante ainda: nesse ano, houve um debate contencioso dentro da liderança estadual do Movimento sobre as escolhas estratégicas do próprio Movimento, que alguns consideravam responsáveis pela reduzida capacidade do MST para organizar grandes mobilizações. Especificamente, havia um grupo de militantes que acreditava que foi a ênfase na mudança institucional (em especial, a prioridade para promover políticas públicas de apoio às cooperativas agrícolas nos assentamentos) que limitou o foco mais contencioso do Movimento. Esse grupo de lideranças deixou o MST em 2011, apontando numa carta aberta as permutas entre a preocupação institucional e a força radical do movimento.

Seja qual for a razão, a capacidade reduzida do MST para mobilizar sua base no Rio Grande do Sul em 2011 significou também que sua habilidade para cogerir escolas públicas já não existia, mesmo sob um governo progressista aberto à participação de movimentos sociais.

Conclusão

Entre 1996 e 2006, o MST gaúcho foi muito bem-sucedido na incorporação da proposta pedagógica do movimento ao sistema de ensino público, tanto por meio das Escolas Itinerantes em acampamentos como

[53] Segunda entrevista com Izabela Braga, em 11 de outubro de 2011.

de escolas públicas nos assentamentos. Inicialmente, isso resultou de dois fatores diferentes: os repertórios tradicionais dos movimentos sociais, como protestos, marchas e ocupações; e os aliados internos, dentro do governo do estado. Essa combinação de estratégias conflitivas e institucionais convenceu um governo de centro a permitir que o MST participasse do sistema público de ensino.

Depois, no final dos anos 1990, níveis cada vez mais altos de mobilização de movimentos sociais levou à eleição de um governo de esquerda, do PT. Essa guerra de manobras, uma tentativa direta de transformar o Estado, alterou as oportunidades políticas para mudança institucional. Foi um período em que o limite entre o Movimento e o governo ficou menos definido, pois militantes do MST rapidamente ocuparam espaços no governo do PT. Essas relações permitiram que o Movimento expandisse sua proposta de Escolas Itinerantes. O governo Olívio Dutra também facilitou a cogestão de longo prazo do MST nas escolas públicas dos assentamentos. Construiu muitas das escolas públicas hoje localizadas em assentamentos e investiu na melhoria da infraestrutura de escolas de outros assentamentos por todo o estado. Foi também Olívio Dutra que estabeleceu um processo participativo por meio do qual as famílias podiam, coletivamente, definir as metas educacionais de suas escolas e, ao mesmo tempo, abriu concursos públicos que permitiram que dezenas de militantes do MST se tornassem parte integral da rede pública estadual de ensino. Isso garantiu a presença de longo prazo de pequenos coletivos de professores-militantes nas escolas de assentamentos do MST.

Durante os quatro anos de governo Olívio, os militantes do MST conseguiram implementar muitas das propostas curriculares e organizacionais do Movimento em escolas públicas estaduais dos acampamentos e assentamentos. As propostas curriculares cruzavam fronteiras disciplinares tradicionais para incluir a valorização da vida no campo, estimular os alunos a se engajarem tanto em atividades intelectuais como manuais (inclusive uma formação agroecológica) e estudar a história da reforma agrária. Em termos de propostas organizacionais, os militantes transformaram as hierarquias tradicionais ao formar coletivos de alunos e encorajar os professores a participar da liderança escolar. Quando outro governador de centro chegou ao poder em 2003, o novo governo decidiu que era politicamente mais sábio permitir a continuação das iniciativas do MST do que encarar os protestos contenciosos do Movimento. Embora as iniciativas educacionais já não tivessem apoio financeiro, essa tolerância permitiu que os militantes mantivessem a proposta pedagógica do MST nos lugares, o movimento tinha uma infraestrutura robusta (Andrews, 2004).

Em 2007, o governo de direita hostilizou abertamente as metas econômicas e políticas do MST e organizou um ataque frontal ao Movimento. A alta capacidade do governo do estado para implementar políticas públicas, ampliada pela parceria com o Ministério Público, foi péssima para a força do MST em todo o estado. O MP deu legitimidade ao Estado e o Estado lhe deu o apoio policial e administrativo. O fechamento das Escolas Itinerantes foi só uma das muitas ações do governo contra o Movimento. Embora esse ataque frontal tenha resultado em protestos nacionais e publicidade negativa, o governo continuou condenando o Movimento. Yeda Crusius estava determinada a acabar com a participação do MST em instituições estaduais e utilizou as capacidades do estado para atingir essa meta com eficácia. Um novo governador do PT foi eleito em 2010, mas o mal estava feito: depois de quatro anos de ataque implacável ao Movimento, os militantes já não conseguiam organizar ocupações suficientes para justificar a reabertura das Escolas Itinerantes.[54]

Em resumo, o estado do Rio Grande do Sul ilustra como regimes políticos afetam diretamente a habilidade dos movimentos sociais para institucionalizar suas metas dentro do aparelho de Estado. Mas a eficácia do regime político também está relacionada a sua capacidade para implementar política. Essencialmente, a alta capacidade para implementação de políticas públicas torna mais coerente a plataforma programática (ideológica) de um dado governo. Quando um governo apoia a gestão participativa, como foi o caso do Rio Grande do Sul entre 1999 e 2002, a alta capacidade do Estado aumenta a coordenação entre atores do governo e da sociedade civil para criar instituições participativas. Isso confirma o

[54] Os militantes do MST aprenderam com a experiência gaúcha e estabeleceram Escolas Itinerantes no Paraná (2003), em Santa Catarina (2004), em Goiás (2005), em Alagoas (2005) e no Piauí (2008). No entanto, em 2016 o Paraná era o único estado onde ainda havia Escolas Itinerantes em funcionamento.

argumento de pesquisadores da democracia participativa, para os quais a capacidade burocrática do Estado e seu conhecimento sobre projetos institucionais facilitam a participação da sociedade civil (Abers, 2000; Baiocchi, 2005; Cornwall e Coelho, 2007; Heller, 1999). Essa combinação de alta capacidade do Estado, um governo simpático à causa e uma sólida infraestrutura local do movimento social produziram o contexto ideal para a cooperação Estado-movimento. No entanto, quando o governo é antagônico à participação da sociedade civil, a alta capacidade do Estado tem o efeito contrário, permitindo que o governo bloqueie com mais eficácia as demandas dos movimentos sociais para participar na cogestão de instituições públicas.

No próximo capítulo, examino o caso menos provável de transformação das escolas públicas: duas cidades de Pernambuco onde o clientelismo e o compadrio estão profundamente entranhados nas práticas políticas. Esses casos oferecem um contraponto ao do Rio Grande do Sul, mostrando que o tipo de regime nem sempre é o fator determinante na cogestão conflituosa da educação pública por um movimento social.

CAPÍTULO 5: PERNAMBUCO: CLIENTELISMO, LIDERANÇA MORAL E INTELECTUAL E MUDANÇA EDUCACIONAL

O que temos hoje [em Santa Maria da Boa Vista]
é fruto de trabalho desde 1995. A gente não conquistou
essa relação com o município de um dia para o outro.
Foi gradativamente, a cada dia. Foi um desafio muito grande,
que resultou na expansão desse trabalho para outros municípios.
Adailto Cardoso,
da direção estadual do MST em Pernambuco

A gente atende uma igreja evangélica, um time de futebol,
um cara que quer ir à praia... Por que não atender
um encontro da juventude que o MST vai fazer em Caruaru?
Eduardo Coutinho, ex-prefeito de Água Preta

Este capítulo explora o caso menos provável para uma cogestão de movimento social: o de pequenos municípios pernambucanos, tradicionalmente clientelistas. Em contraste com o Rio Grande do Sul, onde as lideranças locais dos trabalhadores rurais começaram a ocupar terras no final dos anos 1970 e que se tornaram o centro das atividades educacionais do MST no início dos anos 1990, em Pernambuco os militantes do Movimento só organizaram sua primeira ocupação de terra em 1989. Lá, o engajamento do MST com o ensino público estadual ganhou força no final dos anos 1990 e início dos anos 2000, quando militantes locais tiveram a oportunidade de participar de conferências nacionais e cursos promovidos pelo MST, aprendendo, assim, sobre a proposta pedagógica do Movimento. Portanto, em contraste com as lideranças gaúchas do Movimento, que tiveram de desenvolver novas práticas educacionais, em Pernambuco os militantes se inspiraram em exemplos de implementação da proposta pedagógica do MST em outros estados nas duas décadas anteriores.

Outro contraste com o Rio Grande do Sul, no final dos anos 1990: Pernambuco não tinha escolas públicas estaduais em assentamentos da reforma agrária, somente escolas municipais, e os militantes do MST precisavam lidar com as prefeituras para promover suas iniciativas educacionais. Embora os dirigentes do MST de Pernambuco trabalhem com a Secretaria de Educação do estado para buscar apoio a programas educacionais específicos, como campanhas de alfabetização, as escolas dos assentamentos e acampamentos estão todas sob a jurisdição das prefeituras. Isso significa que o Estado com o qual o MST trabalha em Pernambuco – principalmente prefeituras com poucos recursos, com baixos níveis de capacidade para implementar políticas públicas – é muito diferente do Estado que o MST confrontou no Rio Grande do Sul: o governo estadual. Uma das características mais peculiares das prefeituras de pequenos municípios pernambucanos é o sistema explícito de clientelismo político.

O clientelismo – ou a distribuição de recursos públicos em troca de votos ou outras formas de apoio político (Burgwal, 1995, p. 27) – é prática comum em todo o Brasil. Ao destacar o papel do clientelismo nos pequenos municípios pernambucanos, não estou sugerindo que autoridades eleitas em outros estados ou níveis de governo não adotem comportamento semelhante. Mas, durante meus oito meses de pesquisa de campo em Pernambuco, notei que as práticas clientelistas a definir as relações entre cidadãos e políticos eram muito mais evidentes lá do que em meus outros locais de pesquisa. Especialmente no sistema público de ensino, a troca de apoio político por emprego e promoção é comum, aceita e ocorre todos os dias de maneira mal disfarçada. Isso cria uma situação em que as divisões políticas dentro das escolas e entre elas define a experiência educacional de professores, alunos, pais e membros da comunidade.

Apesar desse contexto aparentemente desfavorável, afirmo que, nessas cidadezinhas pernambucanas há muitas oportunidades para a participação do MST no sistema escolar municipal. Numa esfera municipal com baixa capacidade para gestão educacional, a orientação política do prefeito é menos relevante do que a capacidade interna do próprio MST para gestão educacional. Além disso, se os militantes do MST mantêm uma sólida relação com suas bases (as centenas de famílias vivendo em áreas de reforma agrária) e com os professores que trabalham nos assentamentos, muitas vezes as prefeituras concordam em apoiar as iniciativas do movimento. A habilidade dos militantes para conseguir esse consentimento a um projeto econômico e social específico e a crença nele (o que Gramsci chama de "liderança moral e intelectual") é um processo permanente, que envolve um investimento diário na construção de relações e no desenvolvimento de intervenções que permitam melhorar a vida das pessoas. A capacidade de um movimento social para conseguir mobilizações em torno de uma causa específica depende dessa liderança moral e intelectual.

No caso da luta educacional do MST, esse processo de obtenção de consentimento e crença ocorre por meio da formação continuada de professores, conferências, programas de bacharelado, ofertas educacionais não formais e outras iniciativas que transmitem aos militantes e aos professores a visão agrária e pedagógica do movimento. As ofertas de desenvolvimento profissional também aumentam a capacidade do próprio Estado para oferecer educação pública de qualidade, o que torna o Estado mais aberto à cogestão conflituosa do movimento nas escolas públicas. Em seu estudo sobre os comitês de bacia hidrográfica no Brasil, Abers e Keck (2017) se referiram a isso como a "autoridade prática" de um indivíduo ou de uma organização, ou seja, não são os contextos que explicam as diferenças, mas sim o que as pessoas envolvidas fazem com os recursos disponíveis naqueles contextos. Um estudo de políticas ambientais no Brasil, de Hochstetler e Keck (2007), também mostra como agentes internos e externos do Estado são essenciais para coordenar ações ao longo de todo o processo de formulação da política. Embora a infraestrutura do movimento social seja um tema recorrente neste livro, este capítulo examinará mais de perto a questão da causa da diferença da capacidade interna do movimento em diversos contextos e do modo como isso afeta a habilidade do MST para participar da esfera pública.

A chegada do MST em Pernambuco

Pernambuco fica no Nordeste brasileiro e tem uma longa história de negligência do Estado. Embora seja um dos estados mais ricos da região, em 2010 contribuía com apenas 2,3% do PIB (IBGE, 2011). Em 2015, a renda familiar média mensal era de 822 reais, a maior do Nordeste, mas pouco mais de metade do mesmo indicador no Rio Grande do Sul.

O estado tinha 88 milhões de habitantes em 2010, 80% deles em zonas urbanas. Também em 2010, 36,7% da população era identificada como branca; 55,3% eram pardos; 6,5%, negros; 0,9%, "amarelos"; e 0,6%, indígenas (IBGE, 2010).

Como em outras partes do Norte e do Nordeste, o MST começou a organizar-se em Pernambuco com a ajuda de militantes do movimento no Sul. Jaime Amorim, que é de Santa Catarina, foi um desses militantes que mudaram para Pernambuco no final dos anos 1980.[1] Como Jaime explicou, o MST decidiu se dedicar na organização em Pernambuco por causa da história de luta social no estado, das revoltas de escravos às Ligas Camponesas. Além disso, em 1986, o líder socialista e trabalhista Miguel Arraes havia conquistado o governo do estado. Dada a presença de um governo estadual aparentemente simpático à causa, em 1989 o MST decidiu organizar a primeira ocupação de terras em Pernambuco, perto da região metropolitana do Recife. Mas calculou mal a simpatia de Arraes pelo Movimento. O governador enviou forças policiais para despejar os acampados, acusando o MST de dividir os trabalhadores do campo, pois acreditava que a prioridade não era reforma agrária e sim a organização dos trabalhadores rurais assalariados. "Nosso acampamento foi dizimado", recorda Jaime, "então tivemos de mudar as famílias para a beira da estrada no município do Cabo, bem pertinho da capital, para reorganizar nossas forças." No final de 1989, o Movimento concordou com a oferta do governo para aceitar algumas terras numa região distante do interior do estado. "Aceitamos para continuar a existir", lembra Jaime.

Foi só em 1992 que o MST "retomou o movimento em Pernambuco", disse Jaime, organizando muitas grandes ocupações de terras na região canavieira, onde a produção havia declinado, inclusive no município de Água Preta. Daí em diante, o movimento se consolidou no estado, com várias ocupações de terra bem-sucedidas em outras regiões canavieiras. Então, em 1995, os militantes começaram a organizar ocupações no sertão, e duas mil famílias ocuparam uma fazenda em Santa Maria da

---

[1] Todas as citações ou informações atribuídas a Jaime Amorim foram obtidas numa entrevista em 16 de fevereiro de 2011. Exceções serão apontadas. Para mais informações sobre Amorim, ver o Capítulo 5 do livro de Wolford (2010b).

Boa Vista. No final dos anos 1990, o MST expandira rapidamente no semiárido e na Zona da Mata. Por volta de 2011, o Movimento tinha mais de dez mil famílias ainda vivendo em acampamentos e aguardando o direito de uso da terra. O Mapa 5.1 destaca Santa Maria da Boa Vista e Água Preta, foco deste capítulo, pois são os municípios com a maior concentração de assentamentos em Pernambuco.[2]

Educação pública e política clientelista em Santa Maria da Boa Vista

Santa Maria da Boa Vista é um município no Oeste do estado, às margens do vasto Rio São Francisco, que separa Pernambuco da Bahia. A cidade fica no sertão, região do semiárido com irrigação limitada, o que torna a agricultura de subsistência e de pequena escala extremamente difícil. Embora seja, em termos de área (três mil km^2), o terceiro maior município do estado, Santa Maria tem uma população de apenas 39.435 habitantes, com 38% deles na zona urbana (IBGE, 2011).[3] A concentração de afro-brasileiros em Santa Maria é muito maior do que no resto do estado, especialmente na zona rural, onde muita gente descende de quilombolas.[4]

Desde os tempos em que era apenas a fazenda de gado de um certo Garcia d'Ávila, no século XVII, o município de Santa Maria da Boa Vista, fundado em 1872, é controlado pelo sistema do coronelismo, uma forma de liderança política, econômica e social de grandes proprietários rurais, os "coronéis", em geral chefes de enormes famílias, com filhos legítimos e ilegítimos (os "afilhados"). Todos os prefeitos de Santa Maria nos últimos cem anos são parte de uma dinastia: parentes de Florêncio de Barros Filho, conhecido como Coronel Barrinho. Embora a maioria dos cidadãos

---

[2] Como expliquei na Introdução, escolhi casos com base em alto nível de atividade do MST, mas que tiveram resultados diferentes na cogestão de escolas públicas.

[3] Santa Maria é um dos dez municípios pernambucanos com menos habitantes por quilômetro quadrado. Em 2015, a população estimada era de 41.293 (IBGE, 2017).

[4] Quilombos eram as comunidades de pessoas que tinham fugido da escravidão (os quilombolas). Muitas dessas comunidades subsistem ainda hoje e têm direito à autogestão, incluindo certos serviços públicos, desde que sejam reconhecidas oficialmente como quilombos. Há centenas de comunidades desse tipo aguardando reconhecimento em Pernambuco. No Brasil inteiro, há milhares de quilombos. Para mais informações, ver French (2009) e Leite (2012, 2015).

seja negra, os Barros são brancos, descendentes diretos dos portugueses. O Coronel Barrinho nasceu em 1894 e teve dez filhos com sua esposa, Judith Sampaio Gomes. Entre 1920 e 1960, o Coronel Barrinho foi prefeito múltiplas vezes, com outros parentes próximos assumindo o cargo na década de 1970. Na maior parte dos anos 1980, seu filho Noé Barros foi prefeito.[5] Em 1992, o rico fazendeiro Gualberto Almeida ganhou a eleição e foi a primeira vez que alguém fora da família tornou-se prefeito. Desde 1996, todos os prefeitos são sobrinhos-netos do Coronel Barrinho.[6]

Mapa 5.1 – Localização de Santa Maria da Boa Vista e Água Preta (PE)

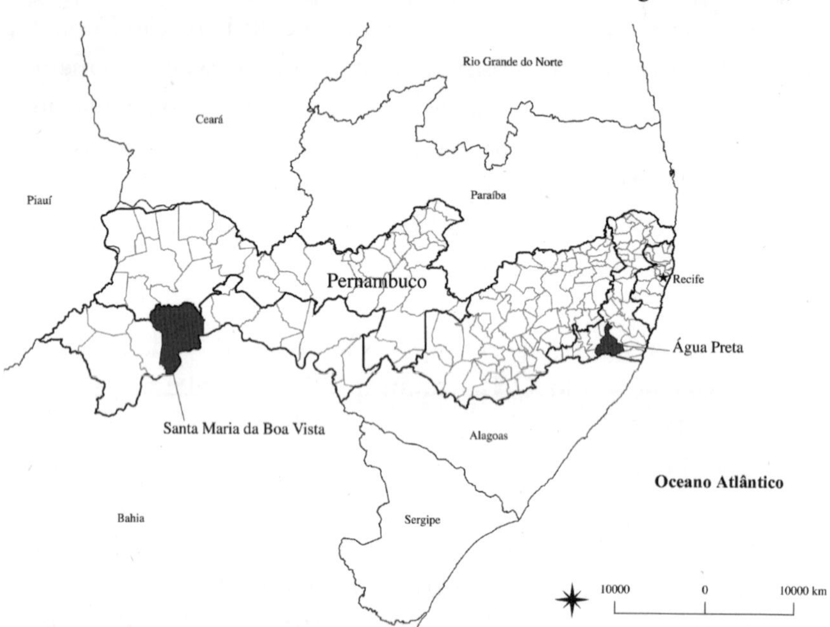

O fato de que, basicamente, uma única família detém o poder em Santa Maria desde a fundação do município não impediu intensas rivalidades políticas, pois os primos formam, entre os cidadãos, redes oposicionistas clientelistas. O clientelismo político é a troca direta do voto do cidadão por pagamentos ou acesso continuado a emprego, bens

[5] Informação extraída do Histórico de Pessoas da Secretaria de Cultura e Turismo do município (agosto de 2003).

[6] Em 2016, a dinastia foi rompida novamente.

e serviços (Kitschelt e Wilkinson, 2007, p. 2). Não são trocas programáticas, mas trocas diretas entre políticos e cidadãos. Na maioria dos casos, essa forma de mecenato político não é um ato isolado, mas "um acordo mútuo, de prazo relativamente longo, baseado em compromissos e algum tipo de solidariedade" (Roniger, 1994, p. 5). Auyero (2000) descreve o clientelismo como "resolução de problemas por meio da mediação política personalizada [...]; um meio de sobrevivência material para os pobres".

Em Santa Maria, relações clientelistas de longo prazo, envolvendo múltiplas gerações, desenvolveram-se entre famílias pobres e certos membros da família do Coronel Barrinho. Empregos públicos são o meio mais estável de sobrevivência para os cidadãos de Santa Maria; por isso, o controle do prefeito sobre centenas de empregos municipais é uma ferramenta política importante para manter a lealdade dos cidadãos. O sistema municipal de ensino, que envolve 70 escolas e atende seis mil alunos,[7] é parte essencial do sistema clientelista. Sempre que um novo primo toma o poder, todos os diretores das 70 escolas são despedidos e substituídos por 70 apoiadores do novo prefeito.[8] Os professores, que são funcionários públicos e não podem ser demitidos, também são afetados, pois sua lealdade política determina as escolas em que irão lecionar, algumas das quais exigem viagem de várias horas. É difícil exagerar o caos criado nas escolas, com diretores e professores transferidos a cada quatro anos e profundas divisões e ressentimentos entre os trabalhadores da escola e os membros da comunidade servida por ela. Durante esses períodos de transição, a educação de milhares de alunos é simplesmente suspensa.

Primeiras ocupações de terra do MST em Santa Maria (1995-1996)

A primeira ocupação em Santa Maria ocorreu em 1995. Muitas fazendas produtoras de frutos faliram, deixando centenas de pessoas desempregadas e grandes áreas de terras abandonadas. A direção estadual do

---

[7] Em 2015, a Secretaria Municipal de Educação atendeu 6.667 alunos, dois terços deles no I Ciclo do Ensino Fundamental e um terço no II Ciclo. Também há, em Santa Maria, uma rede de escolas estaduais, administradas pela Secretaria de Educação do estado, que atende 3.074 alunos do II Ciclo do Fundamental e do Ensino Médio.

[8] Estive em Santa Maria por ocasião de duas transições políticas e pude observar essas transferências de pessoal.

MST organizou a ocupação de uma dessas áreas com duas mil famílias da região. Essa ocupação resultou na criação do assentamento Safra, que só podia abrigar 220 famílias. As demais famílias prosseguiram com a ocupação de mais fazendas da região, gerando a criação de cada vez mais assentamentos da reforma agrária na década seguinte. Por volta de 2011, Santa Maria tinha 15 assentamentos, com 1.824 famílias. A maioria deles está ao redor da PE 574, uma estrada estadual informalmente conhecida como Estrada da Reforma Agrária (ver Mapa 5.2).

Criação de um Coletivo de Educação do MST

Depois das primeiras ocupações em meados dos anos 1990, o MST começou a lutar por serviços públicos, como estradas, assistência agrícola e, claro, escolas públicas. Lideranças estaduais do MST organizaram os militantes dos acampamentos e assentamentos em coletivos regionais temáticos (por exemplo, agricultura ou educação) para demandar os governos do município e do estado. Teresneide Varjão foi uma das pioneiras do coletivo de educação do MST em Santa Maria. Ela vivia em Curaçá, na Bahia (ver Mapa 5.2), do outro lado do Rio São Francisco, quando ocorreu a primeira ocupação. Seu relato:

> Eu ainda era adolescente e participava de vários grupos e atividades da Igreja Católica - a equipe de comunicação, a Pastoral da Juventude, a Pastoral Vocacional... Cheguei a ficar dois anos com as freiras para ver se eu dava mesmo para o ramo. Foi através desses grupos religiosos que eu conheci o movimento em 1995, pois as freiras souberam do Acampamento Safra e foram levar alimentos para os acampados. Tinha lá um pessoal católico também e a gente começou uma relação de amizade bacana. Eu voltei outras vezes e acabei ficando. Eu sou verdadeiramente apaixonada pelo MST, sou louca pelo MST.[9]

Ao contrário da maioria dos acampados, Teresneide tinha terminado o Ensino Fundamental. As famílias lhe pediram para alfabetizar as crianças e ela começou a visitar o acampamento todos os dias para fazer isso.

Logo depois, Rubneuza Leandro, uma dirigente educacional estadual do MST, abordou Teresneide e outras três mulheres envolvidas em inicia-

---

[9] Todas as citações ou informações atribuídas a Teresneide Varjão foram obtidas numa entrevista em 29 de abril de 2011.

tivas educacionais parecidas e perguntou se elas formariam um coletivo de educação do MST na região. Elas concordaram e, com o apoio de Rubneuza, os membros do novo coletivo começaram a estudar as publicações educacionais do MST nacional e a organizar atividades pedagógicas em todos os acampamentos da região, com base nessas publicações. Nesse período inicial, não havia escolas ou professores em nenhum dos assentamentos ou acampamentos do MST. As quatro militantes organizaram protestos em frente à Secretaria Municipal de Educação para exigir escolas em suas comunidades. O prefeito Gualberto Almeida (1993-1996), um rico fazendeiro e a primeira e única pessoa a tirar a família Barros da prefeitura, concordou em mandar um professor para o Acampamento Safra.[10] A escola funcionava na casa onde vivera o ex-proprietário da terra. As mulheres do coletivo de educação sempre visitavam a escola e conversavam com o professor sobre a proposta pedagógica do MST.

Em 1998, aos 14 anos de idade, Erivan Hilário também passou a integrar o coletivo de educação; menos de vinte anos depois, Erivan viria a se tornar um dos dois dirigentes nacionais do Setor de Educação do MST.[11] Ele veio de uma família afro-brasileira, tinha 11 irmãos e irmãs, e seus pais sempre lutaram para sobreviver. Em 1995, quando Erivan tinha 11 anos, seus pais participaram da primeira ocupação de terra na região. No ano seguinte, a família de Erivan recebeu um pedaço de terra no novo assentamento que tinha sido criado, o Assentamento Vitória II. O menino teve medo de mudar para lá, porque vira um repórter de TV falando mal do MST. No entanto, em janeiro de 1998, a família toda se transferiu para o assentamento.[12] Este é o relato do próprio Erivan, escrito na terceira pessoa, sobre o que aconteceu em seguida:

> Ao colocar os pés naquele assentamento, [onde] as pessoas ainda moravam em barracos de lona, Erivan se deparou com uma realidade diferente, que nunca tinha vivido em outros espaços. Tudo para ele

[10] A família Barros perdeu novamente em 2016.

[11] Erivan também se tornou um importante militante no coletivo LGBT do MST, que começou a se organizar no Movimento em 2015 pelo reconhecimento dos direitos dos "*gays* sem-terra". Como outros *gays* do Movimento, Erivan encontrou sua militância no Setor Regional de Educação e, a partir dali, cresceu para tarefas nas direções estadual e nacional.

[12] Todas as citações ou informações atribuídas a Erivan Hilário foram obtidas numa entrevista em 25 de outubro de 2011. Exceções serão apontadas.

> era novo. A forma como as pessoas conversavam umas com as outras, até as crianças [cantavam] as músicas que falavam da terra, da luta. Percebeu que as crianças ali [eram] diferentes [das crianças] da cidade, eram valorizadas como gente, pois participavam das discussões [nas] assembleias. Era um mundo não distante da cidade e ao mesmo tempo sim, ele não acreditava que podia existir tanta união entre os seres como percebia claramente naquela comunidade de trabalhadores/as que a televisão colocava como baderneiros e ladrões da terra. Aquela vivência fez de Erivan um novo ser, nasceu no seu interior um sentimento de luta.[13]

Um dia, Teresneide visitou o assentamento de Erivan e perguntou se alguém por ali gostaria de alfabetizar adultos. Erivan se ofereceu imediatamente. Ele foi a dois seminários do MST para aprender sobre o método Paulo Freire: um seminário local, num município vizinho, e um seminário nacional sobre educação de adultos no Recife, a capital de Pernambuco. Ele nunca tinha viajado tão longe de Santa Maria.

Erivan começou a alfabetizar adultos num assentamento próximo ao seu, mas também continuou estudando. A escola mais próxima ficava do outro lado do Rio São Francisco, na cidade de Curaçá (BA). Toda manhã, ele acordava com as outras crianças do Assentamento Vitória II, trabalhava algumas horas na roça, depois caminhava 30 minutos até a margem do rio e pegava o barco para a Bahia, onde frequentava o sétimo ano à tarde. Quando as aulas terminavam às 17h30, Erivan pegava o barco de volta para Pernambuco, mas desembarcava na comunidade do Barro Alto, um porto antes do seu. Na escola local, que atendia parte do Assentamento Vitória II, onde ele vivia, Erivan alfabetizava adultos das 19h às 21h, depois esperava um ônibus que o levava de volta para casa. Nessas aulas de alfabetização, Erivan tentava implementar os métodos educacionais freireanos que havia aprendido nos seminários do MST.

Em 1999, o Setor Nacional de Educação do MST organizou o primeiro curso de Ensino Médio e de Certificação para o Magistério

[13] Este excerto e grande parte da seção seguinte vêm de uma redação escrita por Erivan Hilário durante sua participação no 6º Programa Pedagogia da Terra, do Pronera, na Universidade Federal do Rio Grande do Norte. O título da redação é "Quando a vida transforma a História".

(programa MAG, ver Capítulo 1) no Nordeste brasileiro, com recursos do Pronera (ver Capítulo 2). A direção estadual do MST em Pernambuco queria matricular todos os membros dos coletivos regionais de educação que não tivessem completado o Ensino Médio. O programa MAG foi oferecido por uma escola de Ensino Médio administrada pela Universidade Federal da Paraíba (UFPB), em João Pessoa, capital da Paraíba, a dez horas de carro (ou ônibus) de Santa Maria. Os três anos do curso eram organizados de acordo com a Pedagogia da Alternância - uma combinação de períodos de intenso estudo e de pesquisa comunitária (ver capítulos 1 e 2). Teresneide e Erivan se matricularam e passavam janeiro, fevereiro e julho na Paraíba. Os professores da UFPB lecionavam todos os dias, incluindo todas as disciplinas tradicionais do Ensino Médio, como Matemática, Ciências e Literatura. O Coletivo Político-Pedagógico (CPP, ver Capítulo 2), do MST, vivia com os alunos durante os períodos de estudo e supervisionava o programa. O CPP garantia que o programa aderisse à proposta pedagógica do MST, integrando práticas como autogestão dos estudantes, trabalho coletivo, mística diária e participação nas lutas políticas locais. Erivan descreve assim essa experiência:

> Eu era uma criança quando fui fazer magistério, mas do mesmo jeito, apaixonado, o magistério era o meu grande sonho, ser professor era o meu grande sonho. Então, fui pra Paraíba, fui da primeira turma do magistério. Foi fantástico. Eu era recém-chegado na militância, nessa dimensão da luta, de poder construir uma sociedade diferente, e ao mesmo tempo fazia a docência. Acho que esse é um encontro que me fortalece. Pois não sou um professor qualquer. Sou um militante educador.

As lideranças educacionais do MST no CPP deram a Erivan e Teresneide uma tarefa estratégica para cumprir durante o período de pesquisa comunitária, o chamado "tempo comunidade": implementar a proposta pedagógica do Movimento no sistema público de ensino de Santa Maria da Boa Vista. A tabela 5.1 mostra as transições políticas em Santa Maria da Boa Vista entre 1995 e 2012 e as vitórias educacionais do MST em cada um desses períodos, que serão descritos em detalhe nas próximas seções.

Tabela 5.1 Transições políticas e avanços educacionais do MST em Santa Maria da Boa Vista

Data	Prefeito	Evolução da proposta pedagógica do MST
1919-1993	Florêncio de Barros Filho, conhecido como Coronel Barrinho, com vários parentes ocupando o cargo entre seus mandatos.*	
1993-1996	Gualberto Almeida** (PMDB)	Primeira ocupação de terra do MST em 1995; primeiro professor enviado a um assentamento
1997-2000	Leandro Duarte (PFL)	Mais ocupações, muitas escolas construídas e reconhecidas nos assentamentos; o prefeito paga a viagem de professores para cursos regionais e estaduais do MST de formação de professores
2001-2004	Rogério Júnior Gomes (PSB)	Coletivo educacional do MST oficialmente cogere 11 escolas que atendem assentamentos; dois militantes do movimento são contratados pelo prefeito para acompanhar essas escolas dos assentamentos
2005-2008	Leandro Duarte (PFL)	O Departamento de Educação do Campo é criado e a cogestão do MST nas escolas públicas municipais expande para mais de 60 escolas
2009-2012	Leandro Duarte (DEM) e Jetro Gomes (PSB)	A cogestão da Educação do Campo e do MST é apoiada pelos dois prefeitos, com muitos programas e conferências municipais para apoiar a Educação do Campo.

* Em 1919, Coronel Barrinho sucedeu membros de sua família que estavam no poder em Santa Maria da Boa Vista desde 1872, antes mesmo da Proclamação da República.

**Único prefeito que não era membro da família Barros, pelo menos até 2016.

Construir escolas nos assentamentos: o prefeito Leandro Duarte e o PFL (1997-2000)

Dois anos depois da primeira ocupação de terra em Santa Maria, em 1991, Leandro Duarte foi eleito prefeito. Sobrinho de Noé Barros, que era filho do Coronel Barrinho, Leandro era filiado ao conservador Partido da Frente Liberal (PFL).[14] A essa altura, muitos assentamentos da reforma

[14] Novo nome da antiga Aliança Renovadora Nacional (Arena), partido criado em 1964 pelos militares para apoiar a ditadura. Em 1980, com o fim do sistema bipartidário do regime, a Arena passou a se chamar Partido Democrático Social (PDS). Em 1993, seus integrantes aprovaram a fusão do PDS com o Partido Democrata Cristão (PDC) para criar o Partido Progressista Reformador (PPR). De uma dissensão nos seus quadros em 1985, surgiu o Partido da Frente Liberal (PFL), atual Democratas (DEM). Em 1995, o PPR passou a se chamar Partido Progressista Brasileiro (PPB) e, em 2003, Partido Progressista (PP). Em

agrária tinham sido estabelecidos em Santa Maria, mas nenhum deles tinha uma escola pública (razão pela qual Erivan precisou estudar na Bahia). Teresneide, Erivan e os outros membros do coletivo de educação, que era pequeno, mas aguerrido, começaram a pressionar o governo Duarte para construir escolas nos acampamentos e assentamentos do MST. De acordo com Leandro, ele queria atender essas demandas, porque o custo de construção era mínimo e a iniciativa ajudava sua reputação. Ele explicou:

> Já tinha relação fraterna com o MST antes mesmo de me candidatar a prefeito e acreditava no processo de reforma agrária. Quando fui eleito, passamos a ampliar as escolas. Implantei escolas em todos os assentamentos, não estruturas fixas, mas montamos escolas em barracos. Foi o caso da Catalunha, da Vitória II, na casa central da fazenda, uma parte eu transformei em escola.
> [RT: Tudo isso foi por pressão do MST?]
> Foi uma coisa muito minha.[15]

Teresneide tem uma visão diferente desses fatos: ela diz que as escolas só foram construídas depois de as famílias dos assentamentos tomarem as ruas e promoverem um protesto conflituoso. Às vezes, as famílias construíam uma escola rudimentar e então exigiam que um professor fosse designado para a escola. Esses relatos contrastantes são comparáveis à dinâmica Estado-sociedade destacada em outros estudos do clientelismo (Burgwal, 1995), em que políticos e membros das comunidades discordam sobre o significado da troca: os políticos apontam a própria boa vontade, enquanto os pobres apreciam a própria ação coletiva.

Em 2011, quando fiz a maior parte de minha pesquisa de campo em Santa Maria, havia 11 escolas públicas municipais (do 1º ao 8º anos) localizadas em assentamentos do MST ou próximo a eles. Dez dessas escolas foram construídas ao longo da Estrada da Reforma Agrária e a décima-primeira estava no Assentamento Luiz Gonzaga, em outra parte do município. Durante esse período, o MST também trabalhou com

---

2007, o PFL mudou de nome novamente, passando a chamar-se Democratas (DEM). Em suma, no atual quadro partidário brasileiro, há dois partidos que são descendentes diretos da Arena: o PP e o DEM.

[15] Todas as citações ou informações atribuídas a Leandro Duarte foram obtidas numa entrevista em 4 de maio de 2011.

uma décima-segunda escola pública municipal, a Escola Gabriela Persico, que atendia os trabalhadores da Fazenda Milano, localizada na mesma estrada dos assentamentos. O Mapa 5.2 mostra a localização dessas 12 escolas públicas municipais.

Mapa 5.2 – Escolas públicas municipais nos assentamentos do MST em Santa Maria da Boa Vista, 2011

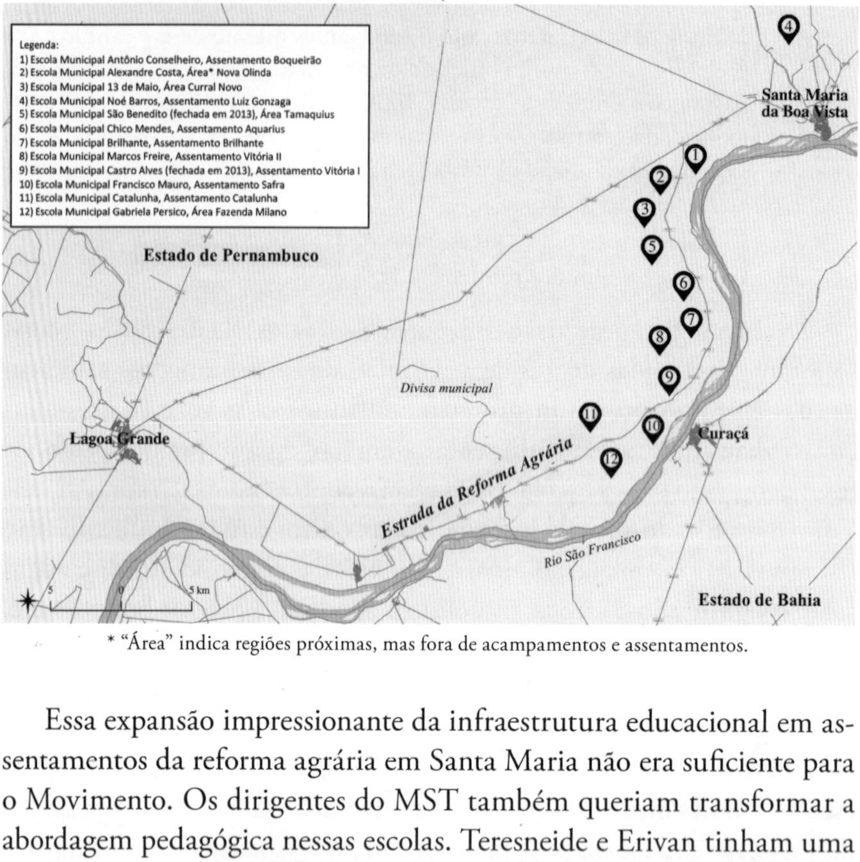

* "Área" indica regiões próximas, mas fora de acampamentos e assentamentos.

Essa expansão impressionante da infraestrutura educacional em assentamentos da reforma agrária em Santa Maria não era suficiente para o Movimento. Os dirigentes do MST também queriam transformar a abordagem pedagógica nessas escolas. Teresneide e Erivan tinham uma visão clara do que essa abordagem deveria ser, pois estavam vivendo isso no programa de Ensino Médio na Paraíba. Para implementar essas práticas em Santa Maria, Teresneide e Erivan começaram a encontrar autoridades para discutir os méritos da proposta pedagógica do MST.

Um exemplo desse processo é a relação que eles cultivaram com Bernadete Barros, secretária de Educação do prefeito Leandro Duarte.

Ela estava aberta para o diálogo, pois cresceu em Santa Maria e conhecia Erivan desde bebê. "A metodologia do campo é importantíssima, porque é a cultura deles", disse-me ela:

> Se impusermos uma cultura diferente, seria um choque muito grande. Então respeitamos e não houve problema algum. Eles faziam festa, nós participávamos. Meu relacionamento com o pessoal era muito bom, cheguei a viajar de ônibus com eles até Brasília para participar de um congresso, todos os professores foram. E os nossos diretores de apoio pedagógico participavam das capacitações que houve em Caruaru.[16]

O congresso mencionado por Bernadete foi a 1ª Conferência Nacional para a Educação Básica do Campo, organizada pelo MST em 1998 com recursos da Unesco, da Unicef e da Universidade de Brasília (ver Capítulo 3). Essa conferência foi um momento-chave, que colocou a proposta pedagógica do MST sob os holofotes do país todo. A participação de Bernadete indica que ela soube dos objetivos educacionais do MST e do respeito que essas ideias estavam angariando no âmbito nacional. O prefeito Leandro Duarte também se deu conta disso. Ao mesmo tempo, o MST organizava protestos locais para apoiar suas iniciativas educacionais. A combinação de protestos, aliados internos e reconhecimento público convenceu Leandro a sancionar a presença do MST nas escolas.

Obter o consentimento dos professores

Quando Erivan e Teresneide receberam autorização para visitar as escolas, seu maior desafio era convencer os professores a apoiar a proposta pedagógica do Movimento. No início, o MST queria colocar seus militantes nas escolas dos assentamentos. Mas, como havia muita demanda por empregos públicos, isso não era possível. Diante dessa limitação, os militantes começaram a interagir diariamente com os professores do sistema municipal de ensino. Teresneide e Erivan pensavam junto com os professores sobre a pedagogia deles e os convidavam para os seminários do MST sobre educação do campo. Inicialmente, esse trabalho era difícil, porque a maioria dos professores era da cidade e tudo que sabiam sobre

[16] Todas as citações ou informações atribuídas a Bernadete Barros foram obtidas numa entrevista em 5 de maio de 2011.

o MST vinha da imagem negativa na mídia brasileira, que descrevia o movimento como um grupo de bandidos violentos. Apesar disso, muitos professores começaram a gostar do apoio oferecido. Josilene Alves Cardoso, uma professora, explicou:

> O que eu tinha em relação MST era um sentimento de medo. Tinha medo de como eles agiam. Pra mim, eles estavam roubando terras, eu achava isso injusto, ilegal. Tinha medo das ferramentas, achava que haveria mortes... Mas aí, em 1997, quando eu já tinha voltado pra Santa Maria, a Secretaria Municipal de Educação me convidou para lecionar no Acampamento Boqueirão. "O pessoal lá quer uma pessoa que seja simples, você pode ir?" Eu me senti à vontade porque fui muito bem recebida. Eles eram agricultores. Disseram que eu teria de morar lá. Ora, eu morava de aluguel na cidade. Não pensei duas vezes: vou unir o útil ao agradável, vou trabalhar lá e vou viver lá. Fui com toda a família; na época, eu já tinha dois filhos.[17]

Na década seguinte, Josilene se tornou um membro ativo do coletivo educacional do MST em Santa Maria.

Teresneide e Erivan também aprenderam pouco a pouco que, para transformar as escolas públicas em Santa Maria, não poderiam discutir abertamente a política partidária do município. Isso simplesmente alienava os diferentes grupos interessados no sistema público de ensino – professores, diretores, pais e membros da comunidade –, todos profundamente comprometidos com políticos diferentes em várias redes clientelistas de oposição. Em vez disso, os militantes do MST organizaram o que Gramsci chama de "guerra de posição", engajando o entendimento contraditório e complicado do mundo que os professores tinham (o "senso comum" deles) e convencendo-os da importância da abordagem educacional alternativa no campo. Se os professores parecessem simpáticos à causa, os militantes os convidavam para um curso de formação de professores, em geral na principal escola de formação do MST em Pernambuco, na cidade de Caruaru, o Centro de Formação Paulo Freire. Como explicou uma outra professora, Graça Gomes:

[17] Todas as citações ou informações atribuídas a Josilene Alves Cardoso foram obtidas numa entrevista em 11 de maio de 2011.

> Minha visão era igual à de todo mundo, eu tinha medo e pensei que isso era uma invasão. [...] Em 1997, fui ao centro de formação de Caruaru; comecei a entender o movimento de outro jeito, minha visão expandiu. [...] Agora estou conectada com o MST e sempre participo.[18]

Por meio dessas formações de professores por todo o estado e da presença diária dos militantes nas escolas dos assentamentos, o MST conseguiu a aprovação de muitos professores para a proposta pedagógica do Movimento. No entanto, esse processo não acabava nunca. Cada vez que um novo prefeito era eleito, 70 diretores eram despedidos e todos os professores eram transferidos de acordo com suas filiações políticas. "O duro é que estávamos sempre começando de novo o nosso trabalho", explicou Teresneide. "A gente até brincava: 'Estamos de ré'. Porque era *re*-iniciando o tempo inteiro, sempre começando tudo de novo."

Cogestão do movimento social: o prefeito Rogério Júnior Gomes e o PSB (2001-2004)

Logo antes das eleições municipais de 1999, Leandro, que ainda era membro do conservador PFL, brigou com sua prima e vice-prefeita, Maria Graciliano. Ela decidiu filiar-se ao Partido Socialista Brasileiro (PSB), de centro-esquerda, e convenceu outro primo, Rogério Júnior Gomes, a também se filiar e se candidatar a prefeito. Apesar da relativa abertura de Leandro para o MST entre 1997 e 2000, o MST apoiou Rogério na eleição seguinte por causa de sua filiação ao PSB.[19] Durante as eleições de 1999, Leandro cortou relações com o MST e encerrou as iniciativas educacionais que antes apoiara. Essa animosidade crescente entre o MST e Leandro culminou com o famoso "acidente do feijão", quando Erivan jogou um saco de feijão aos pés de Leandro, em sinal de desrespeito pela autoridade local.

Rogério conseguiu derrotar Leandro e, quando tomou posse, o MST foi recompensado com total liberdade para participar da gestão das 11 escolas

---

[18] Todas as citações ou informações atribuídas a Graça Gomes foram obtidas numa entrevista em 6 de maio de 2011.

[19] Os militantes do MST não controlam o voto das famílias, mas podem encorajá-las a votar numa certa direção. Com 15 assentamentos de 100 a 200 famílias cada um, num município de 40 mil habitantes, isso é significativo.

localizadas em assentamentos. Rogério até permitiu que os militantes escolhessem os diretores – entre seus apoiadores políticos, claro. Além disso, dois dirigentes do MST foram contratados para acompanhar o funcionamento diário dessas escolas. A nova secretária da Educação, Osmilda Brandão, explicou: "Essas duas pessoas não paravam na Secretaria. Eles eram uma Secretaria ambulante, ouvindo e diagnosticando, realizando as ações necessárias para essa clientela".[20] Os dois dirigentes organizavam reuniões mensais com os 11 diretores das escolas de assentamentos e se encontravam regularmente com um coletivo de professores em cada escola para ajudar a planejar as aulas. Os militantes do MST já tinham organizado esse tipo de atividade educacional, mas agora tinham o apoio oficial do governo. Rogério explicou por que ele endossou a proposta pedagógica do MST:

> O movimento se envolveu muito na minha campanha eleitoral, chegaram a ajudar na elaboração do plano de governo, quando começaram a dar ideias para o setor social, para o setor de educação... Quando tomei posse, convidei o MST para fazer parte do governo. Aos poucos, as ideias do movimento foram sendo incorporadas pela Secretaria de Educação. Eram eles que indicavam professores, diretores, até a questão da didática, da forma de lecionar, tudo foi feito de acordo com sugestões deles. Fomos incorporando aos poucos aquela coisa do nosso mestre maior, Paulo Freire. O método dele foi muito usado naqueles quatro anos.[21]

Quando Rogério tomou posse, dezenas de professores municipais, tanto seus aliados como seus adversários, eram defensores dos objetivos educacionais do MST. Além disso, os militantes locais tinham provado sua "autoridade prática" (Abers e Keck, 2017) em política educacional e sua habilidade para ajudar a prefeitura a desenvolver e implementar políticas eficazes. O apoio da sociedade civil e sua contribuição prática para construir a capacidade do Estado – além do apoio político do MST – convenceram Rogério a contratar os militantes para cogerir as escolas dos assentamentos, patrocinando diretamente a militância do movimento na região.

---

[20] Todas as citações ou informações atribuídas a Osmilda Brandão foram obtidas numa entrevista em 4 de maio de 2011.

[21] Todas as citações ou informações atribuídas a Rogério Júnior Gomes foram obtidas numa entrevista em 11 de maio de 2011.

Nesse contexto, os militantes do coletivo regional de educação começaram a implementar um conjunto de iniciativas curriculares e organizacionais que apoiavam sua luta pela reforma agrária. Promoveram democracia participativa, criaram coletivos de professores e diretores, incorporaram temas geradores freireanos no currículo escolar e encorajaram os alunos a desenvolver projetos de pesquisa comunitária. Eles também integraram o trabalho manual, a agroecologia e as práticas culturais do MST à rotina escolar diária. Toda manhã, as crianças faziam místicas, usando uma combinação de poesia e música para valorizar a reforma agrária e o seu direito à educação. Elas também hasteavam diariamente quatro bandeiras - do Brasil, de Pernambuco, de Santa Maria da Boa Vista e do MST -, cantando a cada manhã um hino diferente: o nacional, o estadual, o municipal e o do MST.

**A participação do MST se aprofunda:
a volta do prefeito Leandro Duarte (2005-2011)**

Nas eleições municipais de 2004, Leandro venceu Rogério, ganhando um segundo mandato, embora não consecutivo. Erivan, que tinha jogado o saco de feijão aos pés de Leandro no mandato anterior, foi encontrar o prefeito em seu gabinete. Para sua surpresa, Leandro disse que o MST podia continuar a ajudar no acompanhamento das escolas em seus assentamentos. Mais tarde, Leandro me disse que os quatro anos sem mandato lhe tinham permitido "gerir melhor as coisas, amadurecer, e assim conseguir uma evolução no nosso próprio ensino". Ele tinha aprendido uma lição vital na eleição anterior sobre a importância de evitar conflitos políticos e, por isso, quando tomou posse novamente em 2005, concordou em deixar o MST participar na cogestão das escolas públicas municipais. Disse mais:

> Tenho muitos e muitos amigos no movimento. Mas o MST tinha uma forma impetuosa de lutar pelas coisas, havia uma certa rispidez e eu estranhei isso. Mas fui amadurecendo e o Movimento também. Aprendemos a respeitar um ao outro, a ver que o outro não é necessariamente uma ameaça, percebemos que é possível colaborar. Aos poucos, eles perceberam que, embora eu estivesse num partido que não era o deles, ainda assim eu poderia fazer gestos e ter atitudes convergentes com o que eles desejavam.

Rogério também comentou a respeito:

> Leandro não é um cara burro. Acho que ele enxergou que deu frutos o trabalho que o Movimento fez durante os quatro anos da minha gestão, deu bons resultados no setor da educação. Ele viu que era preciso dar continuidade a isso, porque não acredito que ele quisesse um retrocesso na educação, uma ruptura num processo que deu certo. Nunca conversei com ele a respeito, mas acredito que foi isso.

Leandro até permitiu que o MST escolhesse os diretores das 11 escolas em assentamentos, mas, como Rogério, exigiu que os escolhidos fossem seus apoiadores. Para sorte do MST, todos os professores que Rogério tinha mandado para as escolas dos assentamentos eram seus adversários políticos e foram escolhidos como punição. Eram todos aliados de Leandro. Esses professores tinham passado quatro anos frequentando os cursos de formação do MST e participando dos coletivos do MST. Elizângela Maria Gomes da Silva, por exemplo, foi transferida para a escola do distante Assentamento Catalunha (ver Mapa 5.2) porque sua família era leal a Leandro. Quando chegou lá, teve medo de que os militantes fossem hostis. Mas, à medida que se envolveu com os cursos de formação do MST e aprendeu sobre o programa educacional do movimento, ela ficou animada para trabalhar com o coletivo de educação do MST. Quando Leandro voltou como prefeito, o MST selecionou Elizângela para ser a diretora da escola do assentamento. Ela mesma explicou:

> Eu já não me vejo apenas como professora que vem dar aula e vai embora. Tenho um vínculo muito forte com o MST, sou militante do Setor de Educação e contribuo como militante, mesmo sendo de partidos opostos. Eu não faço parte do partido do MST, mas tenho uma simpatia muito grande pelo movimento. É justamente isso que eles veem de diferente em mim: ser de oposição, mas contribuir mais do que gente do mesmo partido. Porque eu sou um cargo comissionado do Leandro, mas hoje ele também tem um vínculo grande com o MST.[22]

Elizângela se identifica como militante do MST, ao mesmo tempo que é aliada política e confidente de Leandro.

[22] Todas as citações ou informações atribuídas a Elizângela Maria Gomes da Silva foram obtidas numa entrevista em 12 de maio de 2011.

Permitir essas múltiplas identidades foi crucial: se o MST tentasse convencer os professores a mudar suas filiações políticas, teria criado inimigos. Quando o MST interagiu com os professores e conversou com eles sobre a visão educacional do Movimento, esses professores se tornaram "intelectuais orgânicos" (Gramsci, 1971, p. 5), passando a conversar sobre a luta pela reforma agrária com alunos, colegas e o restante da comunidade. Auzenir dos Santos, um diretor de escola alinhado com Leandro, explicou esse processo em 2011:

> A gente não se deparou com professor que resista à pedagogia do MST. Este ano eu recebi um professor que nunca tinha trabalhado em escola de assentamento. Ele chega e diz: "Não tenho experiência nenhuma em trabalhar com os sem-terra". Aí nós conversamos muito, explicamos os objetivos do movimento. Tem reuniões na Secretaria de Educação, tem reuniões do movimento, tem as do coletivo de educadores, que é à parte, está fora do calendário...[23]

Claro, nem todos os professores são grandes defensores da proposta pedagógica do MST; mas, dado o apoio oficial da prefeitura a essa proposta do movimento, em 2011 nenhum professor se recusava a seguir essas práticas.

Durante esse período, Leandro manteve a contratação de dois militantes do MST para cogerir as 11 escolas de assentamento, mas insistiu que fossem membros de sua rede clientelista, o que obrigou o MST a procurar apoiadores de Leandro entre seus militantes. Um dos contratados foi o militante Rivanildo Adones, cuja família era eleitora tradicional de Leandro. Em 2001, ele passou um concurso público e se tornou membro da rede de professores municipais; mas, como Rogério era prefeito e sabia que Rivanildo apoiava Leandro, o jovem professor foi mandado para a escola mais distante dos assentamentos, como punição. Rivanildo recordou:

> Em 1995, meu pai estava num acampamento e eu fui visitá-lo. Fiquei surpreso de ver as pessoas cantando o hino, falando palavra de ordem, havia uma sensação de pertencimento. Mais tarde, quando voltei como educador, cheguei na escola e vi aquelas crianças pequenas cantando o hino e falando palavra de ordem, aí sim fiquei surpreso de verdade.

---

[23] Todas as citações ou informações atribuídas a Auzenir dos Santos foram obtidas numa entrevista em 6 de maio de 2011.

> Porque era até fácil compreender os mais velhos, mas as crianças... Isso mexeu fortemente com meu sentimento. No começo, eu até reclamava de ter que aprender o hino e as palavras de ordem, porque nunca tinha me entrosado no processo orgânico da pedagogia do movimento, só tinha uma visão superficial. Mas comecei a me entrosar, comecei a gostar da coisa quando vi que o movimento tinha uma proposta realmente concreta, essa proposta de educação. Aí já me inseri, pedi à Teresneide para fazer parte do Setor de Educação.[24]

Em 2002, outra surpresa: ele foi convidado para se matricular num bacharelado em Pedagogia da Terra na Universidade Federal do Rio Grande do Norte (UFRN). Como só tinha o Ensino Médio, Rivanildo adorou o convite. "Fiquei encantado, esse programa me afetou mesmo", disse ele. "Eu queria ser parte do MST, parte da construção de uma pedagogia do campo."

Em 2008, Jetro Gomes, que era filiado ao PSB como sua irmã, disputou a prefeitura com Leandro. Dessa vez, o MST não fez campanha aberta para nenhum candidato, pois percebeu que jogar com política partidária não era o jeito mais produtivo de implementar seus objetivos educacionais – especialmente quando os dois candidatos eram da mesma família. Leandro foi reeleito, e o MST pediu que criasse um Departamento de Educação do Campo dentro da Secretaria de Educação. A essa altura, em 2009, o programa Educação do Campo já era uma iniciativa educacional conhecida em todo o país (ver Capítulo 3). Santa Maria seria o primeiro município de Pernambuco a ter um Departamento de Educação do Campo, o que daria prestígio nacional à cidade. Leandro concordou, mas exigiu que o Departamento atendesse todas as escolas do campo do município, que eram mais de 60. Rivanildo foi contratado para ser o coordenador do novo departamento. Pensando nessa indicação política, ele disse: "Acho que ajudou o MST o fato de eu ter votado em Leandro, porque aí ele me aceitou".

Em julho de 2009, participei, em Santa Maria, do 1º Seminário Municipal de Educação do Campo, patrocinado pelo governo Leandro. Todos os professores municipais eram obrigados a participar. O coletivo

---

[24] Todas as citações ou informações atribuídas a Rivanildo Adones foram obtidas numa entrevista em 6 de maio de 2011.

de educação do MST organizou o evento, convidando lideranças nacionais do movimento e outros apoiadores da Educação do Campo para falar com centenas de professores. Os palestrantes convidados incluíam Edla Soarez, que escreveu as diretrizes federais para o Educação do Campo, aprovadas em 2001 (ver Capítulo 3), Ademar Bogo, um poeta e dirigente nacional do MST, e Rubneuza Leandro, a dirigente do Setor Estadual de Educação do MST em Pernambuco. Por três dias, os professores de Santa Maria ouviram os palestrantes, que falaram da exploração capitalista, da alternativa socialista e dos princípios filosóficos e pedagógicos do Programa Educação do Campo.

Em abril de 2011, ainda durante o terceiro mandato de Leandro, participei de uma reunião do "coletivo de gestores", que reunia os diretores de escolas e era um dos espaços institucionais mais importantes do MST para apoiar a mudança educacional em Santa Maria. O encontro foi patrocinado pela prefeitura, mas Leandro ainda contratou dois militantes do MST para conduzir os trabalhos. Todos os diretores das 11 escolas em assentamentos eram obrigados a participar, com comida e transporte pagos pela prefeitura. O encontro ocorreu na Escola Municipal São Benedito e começou com uma mística apresentada por alunos, envolvendo música e poesia sobre a vida no campo. Cada um dos diretores teve de apresentar um "diagnóstico" de sua escola – uma análise dos avanços e dos desafios na implementação do Educação do Campo. Depois, os dois militantes que coordenavam o evento discutiram o vindouro 3º Seminário Municipal de Educação do Campo e como os diretores poderiam preparar os professores para participar. Finalmente, o grupo inteiro planejou algumas atividades futuras: uma semana de protestos para promover a reforma agrária, a decoração de escolas e assentamentos, a participação das escolas de assentamentos na celebração do aniversário da cidade e os encontros comunitários para debater os Projetos Político-Pedagógicos (PPPs) das escolas. Nesse dia, o evento foi tanto educacional, ajudando a planejar o trabalho nas escolas, quanto organizacional, planejando as atividades e eventos do MST naquele ano.

Ouvi muitas opiniões diferentes sobre o apoio de Leandro à proposta pedagógica do MST, considerando que era membro de um partido de direita. Návia Silva, uma diretora ligada ao partido de oposição, disse:

"Se ele não abraçasse isso, ele se prejudicaria nas próximas eleições".[25] Já Rivanildo afirmou que "Leandro achou interessante o trabalho do MST na educação e compreendeu a proposta". O ponto de vista de Kátia Medrado, uma das secretárias de Educação no segundo mandato de Leandro, parece intermediário:

> Ainda que quisesse, nenhum governo municipal poderia fechar os olhos para uma realidade tão grande, pois o MST é muito presente na vida desta cidade. No caso de Leandro Duarte, mesmo sendo de direita, ele nunca se sentiu ameaçado pela filosofia do MST por ser de esquerda. Acho que nossa principal preocupação era atender o cidadão, o ser humano que estava aí.[26]

Em maio de 2011, perguntei ao próprio Leandro porque ele endossava a proposta pedagógica do MST, dado seu caráter abertamente marxista. Ele respondeu:

> O movimento tem suas teses de reforma agrária e evoluiu. Digo evoluiu, porque era "invadir[27], resistir, produzir". Eles estavam só na questão da invasão. Depois perceberam que o assentamento estava feito, não precisava mais invadir, tinha que desenvolver e isso significava não apenas produção agrícola, mas também educação. Mudaram um pouco o foco e foi aí que entramos, porque é nossa responsabilidade, como governantes, oferecer a educação para as pessoas. O caminho que a gente achou foi juntar os dois interesses para a mesma população, em vez de dizer 'não quero que interfiram na minha escola'.
> [RT: Eu conheço os intelectuais do MST e eles são marxistas. Por que o senhor patrocina esses palestrantes de esquerda, quando o senhor é de direita e eles não o apoiam nas eleições?]
> Não concordo com a linha marxista, mas tampouco posso criar uma ilha, pois os assentamentos têm uma relação com os intelectuais do movimento. Não quis criar conflito. Acho que sou prefeito pela terceira vez porque consigo conviver bem com as pessoas. Dificilmente conseguiria se tivesse insistido na questão político-partidária e ideológica. As pessoas que vieram para o meu município vieram em busca de terra,

---

[25] Todas as citações ou informações atribuídas a Návia Silva foram obtidas numa entrevista em 6 de maio de 2011.

[26] Todas as citações ou informações atribuídas a Kátia Medrado foram obtidas numa entrevista em 9 de maio de 2011.

[27] No Brasil, geralmente quem discorda das ações do MST diz que o movimento "invade", não "ocupa" terras.

> de sobrevivência, de criar família e ter o mínimo necessário para viver. Nem eles nem seus filhos poderiam ser punidos simplesmente porque o prefeito discorda da linha marxista. Temos uma boa convivência, embora em palanques diferentes durante as eleições.

Como indicaram muitos dos entrevistados, o principal objetivo de Leandro era manter e expandir sua rede de apoiadores. Se deixar o MST participar do sistema escolar evitava conflitos, ele apoiava essa iniciativa. Em termos gramscianos, essa era uma concessão que Leandro tinha de fazer ao movimento, dada a força do MST nos assentamentos e entre os professores. A habilidade dos militantes do MST para implementar sua proposta pedagógica em mais de 60 escolas públicas aumentou sua habilidade para conquistar mais aliados para a luta da reforma agrária, estendendo a sua "guerra de posição" a novas áreas do município.

O Setor Estadual de Educação do MST investiu no desenvolvimento de lideranças em Santa Maria ao longo dos anos 2000, tanto entre jovens que viviam nos assentamentos como entre professores simpatizantes. Uma das estratégias do Movimento era oferecer programas de bacharelado em Pedagogia da Terra na região, por meio do Pronera. Encontrei dezenas de professores e jovens militantes em Santa Maria que fizeram esses cursos por meio das parcerias do MST com universidades. Como explicou Sydney Carvalho, secretário de Educação em Santa Maria no governo de Jetro Gomes, "o MST tornou-se um modelo":

> Esses professores que participam do MST aqui, os que ficam à frente, já são multiplicadores até em outros estados. Erivan e Teresneide, por exemplo, já estão em outro lugar. Vão ficando como referência daquilo que fazem. E eles sabem cobrar. São bem articulados, organizados. Conseguiram programas universitários para nossos cidadãos. Exigiram um curso de Enfermagem, conseguiram um no Recife. Conseguiram Pedagogia em Petrolina. Já Santa Maria, uma cidade de 140 anos, não tem uma extensão universitária pública. O governo local nunca conseguiu convencer uma universidade a oferecer cursos na nossa região.[28]

Como Sydney sugeriu, o MST tinha mais capacidade do que a própria prefeitura de Santa Maria para oferecer acesso ao Ensino Superior aos

[28] Todas as citações ou informações atribuídas a Sydney Carvalho foram obtidas numa entrevista em 2 de maio de 2011.

cidadãos. Os professores e os jovens que se matricularam nesses programas logo se tornaram muito mais próximos do movimento.

Quando estive em Santa Maria em 2011, o dirigente do coletivo regional de educação era Adailto Cardoso.[29] Adailto cresceu num quilombo[30] próximo de dois grandes assentamentos do MST e se tornou ativo no movimento em meados dos anos 2000, quando se formou no Ensino Médio e o Movimento o convidou para fazer o programa de bacharelado em Pedagogia da Terra no *campus* da Universidade de Pernambuco na vizinha Petrolina. Embora tenha aceitado apenas para obter um diploma de nível superior, nos quatro anos do programa Adailto aprendeu sobre a luta do MST e começou a se identificar com o movimento. Junto com muitas mulheres do programa, ele se tornou ativo no coletivo regional de educação. Quando militantes como Teresneide e Erivan começaram a assumir tarefas do movimento nos níveis estadual e nacional, Adailto e essa nova geração de militantes tornaram-se dirigentes do coletivo regional de educação em Santa Maria.[31]

Disputas familiares: Leandro e Jetro lutam pelo poder (2009-2011)

Entre 2009 e 2011, ocorreu uma batalha judicial entre Leandro Duarte e seu primo Jetro Gomes, o que resultou em quatro trocas de prefeitos em três anos. O município sofreu muito, com centenas de diretores despedidos e professores transferidos a cada vez que Jetro ou Leandro assumiam o cargo. Quando falei com professores e diretores nas escolas, todos criticavam a situação. No entanto, o tumulto causado na maioria das escolas públicas municipais de Santa Maria não ocorreu nas 11 escolas dos assentamentos do MST. Nessas, as tensões eram muito menos agudas. Auzenir explicou:

---

[29] Todas as citações ou informações atribuídas a Adailto Cardoso foram obtidas numa entrevista em 21 de julho de 2011.

[30] Os habitantes se identificam como quilombolas e buscam reconhecimento de sua comunidade como quilombo desde 2009.

[31] Adailto deixou o Setor de Educação e se tornou membro da direção estadual do MST em Pernambuco.

> Aqui nessa escola não tivemos problemas, nem nas outras dez. Fui substituído na direção por Ilda e [depois por] Graça. Mas não temos problemas pessoais, nos damos muito bem. Somos de partidos diferentes, mas sabemos separar muito bem essa questão política do nosso trabalho. A presença da coordenação da Educação do Campo dentro da escola ajudou muito.

Curiosamente, a despeito da clara formação política nas escolas nos assentamentos do MST (hino do movimento cantado diariamente, cursos de história da reforma agrária, participação dos alunos em protestos todos os anos), os professores dessas escolas consideravam-se acima da "política", aqui entendida como política partidária.

Quando Jetro finalmente ganhou a batalha judicial em 2011, ele despediu mais uma vez todos os diretores das 70 escolas do município e transferiu os professores. Mas continuou a apoiar a proposta pedagógica do MST, patrocinando o 3º Seminário Municipal da Educação do Campo. Adailto resumiu para mim a natureza da luta educacional do MST em Santa Maria:

> Acho que o maior desafio foi conquistar o município de Santa Maria da Boa Vista, o que não ocorreu de um dia para o outro, foi fruto do trabalho iniciado em 1995. O resultado foi a expansão desse trabalho para outros municípios. O público com que trabalhamos está envolvido na questão partidária da cidade. Por exemplo: a gente não consegue colocar um gestor que votou no partido A se a prefeitura está na mão do partido B. Por mais que sejamos independentes, o público é muito dependente da questão partidária. Já é uma questão hereditária, cultural, vem lá das raízes da cidade. Mas não há nenhum gestor contra o MST, porque nós conquistamos todos os diretores de escola com nosso trabalho. Sim, a prefeitura tem autonomia para dizer que não quer trabalhar com alguém que indicamos, porque a pessoa votou A ou B, mas nós também temos autonomia para recusar alguém indicado para nossa área. A gente entra num consenso.

A tentativa do MST de implementar sua proposta pedagógica em Santa Maria não é simples; envolve uma negociação complexa com as autoridades locais. Adailto se refere à questão partidária como algo hereditário, cultural. Mesmo para uma liderança dedicada como ele, "a política clientelista é um dado adquirido; é política normal (e normalizada)" (Auyero, 2000, p. 179). Ainda assim, por meio de uma guerra de posição lenta e contínua, que obteve o consentimento de um conjunto de grupos da sociedade civil para a proposta pedagógica do movimento, os militantes locais conseguiram convencer prefeitos antagônicos entre si a apoiar a cogestão conflituosa do sistema público de ensino.[32]

Em Água Preta, dificuldade para manter vínculo com os assentados

Água Preta é um município localizado no extremo Leste do estado de Pernambuco, a duas horas de estrada da capital, Recife. Fica a quase 600 quilômetros de Santa Maria da Boa Vista e, embora seu território seja apenas um sexto da área da outra cidade, as duas populações são semelhantes: Água Preta tinha 33.095 habitantes em 2010, 43,7% deles na zona rural (IBGE, 2011). Um mundo muito diferente do sertão, Água Preta está no coração da região canavieira, a chamada Mata Sul, que tem uma longa história de escravidão e trabalho forçado ou semiforçado. Nela, nunca houve uma tradição de pequenas propriedades agrícolas, pois as grandes plantações de cana-de-açúcar sempre dominaram a economia regional. No ônibus de Recife para Água Preta pela primeira vez, fiquei surpresa com os quilômetros de cana-de-açúcar que cercavam a estrada nos últimos 30 minutos de viagem. As mesmas temporadas de chuvas intensas que beneficiam a cana-de-açúcar também trazem inundações. O Rio Una, que atravessa o centro da cidade, encheu em 2010 e destruiu centenas de casas.

Em Água Preta, todo mundo planta cana-de-açúcar, mas quem tem poder são os donos das usinas de beneficiamento da cana.[33] A produção canavieira data do tempo do colonialismo português, quando eram comuns os engenhos baseados em trabalho escravo. Esse sistema de moagem da cana para extrair açúcar em cada fazenda só mudou no final dos anos 1880, com o fim da escravidão e o advento das usinas, que podiam processar e destilar enormes quantidades de cana.[34] Durante a ditadura, entre 1964 e 1985, houve muito mais assistência do governo para os gran-

[32] Em 2016, o MST mudou sua posição e fez uma campanha bem-sucedida para derrotar a família historicamente dominante em Santa Maria na eleição para prefeito.

[33] Para uma história mais longa sobre a produção de cana-de-açúcar nesta região, ver Wolford (2010b, Capítulo 4).

[34] Antes das usinas, houve uma tentativa fracassada de criar moinhos centrais.

des produtores de cana-de-açúcar no Nordeste brasileiro e ocorreu uma concentração da propriedade da terra, graças à modernização tecnológica. Isso levou a uma explosão da produção. Mas, no final dos anos 1980, a indústria canavieira entrou em crise – e foi exatamente no final dessa década que o MST começou a se organizar na região.[35]

No início dos anos 1990, o MST convenceu centenas de trabalhadores da cana a ocupar fazendas improdutivas em toda a região. Essas ocupações serviram para pressionar o governo federal a redistribuir boa parte dessas terras para as famílias que as ocupavam. Menos de uma década depois, havia dezenas de assentamentos da reforma agrária na Mata Sul, a maioria deles em Água Preta. Com o estímulo do MST e com a ajuda de créditos governamentais, muitas dessas famílias assentadas começaram a diversificar suas culturas com frutas e outros produtos. O MST sugeriu investir em banana e coco, pois acreditavam que esses frutos teriam boa aceitação no mercado. O Movimento até conseguiu fundos para fazer uma pequena fábrica de doce de banana, que podia ser vendido por um preço maior do que a banana propriamente dita (Wolford, 2010b). Dezenas de assentamentos de Água Preta e todas as práticas econômicas alternativas desenvolvidas no final dos anos 1990 transformaram o município num reduto do MST.

A política partidária na região canavieira

Embora Água Preta e Santa Maria da Boa Vista tenham histórias agrárias muito diferentes, as relações clientelistas entre políticos e cidadãos são misteriosamente parecidas. Aprendi isso em primeira mão quando fui visitar o prefeito Eduardo Coutinho em sua casa, em julho de 2011. Quando chegamos, depois de quilômetros de estradas lamacentas e quase intransponíveis, havia um grupo de pessoas esperando do lado de fora do portão. Fui acompanhada até o escritório de Eduardo e ele me pediu para sentar e esperar um pouco, enquanto atendia "as pessoas lá fora". A primeira a entrar foi uma mulher dizendo que o filho estava doente e pedindo ajuda a Eduardo. Ele mandou seu assistente dar 50 reais à mulher e disse a ela: "É pouco, mas é

[35] A crise foi causada por três fatores: redução dos subsídios governamentais, aumento da produção de açúcar em outros países e queda na demanda internacional do produto, devido ao surgimento dos adoçantes artificiais (Wolford, 2010a).

de coração. Assim você pode comprar alguma comida". Quando a mulher saiu, dois homens entraram. O primeiro disse que tinha caminhado descalço por quatro horas para pedir ajuda a Eduardo. O outro precisava de dinheiro para sua família. Cada um deles recebeu 30 reais. Quando saíram, Eduardo virou-se para mim e disse: "Eu sei que não pode ser assim, mas preciso ajudar as pessoas quando posso".[36] Os cidadãos de Água Preta dependiam de Eduardo, prefeito e grande benfeitor da cidade, para sua sobrevivência material.

Em contraste com Santa Maria, a luta eleitoral em Água Preta não era no interior de uma família, mas entre várias famílias poderosas. Eudo Magalhães foi prefeito de Água Preta de 1989 a 1992, na época filiado ao Partido Democrático Trabalhista (PDT). Em 1992, a legislação eleitoral não lhe permitia concorrer à reeleição e ele apoiou a candidatura de seu sobrinho, César Magalhães, que tinha apenas 21 anos. Com o apoio do tio, César derrotou o rival político da família, Eduardo Coutinho, neto de um dos maiores latifundiários do estado. Nesse período, o ex-governador Miguel Arraes, do Partido Socialista Brasileiro (PSB), era extremamente popular na região. Embora sua família fosse historicamente associada à Arena, o partido que apoiou a ditadura militar (ver nota 14 neste capítulo), Eduardo filiou-se ao PSB em 1995, quando Miguel Arraes se tornou governador de Pernambuco justamente pelo PSB. "O problema é que o eleitorado da Mata Sul é mais inclinado para a esquerda", explicou.[37]

Em 1996, César não se candidatou à reeleição para que seu tio Eudo pudesse disputar a prefeitura contra Eduardo novamente. A campanha finalizou com a vitória de Eduardo e uma interrupção temporária da vida política de Eudo.[38] Como não podia concorrer na eleição seguinte, Eudo apoiou Paulo Barreto, um comerciante local:

> Meu pai sempre foi ligado ao PMDB[39] [que era também o partido de Eduardo até 1995, quando ele mudou para o PSB, partido de Miguel Arraes, então

---

[36] Anotações da pesquisa de campo, julho de 2011.

[37] Todas as citações ou informações atribuídas a Eduardo Coutinho foram obtidas numa entrevista em 9 de julho de 2011.

[38] Uma Comissão Parlamentar de Inquérito (CPI) da Assembleia Legislativa de Pernambuco fora criada para investigar as supostas ligações de Eudo com o tráfico de drogas e com vários assassinatos no meio rural.

[39] Originalmente, Movimento Democrático Brasileiro (MDB). Esse partido foi criado pela ditadura para fazer "oposição" à Arena, o partido que apoiava explicitamente o governo. O

eleito governador]. O grupo político que hoje está no poder, eles se mantiveram junto com o Arraes. Mas quando Eudo disse que nos apoiaria, viramos aliados e eu concorri pelo PMDB mesmo, contra o PSB do Eduardo.[40]

Paulo perdeu para Eduardo em 2000, depois ganhou em 2004; perdeu novamente em 2008, quando concorreu pelo Partido da República (PR), igualmente de centro-direita. Foi mudando de partido "por causa do legado de Miguel Arraes e do PSB na região, e por causa da popularidade de Lula, que levava todo mundo a votar na esquerda". A despeito desses cálculos políticos, Paulo perdeu a eleição municipal em 2012 e Eduardo foi eleito para um terceiro mandato.

Tabela 5.2 – Transições políticas em Água Preta, 1988-2012

Anos	Prefeito/partido	Observações	Secretários de Educação
1988-1992	Eudo Magalhães (PDT)	Antes foi do PFL e, depois, do Partido da República (PR), que, em 2006, passou a se chamar Partido Liberal.	Maria Célia Angeira de Góis
1993-1996	César Magalhães (PDT)	Sobrinho de Eudo; eleito aos 21 anos de idade.	Sebastião Sales; Inês Senna
1997-2004	Eduardo Coutinho (PSB)	Sua família é proprietária da maior fazenda de cana-de-açúcar na região e está historicamente ligada à Arena e, depois, ao PFL. Eduardo deixou o PFL pelo PMDB (ao qual Miguel Arraes foi filiado até 1990, quando passou para o PSB) e, em 1995, foi para o PSB.	Julieta Pontual; Rosana Lopes de Melo
2005-2008	Paulo Barreto (PMDB)	Apoiado por Eudo Magalhães. Durante seu mandato, muda para o PR, devido ao domínio da "esquerda" na região.	Inês Senna
2009-2012	Eduardo Coutinho (PSB)	Terceiro mandato, não consecutivo	Albertina Maria de Melo Tenório

Nenhum dos prefeitos com quem conversei, à exceção de Eduardo, afirmou que era definido pelo seu partido. "Esquerda e direita não existem

MDB acabou por se tornar uma oposição à ditadura e, com a redemocratização, acrescentou "partido do" ao nome. Atualmente, porém, é mais identificado com o "centrão", uma das maiores bancadas do Congresso Nacional, sempre negociando votos por cargos e verbas. Mais recentemente, para se distanciar dessa reputação, o partido adotou novamente o nome MDB, do tempo em que era de oposição.

40 Todas as citações ou informações atribuídas a Paulo Barreto foram obtidas numa entrevista em 6 de julho de 2011.

mais por aqui", explicou Paulo. "O povo aqui não vota em partido, vota em pessoas." César, o sobrinho de Eudo, que foi o prefeito mais jovem eleito em Pernambuco, também explicou em detalhes sua cultura política:

> Na política do interior, ainda hoje, a disputa pelo poder tem um caráter bem mais pessoal do que político. A desavença entre Eduardo e meu tio sempre foi muito mais pessoal do que ideológica. A troca de acusações em palanque vai tomando um cunho pessoal mesmo, um falando da vida do outro. Isso não é uma característica só de Água Preta, é típico do interior do Nordeste e do interior de todo o Brasil. O que é muito ruim, porque o debate, que deveria ser o centro do processo político, fica numa posição inferior, muito degradante.[41]

César disse que Eduardo "só foi para um partido de esquerda, porque minha família ocupava o espaço político à direita":

> Ele é parente de usineiro, o pai era de direita, era do PDS [ver nota 295 neste capítulo], e apoiou o golpe militar de 1964. As raízes do Eduardo são de direita. Ele não foi para a esquerda por uma questão ideológica, mas por uma questão de conveniência mesmo, por necessidade.

Já Eduardo afirmou que apoiava genuinamente o PSB, porque ele seria "diferente" do resto de sua família. A Tabela 5.2 resume essas mudanças eleitorais em Água Preta e dá os nomes dos secretários municipais de Educação em cada governo eleito.[42]

O apoio relutante dos prefeitos ao MST

Em meados dos anos 2000, havia mais de 30 assentamentos da reforma agrária em Água Preta, organizados tanto pelo MST como por outros movimentos sociais rurais. Conversei com todos os prefeitos de Água Preta desde 1988 e todos eles expressaram seu apoio à ideia da reforma agrária. Mas também disseram que, quando recebiam a terra, as famílias nem sempre plantavam e muitas vezes vendiam a terra. Eudo, por exemplo, disse que "o MST e a reforma agrária devem existir, mas tem gente que participa dessas invasões e que não tem nada a ver com a zona

[41] Todas as citações ou informações atribuídas a César Magalhães foram obtidas numa entrevista em 9 de julho de 2011.

[42] Entrevistei todos os prefeitos da Tabela 5.2, assim como todos os secretários de Educação, com exceção de Maria Célia Angeira de Góis e Sebastião Sales, que não estavam na cidade quando estive lá.

rural, mas recebem terra para vender". Ele afirmou que "a maioria dos empresários não gosta desse Movimento, que eu admiro, mas condeno os aproveitadores, que usam a política para fazer invasão de terra". Mesmo assim, Eudo me garantiu que, enquanto era prefeito, tentou responder a todas as demandas do MST:

> Pediam besteira, uma ajuda pra viajar a Brasília ou ao Recife, dinheiro pra comprar comida, mas eram poucas as vezes em que me pediam alguma coisa. Eu sempre dava, só pra evitar conflito.

Paulo Barreto, que estava num partido de direita quando foi eleito em 2004, confirma que não havia conflito entre o MST e a prefeitura: "Sempre que os líderes do MST pediam alguma coisa, a gente atendia suas necessidades, como transporte para um evento e até cesta básica".

Eduardo Coutinho tinha a relação mais complexa com o MST. Ele era filiado ao PSB, um partido mais progressista, alinhado com o PT no âmbito estadual. Eduardo também patrocinava eventos do MST com frequência, mas, quando conversamos, ele não expressou grande simpatia pela reforma agrária ou pelo MST. Disse que, se a terra fosse improdutiva, então deveria ser redistribuída, mas que ele era abertamente crítico a ocupações de terra produtiva. Também afirmou que seu apoio financeiro ao MST não significava necessariamente que ele concordava com o Movimento:

> Vai fazer um encontro e precisa de um ônibus? Não é uma coisa muito onerosa para o município. A gente atende uma igreja evangélica, um time de futebol, um cara que quer ir à praia... Por que não atender um encontro da juventude do MST em Caruaru? Aqui, nos nossos assentamentos, temos jovens que querem se deslocar para Caruaru e precisam de um suporte básico da prefeitura.

Eduardo claramente entendia sua relação com o MST a partir do contexto dos vínculos clientelistas no município. Quando perguntei por que Paulo, seu adversário político, também apoiava o MST, ele respondeu: "É a política da boa vizinhança talvez, de não querer muito atrito, não radicalizar, não tensionar a relação, flexibilizar". Essas entrevistas ilustram a atitude geral dos prefeitos em relação ao MST: buscavam evitar conflitos, apoiando o Movimento em algumas coisas e mantendo as grandes críticas para si mesmos.

A luta educacional do MST em Água Preta (1995-1999)

Quase todos os 30 assentamentos de Água Preta estão em áreas ainda chamadas de "engenhos" pela população, embora os engenhos já não funcionem. No início do século XX, muitos dos proprietários dessas fazendas tinham instalado escolas para os filhos de seus funcionários. Mas, quando novas tecnologias tomaram o emprego desses funcionários, que mudaram para centros urbanos, os proprietários das terras transferiram para as prefeituras a responsabilidade pelas escolas. Por isso, nessa região, ao contrário de Santa Maria, quando o MST começou a ocupar terras muitas das propriedades já tinham escolas funcionando. No final dos anos 1990 e início dos anos 2000, os militantes locais do MST conseguiram convencer os prefeitos de Água Preta a deixar o movimento participar da gestão das escolas. Não foi um processo imediato, mas gradual, de obter a aprovação de cada conjunto de prefeito, secretário da Educação e professores do município para a proposta pedagógica do MST.

Criar um coletivo de educação do MST na Mata Sul

Mauricéia Lima é uma das fundadoras do coletivo de educação do MST na Mata Sul. Em 1995, ela se formou no Ensino Médio, que descreve como "basicamente um doutorado nesta região".[43] Nesse mesmo ano, seu cunhado participou de uma ocupação do MST em Água Preta e lhe pediu para visitar o acampamento e alfabetizar as crianças. Mauricéia foi e ficou "encantada" com a organização do acampamento. Algumas semanas depois, o dirigente estadual do MST Jaime Amorim visitou o acampamento. Viu o trabalho de Mauricéia e convidou-a para visitar a sede estadual do MST em Caruaru por uma semana. Ela acabou ficando quatro meses para aprender sobre a proposta pedagógica do Movimento. Em seguida, militantes do Setor Estadual de Educação pediram que ela voltasse a Água Preta para criar um coletivo regional de educação.

O que significava isso? Nessa época, em Água Preta, havia dezenas de militantes do MST organizando ocupações de terra, coordenando

[43] Todas as citações ou informações atribuídas a Mauricéia Lima foram obtidas numa entrevista em 23 de fevereiro de 2011.

acampamentos e estabelecendo iniciativas agrícolas alternativas nos assentamentos. Mas ainda não havia um coletivo de militantes pensando em como prover acesso à educação para a base do movimento. Mauricéia disse que, por volta de 1996, havia 14 assentamentos na Mata Sul, com cinco escolas públicas. Seu trabalho era "descobrir tudo sobre as escolas, como eram os professores e quais eram os conflitos":

> A tarefa era traçar o perfil dos professores. Eram moradores dos antigos engenhos? Não? De onde vieram? Quanto tempo passam alfabetizando os filhos dos sem-terra hoje? Ainda há conflitos? Há resistência ao MST? Com um diagnóstico, poderíamos traçar um plano de formação para ajudar os educadores e os sem-terra. Muitos destes já moravam nos antigos engenhos e viam os recém-chegados como invasores, ladrões de terra. Esse era o principal conflito. Porque os usineiros, os fazendeiros, passavam essa ideia. Os próprios professores, mesmo trabalhando com os filhos dos sem-terra, às vezes chamavam uma criança de ladrão.

Mauricéia procurou os professores e tentou mostrar o outro lado do Movimento. Ela também visitou os acampamentos do MST, em busca de gente para ajudá-la com esse trabalho educacional.

Em 1998, o MST fez uma parceria com a Unesco para organizar programas de alfabetização para dez mil adultos em 18 estados diferentes do Brasil, usando recursos do Ministério da Educação. Por acaso, esse programa nacional de alfabetização fortaleceu o coletivo de educação em Água Preta. Mauricéia encontrou dezenas de jovens no município que queriam ganhar algum dinheiro como educadores do programa e que logo se tornaram militantes dedicados do MST. Elienai Silva e Flávia Tereza da Silva, conhecida por todos como Flavinha, são dois exemplos: elas moravam na região e, por meio desse programa de alfabetização, passaram a fazer parte do Setor de Educação do MST. Em 1997, Elienai tinha 17 anos de idade e acabara de separar de um marido abusivo. Ela voltou a viver com seu pai, que morava num assentamento da reforma agrária. Quando Mauricéia o abordou e pediu indicações para educadores para o programa de alfabetização, ele logo indicou a filha: como estava desempregada e não tinha renda alguma, ela concordou. Em janeiro de 1998, Elienai foi enviada para um encontro estadual em Caruaru, de preparação para o programa de alfabetização, e voltou encantada:

> Eu nunca tinha visto uma mística. E eu me apaixonei pelo MST através da mística. Eu compreendi a luta do MST através daquela mística. Vi que eles estavam lutando pela melhoria do povo pobre, das pessoas sem oportunidade na vida e que viviam na miséria.[44]

Já Flavinha, que era da cidade de Ribeirão, a 30 minutos de Água Preta, não sabia nada sobre o MST, mas tinha um amigo que conhecia Mauricéia e lhe disse que ela poderia ganhar algum dinheiro como alfabetizadora.[45] Nesse mesmo janeiro de 1998, o MST estava planejando um Encontro Nacional de Educadores de Jovens e Adultos (Eneja) no Recife, com 800 participantes. Essa conferência seria uma oportunidade para discutir a proposta pedagógica do MST com todos os alfabetizadores do programa. Flavinha participou e logo ficou amiga de Elienai. Nos meses seguintes, as duas participaram do programa de alfabetização e se tornaram dedicadas militantes do MST. O Setor Estadual de Educação do Movimento investiu na escolaridade das duas, matriculando-as nos programas de Ensino Médio e de bacharelado por meio do Pronera. A partir desses programas educacionais formais, Elienai e Flavinha aprofundaram seu conhecimento sobre a proposta pedagógica do MST e sua dedicação à aplicação dessas práticas na Mata Sul.

Colaboração com autoridades educacionais em Água Preta

Durante o final dos anos 1990 e início dos anos 2000, à medida que mais ocupações de terra ocorriam na região canavieira, também mais escolas foram construídas em assentamentos da reforma agrária. Juntos, os militantes do coletivo regional de educação do MST visitaram todas essas escolas para conversar com os professores sobre a proposta pedagógica do movimento e para estimulá-los a participar dos seminários do MST. Entre 1998 e 2005, houve duas secretárias de Educação do município – Inês Senna e Julieta Pontual (ver Tabela 5.2). Ambas estavam inicialmente céticas com relação ao Movimento. Antes de conhecer os

[44] Todas as citações ou informações atribuídas a Elienai da Silva foram obtidas numa entrevista em 17 de julho de 2011.

[45] Todas as citações ou informações atribuídas a Flávia Tereza foram obtidas numa entrevista em 7 de setembro de 2011.

militantes, Inês achava que o Movimento "era um terror", sinônimo de "rigidez, ignorância, brutalidade":

> Depois do convívio e contato que tive com eles, que sempre foi ótimo, vi que são pessoas maravilhosas. São esclarecedoras, têm tanta coisa bonita para repassar.[46]

Ela permitiu que os militantes visitassem as escolas e organizassem encontros escola-comunidade. Ela até liberou os professores para participar da formação de professores do MST. Inês me disse que apoiava essas atividades, porque elas melhoravam a qualidade do ensino em Água Preta.

Julieta também falou positivamente do Movimento. Ela até participou de um evento no Centro de Formação Paulo Freire, do MST, em Caruaru, e ficou impressionada com a organização. Destacou principalmente a dedicação e a seriedade de Rubneuza, dirigente do Setor Estadual de Educação em Pernambuco. "Rubneuza e outros militantes já estavam trabalhando em Água Preta quando eu cheguei", disse Julieta:

> Eles já tinham uma ligação com o prefeito de Água Preta, que sempre dava o que eles pediam. Quando precisavam de alguma coisa, elas se comunicavam. Meu contato mais direto era com a Rubneuza mesmo, ela sempre ligava para mim. 'Podemos dormir na escola e fazer o evento lá?', perguntava. Ou me convidava para dar uma palestra no Assentamento Normandia, lá em Caruaru: 'Tenho aqui esse tema, você quer vir falar aqui?' Eu ajudava, ia lá, falava. Rubneuza e eu fizemos uma parceria muito boa.[47]

Rubneuza confirmou esse apoio: "Nunca houve conflitos com o governo durante esse período. Julieta era secretária da Educação e ela era muito aberta". Outros militantes do MST, porém, descreveram a situação de forma ligeiramente diferente. Flavinha, por exemplo:

> Antes de abordar os professores, a gente abordava a Secretaria da Educação, na pessoa da secretária. Eles nos recebiam muito bem e a conversa era muito boa. A gente explicava que o município tem muitos professores em área de reforma agrária e que eles precisam de algumas ferramentas para poder trabalhar com essas crianças do campo. A secretária pergun-

---

[46] Todas as citações ou informações atribuídas a Inês Senna foram obtidas numa entrevista em 6 de julho de 2011.

[47] Todas as citações ou informações atribuídas a Julieta Pontual foram obtidas numa entrevista em 6 de julho de 2011.

tava: 'Quantos são, Flávia, quantos você quer levar para a formação?' Eu respondia: 'Bom, vocês têm nove assentamentos aqui. Queremos todos os professores dos assentamentos'. Aí a secretária liberava. Depois chamava todos os professores para uma reunião e avisava: 'Quem quiser ir pra formação do MST, pode ir, ninguém será proibido. Mas vocês terão de pagar os professores substitutos. Dependendo de como for esse retorno, pode até haver um redimensionamento da escola, os professores podem ser transferidos'. As pessoas já tinham medo de ir pra conhecer o novo e eles punham esse cabresto nos professores, pra que só quisessem ir nas formações do município e não nas do MST. Chegavam até a ameaçar: 'Eles vão levar vocês pra fazer ocupação de terra e vai ter conflito. Vão levar vocês pra uma marcha, vão passar o dia inteiro caminhando, sem nem saber pra onde, vocês vão passar fome'.

As secretárias da Educação afirmavam apoiar a proposta pedagógica do MST, mas os militantes insistiam que elas apenas toleravam as iniciativas do Movimento e muitas vezes faziam críticas pelas costas. A despeito dessas perspectivas conflitantes, é óbvio que a militância tinha algum grau de abertura política junto ao governo municipal nesse período.

Conquistar os professores

Embora os professores de Água Preta também fossem inicialmente céticos com relação ao MST, alguns acabaram por se tornar militantes apaixonados. Brasilina Barbosa da Silva já trabalhava há vários anos na sua escola antes da ocupação da área, que se tornou um assentamento da reforma agrária. Seus pais alugavam uma casa perto do velho engenho quando a ocupação ocorreu e, por causa disso, sua família teve direito a um terreno no assentamento. No começo, Brasilina tinha medo:

> Todo mundo achava que o MST era só guerra. O povo até dizia: 'Quando aquela bandeira vermelha chegar aqui, vai ser o fim de tudo'. Depois, vivendo com eles, nós fomos vendo que não é nada disso. É uma questão de luta por trabalho, por respeito e pelo direito à terra.[48]

Ela logo foi convidada para a formação de professores do MST e isso mudou sua opinião, pois ela começou a entender a proposta pedagógica do movimento e a participar dessa luta educacional.

---

[48] Todas as citações ou informações atribuídas a Brasilina Barbosa da Silva foram obtidas numa entrevista em 27 de julho de 2011.

Outra professora, Sonia Lopes dos Santos, lecionava na mesma escola há 23 anos quando falei com ela em 2011. No final dos anos 1990, o MST tinha ocupado a terra ao redor da escola:

> Os militantes vieram para conversar conosco na escola e disseram que, a partir de então, aquela seria uma escola do MST. Que a gente colocasse a bandeira na escola. Nós fizemos a bandeira para colocar no terraço da escola e colocamos no cantinho. Fica lá. A gente colocou a bandeira na escola e nunca mais tirou. Usamos os cantinhos da sala de aula para as bandeiras pequenas e a grande fica no terraço da escola.
>
> [RT: Vocês cantam o hino do MST?]
>
> Cantou muito e canta ainda. A gente cantava muito também as músicas deles. Nós íamos para o [encontro dos] sem-terrinha com as crianças e os meninos cantavam muito as músicas deles.49

Embora Sonia tenha se preocupado com o que poderia acontecer, com o passar do tempo – conforme os militantes visitavam sua escola, oferecendo-lhe apoio – ela se tornou simpática ao programa educacional do MST. Começou a participar dos treinamentos de professores do Movimento e a aprender sobre a luta pelo Educação no Campo.

Norma Maria Azevedo da Silva foi mais uma professora de Água Preta que se tornou uma defensora da proposta pedagógica do MST. Ela se lembrou de seu primeiro evento do MST, um encontro de sem-terrinhas de todo o estado:

> Levamos 60 crianças daqui para o Recife, Sonia, eu e algumas mães do acampamento (um coordenador para cada dez crianças). Acho que tinha mais de 3 mil crianças lá no Recife. O que mais chamou minha atenção foi a caminhada. Os ônibus levaram todo mundo até uma praça perto do palácio do governo e as crianças saíram dali em caminhada. Liberaram água gelada, tinha um carro para casos de emergência... Eu achei tudo muito interessante. Duas ou três crianças foram recebidas pelo governador para reivindicar coisas relacionadas à educação: uma nova escola, mobiliário para a escola, uma mudança... A organização é impressionante: tanta criança, tanta comida, tanto ônibus e nenhuma criança fica sem proteção, todas são protegidas. Acredito que o governador deve

[49] Todas as citações ou informações atribuídas a Sonia Lopes dos Santos foram obtidas numa entrevista em 27 de julho de 2011.

ouvir, porque, aos poucos, as coisas vão chegando aos acampamentos e assentamentos. Acho que ele ouve as crianças.[50]

Em 2009, Norma foi indicada para um novo emprego na Secretaria Municipal de Educação de Água Preta, como parte de uma equipe de quatro "coordenadores rurais", assumindo as responsabilidades de um diretor para uma dúzia de escolas multisseriadas rurais. Ela continuou a defender o MST dentro do governo. Essas aberturas políticas e a persistência do Setor de Educação do MST lentamente foi mudando o ponto de vista do corpo docente municipal em favor do movimento. Como em Santa Maria, parecia provável que a cogestão conflituosa do MST nas escolas públicas municipais continuaria a avançar na região.

Perder a liderança moral e intelectual (2000-2011)

Entre o final dos anos 1990 e o começo dos anos 2000, mudou a relação entre a direção regional do MST na Mata Sul e as famílias dos assentamentos. Em 1999, os preços internacionais da cana-de-açúcar começaram a subir novamente, depois de uma década de queda, devido aos baixos níveis de produção na Índia e em Cuba. Em 2001, também houve uma seca na região canavieira de São Paulo e cresceu a demanda pela produção nordestina. Depois, em 2003, o presidente Lula assumiu e aumentou o investimento em etanol por meio de subsídios aos produtores de cana-de-açúcar. A cana se tornou, assim, ainda mais valiosa como fonte de etanol. Por isso, em 2003, os preços da cana-de-açúcar no Brasil dispararam e todo mundo na Mata Sul começou a plantar cana de novo – inclusive as famílias dos assentamentos da reforma agrária. Os proprietários das usinas de beneficiamento de cana prometeram às famílias pagamentos imediatos em dinheiro, o que era muito mais persuasivo do que as iniciativas econômicas do MST (Wolford, 2010b).[51]

Imediatamente surgiram os conflitos entre a direção do MST e essas famílias assentadas. Como Wolford (2010b) descreveu, essa divergência foi parte de uma luta cultural muito maior sobre o que significava viver num

[50] Todas as citações ou informações atribuídas a Norma Maria Azevedo da Silva foram obtidas numa entrevista em 18 de julho de 2011.

[51] Wolford (2010b) descreve em detalhes essas mudanças em Água Preta entre 1998 e 2003.

assentamento da reforma agrária. Durante os anos anteriores, o MST tinha convencido muitos trabalhadores da cana que viviam nos assentamentos a diversificar suas lavouras, por meio de um trabalho político e cultural intenso, que tentava associar a produção de cana-de-açúcar com exploração e a produção agroecológica diversificada com a boa cidadania da reforma agrária. Mas, quando os preços da cana-de-açúcar dispararam, muitas das iniciativas econômicas do MST foram abandonadas. Reemergiram muitos dos entendimentos culturais historicamente dominantes sobre a produção agrícola como um meio de sobrevivência econômica. Como Flavinha explicou:

> Em Água Preta, a cultura da cana é muito forte. As pessoas plantam cana porque a colheita garante uma renda familiar. Você ainda vê coco, vê graviola, tem outras culturas também nas propriedades dos assentados, mas eles continuam tendo a cana pra negociar com essas três usinas. Tem muito debate, tem um estudo, tem um esforço do pessoal do Setor de Produção, mas a região da Mata Sul é assim. E Água Preta é o município com mais dificuldade para se libertar do cultivo da cana-de-açúcar.

Surgiram profundas divergências entre essas famílias, que ainda veem o açúcar como o meio mais viável de sobrevivência econômica, e a direção do MST, que tentou convencê-las de que essa forma de produção econômica era uma exploração.

Wolford (2010b, p. 181) escreve: "As decisões de produção tornaram-se um campo de batalha política. Os líderes do MST argumentavam que plantar bananas e lavouras de subsistência era um indício de maior consciência política e os assentados acabaram concluindo que plantar cana era ir contra os desejos do Movimento". Famílias deixaram o movimento, porque "a cana foi apresentada e passou a ser vista como a antítese política do MST" (p. 188). A distância crescente entre a liderança e a base também assinalava que seria inútil para o MST continuar a investir nesses assentamentos. Quando conversei com dirigentes estaduais do MST em 2011, havia um certo pessimismo sobre a região. Jaime Amorim afirmou que a Mata Sul era a região mais antiga do MST no estado, "mas o desenvolvimento de militantes por lá é muito difícil": "Tem o analfabetismo, uma dominação muito forte dos usineiros contra os trabalhadores, dependências, vícios..." Rubneuza foi ainda mais longe:

> Ali é a cultura do engenho, que é a cultura da história sofrida daquela população. Não há uma cultura de organização social. Culturalmente, eles foram construídos dessa forma pelas oligarquias. Minha pesquisa de graduação foi para entender por que os professores da Mata Sul não participam dos encontros estaduais do MST. Isso sempre me incomodou, porque o pessoal do sertão vem em peso para as formações. Entre as questões que apresentei ao pessoal, eu perguntava se eles participavam de alguma organização social. Eles tinham medo de responder. Outro fator determinante é a cultura patriarcal, que é muito forte. O machismo é muito forte, há uma subordinação muito forte das mulheres.

A liderança do MST continuou a colocar energia para manter as relações políticas do movimento em Água Preta, mas os militantes começaram a se afastar dos assentamentos. Como explica o militante local Alex Santos, "a direção do MST tem relações com os prefeitos e podemos obter dinheiro para eventos, mas não discutimos mais a reforma agrária com as famílias nos assentamentos".[52] Alex também acreditava que essa situação acabaria repercutindo nas relações políticas locais do movimento, "porque políticos como Eduardo Coutinho só se importam com o MST se as famílias estiverem alinhadas com a liderança". O próprio Eduardo aludiu a essa realidade:

> A relação com a direção do MST existe até hoje, embora o Movimento tenha enfraquecido muito, né? Dos últimos anos para cá, o Movimento perdeu muita força e perdeu também muito apoio da sociedade brasileira, por algumas atitudes radicais que eles às vezes tomam.

Embora Eduardo ainda apoiasse financeiramente o MST em 2011, ele certamente notara a falta de liderança moral e intelectual dos militantes do Movimento nos assentamentos.

Resistência da comunidade à proposta pedagógica do MST

Quando Eduardo Coutinho assumiu a prefeitura em 2009, ele indicou Albertina Maria de Melo Tenório para a Secretaria da Educação. Como suas secretárias da Educação anteriores, Albertina estava aberta à proposta pedagógica do MST. Em 2009, ela concordou em patrocinar

[52] Todas as citações ou informações atribuídas a Alex Santos foram obtidas numa entrevista em 9 de julho de 2011.

um seminário sobre Educação do Campo na cidade, organizada pelo coletivo regional de educação do MST. Flavinha observa que, "em 2009, a relação com o município amadureceu e pudemos realizar esse seminário". Durante o evento, os dois principais palestrantes eram Rubneuza Leandro e Edla Soarez, que escrevera as diretrizes federais do Educação do Campo. Albertina disse que estava muito animada com a oportunidade de receber o seminário em Água Preta e sobretudo com a importância da visita de Edla, que também era presidenta da União Nacional dos Dirigentes Municipais de Educação (Undime). É improvável que um visitante tão prestigiado viesse a Água Preta sem as articulações políticas do MST. Todos os professores da rede municipal de ensino foram obrigados a participar do seminário e aprender sobre a Educação do Campo. Isso aumentou o reconhecimento do Movimento como uma autoridade educacional.

Apesar dessas aberturas políticas, em 2009 os militantes regionais do movimento encontraram resistência à sua proposta pedagógica por parte de famílias assentadas. Albertina mencionou essas dificuldades:

> Quando assumi a Secretaria, alguns jovens do MST vieram conversar sobre a metodologia das escolas do campo. Para mim não era nada novo. Quando eles pediam para liberar os professores para cursos, a gente autorizava, não só para a escola funcionar como o MST quer, mas para que a Secretaria possa acompanhar os conteúdos. O que percebo é que a comunidade não aceita muito que as aulas sejam voltadas para o MST. Uma professora nossa, recém-concursada, cantava uma música em sala de aula para tirar palavras de ordem de dentro da música. Os pais vieram aqui muito aborrecidos, dizendo que ela estava ensinando os meninos a serem sem-terra. Então, essa questão do olhar diferenciado não é nossa. Sinto que a própria comunidade dos assentamentos não aceita.[53]

Albertina afirmou que era uma defensora da proposta pedagógica do MST, mas que também era cautelosa a respeito, porque os pais, nos assentamentos, rejeitavam essas ideias. Os pais se queixaram à secretária sobre Elienai, que era um dos membros originais do coletivo regional de educação do MST. Em 2009, ela passou no concurso público e se tornou

---

[53] Todas as citações ou informações atribuídas a Albertina Maria de Melo Tenório foram obtidas numa entrevista em 7 de julho de 2011.

parte da rede pública municipal de ensino. Como ela era uma militante bem conhecida do MST, Albertina a indicou para uma escola de assentamento. Com a permissão do governo municipal, Elienai começou a incorporar algumas das práticas educacionais do MST em sua sala de aula: formou coletivos de alunos, ensinou canções sobre a Educação do Campo e discutiu a história da reforma agrária. No entanto, passadas as primeiras semanas, os pais começaram a criticar Elienai e seus métodos por "trazer o Movimento para dentro da escola". Embora muitas dessas famílias tivessem apoiado o MST no passado, havia muitos anos que os militantes não visitavam essa comunidade, o que produziu uma rejeição de todas as atividades associadas ao Movimento. Maria José da Silva, a coordenadora rural que supervisionava a escola, explicou:

> Os pais alegavam que ela estava 'trabalhando' o MST. Foi uma polêmica. Disseram que ela cantou o hino do MST na escola e eles não aceitaram. Para mim, ela estava formando cidadãos críticos, mas, para os pais, ela estava transformando os meninos em baderneiros. A gente teve de chamar a Elienai e pedir que trabalhasse o projeto do município. Eu disse: 'Você pode até trabalhar o Movimento, mas dentro do projeto... que eles não percebam!' A Elienai sabe que eu gosto muito dela, o que eu puder fazer eu faço. Ela queria formar pessoas críticas, que soubessem se defender, brigar por seus direitos. As mães não viram esse lado.[54]

Maria José disse que admirava a proposta pedagógica do MST, mas que o governo não permitiria mais sua aplicação por causa da falta de apoio das famílias.

Elienai falou abertamente sobre as dificuldades que o MST enfrentava na região. Explicou que, com o tempo, o Movimento se ausentou dos assentamentos e que isso tinha afetado sua habilidade para implementar sua proposta pedagógica:

> Outra coisa que observo é que a gente já não consegue organizar protestos em Água Preta, nem mesmo um abaixo-assinado, porque a gente não tem mais o apoio da base. Se precisar fazer, botar o povo na rua vai ser difícil.

Com poucos militantes e pouco dinheiro, uma visão pessimista sobre a organização e muitas outras atividades, o apoio local ao MST – descrito

---

[54] Todas as citações ou informações atribuídas a Maria José da Silva foram obtidas numa entrevista em 7 de julho de 2011.

por Gramsci como a liderança moral e intelectual de um movimento na comunidade – estava desaparecendo. Segundo Elienai, havia assentamentos em Água Preta que os militantes já não visitavam há anos.

Nas escolas públicas, essas oportunidades perdidas eram evidentes. Quando visitei Água Preta em 2011, professores que antes apoiavam o MST não estavam ressentidos, mas lamentavam a ausência do Movimento. Brasilina, por exemplo, sentia falta da presença do MST:

> Não tenho uma equipe que acompanhe meu trabalho, que me dê apoio. Sou eu sozinha para querer fazer a cabeça de muita gente. Para organizar eventos dos sem-terrinha, por exemplo, preciso ir de porta em porta para tentar convencer as mães. Em geral acham que 'isso é coisa da cabeça da professora'... Acho que tinha que reunir mais as professoras da comunidade. Tem outras no assentamento? Tinha que fazer reunião mensal ou trimestral e tentar que todas entendam um caminho só para trabalhar com aqueles meninos. No começo, eu tinha mais apoio do MST, as meninas vinham aqui.

Brasilina lembrou que, ao contrário do período 2000-2005, agora a maioria dos professores da sua escola não tinha mais contato com o MST. Quando entrevistei Sonia e perguntei quais aspectos da proposta pedagógica do MST ela estava implementando em sua escola, a resposta foi simples: "Eles querem que a gente trabalhe de acordo com o que existe na comunidade. Falta mais acompanhamento, que [os militantes] frequentem mais a escola e apoiem mais o professor". Sonia estava achando muito difícil implementar qualquer ideia da proposta pedagógica do MST sozinha. Assim, mesmo os professores que o MST tinha conquistado, professores que participaram de dezenas de cursos de formação do MST, sentiam-se agora incapazes de apoiar a proposta pedagógica sem a direção coletiva do Movimento. Mesmo que conseguissem, em 2011 não estava claro se as famílias dos assentamentos permitiriam.

Conclusão

Em Santa Maria da Boa Vista, entre 1997 e 2012, os militantes do MST nunca transformaram o regime político clientelista. A mesma família mantinha o poder, usando o sistema escolar para distribuir empregos públicos a cidadãos leais. Mesmo assim, durante esse período o coletivo de educação do MST trabalhou com todos os prefeitos – que eram parte de redes clientelistas antagônicas – e obteve recursos para apoiar sua proposta pedagógica no sistema municipal de ensino. Em vez de tentar obter poder por meio da política eleitoral, o MST se engajou na guerra de posição gramsciana, conseguindo o consentimento de múltiplos atores na cidade para sua visão agrária e educacional. Por meio desse processo, o coletivo de educação se expandiu e incluiu muitos professores que passaram a se identificar como militantes do MST. As escolas continuaram a funcionar como instrumento de poder da mesma família de elite, mas eram também espaços para promover o projeto hegemônico alternativo do MST.

Em Água Preta, as mesmas relações políticas clientelistas e o mesmo baixo nível de capacidade para gestão educacional também ofereceram ao MST inúmeras oportunidades para participar no sistema público de ensino. Mesmo em 2009, quando militantes locais enfrentavam dificuldades crescentes na região, a Secretaria de Educação concordou em organizar um seminário sobre a proposta pedagógica do MST. No entanto, o Movimento já não detinha liderança moral e intelectual suficiente nos próprios assentamentos para poder capitalizar essas oportunidades. Este não era um problema específico do Setor de Educação do MST: representava uma desconexão geral entre os dirigentes do MST e as famílias dos assentamentos. A despeito de o governo querer trabalhar com os militantes, foi a distância entre a base e a liderança do MST e o subsequente declínio da infraestrutura do Movimento social que obstruíram a cogestão do MST nas escolas públicas.

Este capítulo oferece duas grandes lições, construídas sobre o estudo de caso anterior, do Rio Grande do Sul. A primeira é que a ideologia do governo não determina os resultados do movimento social; ao contrário, é possível implementar os objetivos do movimento social dentro de instituições do Estado mesmo nos contextos menos favoráveis, como em regimes políticos conservadores e clientelistas. Santa Maria, onde uma única família mantém o poder há pelo menos um século, deveria ter sido um lugar impossível para a militância propor um programa educacional. Mas o governo municipal não era tão competente como o governo do estado do Rio Grande do Sul para gerir o sistema público de educação, o que abriu espaço para os militantes participarem da cogestão educacional.

Abers e Keck (2017, p. 19) descrevem um semelhante processo de atores não institucionais com a capacidade e o reconhecimento – ou a "autoridade prática" – para influenciar o comportamento de agentes do Estado. Embora neste caso eu descreva um movimento social muito grande e contencioso, não atores individuais, a participação do MST nas escolas seguiu um processo semelhante. O prestígio que a proposta pedagógica do MST trouxe ao município, as oportunidades de desenvolvimento profissional e o acesso educacional que o MST ofereceu aos cidadãos e a presença diária dos militantes nas escolas, resolvendo problemas, contribuíram para a capacidade do Estado de elevar a qualidade da educação. A despeito da incorporação de certas práticas que questionavam o poder das elites locais, esses benefícios de curto prazo para o Estado e o reconhecimento nacional do MST eram mais importantes do que os efeitos de longo prazo do processo de conscientização da população escolar.

Uma segunda lição a ser extraída deste capítulo é que a promoção dessa mudança institucional pelo MST sempre depende da habilidade dos militantes para obter o consentimento de diversos segmentos da sociedade civil. O primeiro grupo que os dirigentes do MST precisavam conquistar era o dos professores, tanto em Santa Maria como em Água Preta. O movimento fez isso ao educá-los sobre a proposta pedagógica do MST e também ao ajudá-los nas tarefas diárias nas escolas. Portanto, a liderança moral e intelectual não era simplesmente ideológica; envolvia resolver os problemas cotidianos das pessoas e integrá-las em práticas sociais alternativas. Os coletivos de diretores e de professores que o MST organizou nas escolas demonstrava os benefícios do coletivismo, no lugar do individualismo. Da mesma forma, a formação de professores e os programas de Ensino Médio e de bacharelado oferecidos pelo Movimento permitia que os professores prefigurassem a visão educacional do MST na prática. Importante notar que, em Santa Maria, as famílias assentadas também eram aliadas do MST e apoiavam o trabalho do movimento nas escolas.

Em contraste, havia uma dissensão crescente em Água Preta entre a militância do MST e as famílias assentadas, devido às diferentes visões sobre a produção econômica na região. Isso levou a um declínio da infraestrutura do movimento social e, mais especificamente, a uma redução de recursos, organização e liderança coletiva local. Em consequência, embora as autoridades e os professores de Água Preta estivessem abertos à proposta pedagógica do MST, as famílias assentadas rejeitaram essa proposta. Observa-se que estes capítulos demonstram que os movimentos podem participar de cogestão conflituosa em instituições do Estado numa variedade de contextos políticos e econômicos, mas só com uma direção coletiva robusta na região.

No último capítulo empírico, analiso um dos exemplos mais impressionantes de cogestão pelo MST: uma rede de escolas do campo de Ensino Médio em assentamentos do Ceará em 2010 e 2011. Esse capítulo mostra como o contexto nacional, embora não determine trajetórias regionais, influencia diretamente as relações locais entre militantes e atores do Estado. O Capítulo 6 também apresenta a evolução da proposta pedagógica do MST, o que são essas práticas no contexto contemporâneo e como a relação conflituosa, entre militantes e atores do Estado, continua a caracterizar essas iniciativas.

CAPÍTULO 6: CEARÁ: A INFLUÊNCIA DO APOIO FEDERAL E DA PRESSÃO NACIONAL NAS TRAJETÓRIAS REGIONAIS

O governo estadual não era muito aberto para a Educação do Campo, mas o MEC era. O recurso que tinha era do MEC e era para a Educação do Campo, então a Secretaria tinha que usar para esse fim.
Susana,[1] funcionária da
Secretaria da Educação do Ceará

Não temos dúvida: nosso projeto é socialista. Temos de ir botando sementes e adubo, e cultivando. Um dia floresce. Não é porque a gente vive no capitalismo que a gente não vai sonhar com o socialismo.
Maria de Jesus Santos,
do Setor Nacional de Educação e
da direção estadual do MST no Ceará

Por volta de 2010, o Setor de Educação do MST já tinha quase três décadas de experiência com a cogestão do sistema público de ensino no Brasil. No âmbito nacional, o projeto educacional mais importante que o movimento desenvolveu foi o Pronera, criado em 1998 com fundos para educação de adultos, Ensino Médio e Ensino Superior para cidadãos vivendo em áreas de reforma agrária. Também em 1998, o MST começou a discutir uma proposta educacional para todas as populações do campo, que ficou conhecida como Educação do Campo. Em 2001, o governo aprovou as diretrizes nacionais para o programa Educação do Campo e, em 2004, com o Partido dos Trabalhadores (PT) no poder, a Coordenadoria da Educação do Campo foi criada no Ministério da Educação (MEC).

É impossível entender as lutas educacionais regionais do MST sem levar em consideração o contexto mais amplo. Em parte, isso ocorre

[1] Pseudônimo.

porque todos os militantes do MST que se tornaram protagonistas na implementação da proposta pedagógica do movimento em suas escolas também participaram de pelo menos uma das iniciativas nacionais. Assim, o acesso educacional que a direção do MST alcançou no âmbito nacional aumentou diretamente a força dos coletivos regionais de educação. Além disso, militantes do MST em diferentes estados de todo o Brasil aprenderam com as experiências de cada um durante esse período de trinta anos, refinando sua maneira de implementar a proposta pedagógica do MST em seus próprios contextos. Acumularam tanto conhecimento sobre educação e tinham penetrado o Estado em tantas esferas e instituições que acabaram por transformar o terreno da luta educacional.

No Brasil, governos estaduais e municipais não são isolados do governo federal; ao contrário, o Estado é composto justamente dessa complexa relação entre governos federal, estaduais e municipais, além das diferentes instituições e agências sob a gestão de cada uma dessas competências. No final dos anos 2000, as vitórias do MST no âmbito nacional tiveram um "efeito bumerangue" nos estados e municípios, convencendo até governos que não apoiavam o MST a abraçar os objetivos educacionais do movimento nacional para a Educação do Campo. Keck e Sikkink (1998) cunharam a expressão "efeito bumerangue" em seu estudo sobre redes transnacionais de militantes. O efeito bumerangue ocorre quando atores domésticos, incapazes de influenciar seus governos, buscam aliados internacionais para pressionar as autoridades a atender as demandas locais. Um processo semelhante ocorreu no Ceará, em escala doméstica. O movimento nacional para a Educação do Campo, que incluía movimentos sociais, universidades e governos aliados, pressionou o estado do Ceará para responder às demandas dos militantes locais do MST. Essa rede ofereceu informação sobre a Educação do Campo, além de recursos para sua implementação. A direção estadual do MST no Ceará usou estrategicamente esse apoio nacional para apresentar suas demandas ao governo do estado.

O Ceará é perfeito para analisar a luta educacional do MST nesse contexto contemporâneo, já que a vitória educacional mais importante (e relativamente recente) do MST no estado aconteceu com a abertura de uma rede de quatro escolas de Ensino Médio em assentamentos do

MST, em 2010 e 2011. Essas escolas são oficialmente reconhecidas pelo governo do estado como escolas do campo, com o direito a uma abordagem pedagógica diferenciada, construída em parceria com as famílias dos assentamentos e com as comunidades locais. Essas escolas do campo estavam entre as maiores e melhores escolas em qualquer assentamento do país. O Setor Estadual de Educação cogere as escolas do campo, implementando muitas das práticas educacionais históricas do Movimento e desenvolvendo novas iniciativas para essas escolas, inclusive três novas disciplinas. Em coordenação com o governo do estado, o MST também organiza, todos os anos, cursos de formação de professores.

As escolas do campo cearenses constituem um dos exemplos mais importantes de cogestão conflituosa da educação pública pelo MST. Uso o caso do Ceará para apresentar três argumentos sobre a luta educacional do MST no contexto contemporâneo. Primeiro, afirmo que só é possível entender os resultados regionais do MST quando eles são analisados no contexto federal, em especial como o Movimento Nacional pela Educação do Campo influencia as trajetórias educacionais locais nos estados. Como diz Hart (2002, p. 14), esse tipo de comparação relacional analisa casos regionais "em relação um ao outro e também a um todo maior [...] ao iluminar como essas relações são produzidas e alteradas na prática, é possível iluminar o todo a partir de um estudo detalhado de uma parte específica". O Ceará ilumina como as vitórias educacionais anteriores do MST estão, no momento, influenciando trajetórias regionais e como essas intervenções locais contribuem para o movimento nacional. Em segundo lugar, ainda relacionado a esse aspecto, pondero que as intervenções educacionais do MST no Ceará representam a acumulação de trinta anos de práticas educacionais do Movimento. Portanto, a institucionalização dos objetivos educacionais do MST nas escolas do campo cearenses ilumina a evolução do programa pedagógico do MST desde os anos 1980. Por último, mesmo nesse contexto mais aberto, com múltiplas oportunidades para a participação de movimentos sociais, a relação do MST com o Estado continua a ser uma forma de cogestão *conflituosa*, caracterizada tanto por colaboração como por tensão. Isso levanta questões importantes sobre *quem* tem o direito de representar os interesses dos pobres.

A luta do MST pela Reforma Agrária no Ceará

O estado do Ceará está localizado na região Nordeste do Brasil, fazendo fronteira com Pernambuco ao sul. O Ceará é um dos principais destinos turísticos no Brasil, graças ao seu extenso litoral, com muitas localidades ainda preservadas em seu estado primitivo. Mas a maior parte do território cearense é coberta pelo sertão, com as mesmas difíceis condições de vida de Santa Maria da Boa Vista (PE). Pobreza e morte são ameaças constantes à população sertaneja. Entre 1978 e 1983, um longo período de cinco anos de seca, milhares de habitantes da zona rural foram forçados a deixar suas comunidades e migrar para os arredores da capital, Fortaleza. No final dos anos 1980, o Ceará tinha uma das maiores concentrações de propriedade da terra no Brasil, com os "coronéis" dominando a política por todo o estado. Em 2015, a renda familiar média no Ceará era a terceira menor do Brasil: meros 680 reais. No censo de 2010, a população era de 8,5 milhões de habitantes, 75% dos quais eram urbanos (IBGE, 2011).[2] Dessa população, 61,9% eram identificados como pardos, 32% como brancos, 4,7% como negros, 1,2% como "amarelos" e 0,2% como indígenas (IBGE, 2010).

A primeira ocupação do MST no Ceará ocorreu em 1989, mesmo ano de Pernambuco, também com a ajuda de muitos militantes do Sul do Brasil. Eles organizaram 450 famílias para ocupar terra no meio do sertão, no município de Madalena (ver Mapa 6.1). Nove dias depois do início da ocupação, o governo federal concedeu direito de uso da terra a essas famílias e estabeleceu o primeiro assentamento da reforma agrária no estado, o Assentamento 25 de Maio. Alguns meses depois, o MST organizou outras 800 famílias para ocupar outra grande propriedade no município vizinho de Canindé. Ao contrário do que ocorreu na primeira ocupação, desta vez a polícia chegou logo e despejou as famílias, que foram ocupar várias outras propriedades na região, pressionando o governo federal até que fossem criados dezenas de novos assentamentos. Essas vitórias iniciais foram cruciais para a rápida expansão do MST no Ceará ao longo dos anos 1990 (Morissawa, 2001, p. 187). Em 2011, o MST trabalhava em cerca de 200 assentamentos da reforma agrária por

---

[2] A população estimada em 2015 era de 8,9 milhões de habitantes.

todo o estado, e milhares de pessoas ainda viviam em acampamentos de ocupação, à espera do acesso à terra.

Construir um coletivo de educação: a história de Maria de Jesus

Maria de Jesus Santos, do Setor Nacional de Educação e da direção estadual do MST no Ceará, lembrou das primeiras ocupações do MST. No final dos anos 1980, Maria de Jesus vivia em Canindé, um município muito pobre e com grande zona rural, numa comunidade, Ipuera dos Gomes – no meio do sertão. Ela sempre gostou de estudar e seu sonho era completar o Ensino Fundamental, mas a escola de sua comunidade só chegava ao 4º ano, que ela concluiu aos nove anos de idade. "Não tinha mais escola e passei cinco anos repetindo os mesmos anos que já tinha cursado, só para não ficar parada", disse ela, "mas com muita vontade de estudar."[3] Em 1987, quando tinha 14 anos, ela foi escolhida para fazer um curso no Instituto de Catequese São Francisco, que era uma escola da diocese de Fortaleza:

> Era um curso baseado na Teologia da Libertação e também na formação das Comunidades Eclesiais de Base. Completei 15 anos nessa escola. Passei oito meses interna. Essa formação me despertou para uma visão de classe do mundo, de libertação.

O curso tratava da libertação dos pobres da opressão política e econômica, e transformou a perspectiva de Maria de Jesus sobre a pobreza e a desigualdade. Quando ela voltou para sua comunidade no ano seguinte, envolveu-se na política da região. Nesse mesmo ano, o município abriu uma escola que oferecia o II Ciclo do Fundamental em sua comunidade. Maria de Jesus passou a lecionar de manhã no I Ciclo e a estudar à tarde no II Ciclo. Envolveu-se com a Comunidade Eclesial de Base (CEB) de Ipuera dos Gomes, um grupo de estudo da Igreja Católica inspirado pela Teologia da Libertação (ver Capítulo 1). Assumiu um papel de liderança no sindicato dos professores e, mais tarde, ajudou a fundar o diretório do PT em Canindé.

[3] Todas as citações ou informações atribuídas a Maria de Jesus Santos foram obtidas numa entrevista em 5 de setembro de 2011. As exceções serão apontadas.

Em 1989, algumas lideranças do MST visitaram a comunidade de Maria de Jesus, explicando que estavam organizando as pessoas para participar da primeira ocupação de terra do Ceará. Maria de Jesus não participou dessa primeira ocupação, mas visitou o acampamento da segunda ocupação, muitos meses depois, numa cidade vizinha. Envolveu-se nas atividades educacionais do acampamento e, em 1991, foi convidada para um encontro de educadores das áreas de reforma agrária em Fortaleza. Também participaram desse encontro Edgar Kolling e Roseli Caldart, dirigentes do Setor Nacional de Educação do MST. Maria de Jesus lembrou: "Eu tinha sonhado em encontrar esse movimento, que tratava de tudo que me deixava brava. Eu sabia que as pessoas não eram pobres porque Deus queria que fossem pobres". Ela começou a conectar sua paixão por educação e justiça social com a luta pela reforma agrária. Em seguida, participou de uma ocupação de terra do MST e logo se tornou uma dirigente do Movimento.

Ao longo da década seguinte, Maria de Jesus pôde aprender ainda mais sobre a proposta pedagógica do MST. Primeiro, ela foi convidada para se inscrever num programa MAG, de Ensino Médio e de certificação para o magistério, na cidade de Braga, no Rio Grande do Sul (ver Capítulo 1). Por meio da Pedagogia da Alternância, ela passou muitos meses em Braga para estudar e outros tantos meses em sua comunidade, em estágios docentes. Depois, em 1998, matriculou-se no primeiro programa do Pronera de bacharelado em Pedagogia da Terra, na Universidade de Ijuí (ver Capítulo 2). E logo em seguida participou do programa de graduação em Educação do Campo, do Pronera, na Universidade Federal de Santa Catarina (UFSC). Também participou de todas as conferências nacionais de educação do MST em Brasília durante esse período, inclusive do I Encontro Nacional de Educadoras e Educadores da Reforma Agrária (Enera), em 1997, e das duas primeiras conferências nacionais por uma Educação do Campo, em 1998 e 2004 (ver Tabela 3.1 no Capítulo 3).

Maria de Jesus teve um papel fundamental na criação do Setor Estadual de Educação no Ceará. Ele organizou dezenas de atividades durante o final dos anos 1990 e início dos anos 2000, inclusive campanhas de alfabetização, programas de educação primária de adultos, formação de professores e encontros dos Sem Terrinha. Como em Pernambuco, as campanhas de alfabetização foram cruciais, não apenas para reduzir a taxa de analfabetismo nos assentamentos, mas também para integrar mais jovens e mulheres ao Movimento por meio de empregos como alfabetizadores. O Setor Estadual de Educação do MST no Ceará também se inspirou nas experiências gaúchas e, em meados dos anos 2000, organizou seis turmas simultâneas do programa MAG, custeado pelo Pronera. Em parceria com a Universidade Estadual do Ceará (Uece), os cursos ocorreram em diferentes regiões do estado. O Setor Estadual de Educação também promoveu vários programas de bacharelado em Pedagogia da Terra, Jornalismo, Agronomia e Assistência Social, todos cobertos pelo Pronera.

Em vários municípios, os militantes da educação desenvolveram relações próximas com autoridades locais e implementaram alguns aspectos da proposta pedagógica do Movimento nas escolas públicas municipais. No município de Caucaia, por exemplo, a Secretaria Municipal de Educação contratou um militante do MST para supervisionar as escolas dos assentamentos da região. Em outro município, o Movimento conseguiu acesso à pré-escola para as famílias que viviam em acampamentos e assentamentos. Mas, como explica o militante Joel Gomes, a maioria dos municípios era hostil ao MST e bloqueava a participação dos militantes. Segundo Joel, tudo isso "depende muito da correlação de força local".[4]

Em resumo, em meados dos anos 2000 a luta educacional do MST no Ceará já tinha uma longa história, uma vez que os militantes estabeleceram programas e implementaram práticas pedagógicas alternativas em educação de jovens e adultos, pré-escola, escolaridade primária e secundária e Ensino Superior. No entanto, a essa altura, quase todos esses programas eram custeados pelo governo federal ou ocorriam em parceria com alguns municípios. Ainda não havia escolas dentro dos assentamentos do MST sob jurisdição da Secretaria Estadual da Educação. O PSDB, de direita, estava no poder estadual desde 1991. Por isso, as autoridades da Secretaria da Educação obedeciam a uma orientação tradicional para a escolaridade rural, presumindo que só era necessário investir em novas

[4] Todas as citações ou informações atribuídas a Joel Gomes foram obtidas numa entrevista em 9 de setembro de 2011.

escolas nos centros urbanos. Isso só começou a mudar em 2004, quando o Ministério da Educação assumiu a pauta da Educação do Campo e o Movimento Nacional para a Educação do Campo se consolidou.

Intervenções federais: Lúcio Alcântara e o PSDB (2003 e 2006)

Em 2003, Lúcio Alcântara, do PSDB, tornou-se governador do Ceará, vencendo por meros três mil votos o candidato do PT e, portanto, dando continuidade a uma década de domínio conservador no estado. Mesmo assim, ao contrário dos governos peessedebistas anteriores, o novo governador tinha uma base de apoio fraca e vulnerável. Sua secretária de Educação, Sofia Lerche (2003-2005), explicou:

> Naquele momento, havia no Brasil um forte desejo de mudança, sobretudo por parte da população formadora de opinião. Esse desejo se consolida com a eleição de Lula, cuja vitória propicia a eleição de vários governadores e de muitos deputados federais e estaduais. O doutor Lúcio quase foi eleito no primeiro turno e quase perdeu no segundo turno - a diferença de três mil votos é quase nada numa eleição para governador. Não sei qual era a configuração da Assembleia Legislativa do Ceará, mas é certo que ele enfrentava oposição. O doutor Lúcio marcou o fim de uma era.[5]

Portanto, Lúcio Alcântara tinha um mandato político fraco. Além disso, quando assumiu, o Ceará estava numa situação financeira complicada, com dívidas com o Banco Mundial e outras organizações internacionais. Na esfera educacional, o governo do estado também tinha recursos mínimos, em parte devido à devolução do ensino primário aos municípios durante a década anterior. Embora o governo federal tivesse criado em 1998 um programa que redistribuía fundos a governos estaduais para supervisionar escolas primárias, a expansão do programa para o II Ciclo do Fundamental e para o Ensino Médio só ocorreria em 2007.[6] Esse arranjo era difícil para governos estaduais sem recursos, que

---

[5] Todas as citações ou informações atribuídas a Sofia Lerche foram obtidas numa entrevista em 29 de novembro de 2017.

[6] Esses programas eram, respectivamente, o Fundo de Manutenção e Desenvolvimento do Ensino Fundamental e de Valorização do Magistério (Fundef) e o Fundo de Manutenção e Desenvolvimento da Educação Básica (Fundeb).

eram encarregados da educação secundária. "Nós só tínhamos dinheiro suficiente para pagar os salários dos nossos professores", recordou Sofia.

Ao mesmo tempo, no âmbito nacional, a proposta da Educação do Campo se consolidava com um movimento diversificado de militantes, sindicalistas, professores e autoridades defendendo essa alternativa educacional. Um dos objetivos do movimento nacional era convencer governos estaduais a endossar a Educação do Campo. Em 2004, logo depois da II Conferência Nacional por uma Educação do Campo, que ocorreu em agosto de 2004 em Luziânia (GO), o Ministério da Educação (MEC) propôs que o governo do Ceará organizasse um seminário estadual sobre a Educação do Campo. A despeito da disputa política entre PSDB e PT no nível nacional, a Secretaria Estadual de Educação estava aberta a essa proposta como um meio de investir em seu precário sistema escolar rural. Além disso, de acordo com Sofia Lerche, então secretária da Educação, havia uma disposição de sua gestão para criar uma agenda de negociação com o MEC:

> Isso envolvia recursos que tinham sido utilizados por gestões anteriores e nem sempre da maneira que o MEC gostaria. Por outro lado, queríamos interagir com o governo federal e ser um interlocutor na formulação das políticas que o governo federal apresentava. Havia muita margem para que a gente se inserisse na discussão. E é claro que havia tensão entre um governo federal do PT e um governo estadual do PSDB, mas isso não nos impediu de buscar recursos e de estar sempre próximos. Para nós, a questão era a educação, não a política partidária.

Susana,[7] uma funcionária da Secretaria desde meados dos anos 1970, tornou-se a responsável pelas iniciativas do programa Educação do Campo. Embora fosse nascida em Fortaleza e se identificasse como "completamente urbana", ela já tinha uma vasta experiência no trabalho com escolas rurais. Ela recorda:

> Em 2004, o professor [Antonio] Munarim, que era o coordenador da Educação do Campo lá no MEC, esteve aqui e pediu que a gente organizasse um seminário para 350 pessoas para estudar as diretrizes nacionais da Educação do Campo. Ele me chamou porque eu era a pessoa da Secretaria que mais conhecia os assentamentos da reforma

[7] Pseudônimo.

> agrária, o Incra, o Pronera, o próprio MST, as universidades parceiras e outras organizações de trabalhadores do campo. Era eu que participava de discussões e reuniões preparatórias de eventos e iniciativas.[8]

Susana convidou representantes das Coordenadorias Regionais de Desenvolvimento da Educação (Crede), das secretarias municipais de Educação, de universidades e dezenas de organizações que trabalhavam no campo, inclusive o MST e a Federação dos Trabalhadores Rurais, Agricultores e Agricultoras Familiares do Estado do Ceará (Fetraece), uma afiliada da Contag. Embora a Secretaria Estadual de Educação estivesse encarregada de contatar esses participantes, foi o Movimento Nacional da Educação do Campo que apoiou a organização do seminário cearense, oferecendo informação, contatos locais e recursos financeiros.

Durante os quatro dias do seminário, que ocorreu em setembro de 2004, os participantes leram e discutiram as diretrizes federais para o Educação do Campo e planejaram sua implementação. Membros do Setor Estadual de Educação do MST, inclusive Maria de Jesus, foram convidados a contar a história e a filosofia do programa. Esse primeiro seminário levou à criação do Comitê Estadual de Educação do Campo da Ceará, que incluía representantes do governo, da universidade e da sociedade civil. Os militantes do MST no Ceará, que já promoviam essas ideias no estado, tornaram-se os membros mais importantes e mais ativos do comitê. Lentamente, o conceito de educação rural começou a mudar na Secretaria da Educação - pelo menos entre os funcionários envolvidos nessas iniciativas. Logo depois do primeiro seminário, a Secretaria chegou a publicar um documento que afirmava o seguinte: "A Educação do Campo é um conceito político e pedagógico que pretende criar uma ligação mais dinâmica entre os seres humanos e a produção de suas condições sociais no campo".[9] Em poucos anos, o governo do estado foi da negligência em educação na zona rural à conexão explícita entre a educação do campo e um modelo de desenvolvimento alternativo.

---

[8] Todas as citações ou informações atribuídas a Susana foram obtidas numa entrevista em 15 de setembro de 2011.

[9] Documento final do Primeiro Seminário Estadual da Educação do Campo.

Por que o governador Lúcio Alcântara apoiou essas iniciativas? Segundo Susana, o debate educacional no Ceará era diretamente influenciado pelo governo federal e pelo movimento nacional pela Educação do Campo. Reitere-se a semelhança com o que Keck e Sikkink (1998, p. 13) chamam de "efeito bumerangue", quando "redes oferecem [aos militantes locais] acesso, influência e informação (e muitas vezes dinheiro) que eles não esperavam obter sozinhos". Dado o baixo nível de capacidade do estado do Ceará para gestão educacional, particularmente em remotas regiões rurais, o governo não podia simplesmente ignorar esse apoio e esses recursos. Maria de Jesus concordou com essa avaliação quando perguntei por que o governo estadual havia apoiado essas iniciativas:

> Foi por pressão do MEC, que tem um poder muito grande nos estados. E os estados têm um poder muito grande nos municípios. O sistema educacional brasileiro é hierárquico – federal, estadual e municipal. O município não pode contrariar o estado e o estado não pode contrariar o sistema federal, que dita as regras.

Nos dois anos seguintes, a Secretaria de Educação do Ceará, com o estímulo e o apoio financeiro do MEC, organizou muitos outros seminários e eventos para promover a Educação do Campo. Em janeiro de 2005, organizou o II Seminário de Articulação por uma Educação do Campo no Ceará. Um ano depois, em março de 2006, organizou o III Seminário Estadual de Educação do Campo. Em dezembro do mesmo ano, organizou a Oficina de Educação do Campo, um programa de formação para centenas de professores da zona rural cearense. Esses professores passaram cinco dias estudando os fundamentos teóricos do Educação do Campo, analisando a relação entre o programa e as questões de gênero e de raça, e discutindo as possibilidades de incorporação do Educação do Campo ao currículo.[10] Os militantes locais do MST usaram essa oficina de formação para compartilhar suas próprias experiências de implementação dessa proposta pedagógica e também fizeram novas demandas de apoio do Estado a suas iniciativas educacionais.[11]

---

[10] Extraído da programação da Oficina de Educação do Campo, 18-22 de dezembro de 2006.

[11] Durante esse período, o MST do Ceará também obteve recursos do Pronera (ver Capítulo 2). Em novembro de 2004, por meio de uma parceria com a Universidade Federal do Ceará (UFC), teve início o primeiro bacharelado de Pedagogia da Terra no estado. Em dezembro

O contraexemplo de São Paulo: a capacidade do estado para resistir a uma pressão nacional

É importante notar que a influência do apoio federal não foi homogênea por todo o país. Em outras palavras, embora Maria de Jesus esteja certa quando afirma o grande poder do MEC sobre os estados, o grau de poder depende da capacidade de cada estado para gestão educacional. São Paulo é o estado mais rico e mais populoso do país e, como no Ceará, o PSDB dominava a política paulista desde o início dos anos 1990.[12] Em contraste com o Ceará, porém, os membros do PSDB em São Paulo são os mais importantes adversários do PT no âmbito federal. Por exemplo, os governadores Geraldo Alckmin (2001-2006; 2011-2018) e José Serra (2007-2010) disputaram a Presidência da República contra o PT em 2002, 2006 e 2010. Durante essas campanhas eleitorais, tanto Alckmin como Serra criticaram publicamente a relação amigável entre o MST e o governo federal.[13] Em termos de educação, quando entrevistei duas ex-secretárias da Educação do estado de São Paulo, Teresa Roserley Neubauer (1995-2001) e Maria Helena Castro (2007-2009), o grande tema era a necessidade de padronizar o currículo por todo o estado, em vez de diversificar as escolas.[14] Maria Helena, por exemplo, descartou a ideia de que escolas rurais devessem ter qualquer tipo de pedagogia diferenciada e insistiu que as de São Paulo seguissem o mesmo currículo das escolas urbanas.

Em 2006, funcionários da Coordenadoria Geral de Educação do Campo do MEC tentaram organizar um seminário em São Paulo para discutir as diretrizes da Educação do Campo. Embora o ministério já tivesse organizado seminários desse tipo em todos os estados da federação, o governo estadual paulista se recusou a receber o seminário. O diretor da Secretaria da Diversidade do MEC nessa época, Armênio Schmidt, explicou: "O PSDB estava no poder e a Secretaria da Educação achava

---

de 2005, uma parceria entre a Universidade Estadual do Ceará (Uece) e o Pronera implementou o primeiro curso de Magistério da Terra, de nível médio, em várias localidades de todo o estado.

[12] Segundo o censo de 2010, nada menos que 95,6% dos 41,3 milhões de habitantes do estado de São Paulo viviam em centros urbanos. Em 2015, o estado tinha a segunda maior renda familiar média do país (depois de Brasília): 1.482 reais.

[13] Ver, entre outros, esta reportagem de *O Globo* (Oliveira, 2010).

[14] Ambas foram entrevistadas no dia 10 de novembro de 2011.

que o estado não precisava do seminário, pois São Paulo já não tinha campo".[15] Antonio Munarim, o funcionário do MEC encarregado de abordar o governo do PSDB em São Paulo, deu mais detalhes sobre a rejeição paulista ao Educação do Campo. Ele tentou várias vezes entrar em contato com o então secretário da Educação, Gabriel Chalita, mas nunca conseguia falar com ele.[16] Certa vez, encontrou Chalita pessoalmente numa reunião do Conselho Nacional de Secretários de Educação (Consed) em Gramado, no Rio Grande do Sul:

> Eu disse a ele que não estávamos conseguindo conversar com os setores intermediários de sua Secretaria para fazer acontecer o Seminário Estadual de Educação do Campo em São Paulo. Disse-lhe que esse seminário já tinha ocorrido em todos os estados, menos em Minas Gerais e em São Paulo, ambos governados pelo PSDB. 'Seria por isso?', perguntei. 'Não, absolutamente não', ele respondeu. Então, me deu o nome de uma pessoa na Secretaria para fazer acontecer, a partir da decisão positiva dele. Fui a São Paulo, tive uma conversa com duas pessoas da diretoria designada por ele, não encontrei respaldo, não houve abertura, não houve sensibilidade. Foram frios. Continuamos a insistir, até mandando cartas, mas em momento algum houve disposição para marcar uma data. Eles nunca disseram 'não', muito menos por escrito, mas deram um jeito para que o seminário não ocorresse.[17]

A recusa de São Paulo resultava provavelmente de vários fatores. Ao contrário de estados mais pobres, o governo de São Paulo não precisava do apoio financeiro e administrativo do governo federal, nem era facilmente influenciado pelo Movimento Nacional pela Educação do Campo. A liderança do PSDB em São Paulo era a principal oposição ao PT no âmbito federal e, por isso, as autoridades dos governos do PSDB tendiam a rejeitar oportunidades para colaboração. O governo paulista também rejeitou o seminário, porque tinha uma visão do estado como sendo moderno e urbano. Como disse Maria Helena Castro:

> Em primeiro lugar, São Paulo é um estado pouco representativo em termos de zona rural: só 13% das matrículas na educação básica estão

[15] Todas as citações ou informações atribuídas a Armênio Schmidt foram obtidas numa entrevista em 28 de novembro de 2011.

[16] Tentei entrevistar Chalita, mas sua secretária nunca conseguiu marcar uma entrevista.

[17] Todas as citações ou informações atribuídas a Antonio Munarim foram obtidas numa entrevista em 28 de novembro de 2011.

> na zona rural. É pouco, está abaixo da média nacional, que é de 15% ou 16%. Em segundo lugar, as escolas rurais paulistas ficam, em geral, próximas de alguma cidade e seguem a mesma metodologia, o mesmo currículo, a mesma avaliação e o mesmo índice de qualidade. Não há um modelo diferente para as escolas rurais, elas são iguais [às urbanas].

A despeito do fato de que São Paulo já tinha uma importante indústria agrícola e era o estado com o maior número de ocupações de terra, as autoridades locais consideravam tratar-se de um estado completamente urbanizado.[18]

Mais importante ainda era o fato de que o governo paulista tinha a capacidade para implementar essas posições ideológicas. Em outras palavras, para o rico estado de São Paulo, os incentivos financeiros do MEC eram insignificantes e as autoridades podiam recusar-se a implementar todas as iniciativas da Educação do Campo. Já no pobre estado do Ceará, a chegada do MEC atraiu muito interesse e foi vista como uma oportunidade para canalizar recursos para o sistema escolar rural. Portanto, no Ceará, os programas da Educação do Campo floresceram entre 2005 e 2006, com apoio do governo federal, mas São Paulo não implementou nem uma única dessas iniciativas educacionais. Essa comparação está alinhada com o argumento geral neste livro, de que a cogestão de movimentos sociais é mais difícil quando o Estado tem um governo de direita e, ao mesmo tempo, uma alta capacidade para implementação de políticas públicas (ver coluna central à direita na Tabela I.1 da Introdução).[19]

Construir escolas de ensino médio em assentamentos do MST: Cid Gomes e o PSB (2007-2014)

Em janeiro de 2007, Cid Gomes, filiado ao Partido Socialista Brasileiro (PSB), de centro-esquerda, tomou posse como governador do Ceará. Tanto

[18] De fato, o censo de 2010 classificou 95% da população como urbana (IBGE, 2011). Mas em 2014 São Paulo tinha 270 assentamentos da reforma agrária, abrigando 18.932 famílias, números que estavam entre os maiores do país (Nera, 2015).

[19] Também passei dois meses na região do Pontal do Paranapanema, no extremo Oeste do estado de São Paulo, onde está a maior concentração de assentamentos do MST. Entrevistei 22 pessoas nessa área, entre militantes do MST, professores e diretores de escolas. Esta é a única região do país onde não constatei nenhuma das práticas pedagógicas do MST no sistema público de ensino, a despeito do grande número de escolas em assentamentos do MST. Para uma descrição desse caso, ver Tarlau (2013).

Cid como seu irmão Ciro Gomes (ex-governador do Ceará, 1991-1994) tinham sido membros do PSDB, mas deixaram esse partido em meados dos anos 1990 e, em 2006, filiaram-se ao PSB, que era aliado ao PT no âmbito nacional. Para muitos militantes com quem conversei, apesar da mudança partidária, Cid Gomes ainda representava a mesma política de sempre. O dirigente do MST Erivando Barbosa admitiu que Cid era melhor que os governadores anteriores, mas duvidava que ele trouxesse um apoio genuíno à reforma agrária.[20] Por causa dessas dúvidas, quando Cid pediu apoio ao MST estadual durante a campanha eleitoral, o Movimento se recusou a endossar sua candidatura.[21]

Mesmo assim, a despeito do ceticismo dos militantes, Cid Gomes se revelou um governador muito mais aberto ao MST do que qualquer de seus antecessores. Sua abertura para o movimento era provavelmente uma combinação de oportunismo - não queria fazer inimigos políticos - e do fato de que seu partido era aliado do PT, que apoiava o MST no âmbito federal. Por isso, a eleição de Cid abriu novas oportunidades para discutir a proposta do MST de implementação da Educação do Campo. Mas, por azar, esse também foi o momento em que o MEC suspendeu a maior parte de seu apoio financeiro. Susana, a funcionária estadual responsável pela Educação do Campo, explicou:

> O maior desafio era o apoio do governo, que eles diziam que dariam, mas não davam. Na época do Lúcio [Alcântara], tínhamos o MEC por trás, que queria implementar e nós implementamos, divulgamos as diretrizes e fizemos o possível. Os seminários de Educação do Campo que organizamos foram muito elogiados, embora tenham sido um desafio para o Lúcio. Ele apoiou, mas com um pé atrás. Só apoiou porque o MEC desejava e queria. O MEC estava em cima. Eu tinha mais apoio do governo do Lúcio, mesmo com as dificuldades, do que tive no início do governo do Cid.

---

20 Todas as citações ou informações atribuídas a Erivando Barbosa foram obtidas numa entrevista em 15 de setembro de 2011.

21 Segundo Erivando, o vice-governador na chapa do PSB era do PT, tinha ligações com o MST e convenceu Cid a buscar o apoio da direção estadual do Movimento. Cid fez isso pessoalmente, em vão: os dirigentes do MST estadual recusaram-se a apoiá-lo. Erivando disse que, na campanha de reeleição, quatro anos depois, Cid nem tentou buscar o apoio do MST.

Susana lembra que, embora continuasse a ser o contato cearense para a Coordenadoria de Educação do Campo no MEC, os recursos escasseavam. Os membros do Comitê Estadual de Educação do Campo pararam de aparecer nos encontros, porque não havia dinheiro para implementar as propostas do comitê. A despeito da eleição de um governo de orientação ideológica mais favorável ao MST, as iniciativas estaduais da Educação do Campo não avançavam sem o apoio financeiro e organizacional do MEC. De sua parte, Maria de Jesus era sempre cética sobre as iniciativas tomadas pelo Estado, inclusive o Comitê Estadual de Educação do Campo: "Comitê e conselho é coisa pra enrolar tempo dos militantes. São bons espaços pra gente se informar e fazer relações públicas. Mas, concretamente, só a luta vai valer".

Com essa perspectiva em mente, depois que Cid Gomes assumiu o governo, o MST organizou dezenas de protestos para apresentar uma lista de demandas ao novo governador do PSB, inclusive com a ocupação da sede do governo estadual em março de 2007. Entre as demandas estava a construção de 64 escolas públicas em assentamentos do MST, inclusive dez escolas de Ensino Médio. A essa altura, não havia uma única escola de Ensino Médio em nenhum assentamento do MST no Ceará, o que obrigava os alunos que viviam em assentamentos a mudar para uma cidade próxima ou enfrentar horas de transporte para continuar estudando. Escolas de Ensino Médio nos assentamentos era uma prioridade para o Setor Estadual de Educação do MST, para conseguir manter os jovens conectados e engajados com o Movimento. Cid Gomes concordou em construir dez novas escolas em assentamentos, quatro delas de Ensino Médio. Mas, apesar da promessa do governador, a Secretaria da Educação dizia que não havia recursos para construir as escolas. Enquanto isso, o Comitê da Educação do Campo, sem fundos, existia apenas no nome.

Em 2008, o MEC lançou um novo programa para custear a construção de escolas de Ensino Médio por todo o Brasil, o que criou uma oportunidade para os militantes locais do MST promoverem a Educação do Campo no Ceará. A Secretaria da Educação do estado pediu recursos ao MEC para construir dezenas de novas escolas de Ensino Médio, e o ministério aprovou a construção de 12 escolas. Os dirigentes do MST imediatamente aumentaram a pressão no governo estadual para construir essas escolas em assentamentos da reforma agrária; Cid enfim concordou em construir quatro escolas de Ensino Médio em assentamentos do MST.[22]

Perguntei a dezenas de funcionários do estado e militantes do MST por que Cid Gomes concordou em construir essas escolas. Ouvi diferentes explicações. A dirigente do MST Neide Lopes, conhecida como Neidinha, por exemplo, disse o seguinte:

> Não foi porque o governador foi bonzinho. Teve uma luta em 2007, luta pra conquistar as escolas, luta pra escolher o terreno, luta pra definir o nome da escola, luta pelo acompanhamento, luta para formar uma comissão no assentamento, luta para formar equipe pra acompanhar a construção da escola... Foi através da luta do povo.[23]

O militante Erivaldo enfatizou a intervenção do governo federal:

> As escolas são construídas com recursos federais. O estado só gerou e deu uma pequena parcela em contrapartida. O governo estadual encaixa sua própria demanda dentro do que o governo federal libera. Foi assim com as escolas, foi assim com o projeto de alfabetização de jovens e adultos. As escolas foram idealizadas pelo MEC, não pelo governo do Ceará.

E uma funcionária da Secretaria da Educação que era aliada do MST, Jéssica,[24] acreditava que Cid Gomes tinha concordado com a construção de quatro escolas "para neutralizar qualquer resistência política". Ela deu uma explicação detalhada:

> Acho que é uma aliança. Veja pelo outro lado: o MST jamais faria uma aliança ideológica com o governo Cid Gomes, mas precisa do apoio do governo estadual, precisa do poder público, do dinheiro disponível para financiar a ação educacional. Pois compreende que pode ter vantagens para fazer avançar a luta dos trabalhadores rurais. Cid e Ciro olham pro movimento com o mesmo interesse. Não têm nenhuma ilusão de que o MST vai ficar ombro a ombro com eles, nem jamais pensam em ficar ombro a ombro com o MST numa ocupação

---

[22] Na verdade, Cid Gomes autorizou a construção de cinco escolas do campo, quatro em assentamentos do MST e uma num assentamento ligado à Contag. Só discuto as quatro escolas que o MST ajudou a cogerir.

[23] Todas as citações ou informações atribuídas a Neide Lopes foram obtidas numa entrevista em 25 de setembro de 2011.

[24] Pseudônimo.

de terra, por exemplo. Mas não querem o MST como inimigo, pois precisam de voto no interior.[25]

De acordo com este último testemunho, tanto o governador como os dirigentes do MST usavam-se mutuamente para atingir seus próprios objetivos políticos - é o que alguns pesquisadores chamam de conciliação de classes (Heller, 1999; Przeworski, 1986).

Muitas questões são levantadas por essas entrevistas. A primeira é que, com a posse de Cid Gomes, o MST se engajou em ações políticas conflituosas para apresentar demandas ao governo - apesar da filiação de Cid a um partido de centro-esquerda. Em segundo lugar, o governo Cid Gomes estava mais aberto a uma relação com o Movimento, seja por razões genuinamente ideológicas ou por cálculos políticos estratégicos. Por último, o governo só cumpriu suas promessas quando recebeu apoio do MEC. Portanto, como já tinha acontecido com o governo anterior, de direita, o apoio do governo estadual ao Educação do Campo só se concretizou depois que o governo federal ampliou a capacidade do estado para gestão educacional, dessa vez investindo na infraestrutura escolar. Essa combinação de fatores deu início a um novo capítulo na luta educacional do MST no Ceará: a cogestão conflituosa do movimento em escolas de Ensino Médio nos seus assentamentos da reforma agrária.

Escolas do Campo: institucionalizar a proposta pedagógica do MST

Escolher a localização das quatro novas escolas de Ensino Médio

Depois que o MST conquistou o direito de construir quatro novas escolas de Ensino Médio em seus assentamentos, um processo de negociação começou para decidir onde deveriam ser construídas. Como as escolas já eram uma concessão, o governador concordou em deixar o MST decidir a localização delas. Simone Ramos, uma dirigente do MST que se tornou diretora de uma escola no Assentamento Maceió, que fica no litoral do Ceará, explicou o processo interno de tomada de decisões no Movimento:

---

[25] Todas as citações ou informações atribuídas a Jéssica foram obtidas numa entrevista em 15 de setembro de 2011.

> Na época, nós conquistamos quatro das 60 escolas que queríamos. Para onde iriam essas quatro escolas? Eram muitos assentamentos e necessidades. Houve critérios: seriam beneficiados os assentamentos mais antigos; e os mais populosos em termos de famílias e de jovens. Também levamos em conta o histórico de luta dos assentamentos.[26]

Como Simone disse, era justo que as escolas ficassem nos assentamentos mais antigos e também onde havia maior população estudantil. Outro critério, porém, era a história de participação na luta pela reforma agrária, ou seja, o grau de apoio do assentamento à luta do MST. Esse critério ilustra o duplo propósito das escolas de Ensino Médio: por um lado, oferecer acesso educacional a jovens que, sem elas, teriam de viajar a cidades distantes para estudar; por outro, o MST queria que essas escolas fossem parte da "infraestrutura do movimento social" (Andrews, 2004), contribuindo para a organização, a liderança e a base de recursos do movimento. Para isso, seria necessário o apoio das comunidades ao redor das escolas.

O primeiro beneficiado com uma escola foi o Assentamento 25 de Maio, no município de Madalena (ver Mapa 6.1), no sertão cearense, que resultou da primeira ocupação de terra no estado em 1989. Era uma escolha simbólica importante, mas também pragmática. Sandra Alves, que se tornou diretora dessa escola, recordou:

> Tinha alunos desta comunidade que saíam de casa às 4 da manhã para frequentar o Ensino Médio e só voltavam às 5 da tarde... Era um desgaste muito grande para os nossos jovens. Alguns sequer tinham coragem de enfrentar essa dificuldade.[27]

A comunidade decidiu que o nome seria Escola João dos Santos Oliveira (João Sem Terra), para homenagear um militante do MST que participara da primeira ocupação de terra em 1989 e que se dedicara ao Movimento durante toda sua vida, morrendo em 2008 aos 69 anos.

Para a segunda escola, foi escolhido o Assentamento Lagoa do Mineiro, outro dos mais antigos do estado, no município de Itarema (ver Mapa

---

[26] Todas as citações ou informações atribuídas a Simone Ramos foram obtidas numa entrevista em 12 de setembro de 2011.

[27] Todas as citações ou informações atribuídas a Sandra Alves foram obtidas numa entrevista em 22 de novembro de 2011.

6.1), no litoral Norte do Ceará. As famílias dessa região começaram a lutar pela terra em 1984, muito antes de o MST chegar ao estado. Foi a Comissão Pastoral da Terra (CPT) que inicialmente ajudou as famílias a ocupar essa área, o que levou ao assentamento em 1986. Quando o MST organizou a primeira ocupação do Assentamento 25 de Maio, em 1989, as famílias do Assentamento Lagoa do Mineiro apoiaram a ocupação. Elas se associaram ao MST e integraram o seu assentamento à estrutura organizacional do movimento. Ivaniza Martins, que participou da ocupação organizada pela CPT em 1984, tornou-se diretora da nova escola, que a comunidade nomeou Escola Francisco Araújo Barros para homenagear um homem assassinado por um pistoleiro na primeira ocupação.[28] Embora as famílias desse assentamento se identificassem como parte do MST, elas também continuavam a honrar sua própria história de luta.

O MST também escolheu o Assentamento Santana, no município sertanejo de Monsenhor Tabosa (ver Mapa 6.1), para construir uma das quatro escolas. Este era ainda mais remoto do que o 25 de Maio, a uma hora de estrada de terra da cidade mais próxima. De acordo com Rita Francisco dos Santos, que se tornou diretora dessa escola, já havia algumas salas de aula no assentamento, que eram consideradas "anexos" de escolas da cidade. Um grupo de professores que vivia no assentamento trabalhava nessas salas de aula. Em outras palavras, o assentamento já tinha professores vivendo na comunidade e precisava de uma escola independente:

> A comunidade aprovou o nome de Florestan Fernandes para a escola, pois ele foi um grande defensor da educação e um grande sociólogo, que pensou muito bem a educação e nos inspirou a lutar por essa proposta de educação.[29]

Rita até recitou sua citação favorita de Florestan: "Feita a revolução na escola, o povo a fará nas ruas". A escolha do nome desse sociólogo marxista para a escola ilustra a esperança do MST de que o Ensino Médio fosse conectado ao processo de transformação social.

---

[28] Todas as citações ou informações atribuídas a Ivaniza Martins foram obtidas numa entrevista em 8 de setembro de 2011.

[29] Todas as citações ou informações atribuídas a Rita Francisco dos Santos foram obtidas numa entrevista em 24 de novembro de 2011.

O quarto assentamento escolhido foi o Maceió, algumas horas ao sul do Assentamento Lagoa do Mineiro, no município de Itapipoca (ver Mapa 6.1). Esse assentamento estava cercado por dezenas de outras comunidades sem vínculos com o MST, cujos jovens também precisavam de acesso ao Ensino Médio. Como nos outros três assentamentos, foram as famílias do Assentamento Maceió que escolheram para a nova escola um nome conectado à história da comunidade e à luta por justiça educacional: Escola Nazaré Flor. Educadora popular sem nenhuma formação acadêmica, Nazaré era poeta, escritora e compositora, com toda sua produção intelectual voltada para a defesa da educação. "Ela era uma referência na comunidade, mas faleceu no mesmo ano da conquista da escola", recordou Simone Ramos, diretora da nova escola. O Mapa 6.1 mostra a localização dos quatro assentamentos onde foram construídas as escolas de Ensino Médio, dois no sertão e dois na costa.

Mapa 6.1 – Escolas de Ensino Médio construídas em assentamentos do MST no Ceará, 2009-2010

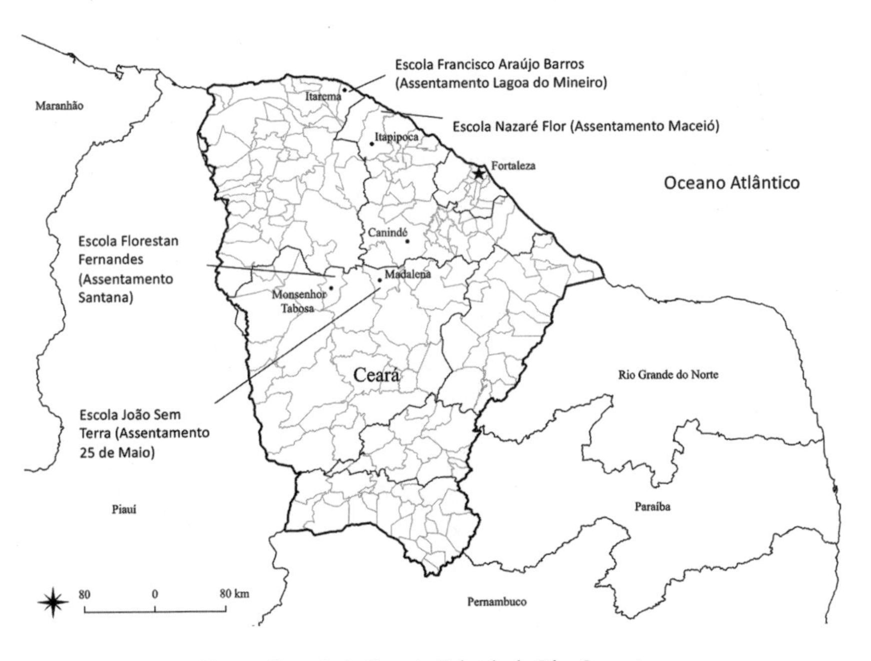

Fonte: Cortesia de Georgia Gabriela da Silva Sampaio

Uma vez determinada a localização das quatro escolas, cada uma delas foi colocada sob a supervisão de uma Coordenadoria Regional de Desenvolvimento da Educação (Crede). Isso significava que o ponto de contato Estado-movimento caíra para o âmbito mais local. Inicialmente, isso gerou conflito, pois os funcionários das Crede sabiam muito pouco sobre o Movimento ou sua proposta pedagógica. Por exemplo, a funcionária que supervisionava a escola do Assentamento 25 de Maio, Laura,[30] disse-me que todos estavam muito impressionados quando construíram uma escola tão bonita no meio do sertão. "Veio uma técnica aqui comigo e ficou maravilhada: 'Tá vendo aí, só o presidente Lula pra fazer um negócio desses, essa coisa linda num sertão seco desses'", disse Laura.[31] No Assentamento Maceió, houve uma disputa com o chefe da Crede sobre a localização da escola. "Ele queria que a nova escola fosse na cidade", lembrou Simone. "Ele sabia que a infraestrutura era muito bonita e inovadora, não podia ir 'para o meio do mato'. Houve um grande conflito aqui e na região toda para garantir que a escola viesse para cá." De fato, as famílias do MST foram para as ruas para protestar contra a posição do chefe da Crede, afirmando que ele não queria a escola no assentamento, porque considerava o campo inferior às áreas urbanas. No fim, a Secretaria da Educação disse que o MST decidiria a localização da escola, pois esse fora o acordo com o governador.

Quando visitei essa Crede em 2011, esse chefe já não trabalhava lá. Conversei com a encarregada de supervisionar a escola do assentamento, Beatriz,[32] sobre esses conflitos. Ela apontou uma outra razão para não querer a escola no assentamento:

> Era porque a gente estava pensando em toda a região. Havia muitos anexos na região, que a gente chama de polos, então queríamos a escola num ponto estratégico, acessível a todos esses alunos. Quando foi para dentro do assentamento, ficou complicado levar todo mundo para lá, porque algumas famílias de fora do assentamento não concordavam com a filosofia deles, queriam uma escola regular. A escola de lá é regular, só tem uma proposta a mais, que é a de preparar o aluno para o campo.

---

[30] Pseudônimo.

[31] Todas as citações ou informações atribuídas a Laura foram obtidas numa entrevista em 23 de novembro de 2011.

[32] Pseudônimo.

> Mas aquelas famílias de outras comunidades achavam que, se o filho fosse estudar na escola do campo, ele seria agricultor.[33]

Beatriz afirmou que não eram os funcionários do Crede que não queriam a escola no assentamento; eram as comunidades da região que estavam céticas. Mesmo assim, as negociações do MST com o governador tiveram mais influência do que as preocupações dessas comunidades. Isso teve um efeito de longo prazo na região, porque, uma vez construídas, é difícil mudar escolas de lugar.

Chamar escolas de Ensino Médio de Escolas do Campo

Depois que os dirigentes do MST escolheram o lugar das quatro novas escolas de Ensino Médio, o próximo passo foi negociar com o Estado sobre o tipo de proposta pedagógica que essas escolas adotariam. O Setor de Educação do MST exigiu que elas aderissem às diretrizes nacionais da Educação do Campo. Neidinha lembrou:

> A gente fez uma reflexão: não bastava o prédio bonito, era preciso ir além do prédio e ter uma outra organização dentro da escola, ter o assentamento construindo junto, ter um coletivo que pensasse a escola, que pautasse a escola.

Já havia algumas pessoas na Secretaria da Educação que estavam familiarizadas com a proposta da Educação do Campo, como Susana. Mas em 2009 ela tinha muito pouco apoio para promover esse programa educacional. Além disso, a maioria dos funcionários estaduais não tinha clareza sobre a diferença entre a Educação do Campo e a educação rural. Mariana,[34] uma funcionária, relatou:

> A gente conversa com os representantes das Credes sobre Educação do Campo e constata que, mesmo com essas escolas do campo e suas peculiaridades, aqui no Ceará ainda não há muita clareza sobre a Educação do Campo. Ter uma escola lá no campo não é a mesma coisa que ter uma Educação do Campo. Então, precisa levar isso para as discussões de pessoas que trabalham com educação. O primeiro passo que vi aqui na Secretaria foi um convite às pessoas dos movimentos sociais para falar.

---

[33] Todas as citações ou informações atribuídas a Beatriz foram obtidas numa entrevista em 14 de setembro de 2011.

[34] Pseudônimo.

> Eles estavam muito abertos à ideia: 'Olha, vocês querem chamar um de nossos representantes para conversar com os diretores das escolas sobre Educação do Campo? Estamos à disposição'. Pelo menos as equipes dos Credes começaram a ter um outro olhar para a Educação do Campo. Se, de fato, surtiu um efeito positivo, eu não tenho dados para afirmar. Mas pelo menos já foi um passo nessa direção.[35]

O Setor Estadual de Educação do MST assumiu a responsabilidade de dialogar com agentes do governo sobre o significado e o propósito da Educação do Campo. Como disse Mariana, esse diálogo começou a convencer esses funcionários do estado a apoiar a proposta do MST para a Educação do Campo.

O MST exigiu que a Secretaria de Educação criasse um setor que pudesse acompanhar as quatro escolas de Ensino Médio para implementar as diretrizes federais da Educação do Campo. Sob pressão do governador para negociar com o MST, a Secretaria aceitou. No fim, o Setor de Educação do MST também conseguiu autorização para designar aquelas quatro escolas como Escolas do Campo. O novo nome significava um reconhecimento legal da diferença entre essas escolas e as escolas urbanas, o que lhes dava o direito a uma abordagem organizacional e curricular mais apropriada para a realidade das famílias locais.

Esse acordo se tornou um arranjo institucional formal. Múltiplas políticas públicas de educação foram aprovadas, que promoviam tanto a ideia da Educação do Campo como a inclusão do MST na cogestão dessas quatro escolas. No site da Secretaria da Educação do Ceará, por exemplo, é possível encontrar este texto sob o título Educação do Campo:

> A Secretaria da Educação [...] reconhece a luta dos movimentos sociais e sindicais do campo e vem garantindo ampliação e qualificação da oferta de ensino médio às populações do campo, por meio de ações como a construção de novas escolas de ensino médio na zona rural e em áreas de assentamento, além de espaços pedagógicos complementares para a construção da identidade das escolas do campo; a qualificação do projeto curricular com a participação dos sujeitos e segmentos que participam da comunidade escolar e local e em articulação com os movimentos sociais do campo; apoio a projetos de permacultura desenvolvidos nes-

[35] Todas as citações ou informações atribuídas a Mariana foram obtidas numa entrevista em 15 de setembro de 2011.

> sas escolas; contratação de profissionais técnicos da área agrícola para o desenvolvimento de componentes curriculares específicos e de apoio às atividades produtivas implementadas nos campos experimentais (Projeto Mandalla e outros); aquisição de acervo bibliográfico para as escolas, dentre outros. [Entre as] 88 escolas estaduais localizadas no meio rural [...] estão 8 unidades localizadas em áreas de assentamento, com 2.074 alunos matriculados, 141 professores lotados e 12 agrônomos. *São denominadas escolas do campo* por desenvolverem uma proposta pedagógica [...] identificada com o contexto da realidade socioeconômica e cultural em que está inserida e sintonizada com as aspirações das populações que ali habitam, buscando refletir a identidade e a cultura camponesas. As ações desenvolvidas por essas escolas ocorrem em permanente diálogo com seus gestores, professores, servidores *e com o setor de Educação do MST.* (Secretaria da Educação do Governo do Estado do Ceará, 2017, grifos meus)

Estes trechos do site ilustram não apenas o grau de compromisso do Estado com a proposta da Educação do Campo, mas também o processo de cogestão estabelecido com o Setor de Educação do MST. Essa abertura no Ceará foi consequência de um contexto político mais progressista, bem como das múltiplas intervenções e recursos do governo federal em apoio à Educação do Campo nos anos anteriores. (Graças à crescente capacidade do Estado e ao governo mais à esquerda, durante esse período o Ceará teve a combinação de características que aparecem no canto superior esquerdo da Tabela I.1, na Introdução.) O conhecimento e a experiência acumulados pelos militantes locais do MST, na implementação de sua proposta pedagógica, também os ajudou a tirar vantagem dessas aberturas. Nos cinco anos seguintes, os militantes educacionais do Movimento dedicaram-se à cogestão conflituosa das quatro escolas do campo.

Infraestrutura

Todas as quatro escolas do campo resultaram do mesmo projeto arquitetônico. Quando, em setembro de 2011, visitei minha primeira escola do campo, a Escola Francisco Araújo Barros, no Assentamento Lagoa do Mineiro, fiquei chocada com a infraestrutura da escola. Era, de longe, a maior e mais bem equipada escola pública do campo que eu tinha visto em um ano de pesquisa de campo. Havia cinco prédios novos em folha, feitos de tijolos, com vívidos telhados vermelhos, espalhados por um grande terreno delimitado por uma cerca alta. A escola tinha 12 salas de aula, distribuídas pelos cinco prédios. Havia uma sala de informática equipada com computadores novos e um laboratório de Ciências, com os devidos equipamentos técnicos. A escola tinha uma área de Educação Física, com quadra de basquete e campo de futebol, e um pequeno anfiteatro ao ar livre. No meio dos cinco prédios, havia um espaço aberto onde os alunos podiam socializar e uma cozinha onde os funcionários da escola preparavam lanches para os alunos. A presença do MST era óbvia por toda a escola, com fotos dos protestos e marchas do Movimento, cartazes de denúncia do agronegócio e de apoio à agroecologia. Em frente à escola, tremulava a bandeira do MST, ao lado das bandeiras do Brasil e do Ceará.

Visitei as quatro escolas do campo. A infraestrutura era a mesma, parecendo pequenos *campi* universitários, com cartazes sobre a reforma agrária pelos corredores e salas de aula. De acordo com autoridades estaduais, essas quatro escolas tinham a melhor infraestrutura entre as escolas do Ceará, aí incluídas as escolas urbanas. Beatriz, por exemplo, a funcionária da Crede encarregada da Escola Nazaré Flor, disse:

> É uma escola-padrão. Ela tem toda uma infraestrutura voltada para o mundo de hoje mesmo, é uma escola toda equipada, tem laboratório de Ciências, de informática, sala de vídeo, sala para o grêmio estudantil, quadra coberta, anfiteatro, 12 salas de aula, biblioteca, sala de professores, sala para o coordenador, sala para o diretor... Tem um grande espaço físico, por sinal muito bonito! [...] Se você tiver a oportunidade de conhecer a escola, você vai ficar encantada. Eu digo para você: das 40 escolas que a gente acompanha, ela é a mais bonita.

A construção dessas quatro escolas modernas de Ensino Médio valorizou os assentamentos do MST como espaços do futuro, não apenas do passado.

Projetos Político-Pedagógicos (PPP) das escolas

Mesmo antes da inauguração das escolas do campo, o Setor de Educação do MST começou a organizar uma série de debates nas comunidades locais sobre os objetivos das escolas. Esses debates foram a base para escrever os PPPs das escolas, que são declarações de missão. Embora os gestores das escolas públicas apresentem regularmente PPPs que são textos-padrão exigidos pela burocracia, o MST usou a construção dos PPPs como uma oportunidade para engajar a comunidade numa discussão coletiva sobre o propósito da educação. Maria de Jesus descreveu um processo longo e trabalhoso:

> A primeira tarefa foi estruturar os coletivos de educação em cada assentamento e fazer um trabalho de base com as famílias: o que queremos nessa escola? Como queremos essa escola? Fizemos toda uma discussão em torno disso e só aí começamos a elaborar o PPP.

Cilene Ramos, uma professora no Assentamento Maceió, disse a mesma coisa:

> Assim que o MST decidiu que uma das escolas viria para cá, já começamos a estudar e trabalhar. Organizamos grupos de discussão em várias partes do assentamento. Como queriam a escola do campo? Houve muita discussão, muita reflexão, e esse PPP que temos partiu dessas ideias. Qual era o público que fazia parte desses momentos? Assentados, estudantes, professores e o Estado. Antes mesmo do primeiro tijolo ser assentado, essa escola já existia na cabeça das pessoas.[36]

Sandra Alves, a diretora da Escola João Sem Terra, no Assentamento 25 de Maio, deu mais detalhes sobre a produção do PPP. Primeiro, lembrou, foi criado um coletivo de educação no assentamento, incluindo veteranos militantes do MST e membros da comunidade local. Para escrever o PPP, foi preciso muito estudo e muita sistematização - resumir e sintetizar dezenas de contribuições. "Nosso PPP já tem mais de cem páginas, mas a gente nunca conclui o PPP, nunca considera pronto", disse ela. Sandra observou que o processo de construção de um coletivo de educação nos assentamentos fortalecia a direção estadual do MST, pois mais gente passava a integrar a estrutura organizacional do Movimento. O Setor Estadual de Educação do MST também criou um coletivo especificamente para discutir as quatro escolas do campo, levou professores universitários aos assentamentos para debater diferentes teorias educacionais com as famílias e convidou líderes educacionais do próprio MST para dar palestras sobre a história e o propósito da Educação do Campo.

---

[36] Todas as citações ou informações atribuídas a Cilene Ramos foram obtidas numa entrevista em 8 de setembro de 2011.

Os funcionários das Credes também comentaram esse processo. Camila,[37] por exemplo, comparou o processo na Escola Francisco Araújo Barros, no Assentamento Lagoa do Mineiro, com o de outras escolas que ela supervisiona. "Recentemente, encontramos com os pais e professores de todas as nossas escolas para explicar o processo de criação de um PPP", disse ela. "As escolas do campo não participaram. Nelas, pais e professores estão muito mais organizados e já estão no meio do processo. O PPP deles está quase pronto".[38] Enquanto na maioria das escolas o PPP é uma iniciativa do Estado, de cima para baixo, nas escolas do campo o processo foi de baixo para cima, é participativo e envolve toda a comunidade.

Em 2011, cada um dos quatro PPPs das escolas do campo tinha uma estrutura ligeiramente diferente, mas todos tinham quatro componentes básicos: (1) o marco referencial (uma declaração sobre a função social da escola e sua visão e valores); (2) o marco situacional (análise coletiva do contexto histórico, político, econômico e social da região e do assentamento); (3) o marco conceitual (orientação teórica do processo de aprendizagem e de transformação social); e (4) o marco operacional (a organização da escola para atingir esses objetivos, inclusive currículo, gestão escolar e outros aspectos concretos do funcionamento de uma escola).

Na opinião de Cilene, a parte mais rica do processo de redação do PPP foi a discussão do marco situacional. Ela descreveu como o processo se deu no Assentamento Maceió:

> O marco situacional conta toda a história do assentamento. Foi a coisa mais linda que presenciei, os depoimentos sobre a história desse assentamento. Dali saíram as memórias que incluímos no PPP. A história linda das mulheres dessa região, pois foram as mulheres, não os homens, que impulsionaram a luta aqui nessa região – e impulsionam até hoje.

Para Cilene, escrever o PPP não foi apenas um processo de aprender e refletir sobre educação, mas também um registro das histórias orais do próprio assentamento. "A escola está dentro da história do assentamento e o assentamento está dentro da história da escola", refletiu. No entanto, os PPPs não se limitam a contar essas histórias; eles também conectam

[37] Pseudônimo.

[38] Todas as citações ou informações atribuídas a Camila foram obtidas numa entrevista em 9 de setembro de 2011.

as histórias ao propósito educacional. No PPP da Escola Francisco Araújo Barros, por exemplo, no Assentamento Lagoa do Mineiro, o marco conceitual discutia como "contribuir com a construção de um projeto alternativo para o campo, dentro da visão e da concepção de desenvolvimento das organizações de camponeses vinculadas aos movimentos sociais". Outras anotações desse PPP:

> As pessoas se formam fundamentalmente pelo trabalho - reprodução da vida e característica distintiva do gênero humano -, vida humana na relação com a natureza e na construção do mundo [...]. Trabalho que produz cultura e produção, com trabalhadores capazes de organização coletiva e luta social.

Os PPPs também citavam legislação para justificar a implementação da Educação do Campo. Este é um trecho do PPP da Escola Florestan Fernandes, do Assentamento Santana:

> O PPP [desta escola] ampara-se na Lei de Diretrizes e Bases da Educação (LDB) e nas Diretrizes Curriculares Nacionais. [...] Nessa perspectiva, conclamamos o estado do Ceará, através de sua Secretaria da Educação, a criar e legitimar o direito à Educação do Campo, respeitando as particularidades e especificidades dos povos camponeses. [...] Esta proposta insere-se [nas] políticas públicas de ações afirmativas voltadas para a inclusão social, que se caracterizam como uma ação experimental que busca responder demandas específicas e emergenciais da Educação no/do Campo. [...] Quanto à base comum e diversificada do currículo, desenvolve-se por meio de temas geradores, de modo transversal, no âmbito dos diversos componentes curriculares, ou seja, adequando os conteúdos à realidade.

Como ilustra a citação anterior, a missão da Escola Florestan Fernandes é explicitamente ligada a um projeto de desenvolvimento alternativo para o campo. Há constantes referências às diretrizes nacionais da Educação do Campo, que oferecem a justificação legal para uma escola com estrutura curricular e organizacional diferente. O PPP também afirma que a Escola Florestan Fernandes é parte de uma política de ação afirmativa, que promove a inclusão social para populações do campo. Entre as abordagens pedagógicas listadas, estão a aprendizagem interdisciplinar e a conexão do currículo com a realidade das comunidades locais. As comunidades de assentamentos, em coordenação com o Setor de Educação do MST, escreveram esses documentos muito antes da inauguração das escolas do campo em 2010 e 2011. Os PPPs, todos entre 50 e 100 páginas, estabeleceram as fundações para as intervenções educacionais do MST nos próximos períodos.[39]

Seleção de diretores, funcionários e professores

Antes da abertura das escolas do campo, o Setor de Educação do MST precisava pensar em outra tarefa: quem seriam os diretores e os coordenadores pedagógicos das escolas. Para os militantes, era importante que os gestores dessas escolas conhecessem a proposta pedagógica do MST. No entanto, a seleção desses profissionais precisava seguir um processo burocrático em que as vagas eram anunciadas *online* e qualquer um podia se candidatar. O MST encontrou uma solução criativa para o dilema: pediram para ajudar a escrever a descrição das vagas *online*. Não podiam exigir que os candidatos fossem militantes do MST, mas convenceram o governo que eles deveriam ter um bacharelado em Pedagogia da Terra. Segundo Erivando, uma liderança do Movimento, a decisão não chegou ao governador – foi tomada no âmbito da secretária da Educação, com o aval de sua equipe técnica. "A gente conquistou a equipe técnica e eles fizeram um esforço, encontraram uma brecha na lei que permite a seleção especial de gestores para as escolas do campo", lembrou. A presença constante do MST na Secretaria da Educação, dialogando com os funcionários sobre a proposta pedagógica do Movimento, finalmente compensava: esses funcionários se tornaram defensores do MST dentro da Secretaria.

O processo especial de candidatura para os novos cargos era uma estratégia do Setor de Educação do MST para garantir que seus próprios militantes fossem contratados para essas posições. Na década anterior, o MST tinha oferecido dezenas de cursos de Pedagogia da Terra em todo o Brasil e dois deles ocorreram no Ceará. Esses programas eram cruciais para formar um coletivo de professores-militantes no Ceará, que entendessem a proposta pedagógica do MST. Joel Gomes, por exemplo, que se tornou coordenador pedagógico da Escola Francisco Araújo Barros, no Assentamento Lagoa do Mineiro, formou-se num desses programas

[39] Recebi cópias eletrônicas de todos esses PPPs.

da Pedagogia da Terra. "Foi muito bom, porque você consegue vivenciar essa prática", disse ele, descrevendo a organização coletiva de sua turma:

> É o que a gente chama de organicidade: ter a nucleação da turma, ou seja, criar os núcleos de base, e nós mesmos direcionarmos o curso do ponto de vista organizativo, desde o café da manhã até a janta. Esse processo é muito bom, porque nos dá a responsabilidade de organizar a turma e também permite desenvolver a prática da cooperação de uma forma extraordinária. A gente podia vivenciar um processo educativo que nenhuma outra estrutura da universidade conseguia.

Cilene, que se tornou coordenadora pedagógica da Escola Nazaré Flor, do Assentamento Maceió, estava na mesma turma de Joel e também destacou a importância do programa Pedagogia da Terra:

> Esse curso foi crucial para entendermos um pouco o que o movimento queria. O MST falava de Educação do Campo e a gente ficava boiando. A gente mesmo, os militantes. Como é? Como se consolida uma educação do campo? A Pedagogia da Terra foi essa consolidação, eu vivi na prática a Educação do Campo. Trabalhamos a universidade do MST, que são os Núcleos de Base (NBs), as equipes. Tudo isso funcionando e acho que o aprendizado dos educadores foi maior do que o nosso com eles. E é isso que acreditamos que é a educação do campo: uma troca de conhecimentos, de experiências, de vivência. O professor aprende com a gente e a gente aprende com ele, como diz Paulo Freire muito bem.

O processo de seleção de gestores para as quatro escolas do campo cearenses garantiu que só os professores formados nesses cursos transformadores, que descrevi nos capítulos 1 e 2 como "utopias reais" educacionais (E. O. Wright, 2010), pudessem se candidatar aos cargos de diretor e coordenador pedagógico. Simone, diretora da Escola Nazaré Flor, no Assentamento Maceió, explicou esse processo de candidatura:

> Cilene e eu passamos por um processo seletivo, onde já se contemplava ter toda uma preparação, um histórico de luta e de Educação do Campo. O que garantiu a gente aqui, eu como diretora e ela como coordenadora pedagógica, foi o curso de Pedagogia da Terra e nossa militância no Movimento.

Beatriz, a funcionária do Crede que supervisionava a Escola Nazaré Flor, elaborou esta narrativa:

> Um dos requisitos para escolher o núcleo gestor da escola era ter o curso de Pedagogia da Terra. É curso superior, é magistério do campo, então é voltado para a comunidade camponesa. A própria comunidade do assentamento pediu isso, que os gestores fossem gente que conhecesse os interesses deles, a luta dos camponeses, a região. Porque eles entendem que seria melhor, e eu concordo, e aí o governo estadual aceitou a proposta. A gente abriu uma chamada pública e as pessoas da própria região vieram se inscrever. Simone foi candidata. Ela fazia um trabalho lá na comunidade, tinha o curso de Pedagogia da Terra e, quando veio fazer a entrevista, nós achamos que ela tinha toda condição de gerenciar a escola. É uma pessoa dinâmica, muito entusiasmada. Havia outros candidatos, mas ela tinha o melhor perfil.

Embora fosse o Setor de Educação do MST que tivesse decidido que Simone e Cilene deviam se candidatar, Beatriz via o estado como condutor do processo de seleção. Em 2011, os oito diretores e coordenadores pedagógicos nomeados para as quatro escolas do campo eram todos militantes do Setor de Educação do MST.

Mas havia outras decisões a serem tomadas com relação à contratação dos demais funcionários das escolas, como faxineiros, cozinheiros e funcionários de segurança. No início, as autoridades das Credes queriam indicar gente de fora dos assentamentos para esses cargos. No entanto, para as famílias assentadas as novas escolas de Ensino Médio eram uma fonte importante de emprego e renda. As famílias pediram que o governo contratasse para esses cargos pessoas dos assentamentos, para aumentar os benefícios sociais das escolas nas comunidades. No Assentamento Maceió, as famílias até decidiram que só as pessoas dedicadas à luta social poderiam ser contratadas para esses empregos, de forma que até a equipe de apoio acabou sendo composta por militantes ou apoiadores do MST.

Esses critérios de residência e de justiça social eram mais difíceis de aplicar aos professores, que geralmente eram selecionados a partir da rede pública de ensino já consolidada. Além disso, as escolas do campo precisavam de professores especializados em várias disciplinas e não havia militantes suficientes com esse treinamento. Portanto, na maioria dessas escolas, os candidatos às vagas de professor eram pessoas de cidades próximas, sem vínculo com o movimento. Mesmo assim, o coletivo de educação de cada assentamento teve um papel importante no processo de seleção, o que pelo menos garantiu que os professores contratados não fossem adversários explícitos do MST. Camila, a funcionária do Crede responsável pela supervisão da Escola Francisco Araújo Barros, no Assentamento Lagoa do Mineiro, destacou essa participação:

> É lançado um edital da escola, mas, geralmente, como há carência de professores na região, é a Ivaniza [diretora da escola] que entra em contato com os potenciais candidatos, às vezes gente do próprio assentamento, às vezes de localidades próximas. Se a pessoa atende aos critérios pedidos no edital, então vem pra cá, se inscreve e participa da entrevista. Eu conduzi algumas seleções de professores para trabalhar no assentamento. A gente faz uma entrevista aqui mesmo, no Crede, com a presença do núcleo gestor da escola, neste caso a Ivaniza e o Joel [coordenador pedagógico da escola].

Camila também explicou que os candidatos ao cargo de professor não precisavam ter o curso de Pedagogia da Terra, nem precisavam estar familiarizados com as diretrizes nacionais para a Educação do Campo. No mínimo, deviam ler essas diretrizes antes da entrevista. Outros critérios incluíam familiaridade com as diretrizes nacionais para o Ensino Médio, habilidades de comunicação, habilidade para gerir uma sala de aula e competência no conteúdo curricular.

Não obstante, a maioria dos professores contratados ainda sabia pouco da proposta pedagógica do Movimento. Portanto, como ocorreu em Santa Maria da Boa Vista, os militantes educacionais do MST engajaram-se num lento processo de ganhar esses professores por meio da construção de liderança moral e intelectual junto a eles, por meio de seminários, cursos de formação de professores e presença constante nas escolas. Um dos métodos desenvolvidos pelo Setor de Educação do MST era a Semana Pedagógica das Escolas de Ensino Médio do Campo das Áreas de Reforma Agrária do MST/CE, que se realizava uma vez por ano e durava justamente uma semana. Esses seminários eram organizados em parceria do Setor de Educação do MST com a Secretaria de Educação do estado e reuniam todos os professores e gestores das quatro escolas do campo. No resto do ano, o Setor de Educação do MST também apoiava essas escolas por meio de visitas regulares, ajudando os professores a organizar os coletivos de alunos, incorporando temas interdisciplinares no ensino e integrando o trabalho manual e a agroecologia na rotina diária das escolas. Embora alguns professores inicialmente criticassem essas práticas, o fato de que a Secretaria de Educação do estado apoiava oficialmente a cogestão do movimento nas escolas minimizou a resistência.

Práticas culturais e autogestão estudantil

Duas das práticas mais importantes que o Setor de Educação do MST implementou nas escolas do campo foram as práticas culturais e a autogestão dos estudantes. As práticas culturais, na forma de místicas conduzidas pelos alunos, eram o aspecto mais visível da proposta pedagógica do MST. Uma manhã, na Escola Florestan Fernandes, do Assentamento Santana, observei uma mística que envolvia dança, canto e a exposição de vários aspectos da cultura camponesa, inclusive a produção agrícola local, chapéus de palha, ferramentas agrárias e livros. A mística terminou com todas as crianças cantando uma música sobre a Educação do Campo:

> Eu quero uma escola do campo
> Que tenha a ver com a vida da gente
> Querida e organizada
> E conduzida coletivamente.
>
> Eu quero uma escola do campo
> Que não enxergue apenas equações
> Que tenha como chave-mestra
> O trabalho e os mutirões.
>
> Eu quero uma escola do campo
> Que não tenha cercas, que não tenha muros
> Onde iremos aprender
> A sermos construtores do futuro.

Outra marca das pedagogias do MST nessas escolas estava na estrutura organizacional, que incluía a autogestão dos estudantes por meio dos Núcleos de Base. Na Escola Florestan Fernandes, quando visitei as salas de aula, cada NB apresentava a si mesmo como um coletivo, gritando uma palavra de ordem sobre a reforma agrária. Ao longo do dia, os NBs estudantis deviam completar diferentes tarefas, inclusive limpar as salas de aula e cuidar da horta da escola. Rita, a diretora, explicou que tinha sido fácil organizar os alunos em coletivos, pois o seu assentamento já era organizado coletivamente. Portanto, os alunos tinham experiências pessoais com os NBs de seus pais e havia uma relação dinâmica entre as estruturas organizacionais da escola e da comunidade.

Apesar disso, em 2011, nem todas as escolas do campo estavam tão avançadas na implementação das práticas culturais e organizacionais do MST. Quando perguntei a Cilene, coordenadora pedagógica da Escola Nazaré Flor, no Assentamento Maceió, quais elementos da proposta pedagógica do MST estavam presentes em sua escola, ela respondeu:

> Temos a mística, que a gente planeja e realiza nos eventos. É um processo lento. Até já falei com a Neidinha [dirigente do MST], precisamos fazer oficinas, porque ainda temos dificuldade de compreensão do que é a mística. Temos organizado NBs, equipes... Mas funciona com muitos limites, porque o tempo é insuficiente para qualificarmos esses espaços.

Ao contrário do Assentamento Santana, o Assentamento Maceió ainda não estava organizado coletivamente. Como explicou a professora Nonata Souza, que é também militante do MST, houve conflitos nesse assentamento entre o MST e uma organização não governamental local, resultando no fracasso da estrutura de liderança coletiva.[40] Em consequência, era mais difícil para os professores da Escola Nazaré Flor implementar a proposta pedagógica do MST, pois os alunos não tinham a experiência prévia de fazer místicas, nem de observar seus pais governando coletivamente o assentamento. Cilene, a coordenadora pedagógica, também descreveu essas dificuldades:

> Essas práticas estão acontecendo, mas com limites. Temos equipes, temas, eixos, está tudo lá exposto, mas ainda desqualificado, porque nós precisamos de mais tempo, precisamos de tempo integral, talvez em 2012. Porque nossa carga horária é muito pequena para a gente dar conta do aprendizado do estudante e de todo o nosso processo.[41]

Os gestores da Escola Francisco Araújo de Barros, no Assentamento Lagoa do Mineiro, enfrentavam muitas das mesmas dificuldades da Escola Nazaré Flor. Uma das razões para esses desafios era que as matrículas

---

[40] Todas as citações ou informações atribuídas a Nonata Souza foram obtidas numa entrevista em 13 de setembro de 2011.

[41] O MST de fato conseguiu o período integral para as quatro escolas do campo em 2012.

vinham de dezenas de comunidades diferentes, não só do assentamento do MST. O coordenador pedagógico Joel Gomes explicou:

> Nosso desafio é trabalhar com cerca de 23 comunidades diferentes, incluindo indígenas, pescadores, pequenos agricultores e sem-terra – tanto pessoas sem-terra do ponto de vista da identidade, gente que mora no assentamento, como pessoas que simplesmente não têm acesso à terra. É um pouco difícil discutir os eixos temáticos dentro do contexto histórico de cada um. Até definir os eixos já é mais complicado.

Embora os alunos estejam organizados em NBs, Joel admitiu que eles ainda não entendem muito bem esses grupos, que "funcionam em algumas turmas, em outras é preciso mais trabalho". E acrescentou:

> É um desafio muito grande, garantir a auto-organização dos educandos. Porque significa a mudança de cultura da relação deles e não só deles, de todas as comunidades. É preciso garantir a participação de todos os sujeitos nas discussões. Se for só um grupo de educadores discutindo e defendendo determinado projeto, se a comunidade não defender, não vamos conseguir avançar. A História tem mostrado que as coisas só vão pra frente quando a comunidade está junto, na mesma direção. Precisamos trabalhar isso na cabeça dos trabalhadores.

Em suma, em 2011 todas as quatro escolas do campo tentavam implementar componentes da proposta pedagógica do MST, inclusive as práticas culturais do MST e a autogestão dos estudantes. No entanto, em muitas escolas esse processo de transformação educacional foi mais lento do que desejado pelos militantes. Mesmo assim, é compreensível que, no primeiro ou segundo ano de funcionamento dessas escolas, a implementação dos PPPs ainda estivesse em processo de construção. Ao longo da década seguinte, o movimento continuaria a refinar e aperfeiçoar essas iniciativas pedagógicas por meio de um processo de implementação prática e autorreflexão constante ou práxis.

Transformar o currículo

Por último, em 2011, um dos principais objetivos educacionais do MST era transformar o currículo tradicional de Ensino Médio nas escolas do campo. O artigo 26 da Lei de Diretrizes e Bases (LDB) da Educação afirma que toda escola tem o direito de implementar uma parte diversificada do currículo que seja sensível a características regionais, além de seguir o padrão curricular.[42] No entanto, poucas escolas brasileiras desenvolveram matérias adicionais. Em 2011, o Setor de Educação do MST, com base na LDB, propôs acrescentar três matérias ao currículo: Organização do Trabalho e Técnicas Produtivas; Projetos, Estudos e Pesquisas; e Práticas Sociais e Comunitárias. Cada uma dessas disciplinas representava um componente central da proposta pedagógica do MST.

A disciplina de Organização do Trabalho e Técnicas Produtivas consistia basicamente em oferecer aos alunos a oportunidade para experimentar métodos agroecológicos. Quando visitei as escolas do campo em 2011, todas elas já tinham campos experimentais - terras aradas perto da escola, onde os alunos podiam aplicar práticas agrícolas. Nohemy Ibanez, diretora do Departamento de Diversidade da Secretaria Estadual de Educação, falou com entusiasmo sobre essas áreas:

> Esses campos experimentais poderiam ser exatamente um laboratório para o desenvolvimento de práticas produtivas com o uso de algumas tecnologias, como é o caso, por exemplo, de correção do solo. Isso demonstra aos próprios assentados que é possível conservar práticas da cultura familiar, mas com uma outra perspectiva, mais agroecológica ou de maior produção.[43]

Em muitas escolas do campo, os alunos já trabalham em fazendas experimentais depois das aulas. Mas o MST acreditou que, ao transformar essa atividade numa disciplina formal, os alunos poderiam engajar-se mais sistematicamente na agricultura ecológica, com um professor qualificado e a incorporação deliberada de práticas de trabalho coletivo.

A segunda disciplina proposta pelo MST foi Projetos, Estudos e Pesquisas, na qual os alunos poderiam desenvolver seus próprios projetos de pesquisa e colher dados primários na comunidade deles. Por exemplo, disseram-me que os alunos podiam analisar as práticas agrícolas mais comuns no assentamento ou as relações de gênero na comunidade. Essa disciplina adicional foi inspirada pelas experiências do Movimento com a Pedagogia da Alternância nos programas de Ensino Médio e de Ensino Superior. Nesse modelo, os alunos estudam intensamente por uns poucos

---

[42] Lei 9.394 de 20 de dezembro de 1996.

[43] Todas as citações ou informações atribuídas a Nohemy Ibanez foram obtidas numa entrevista em 6 de setembro de 2011.

meses e depois voltam para casa para colocar em prática o conhecimento adquirido, por meio de projetos de pesquisa comunitários. No caso das escolas do campo, essa ênfase em teoria colocada em prática seria uma iniciativa ao longo de todo o ano letivo.

Por último, as aulas em Práticas Sociais e Comunitárias seriam uma oportunidade para os alunos praticarem e refinarem sua participação na gestão da escola. A visão do MST era que os alunos gerissem as escolas do campo coletivamente, por meio dos NBs estudantis, coletivos de coordenação de turmas e coletivos de coordenação da escola toda. No entanto, em 2011 isso ainda era difícil de implementar na prática. Ao criar uma disciplina focada em práticas sociais comunitárias, os alunos teriam tempo para encontrar seus Núcleos de Base ou participar numa assembleia geral sobre a contratação de um novo professor. Essa disciplina também ofereceria aos alunos uma oportunidade para estudar os teóricos que inspiraram a proposta pedagógica do MST, como Paulo Freire, Anton Makarenko e Moisey Pistrak (ver Capítulo 1).

Juntas, essas três novas disciplinas em técnicas produtivas, pesquisa e práticas sociais criariam as mudanças estruturais necessárias para que os militantes do MST pudessem prefigurar os principais componentes de sua visão educacional dentro do rígido sistema de ensino estadual. Para incorporar as novas disciplinas, o MST propôs fazer a transição das escolas do campo para o período integral. Maria de Jesus explicou essa proposta:

> Cada escola camponesa tem dez hectares. Nós entendemos que uma escola camponesa tem que ter trabalho. Chamamos de campos experimentais da agricultura camponesa e da reforma agrária. A ideia é incentivar os jovens a aprender com a teoria e com a prática, mas, primeiro, valorizar o que eles já têm. Portanto, a ideia é começar olhando pro quintal. Não tem nada? Então, o que a gente pode ter? Depois, que eles incorporem saberes. Não terão uma formação técnica, mas serão submetidos a um processo de sensibilização, de interação, onde poderão aperfeiçoar seu trabalho com a própria família e com a comunidade. A ideia é que eles organizem grupos produtivos, que se incentivem mutuamente para criar uma cooperativa de jovens [...]. É impossível funcionar sem tempo integral.

Em 2011, as autoridades estaduais responsáveis pela supervisão das escolas do campo falaram comigo sobre essa demanda, descrevendo as dificuldades para implementar essa enorme mudança na escola pública. "Tempo integral é uma reivindicação forte, o MST queria que disséssemos sim ou não", explicou Letícia.[44] "Mas tínhamos de dizer talvez, porque precisávamos de uma análise para organizar o que realmente significaria o tempo integral na escola pública."[45] As preocupações de Letícia e outras autoridades incluíam o custo, a possibilidade de as novas disciplinas prejudicarem as disciplinas tradicionais e a maneira como os professores desenvolveriam o novo currículo. Mesmo assim, a direção estadual do MST tinha a lei ao seu lado e ainda uma rede nacional de militantes, professores e funcionários do Estado que apoiava sua proposta. Em 2012, o MST obteve o direito de fazer a transição das quatro escolas do campo para o período integral e de incorporar três novas disciplinas ao currículo.[46] Essa mudança estrutural no sistema de ensino estadual, uma transformação notoriamente difícil na educação pública (Tyack e Tobin, 1994; Binder, 2002), representou o ápice das intervenções educacionais do MST ao longo das três décadas anteriores.[47]

Cogestão conflituosa e o estado do Ceará

O envolvimento ativo do Setor de Educação do MST em construção, planejamento e supervisão das escolas do campo cearenses criou relações de cooperação e de conflito com funcionários do Estado, o que denomino uma forma de cogestão conflituosa. Em termos de cooperação, refiro-me ao apoio do Estado à proposta pedagógica do Movimento e à parceria oficial entre a Secretaria da Educação e o Setor de Educação do MST. Nohemy Ibanez, diretora do Departamento de Diversidade da Secretaria, que supervisiona as escolas do campo, falou com entusiasmo sobre a Educação do Campo:

> Pra mim, tinha muito aquela ideia de que a população do campo vinha pra periferia das cidades provocar todos aqueles transtornos, sempre

[44] Pseudônimo.

[45] Todas as citações ou informações atribuídas a Letícia foram obtidas numa entrevista em 6 de setembro de 2011.

[46] Sobre a consolidação oficial da carga horária das disciplinas nas escolas do campo ver Secretaria da Educação do Governo do Estado do Ceará (2018).

[47] Menciono três décadas porque a primeira escola pública num assentamento do MST foi construída em 1982, no Rio Grande do Sul (ver Capítulo 1).

> uma ideia do homem do campo fugindo daquelas condições... Penso que hoje a questão da Educação do Campo surge, para mim, por uma outra óptica. É possível o desenvolvimento do campo. Os movimentos sociais, sobretudo o MST, têm permitido pontuar que há possibilidades de fixação da população no campo, de melhorar a agricultura familiar e de produzir com mais qualidade, com mais eficiência. As tecnologias também têm mostrado isso, que é possível produzir e ficar no campo e que é possível ter uma escola diferenciada. Há pessoas que querem ficar no campo e que vão ficar no campo e que exigem direitos e políticas que olhem para esses trabalhadores.

Perguntei a Nohemy sobre a participação do MST nas escolas públicas. Ela rapidamente enumerou quatro contribuições do Movimento: desenvolver uma estratégia de mobilização para atingir seus objetivos; lutar por escolas públicas e declarações de missão das escolas que atendam às necessidades das comunidades; politizar professores e diretores para que se sintam mais à vontade para demandar as autoridades; e aumentar a conscientização sobre o direito das comunidades rurais a uma educação diferente das áreas urbanas. Nohemy apoiava claramente o Educação do Campo e pelo menos alguns aspectos do envolvimento do MST.

Outros funcionários da Secretaria, com menos familiaridade com o MST, também acreditam que a Educação do Campo é uma política pública necessária. Em 2011, Letícia e Helena[48] estavam há apenas um ano no setor da Educação do Campo. Disse Letícia:

> Nem todas as escolas rurais são do campo. O que as escolas do campo fazem de diferente das escolas rurais ou urbanas? Para começar, a escola do campo não pode ter o mesmo horário da escola urbana, por exemplo. O currículo também é diferente, com disciplinas diferentes, que exigem mais tempo dentro da escola. A gestão também é diferente.

Já Helena observou que a proposta do Educação do Campo "não é qualificar profissionalmente":

> A ênfase está em pensar na perspectiva da agricultura sustentável. Eles enfatizam muito a questão do agronegócio, não querem que o campo se transforme todo em agronegócio. Eles esperam que as famílias possam

[48] Pseudônimo.

> se estabelecer na zona rural de forma sustentável, que possam criar seus filhos lá.[49]

Repito que, embora nem Helena, nem Letícia tivessem qualquer conexão com o MST antes de trabalhar na Secretaria, um ano depois elas já estavam articulando os principais aspectos da proposta pedagógica do MST e sua ligação com uma forma alternativa de desenvolvimento rural.

Beatriz, funcionária do Crede que supervisiona a Escola Nazaré Flor, também fez uma distinção entre escolas rurais e escolas do campo. "Escola rural era apenas uma escola como todas as outras, que ficava na zona rural", ponderou. "Mas a escola do campo é mais estruturada, tem realmente um projeto, uma filosofia. Eles preparam o aluno do campo para viver do campo e da terra, procuram profissionalizá-lo tecnicamente no nível médio." Ou seja, um sistema educacional deliberadamente organizado para prefigurar práticas sociais e econômicas diferentes. Beatriz certamente não chegou a essas conclusões sozinha. Foi sensibilizada para essas ideias, que passou a adotar como próprias, por meio de sua participação em encontros e seminários de militantes do MST. Da mesma forma, a funcionária Camila, do Crede, também expressou um entendimento básico da Educação do Campo, embora só tivesse assumido seu cargo no início daquele ano:

> Nós temos uma escola de assentamento, a escola do campo, e três de zona rural. O diferencial da escola do campo é a Educação do Campo, ou seja, a questão ali é preservar a cultura camponesa, preparar o morador da zona rural para trabalhar com terra, trazer a tecnologia mais avançada para o seu meio, ajudar na produção agrícola etc. O que eles pretendem com isso é justamente preservar esse meio. Nos encontros de que a gente participa, eles colocam muito a questão da migração do campo para a cidade. Muitas vezes, esse migrante não volta para fazer melhorias e benfeitorias na sua região. Nesse sentido, o que se quer é uma educação de qualidade no campo, para que o ser social dali se desenvolva e desenvolva sua cultura em benefício do campo.

Quando insisti um pouco com essas funcionárias do Crede, perguntando por que essas escolas deveriam ser diferentes das outras escolas

[49] Todas as citações ou informações atribuídas a "Helena" foram obtidas numa entrevista em 6 de setembro de 2011.

rurais, ambas citaram o artigo 26 da Lei de Diretrizes e Bases (LDB) da Educação, que afirma que as comunidades têm o direito de adaptar o currículo aos seus costumes e características sociais, econômicas e culturais.

Essa ampla aceitação não significa que os funcionários do Estado concordavam com tudo que o Setor de Educação do MST estava fazendo nas escolas. Todos os funcionários com quem conversei sobre o MST também manifestaram algum grau de hesitação sobre o envolvimento do Movimento. Por exemplo, Camila disse que a Educação do Campo "é necessária por causa da diversidade das pessoas do campo, mas estamos correndo o risco de ter diversidade demais":

> Programas universitários só pro pessoal dos assentamentos, isso é discriminação. Eles têm autonomia, mas não é uma soberania. Sempre que a gente senta pra conversar - os coordenadores do MST, a Secretaria da Educação e a própria Crede -, eles entendem que há limites, que nem tudo que reivindicam pode ser atendido.

Nas minhas conversas com a funcionária Laura, da Crede, durante sua visita à Escola João Sem Terra, do Assentamento 25 de Maio, ela se mostrava muito entusiasmada com a escola. Mas, a certa altura, depois de um intervalo para café, ela cochichou: "Às vezes, eu me pergunto se todos os pais desses alunos realmente se identificam com a luta, se eles realmente querem toda essa ideologia. Talvez eles queiram ir embora do campo".[50] Beatriz, a funcionário da Crede que supervisiona a Escola Nazaré Flor, do Assentamento Maceió, afirma seu apoio ao MST e, ao mesmo tempo, tem uma certa preocupação:

> O núcleo gestor da escola tem uma relação muito forte com o MST. Às vezes, eu até brinco com elas: 'Quem mantém a escola é o governo do estado, não é o MST não, viu?' Porque, às vezes, eu acho que elas querem mais obedecer ao MST do que ao governo do estado. Mas o governo do estado também tem uma proposta para a escola, de o aluno aprender, e a escola é totalmente mantida pelo governo do estado. Às vezes, acho que o MST é muito radical, não sei se é porque eles têm uma história de luta mesmo sofrida... Mas, graças a Deus, estou conseguindo conviver.

---

[50] Anotações da pesquisa de campo, novembro de 2011.

Essa última frase expressa perfeitamente a parceria conflituosa que se desenvolveu entre os funcionários do Estado e os militantes do MST, que poderia explodir em conflito a qualquer momento.

A expressão mais concreta dessas dúvidas governamentais veio da própria Nohemy, que foi escolhida pela secretária de Educação para ser diretora do Departamento da Diversidade por causa de sua história de militância em áreas rurais e suas muitas experiências de trabalho em assentamentos do MST. Nohemy chegou a viver no Assentamento Lagoa do Mineiro por nove meses, ajudando com um projeto de desenvolvimento comunitário das mulheres. No entanto, apesar de seu apoio geral ao MST, algumas de suas dúvidas sobre a participação do movimento emergiram durante nossa conversa:

> A escola é um equipamento social que *pertence àquela comunidade, não ao MST.* A gente dialoga com o Movimento, mas há que se respeitar, há certos limites de apropriação de um equipamento desses. Não pode ser um equipamento do MST. É uma escola da comunidade. É verdade que os seus gestores e muitos professores são militantes do Movimento. Temos clareza disso, mas não deixa de ser um bem público, da comunidade. [...] Às vezes, porém, acho que há uma certa manipulação. Por exemplo, o Movimento diz que já está há dois anos discutindo o Projeto Político-Pedagógico (PPP). Eu acredito mesmo que sim, que está discutindo com alguns sujeitos que se envolvem mais, que têm maior clareza. Mas nem sempre todo mundo está ciente, *nem sempre a comunidade se apropriou daquelas decisões*, daquelas definições do PPP. [...] Pra mim é preciso mais tempo. Eu sei que pra eles esse tempo deve ser muito. Pra instituição é pouco, não sei se é porque somos poucos ou se é porque ainda estamos iniciando na apropriação do que é um currículo para o campo, quais são as variáveis que entram e atravessam esse processo, o que a gente precisa saber/conhecer pra ajudá-los, como é que a gente faz essa escuta mais qualificada e tenta apoiar na sistematização do que seria esse currículo, que experiências a gente tem que fazer anteriormente, de onde a gente tem que começar, que passo a gente tem que dar. Não sei se é debilidade nossa e pressa do Movimento ou se a gente precisa articular melhor esses tempos do Movimento, dos grupos, dos sujeitos que estão no campo. A instituição demora, ainda não tem clareza. Acho que precisamos articular melhor esses tempos. Pra que a gente não faça um currículo de faz-de-conta, pra que a gente assegure as condições materiais, financeiras, orçamentárias, físicas. Pra que isso seja mais duradouro ou então pra que a gente possa

> ir pactuando as possibilidades... Nesse sentido, eu acho que, às vezes, falta a responsabilidade e a maturidade para construir processos mais estáveis, mais duradouros, que se sustentem com a saída do movimento, que fiquem lá, e que possam atender as demandas e as necessidades de uma comunidade como essa. (Grifos meus)

Entrevistei Nohemy por mais de uma hora e, na maior parte do tempo, ela expressou seu apoio ao MST e à implementação da Educação do Campo no Ceará. No entanto, em alguns momentos, também admitiu suas dúvidas. Como outros funcionários estaduais, ela queria que ficasse claro que as escolas do campo são escolas estaduais, não escolas do MST. Reconheceu que muitos dos diretores e professores das escolas do campo são militantes do MST e até se referiu a um coordenador pedagógico como "um intelectual orgânico daquela comunidade". Mas questionou se o processo de redação dos PPPs era tão participativo como afirmava a liderança do MST. Mais importante do que isso, Nohemy sempre apontava uma distinção entre o MST e o que ela chamava de comunidade. "As escolas são uma ferramenta da comunidade e o MST é bem-vindo para participar", disse. Para ela, as famílias que vivem no assentamento e os militantes do MST não são a mesma coisa.

Essa distinção é reveladora, porque o MST afirma representar esses assentamentos da reforma agrária, mas às vezes há divergências entre os dirigentes do Movimento e as famílias assentadas. Aos olhos do Estado, a legitimidade do MST depende claramente da habilidade do Movimento para obter a lealdade e o apoio dessas famílias. Se o Movimento não consegue a lealdade, o Estado tenderá a fazer uma distinção entre Movimento e comunidades e, potencialmente, pode limitar a participação do MST. Por enquanto, o Setor de Educação do MST no Ceará convenceu famílias suficientes nos assentamentos e ao redor deles a apoiar sua proposta pedagógica. Mas, para manter esse consentimento – a liderança moral e intelectual do MST –, será preciso manter um processo contínuo de organização de base.

Por outro lado, os militantes do MST também são céticos em relação ao Estado. Os militantes educacionais defendem seu direito de participar nas escolas públicas com base em seu entendimento do papel do Estado na sociedade. Maria de Jesus explicou:

O papel do Movimento não é fazer pelo estado. O Movimento defende uma política de compartilhamento. O estado com seu papel, o movimento com seu papel, cada um construindo a sua responsabilidade. O Pronera foi nosso ensaio: a universidade tem seu papel, o MST nunca vai virar universidade, nunca vai virar Incra, nem o Incra vai virar MST, nem a universidade vai virar MST. Mas todos têm um papel fundamental a cumprir nesse projeto. Uma outra coisa: nós não aceitamos ser beneficiários, nós queremos ser protagonistas. Eu nem gosto desse termo protagonista, nós queremos ser sujeitos do processo.

Maria de Jesus insistiu que o Estado tem a responsabilidade de oferecer certos serviços, como a educação pública. Mas ela não queria ser apenas a recipiente desses serviços. Ela disse que os cidadãos têm direito de participar da construção e da implementação dos programas governamentais. Num encontro do MST sobre educação, ouvi Maria de Jesus exclamar, frustrada: "Todo mundo quer a Educação do Campo, mas não querem o MST nela".

Está claro que essa afirmação evoca a tensão fundamental da proposta pedagógica do Movimento: os dirigentes do MST não querem apenas acesso à educação pública; eles querem participar da gestão de instituições do Estado. O MST quer que as escolas sejam parte de sua infraestrutura, organicamente conectadas à luta pela reforma agrária. Funcionários governamentais podem apoiar muitas dessas iniciativas e até permitir a participação direta do MST na cogestão das escolas; mas, para o Estado, as escolas são um bem público universal, não uma ferramenta para a luta do Movimento. Este pode rebater essa crítica dizendo que não é o Movimento, mas sim as famílias servidas pelas escolas que lideram o processo educacional. Como Erivando me disse:

A escola não é propriedade dos professores, não é propriedade do gestor nem do Cid Gomes; a escola é do povo e esse povo tem que assumir isso, até porque um professor está hoje aqui e amanhã está em outro lugar. Então, se a comunidade não incorpora esses desafios, aquela escola não dá continuidade ao que vinha fazendo antes...

Dessa perspectiva, as escolas pertencem ao povo. Claro, "o povo" que os dirigentes do MST imaginam cogerindo escolas públicas é o povo alinhado com os objetivos políticos e econômicos do Movimento – a luta pela reforma agrária popular.

Conclusão

Em 2014, o PT ganhou as eleições para governador do Ceará, em aliança com o governador anterior, Cid Gomes, do PSB. Em 2015, a Secretaria de Educação do Ceará concordou em construir quatro novas escolas de Ensino Médio em assentamentos do MST. Duas dessas escolas, nos municípios de Canindé e Santana do Acaraú, abriram em 2016. As outras duas, nos municípios de Mombaça e Ocara, abriram em janeiro de 2017. Todas essas novas escolas são consideradas parte da rede de escolas do campo, com direito a currículo diversificado e práticas organizacionais adequadas às populações do campo. Em 2016, o Setor de Educação do MST já estava iniciando as discussões sobre os PPPs com as comunidades que seriam servidas por essas escolas. Também em 2016, a Secretaria Estadual de Educação aprovou seu Plano Estadual de Educação do Ceará (PEE), incluindo entre seus objetivos a preservação do direito das comunidades à Educação do Campo. Em janeiro de 2017, o Setor Estadual de Educação do MST organizou sua sétima Semana Pedagógica das Escolas de Ensino Médio do Campo das Áreas da Reforma Agrária do MST. Esse seminário reuniu todos os diretores e professores das antigas e novas escolas do campo para analisar o contexto agrário e educacional corrente, avaliar a implementação dos PPPs nas escolas e fortalecer as iniciativas agroecológicas das escolas.[51] A participação do MST nas escolas do campo cearenses é um processo dinâmico, que continua a evoluir, com apoio do governo estadual, a despeito das muitas barreiras e limitações e do frequente ceticismo de funcionários do Estado.

Muitas lições podem ser extraídas deste exemplo contemporâneo de cogestão do movimento social no Ceará. Em primeiro lugar, a habilidade do MST para exigir essas escolas resultou, pelo menos parcialmente, do reconhecimento que a Educação do Campo já havia obtido no âmbito federal. Dois momentos-chave de intervenção foram cruciais: a introdução do conceito de Educação do Campo a funcionários governamentais em 2006, sob um governo de direita; e a construção, pelo governo federal, de novas escolas de Ensino Médio em 2009, com um governo estadual

[51] Extraído do programa do seminário, da seção sobre os objetivos do encontro (30 de janeiro a 2 de fevereiro de 2017).

mais à esquerda. O Movimento Nacional pela Educação do Campo iniciou as primeiras discussões sobre esse programa educacional em 2006 e ajudou a reunir um grupo diverso de altos funcionários governamentais, movimentos sociais e sindicatos para debater essas ideias. Quando o Movimento retirou seu apoio a essas iniciativas, parecia que a Educação do Campo desapareceria aos poucos - a despeito de um novo governador de esquerda. Foi necessária outra intervenção federal, com recursos para construção de novas escolas de Ensino Médio no estado, para que a Educação do Campo voltasse a ser debatida. É, novamente, o que Keck e Sikkink (1998) denominam de "efeito bumerangue", pois os militantes cearenses procuraram por seus aliados no âmbito nacional para pressionar os governos estadual e municipais a ceder às demandas educacionais do MST. Embora o governo federal fosse o agente mais visível, a rede de apoio nacional para a Educação do Campo incluía outros movimentos sociais, sindicatos e universidades. No entanto, como o contraexemplo de São Paulo demonstra, o grau de influência do efeito bumerangue depende diretamente da capacidade do Estado subnacional para rejeitar tendências e apoios federais.

Uma segunda lição é que a capacidade do MST para governar as escolas do campo no Ceará foi consequência de mais de três décadas de experiência na implementação de práticas educacionais alternativas no campo brasileiro. Em outras palavras, não foram apenas as intervenções federais, mas a "autoridade prática" (Abers e Keck, 2017) do MST e sua habilidade para capitalizar essas oportunidades que facilitaram a participação do Movimento nas quatro novas escolas de Ensino Médio. O Setor Estadual de Educação do MST no Ceará tinha muita clareza sobre a proposta pedagógica que queriam desenvolver, pois haviam aprendido com as inúmeras experiências realizadas em outros estados ao longo da década anterior. Os militantes do MST convenceram múltiplos agentes do Estado da importância da implementação desse programa educacional, citando a legislação e demonstrando a eficácia da proposta na prática.

Por último, a terceira lição, a despeito do contexto favorável - governo progressista, infraestrutura local do movimento social e apoio exógeno que aumentou a capacidade do Estado para gestão educacional (canto superior esquerdo da tabela I.1 na Introdução) -, a cogestão pelo movimento social é sempre um processo cheio de conflitos e tensão. Embora tenha havido uma aceitação gradual dessa cogestão entre muitos agentes do Estado no Ceará, também havia reservas sobre o envolvimento do MST. As escolas do campo tornaram-se parte da infraestrutura do Movimento, integrando jovens, pais de alunos e professores à luta da reforma agrária. Em geral, os agentes do Estado defendem a participação do MST, citando a legislação nacional e as diretrizes educacionais como justificativa. Mesmo assim, o alto grau de influência da militância nessas escolas também é desconfortável para os agentes do Estado, que se veem como guardiões dessas instituições, responsáveis por garantir que elas sirvam todos os cidadãos brasileiros. Refiro-me à participação de movimentos sociais em instituições do Estado como uma forma de cogestão conflituosa, que simultaneamente promove participação universal e objetivos políticos, econômicos e sociais específicos. Para a militância do MST, a única forma de superar essa tensão é conseguir o consentimento das famílias e dos professores dentro e fora dos assentamentos para sua luta pela reforma agrária. Essa relação orgânica entre a militância do movimento e sua base é o fator mais importante para a habilidade dos militantes para institucionalizar e prefigurar seus objetivos sociais, políticos e econômicos nas instituições do Estado. Na Conclusão, a seguir, revisito as diferentes lições que emergiram da luta educacional nacional do MST e esses estudos de casos regionais para sugerir algumas lições mais abrangentes no entendimento de estratégias eficazes de movimentos sociais, educação e mudança social no século XXI.

CONCLUSÃO: MOVIMENTOS SOCIAIS, EDUCAÇÃO E ESTRATÉGIAS PARA A TRANSFORMAÇÃO SOCIAL NO SÉCULO XXI

> *O primeiro passo na emancipação da escravidão política e social é a libertação da mente. Eis uma nova ideia: a escolarização popular deveria ser controlada pelos grandes sindicatos de trabalhadores. O problema da educação é o mais importante problema de classe.*
>
> Antonio Gramsci, *Avanti* (1916)[1]

Movimentos sociais, educação e estratégias para a transformação social no século XXI

Em 20 de setembro de 2015, 1.500 professores de escolas públicas em assentamentos e acampamentos do MST em todo o país viajaram para Brasília para participar do 2º Encontro Nacional de Educadoras e Educadores da Reforma Agrária (Enera). Centenas desses professores eram colaboradores veteranos do MST e se identificavam como militantes do Movimento. Outros professores no encontro tinham começado a trabalhar recentemente em áreas da reforma agrária e aquela seria a primeira vez que tomariam contato com a proposta pedagógica do MST. Também participaram dezenas de dedicados dirigentes do Setor de Educação do Movimento, que há três décadas haviam implementado aquela proposta em escolas públicas localizadas em áreas de reforma agrária. O primeiro Enera, em julho de 1997, marcou a entrada do MST no debate nacional sobre as escolas do campo. Dezoito anos depois, em 2015, o objetivo do segundo Enera era discutir a conjuntura das iniciativas educacionais do MST e os caminhos para avançar sua proposta pedagógica no momento político corrente.

---

1 *Apud* Davidson (1977).

No primeiro dia do encontro, os professores e os militantes do MST aglomeravam-se fora do auditório. Membros do coletivo cultural do Movimento tocaram músicas e conduziram danças, mantendo todo mundo energizado enquanto esperavam início do evento. O coletivo de educação tinha decorado os saguões do auditório com símbolos do campo (chapéus de palha, corda, sementes, produtos agrícolas, facões, tecidos estampados) e da luta social (fotos de ocupações, cartazes contra o agronegócio, bandeiras do MST). Dentro do auditório, havia fotos de três metros de altura de homens e mulheres que são referências revolucionárias para o movimento: Antonio Gramsci, Frida Kahlo, Nadezhda Krupskaya, Vladimir Lenin, Rosa Luxemburgo, Anton Makarenko, José Martí, Karl Marx, Moisey Pistrak, Milton Santos e Zumbi. Havia uma fileira de assentos, na frente, reservada para convidados do governo federal, inclusive vários ministros, que participariam do evento de manhã.

Quando todo mundo estava sentado, começou uma *performance* cultural de 40 minutos de duração – a típica mística do MST. Tratores (feitos de papelão) foram identificados com a Monsanto, e o Tribunal de Contas da União (TCU) foi representado tentando "arar" os camponeses. Uma turba de gente vestida de preto entrou em seguida, carregando cartazes que diziam "agronegócio", "agrotóxico", "monocultura" e "Todos pela Educação", nome de uma coalizão de agentes, principalmente do setor privado, que está cada vez mais envolvida na definição da agenda educacional no Brasil.[2] Depois, dezenas de pessoas de chapéu de palha e roupa de camponês entraram correndo no auditório, empurrando os inimigos para fora do palco. Uma dirigente do MST, Maria de Jesus Santos (ver Capítulo 6), leu um poema sobre a Comuna de Paris, de 1871. Uma dezena de militantes vestidos como petroleiros juntaram-se aos camponeses, trazendo com eles um grande martelo e uma foice, para simbolizar a solidariedade da classe trabalhadora entre o MST e os petroleiros em greve por todo o Brasil. Os representantes do governo federal assistiam cortesmente. Depois da apresentação, todo o auditório se levantou para cantar o hino do MST. Os ministros e altos funcionários do governo

---

[2] Para análises recentes dessa organização política, ver Martins e Krawczyk (2016), Avelar e Ball (2019) e Tarlau e Moeller (2019).

federal também se levantaram, mas ficaram em silêncio, enquanto professores e militantes cantavam orgulhosamente o hino ao redor deles.

Mais de uma hora depois, quando cada um dos convidados do governo já havia falado (quase todos destacando a importância da reforma agrária e da Educação do Campo), tomou a palavra um dos dirigentes nacionais mais conhecidos do MST, famoso por seus discursos estimulantes. João Pedro Stedile explicou porque a luta pela reforma agrária precisava, além de terra, também de moradia digna, produção de comida saudável, controle do povo sobre o conhecimento. Ele exortou a multidão: "A classe trabalhadora precisa organizar o seu projeto de classe e precisa se organizar em todos os espaços da vida social". Apontando um retrato de Lenin, ele prosseguiu: "Tem gente que interpretou mal Lenin. Eles acham que basta tomar o palácio presidencial para ter poder. Mas nenhum lugar do Brasil tem menos poder do que o palácio presidencial, não é?" O público riu dessa observação, muito apropriada naquele momento, quando milhares de pessoas em todo o país pediam a destituição da presidenta Dilma Rousseff – e parecia provável que ela fosse derrubada em breve. Então, João Pedro apontou o retrato de Gramsci, no fundo do auditório:

> Para construir mudanças, é melhor seguir Gramsci. O povo deve criar seus próprios projetos sociais e contestar o poder em todos os espaços da vida social – a escola, a terra, o Senado e o palácio presidencial. Estamos aqui para preparar nossas jornadas futuras, para continuar avançando nesse capítulo específico da conquista do conhecimento.

Ele se dirigiu, então, ao grupo de autoridades na primeira fileira de assentos do auditório: "Estes são os nossos amigos. Hoje vocês estão no nosso time. Mas quarta-feira vocês podem nos temer, porque vamos a Brasília!" Os professores começaram a aplaudir, enquanto João Pedro enumerava todos os prédios que ocupariam e todas as autoridades que denunciariam dois dias depois.

O 2º Enera, que ocorreu trinta e um anos depois da fundação do MST, constitui uma instância da tentativa do Movimento de transformar a educação pública em várias regiões do Brasil mediante a integração de professores na sua luta educacional. Como João Pedro destacou, essas iniciativas educacionais constituem um único capítulo de uma luta muito maior do MST, que é a luta pela terra, pela reforma agrária e pela transformação social. A referência de João Pedro a Gramsci ajuda a iluminar a estratégia política do MST para atingir seus objetivos: em vez de esperar para tomar o poder e transformar a sociedade em algum momento do futuro, os militantes do MST tentam prefigurar, no presente, formas de produção econômica, participação política, relações sociais, atividades culturais e abordagens pedagógicas que o Movimento apoia. O MST está engajado na política prefigurativa com o Estado, dentro dele, por meio dele e fora dele. Essa longa marcha por meio das instituições requer a negociação com milhares de agentes políticos, assim como requer contestação política.

Só é possível entender as demandas educacionais do MST no contexto dessa estratégia mais ampla de Gramsci - integrar tanta gente quanto possível num novo projeto social para o campo brasileiro. No entanto, também é preciso atualizar e expandir Gramsci, mostrando como suas teorias podem ser aplicadas a movimentos contemporâneos. Destaquei três lições principais que emergem dos trinta anos de experiência do MST de transformação da educação brasileira: que os movimentos sociais podem aumentar sua capacidade interna ao participar em instituições do Estado; que é importante o engajamento dos movimentos, ao mesmo tempo, em múltiplas estratégias, inclusive protestos, persuasão, negociação e cogestão; e que a orientação política do governo, a capacidade do Estado para gestão educacional e a infraestrutura interna dos movimentos sociais influenciam diretamente as possibilidades para mudança institucional. No restante deste capítulo, revisito essas três ideias fundamentais e ofereço algumas outras perspectivas sobre as estratégias de movimentos sociais e o papel da educação na mudança social no século XXI.

Movimentos sociais estratégicos: cogestão conflituosa e prefiguração

A tese de que movimentos sociais engajados na esfera institucional estão destinados a desmobilizar e declinar, um argumento quase sempre atribuído a Piven e Cloward (1977) e a Michels (1915), ainda é um mote poderoso tanto entre estudiosos de movimentos sociais como entre militantes. Como resumi na Introdução, muitos pesquisadores têm assumido posições menos rígidas nessa questão, discutindo a eficácia da "dupla estratégia" dos militantes (Alvarez, 1990), de trabalhar tanto dentro como fora do Estado ou de combinar políticas institucionais e não institucionais (Andrews, 2004; Banaszak, 2010; Meyer e Tarrow, 1997). Esses estudos levam-nos para além do conceito de cooptação do movimento social. Em vez disso, "*desembrulham* o Estado e examinam suas múltiplas instâncias institucionais e ideológicas" (Alvarez, 1990, p. 272) que permitem impactos significativos dos movimentos sociais em várias instituições do Estado. Mais recentemente, Alvarez *et al.* (2017) propuseram uma nova perspectiva sobre a sociedade civil, com foco tanto nas ações cívicas como nas ações não cívicas de vários movimentos – o permitido e o proibido.

Mesmo assim, a questão de como os movimentos sociais devem engajar o Estado continua a perturbar militantes e pesquisadores. Por exemplo, muita gente celebra a estratégia do Exército Zapatista de Liberação Nacional (EZLN), no México, que escolheu o caminho exatamente oposto ao do MST: rejeitar todos os recursos governamentais e construir contrainstituições completamente fora do Estado.[3] O movimento Ocupa Wall Street, nos Estados Unidos, foi dividido por essa dicotomia: apresentar demandas concretas aos agentes do Estado ou rejeitar o poder do Estado e construir um mundo social alternativo, dentro dos limites do Parque Zucotti, em Nova Yorque (Smucker, 2017). O movimento estudantil chileno, que liderou enormes manifestações em 2006 e 2011, fragmentou-se em debates sobre o papel das negociações com o governo e a política eleitoral (Larrabure e Torchia, 2015). No Brasil, a proximidade do MST com o PT e a aceitação de recursos governamentais são altamente criticadas por militantes de muitos partidos e tendências de esquerda. Para muitas pessoas da esquerda no Brasil, o MST foi de fato cooptado – trocando sua capacidade para mobilizar grandes manifestações pelas migalhas do Estado neoliberal. Quarenta anos depois da polêmica lançada por Piven e Cloward contra a institucionalização de movimentos sociais, os debates então iniciados só intensificaram e continuam a representar um dilema central para os movimentos sociais do século XXI.

[3] Vergara-Camus (2014) argumenta que tanto a relação mais pragmática do MST com o Estado como a rejeição total do apoio do Estado pelo EZLN são estratégias para construir a autonomia de suas comunidades com relação ao Estado e ao mercado.

Tentei repensar esse processo de institucionalização dos objetivos do movimento social como não apenas um meio para atingir um fim, mas, em vez disso, como uma forma de cogestão. Quando lideranças de movimento social se engajam na cogestão conflituosa de instituições do Estado (ou talvez seja mais apropriado dizer que ocupam essas instituições), estão testando a validade de suas teorias ao aplicá-las à realidade. Essa forma de prefiguração ou práxis leva a novas perspectivas, ideias, práticas e ações estratégicas. Por exemplo, quando os militantes ajudam a desenvolver, implementar e supervisionar a oferta de serviços do Estado, eles estão fazendo experimentos sobre jeitos de transformar esses bens públicos de maneira a aderir a objetivos políticos e sociais alternativos. Isso inclui a criação de mídia alternativa, processos de produção agrícola, centros de saúde pública e escolas também alternativos – e tudo isso aumenta a capacidade técnica e política dos militantes para a cogestão.

Esse argumento também oferece uma nova perspectiva a um velho debate entre pesquisadores e militantes nos Estados Unidos sobre política prefigurativa.[4] Nessa discussão, presume-se com frequência que a prefiguração de valores políticos e sociais é um processo que só pode ocorrer fora das instituições formais, na esfera de um movimento autônomo, não corrompido pelo poder do Estado. Em contraste, demonstrei que os movimentos sociais também podem prefigurar objetivos radicais dentro de instituições do Estado. Embora sempre seja um processo contraditório, a expressão institucional dos projetos políticos dos militantes constitui um instrumento poderoso para obter recursos necessários, construir lideranças locais e aumentar a capacidade organizacional do movimento. No entanto, a chave, aqui, é que os movimentos engajados em instituições precisam continuar a ser movimentos. O MST participou da esfera do Estado por três décadas, sem desmobilização, ao combinar protestos, persuasão, negociação e cogestão. Esta última envolveu tensão e conflitos contínuos entre militantes do MST e agentes do Estado – um processo que chamo de *cogestão conflituosa*.

---

[4] Ver, entre outros, o fórum do *Berkeley Journal of Sociology* (2014, p. 74-100) sobre poder e prefiguração ("Power and Prefiguration").

Experimentação, aprendizagem acumulada e utopias educacionais reais

O verdadeiro desafio deste livro é explicar como os militantes do MST conseguiram obter ganhos substanciais na esfera institucional e, ao mesmo tempo, manter sua autonomia como um movimento independente. Uma das explicações é que as instituições do Estado são transformadas por um processo recorrente de experimentação e aprendizagem acumulada. Este livro começa pela descrição das primeiras tentativas dos militantes com abordagens educacionais alternativas nos anos 1980 e, em seguida, mostra como essas iniciativas transformaram a educação no campo brasileiro ao longo das três décadas seguintes. Militantes locais do MST começaram a experimentar abordagens educacionais alternativas imediatamente depois das primeiras ocupações de terra, inspirados pelas teorias disponíveis então e pelas práticas cotidianas em suas comunidades. Em seguida, para continuar dando acesso educacional aos militantes do movimento, os dirigentes buscaram parcerias com governos para organizar a oferta de Ensino Médio e programas de formação de professores. No final dos anos 1990, o MST expandiu esses programas de Ensino Médio para outros estados, criando, ao mesmo tempo, programas de bacharelado em dezenas de disciplinas, por meio do Programa Nacional de Educação na Reforma Agrária (Pronera).

Duas décadas depois, esses programas do Pronera ainda são reservados para estudantes que vivem em áreas de reforma agrária e são separados dos cursos universitários convencionais. O MST tem sido um membro importante da cogestão desses programas. Mas a abordagem do Movimento à implementação de sua proposta pedagógica na esfera universitária continua sendo um processo de tentativa e erro, à medida que os militantes aprendem a navegar os conflitos que surgem quando sua visão do mundo colide com a visão da própria universidade. O Movimento também ajudou a estabelecer um punhado de outras instituições educacionais que oferecem Ensino Médio e formação superior com ênfase em agroecologia, conectando, assim, a proposta pedagógica do MST com seu objetivo de promover agroecologia e soberania alimentar nos assentamentos.[5]

[5] Em 2005, o MST fundou a Escola Nacional Florestan Fernandes (ENFF) na cidade de Guararema, a 80 quilômetros da capital paulista. Trata-se de uma escola de formação que oferece principalmente programas educacionais não formais (não reconhecidos pelo Estado)

Ao estabelecer arranjos institucionais nos quais os militantes têm autonomia quase total para estruturar a educação dos estudantes, o Movimento fez experiências com a implementação de um conjunto de práticas educacionais. Desde os primeiros programas de Ensino Médio nos anos 1990, milhares de militantes do MST experimentaram essas utopias educacionais reais, às vezes vivendo a proposta pedagógica do Movimento por muitos anos. À medida que esses programas eram expandidos por todo o país, mais militantes educacionais eram integrados ao Movimento, ao mesmo tempo que recebiam a formação necessária para se tornarem professores ou diretores de escolas. Portanto, o processo de experimentação com novas práticas educacionais, acumulando aprendizagem por meio de tentativa e erro e estabelecendo utopias educacionais reais, teve um papel crucial na habilidade dos militantes para transformar escolas públicas por todo o país.

Aliados estratégicos e múltiplos pontos de acesso

Uma segunda lição que emerge dessa visão de longa marcha dos movimentos sociais é a importância de encontrar aliados estratégicos e múltiplos pontos de acesso dentro do Estado, quando se promove uma visão social alternativa. No início dos anos 1990, um período de intenso conflito entre movimentos sociais e o governo federal, muitas organizações internacionais, inclusive a Unesco e a Unicef, começaram a fazer parcerias com o MST e a patrocinar diretamente os programas de alfabetização do Movimento, ignorando o governo federal. O MST organizou esses programas por meio de parcerias com dezenas de universidades diferentes, o que permitiu que os militantes desenvolvessem relações estreitas com centenas de professores universitários. A habilidade do MST para exigir

---

aos militantes, mas que também fez parcerias com universidades para oferecer educação formal. Algumas outras instituições educacionais geridas pelo MST incluem o Centro de Formação Paulo Freire, fundado em Pernambuco em 1998; o Instituto Educar, fundado no Rio Grande do Sul em 2005; a Escola Latino-Americana de Agroecologia (Elaa), fundada também em 2005 no Paraná; e o Iala Amazônico, fundado em Parauapebas (PA) em 2009, como mais um ramo do Instituto Agroecológico da América Latina (Iala). Esses dois últimos (Elaa e Iala) integram uma rede de escolas fundada pela Via Campesina, organização camponesa internacional. Em janeiro de 2018 já havia escolas do Iala também na Nicarágua, na Argentina, no Chile, na Colômbia, no Equador e no Paraguai (McCune e Sánchez, 2018).

programas educacionais nacionais em áreas de reforma agrária em 1997 dependia do engajamento desses professores universitários, que navegavam nas políticas de suas instituições para angariar apoio para essa iniciativa – e, em seguida, usaram o prestígio de suas instituições para defender o novo programa junto ao governo federal. No ano seguinte, 1998, esses mesmos aliados pressionaram o MST a articular sua proposta para uma população do campo mais ampla – a Educação do Campo. Essa reestruturação foi chave para integrar novos agentes nesta luta, principalmente a Confederação Nacional dos Trabalhadores. Como ponderei no Capítulo 3, essa aliança entre o MST e a Contag parecia improvável inicialmente, pois as duas organizações tinham visões sociais e econômicas antagônicas e relações conflitantes com partidos políticos e a política institucional. Apesar disso, essa coalizão foi fundamental para convencer o governo federal a adotar uma proposta educacional para todo o campo brasileiro, mesmo antes da chegada do PT ao poder em 2003. Depois, sob o PT, o governo reorganizou o Ministério da Educação para institucionalizar a participação desses movimentos sociais do campo na formulação de políticas públicas. Portanto, enquanto o MST desenvolvia sua proposta pedagógica por meio de experiências em assentamentos e acampamentos, para expandir essa pedagogia em larga escala, eram necessários o apoio e o consentimento de outros grupos políticos e sociais. Ao longo desse processo, a participação de professores universitários trouxe legitimidade e apoio institucional aos movimentos.

Nem todas as instituições são iguais

Uma terceira lição é que as instituições do Estado variam muito em capacidade, autonomia e cultura burocrática. Essas diferenças alteram as estratégias e o resultados do movimento, sugerindo a necessidade de reconstruir a tese de Piven e Cloward, e Michels. Em alguns contextos, como previram Piven e Cloward, o processo de institucionalização dos objetivos do movimento social leva a um declínio do movimento e à sua "desradicalização". Em outros casos, a institucionalização desses objetivos pode fortalecer a capacidade organizacional do movimento, trazendo recursos para os projetos e, ao mesmo tempo, reforçar a mobilização contínua. Portanto, o conceito de cooptação não é suficiente para capturar as diversas trajetórias percorridas pelos movimentos sociais dentro das instituições do Estado.

Os casos do Incra e do MEC, elaborados nos capítulos 2 e 3, elucidam essa constatação. O Incra tem poucos recursos, é descentralizado e relativamente negligenciado na política nacional, enquanto o MEC tem muitos recursos, é centralizado e é altamente visível em debates sobre políticas públicas. Entre 1998 e 2005, militantes do MST institucionalizaram aspectos de sua proposta pedagógica nessas duas agências federais, por meio do Pronera, no Incra, e da Coordenação Geral de Educação do Campo, no MEC, com impactos diferentes. No caso do Incra, o MST foi capaz de manter uma participação real e significativa no desenvolvimento de todos os cursos do Pronera. No entanto, o fato de que o Pronera tinha permitido tanta participação do movimento social também tornou o programa mais vulnerável a ataques da direita. No MEC, a Coordenação Geral da Educação do Campo conseguiu implementar algumas grandes iniciativas, inclusive programas para educação de adultos, infraestrutura, escolaridade multisseriada e, talvez o mais importante, um programa universitário de massa para treinar professores do campo (o Ledoc, ver Capítulo 3). Embora os militantes não apoiassem todas essas iniciativas, em muitos casos tiveram a oportunidade de participar no projeto inicial desses programas. No entanto, quando o MEC começou a implementar os programas em grande escala, a participação e supervisão do MST já não era viável. Além disso, por volta de 2012, os interesses do agronegócio começaram a apoiar a Educação do Campo e conseguiram capturar recursos que financiavam sua própria visão do propósito da educação: formar trabalhadores para empregos na agricultura industrial. Essa comparação sugere que os resultados podem ser diferentes, mesmo quando a mesma proposta é promovida pelo mesmo movimento no mesmo momento histórico – dependendo da instituição visada. Para a capacidade interna do MST, era melhor engajar-se com a instituição mais fraca, que tivesse alguns aliados dentro; mas, para implementar uma reforma da política pública em larga escala, a instituição mais poderosa produzia um impacto maior.

Ao avaliar esses impactos, concordo com outros pesquisadores de movimentos sociais: é mais produtivo pensar em termos de resultados do que em termos de sucesso/fracasso. Como diz Andrews (2004, p. 17), "o conceito de 'resultados' ou termos equivalentes como 'consequências' ou 'impacto' oferece mais flexibilidade, pois os pesquisadores podem avaliar a influência do movimento em muitas áreas diferentes de atividade e examinar os impactos intencionais e não intencionais". De acordo com o MST, o Pronera foi um dos mais importantes programas de Estado do Movimento, oferecendo acesso educacional às famílias dos assentamentos e acampamentos, com supervisão direta dos militantes. Portanto, a medida do MST para o sucesso educacional está centrada no grau de independência dos militantes para gerir um programa educacional; no tipo de liberdade dos militantes para implementar seus objetivos pedagógicos; e no fortalecimento do Movimento por esse processo, ao integrar novos membros e aumentar a capacidade técnica e intelectual dos militantes.

Mesmo assim, embora o MST tenha uma influência importante sobre o Pronera, a escala desses programas é diminuta em comparação com os programas do Educação do Campo, do MEC. Por exemplo, a certificação em Magistério e o bacharelado de professores é um programa de ação afirmativa que se tornou uma oferta permanente em 40 universidades, permitindo a entrada de mais estudantes do campo do que nunca no sistema universitário público de elite. Da mesma forma, o Escola Ativa, que o MST criticou veementemente, ofereceu recursos significativos para as escolas do campo mais precárias, com salas de aula multisseriadas. Embora esses programas do MEC não aumentem a capacidade interna do MST tão diretamente como o Pronera, eles ainda oferecem imensos recursos a centenas de comunidades em todo o campo brasileiro – e o fato é que esses programas não existiriam se o MST não tivesse pressionado o Estado a investir na educação do campo. Em resumo, o engajamento do Movimento com o MEC resultou em mais recursos e numa política pública mais abrangente, pelo menos no curto prazo. Mas o fato de o Pronera aumentar diretamente a capacidade interna do MST sugere que ele pode ser mais importante para a habilidade do Movimento em manter a pressão sobre o governo e implementar reformas mais estruturais e radicais no longo prazo.

A lealdade partidária é uma faca de dois gumes

A lição final deste livro é que os resultados das ações do Movimento variam por regiões e ao longo do tempo, especialmente num sistema federativo como o brasileiro. Os três fatores que identifiquei - orientação política do governo, capacidade do Estado e infraestrutura do movimento social - já aparecem em diferentes vertentes da literatura; mas ninguém propôs esse esquema analítico específico para entender os resultados das ações dos movimentos sociais. Está claro que a ideologia do governo ecoa boa parte da literatura sobre oportunidades políticas; mesmo assim, demonstrei que o alinhamento ideológico só é importante em certos contextos, quando o Estado tem alta capacidade de gestão. Quando essa capacidade é baixa, os militantes podem, por assim dizer, criar suas próprias oportunidades, demonstrando os benefícios práticos da cooperação, tanto por meio de protestos quanto das próprias capacidades do Movimento para implementar objetivos de política pública. A literatura sobre democracia participativa (Abers e Keck, 2009) trata dessa última ideia - que a sociedade civil pode aumentar a capacidade do Estado para atingir seus objetivos -, mas ela não é discutida na literatura sobre movimentos sociais. Também destaquei a importância do que Andrews (2004) nomeia como infraestrutura do movimento social - recursos internos do movimento, sua organização e sua liderança - para explorar diferentes oportunidades no campo político. Construí sobre esse conceito ao sugerir a influência específica da direção coletiva, que não é composta de uma série de características individuais, mas sim do coletivo, que tem de conquistar a liderança moral e intelectual na sociedade civil. Na Introdução, apresentei uma tabela que ilustra a interação desses fatores (ver Tabela I.1). Neste capítulo, a Tabela C.1 reproduz a Tabela I.1, indicando a posição, nesse quadro analítico, de cada um dos cinco casos regionais expostos aqui.

Primeiro, o caso do Rio Grande do Sul ilustra os benefícios temporários de movimentos sociais alinhados com governos de esquerda (canto superior esquerdo da Tabela C.1). No estado, entre 1996 e 2006, a combinação dos protestos com aliados internos ajudou os militantes do MST a conseguir autorização para construir as Escolas Itinerantes nos acampamentos do Movimento. Em seguida, quando tomou posse um governador de esquerda e apoiador do MST, esse experimento educacional tornou-se um programa oficial do estado e as Escolas Itinerantes receberam muito mais apoio. Por volta de 2006, as Escolas Itinerantes do Rio Grande do Sul tinham se tornado um experimento educacional celebrado nacionalmente pela participação de militantes na sua gestão. Não obstante, as mudanças políticas no Rio Grande do Sul logo depois desse período demonstram como as lealdades partidárias também podem funcionar contra o Movimento (seção central superior direita na Tabela C.1). Em 2007, um governo estadual abertamente hostil ao MST foi eleito e tentou enfraquecer o Movimento com o fechamento das Escolas Itinerantes. A habilidade do governo estadual para fechar essas escolas foi reforçada pelo Ministério Público, que emitiu uma ordem legal nesse sentido. Todo esse período, quando a repressão ao Movimento era muito maior do que em outros momentos, levou ao declínio do número de ocupações e, portanto, do número de crianças vivendo nos acampamentos do MST. Embora o governo de esquerda eleito em 2011 tenha anulado a ordem de fechamento das escolas, já não havia crianças suficientes nos acampamentos para justificar a reabertura delas (seção inferior esquerda da Tabela C.1). É importante notar que, nesse período, um grupo de militantes deixou o MST, sob o pretexto de que o foco institucional do Movimento havia levado à sua falta de capacidade para organizar as grandes ocupações de outrora.

Os casos de Santa Maria da Boa Vista e Água Preta, em Pernambuco, demonstram que existem muitas oportunidades para a participação dos movimentos sociais em contextos de governos de direita com baixa capacidade de gestão – desde que os movimentos sociais invistam na infraestrutura local do Movimento e, principalmente, na direção coletiva. Em Santa Maria, num período de quinze anos, houve mais oportunidades estáveis para a cogestão do movimento social do que no Rio Grande do Sul. A baixa capacidade do município para gestão educacional facilitou a abertura de professores, diretores e agentes do Estado para o envolvimento do MST na educação (seção superior direita da Tabela C.1). Da mesma forma, em Água Preta, no final dos anos 1990, uma cultura política clientelista, semelhante à de Santa Maria, ofereceu uma abertura ao MST para engajar a prefeitura e começar a transformar o sistema público de ensino. No entanto, em meados dos anos 2000, o próprio MST estava em crise na região, em parte devido à reaparição da indústria sucroalcooleira. Incapaz de superar os desafios de uma economia política em transição, a base do movimento distanciou-se cada vez mais de sua liderança. A despeito das muitas oportunidades para uma colaboração Estado-MST, o afastamento entre os militantes do MST e as famílias dos assentamentos tornou Água Preta um lugar difícil para a cogestão das escolas públicas (seção inferior direita da Tabela C.1).

Tabela C.1 – Barreiras e catalizadores para a cogestão conflituosa da educação pública pelo MST: casos regionais

		Orientação política do governo			
		À esquerda		À direita	
Infraestrutura do movimento social	Alta	Melhor contexto *RS* (1999-2001) CE (2009-2014)	Muitas oportunidades	Contexto difícil RS (2007-2010) *SP* *(1995-2020)*	Muitas oportunidades Santa Maria da Boa Vista (PE)
	Baixa	Contexto difícil *RS (2011)*	Contexto difícil	Contexto difícil	Contexto difícil Água Preta (PE)
		Alta	Baixa	Alta	Baixa
		Capacidade do Estado para gestão educacional			

O caso do Ceará revela como os resultados do movimento social no âmbito federal impactam as trajetórias estaduais. Refiro-me a isso como uma versão nacional do "efeito bumerangue" de Keck e Sikkink (1998, p. 12): militantes locais recorrem a aliados federais para usar influência, informação e recursos para pressionar governos subnacionais e implementar reformas de política pública. No Ceará, as intervenções do governo federal em 2004 apresentaram a Educação do Campo às autoridades locais. Depois, em 2009, o governo federal interveio novamente, oferecendo recursos financeiros e administrativos ao Ceará para a construção de 12 novas escolas públicas - aumentando, assim, a capacidade de um governo de esquerda (seção superior esquerda da Tabela C.1). A militância do MST pediu que quatro dessas escolas fossem construídas em seus assentamentos e chamadas de escolas do campo. Para fazer essa demanda, a liderança do MST no Ceará usou os trinta anos de experiência acumulada na esfera educacional. Essas escolas do campo são, hoje, um dos exemplos mais impressionantes de cogestão da educação pública pelo MST no país todo e permitem que o Movimento prefigure sua visão econômica, política e social todos os dias, na rotina escolar.

Enfim, embora eu só mencione brevemente o estado de São Paulo no Capítulo 6, esse caso reforça a ideia de que a política partidária é uma faca de dois gumes. Os vinte anos de um governo estadual de direita e de alta capacidade, hostil ao MST e às iniciativas do PT no âmbito federal, impediram o avanço do programa educacional do Movimento (seção central à direita da Tabela C.1). Portanto, a despeito de dezenas de escolas bem-equipadas em assentamentos do MST por todo o estado de São Paulo e de alto número de ocupações de terra nessas duas décadas, as práticas pedagógicas do Movimento estão basicamente ausentes.

O que revelam esses casos regionais? Uma das principais descobertas desse estudo de caso comparativo é que o contexto é importante, mas não da maneira já descrita pela literatura. Estudos sobre resultados de movimentos sociais sugerem que um estado ideologicamente aliado é a chave para conseguir influência política (Amenta *et al.*, 2010). Mas demonstrei que os movimentos ganham influência sob vários regimes políticos diferentes. De fato, o alinhamento com um governo de esquerda pode não ser a escolha mais estratégica para a sustentabilidade de longo prazo de uma mudança institucional. Uma variável-chave a influenciar a habilidade dos militantes para implementar suas ideias é a capacidade do Estado para implementação e gestão de políticas públicas. Nos casos em que o alcance do Estado é limitado, os movimentos têm muito mais poder – a "autoridade prática" a que se referem Abers e Keck (2009) – para influenciar políticas públicas e participar na cogestão de serviços públicos. Isso vai além do exposto pela literatura sobre democracia participativa, pois mostra que os movimentos sociais – mesmo os que têm projetos políticos intrinsicamente em contradição com o Estado brasileiro (Soares [editado por Dagnino], 2002) – podem superar eventuais diferenças ideológicas para trabalhar com o Estado, ainda que por um certo tempo, e assim mobilizar a própria capacidade do Estado para oferecer bens públicos.

A importância da direção coletiva ampla

Mas o principal aspecto dos estudos de caso regionais é que o fator crucial para os resultados atingidos é a própria organicidade interna do movimento social – especialmente a direção coletiva local. É difícil construir uma direção coletiva ampla, já que a lealdade ao Movimento precisa ser constantemente (re)produzida por meio de múltiplas formas de trabalho de base com as famílias que vivem nos assentamentos da reforma agrária. Inspirada por Gramsci, vejo esse processo como a tentativa dos militantes de obter uma liderança moral e intelectual no campo para um projeto hegemônico alternativo. Nesse sentido, os militantes envolvidos na luta cotidiana de promoção dos objetivos do Movimento operam como um partido político gramsciano ou, como diz Tuğal (2009, p. 25), "a esfera onde a sociedade se organiza para formatar políticas do Estado, mas também para definir a natureza do Estado e da unidade política". Os militantes do MST claramente têm esse papel, pois tentam conectar as populações rurais a um corpo político imaginado – o MST – e ajudar a transformar em política as experiências cotidianas das pessoas. Esse processo sempre compete com outras organizações que tentam alcançar uma "liderança moral e intelectual" entre os pobres do campo.

Há três grandes agentes sociais que participam da luta educacional do MST: sua militância ou aqueles que se identificam como parte do Movimento ou participam das direções regionais, estaduais ou nacional; as famílias dos assentamentos e acampamentos, que têm diferentes graus de lealdade ao Movimento; e professores de Ensino Fundamental, Médio e Superior, autoridades e funcionários da área de educação pública e outros atores conectados a escolas em áreas de reforma agrária. No entanto, quando o MST consegue liderar um processo de cogestão participativa em escolas públicas, as divisões entre essas três camadas de atores sociais desaparecem, pois militantes, professores, diretores, pais e alunos – e, às vezes, até autoridades do Estado – trabalham juntos para implementar a proposta pedagógica do Movimento. No entanto, quando o MST não consegue desenvolver uma direção coletiva ampla nos assentamentos, professores e famílias percebem-se como separados do Movimento e são, às vezes, até hostis aos militantes. Isso torna difícil a participação nas escolas públicas, pois os agentes do Estado, com razão, passam a ver a militância do MST como um algo separado das comunidades da reforma agrária que o Estado deve servir.

O caso dos trinta anos de luta do MST pela reforma agrária mostra que a organização de um movimento político de massa requer, acima de tudo, a manutenção de uma forte relação entre os militantes do Movimento e a base que ele pretende representar. Isso não significa simplesmente convidar as pessoas para uma reunião e presumir que grandes ideias políticas vão convencê-las a participar. Organizar um movimento envolve um processo intenso de construção de relações, o engajamento com histórias, as estórias das pessoas e seu entendimento do mundo pelo chamado senso comum, e ainda tentar obter o consentimento e a crença delas para um projeto político e econômico alternativo. Não se trata de um único debate, mas de relações que precisam ser construídas constantemente ao longo da vida do Movimento. Se os militantes negligenciam essa tarefa de construção de relações, o resultado é um distanciamento cada vez maior entre a base e os militantes - o que leva à impossibilidade de promover mudanças institucionais.

Ganhos e concessões reais

Por último, embora este livro argumente que os militantes de um movimento social podem avançar em seus objetivos e construir seu Movimento ao se engajarem estrategicamente com instituições do Estado, essa estratégia de "longa marcha" exige concessões. Desenvolver um novo currículo e, estrategicamente, colocar militantes em escolas são atividades que consomem tempo, energia e recursos que poderiam ser usados para outras atividades, especificamente ações contenciosas de massa. Esta é precisamente a preocupação de Piven e Cloward (1977) e de muitos outros pesquisadores e militantes (Offe e Weisenthal, 1980; Przeworski, 1986). Não obstante, ao longo dos anos 1980, os movimentos sociais e partidos políticos brasileiros fizeram da transformação institucional uma parte central de seus objetivos políticos e econômicos. O cientista político Juarez Guimarães (1990) descreveu esse processo como sendo uma "estratégia de pinça", no qual o braço do Movimento que ocupa espaços institucionais é contrabalançado por um segundo braço, que foca a construção do poder popular, de base. Em outras palavras, em vez de a luta institucional implicar concessões e compromissos, o objetivo era contestar as instituições para promover iniciativas que pudessem contribuir diretamente, ao longo do tempo, à construção de uma hegemonia socialista. Claro, a crítica de muitos militantes da esquerda ao PT e outros movimentos sociais nos anos 1990 era que havia um desequilíbrio entre tomar o poder institucional e construir o poder popular. Gilmar Mauro (2017), um dirigente do MST, descreveu assim esse período: "A disputa e o espaço institucional tornaram-se o braço forte e os movimentos sociais eram o braço fraco".

Neste livro, argumentei que o grande desequilíbrio entre as estratégias institucional e de base não é inevitável. Ao contrário, a proposta pedagógica do MST e outras iniciativas institucionais estavam diretamente a serviço do crescimento, da sustentabilidade e da mobilização permanente do Movimento. Ocorrem conciliações de classe, às vezes tão explicitamente como um prefeito conservador delegando autoridade sobre o sistema público de ensino para aplacar a militância do MST. O resultado é uma troca imediata: os militantes são forçados a dedicar sua energia à enorme tarefa de acompanhar dezenas de atividades cotidianas nas escolas, enquanto o prefeito mantém o poder político. Mesmo assim, o que os militantes do MST ganham não é apenas uma melhoria nas condições imediatas dos trabalhadores.[6] Para além disso, eles agora podem *praticar* a implementação de seus ideais socialistas com alunos e professores, e com recursos e infraestrutura significativos. Isso contribui diretamente para o objetivo de longo prazo do Movimento: transformar a sociedade por meio da prefiguração parcial, no contexto atual, das práticas e relações socialistas. Enquanto a luta institucional do PT melhorou as condições dos trabalhadores sem necessariamente construir as condições para o socialismo, a estratégia institucional do MST contribuiu diretamente para a formação e a educação de uma nova geração de militantes do Movimento.

---

[6] Przeworski (1986) afirma que os partidos políticos socialistas enfrentam uma escolha entre melhorar as condições imediatas dos trabalhadores ou investir numa estratégia de longo prazo para construir o socialismo.

Repensar a educação: escolas como um espaço poderoso para os movimentos exercerem sua influência

Além dessas percepções abrangentes sobre a estratégia do movimento social, este estudo também sugere que, entre as várias instituições do Estado que afetam a vida cotidiana das pessoas, é particularmente importante, para os movimentos sociais, influenciar a educação pública. Como o teórico marxista Althusser (1971) sugeriu há mais de quarenta anos, o sistema educacional é um dos mais importantes aparatos ideológicos do Estado na sociedade contemporânea, uma instituição que tem um papel crucial no cultivo dos valores sociais de meritocracia, competição e *expertise*, e que serve para integrar as pessoas na economia capitalista. Mesmo assim, o sucesso do MST na implementação, em escolas públicas, de práticas pedagógicas que promovem modos de produção alternativos demonstra que as escolas públicas não estão necessariamente destinadas a ser instituições de reprodução social. Embora Althusser (1971), Bowles e Gintis (1976), e Bourdieu e Passeron (1990) ofereçam um instrumento poderoso para análise da correspondência entre escolas e capitalismo, suas teorias não contêm uma linguagem para entender a resistência. Da mesma forma, a literatura sobre movimentos sociais não oferece instrumentos para analisar como os militantes podem usar as escolas como espaços para desenvolvimento de lideranças de base e mobilização.

Este estudo mostrou que as escolas, que monopolizam a maior parte do tempo útil da maioria dos jovens e de muitos adultos, são instituições importantes para que os movimentos comecem a prefigurar, no mundo atual, as práticas sociais que esperam construir no futuro. Embora a militância promova esses tipos de prática social, econômica e política em outros espaços do Movimento (como encontros ou cooperativas agrícolas), as escolas públicas são instituições únicas, pois reúnem pais e alunos que não se engajariam com o Movimento de outra forma. Se o MST não disputar a educação pública, os professores designados para essas escolas terão pouco conhecimento sobre o Movimento e é quase certeza que reproduzirão o viés urbano do sistema educacional brasileiro, encorajando os alunos a deixar o campo por empregos nas cidades. Os militantes podem se engajar em atividades não formais de conscientização, mas isso não vai funcionar se os jovens passarem o dia inteiro na escola, em contato com uma consciência completamente diferente. Por outro lado, se os militantes obtêm permissão para cogerir as escolas, podem então promover a ideia de que o campo é um lugar vibrante para os jovens. Com a orientação dos militantes do MST e os muitos programas de formação de professores, os educadores dessas escolas – antes desconectados do movimento – tornam-se intelectuais orgânicos gramscianos, promovendo o socialismo, a soberania alimentar e a gestão coletiva nas escolas.

Gênero, prestígio social e habilidades técnicas

Quais são os mecanismos exatos pelos quais a ocupação da educação pública (em vez de simplesmente investir em práticas educacionais informais ou não formais) contribui para a infraestrutura de um movimento social? Como argumentei ao longo do livro, e particularmente no Capítulo 2, os programas de educação formal do MST ajudaram a construir o Movimento ao integrar alunos e professores em coletivos regionais, oferecer aos militantes diplomas que inspiram prestígio social e permitir aos militantes prefigurar seus valores sociais e econômicos em cenários institucionais. Muitos dos jovens que se tornaram dedicados militantes do MST nas últimas duas décadas entraram nos primeiros programas educacionais do Movimento não como militantes, mas como membros de comunidades carentes sem outros acessos educacionais. Por meio dos programas de Ensino Médio e Ensino Superior do MST, esses estudantes aprenderam sobre os objetivos políticos, as iniciativas econômicas e a estrutura organizacional do Movimento. Esses jovens também estavam constantemente envolvidos em debates sobre a estratégia política do MST e foram solicitados a assumir tarefas de coordenação nos setores temáticos do Movimento. Para os participantes desses cursos que já eram ativos no MST, os programas de três ou quatro anos de duração eram oportunidades para colaborar e formular estratégias sobre o futuro do Movimento. Por meio desses programas, militantes que já estavam envolvidos com a organização em suas comunidades locais entraram em contato com outros militantes de todo o país, ajudando a construir relações de amizade e solidariedade.

O Setor de Educação também foi uma porta de entrada para mulheres e LGBTs. Embora o MST encoraje famílias inteiras, incluindo mulheres e crianças, a ocupar terra, nos acampamentos, tradicionalmente, são os homens heterossexuais que assumem a direção. Em meados dos anos 2000, o MST implementou um sistema nacional de cotas para garantir a representação igualitária de gêneros em todos os órgãos decisórios do movimento (Peschanski, 2007). Mesmo assim, o Setor de Educação do MST sempre teve uma maioria de mulheres e um número muito maior de LGBTs do que outros setores. Quando recebem tarefas para cumprir, como organizar uma creche ou negociar com os governos para construir uma escola, os militantes crescem em confiança nas suas habilidades como organizadores e dirigentes. Desse jeito, eles superam as relações de gênero desiguais que poderiam ter impedido sua participação em outros setores do Movimento e exigem participação em outros setores e direções do Movimento. Muitas mulheres com quem falei, que participavam da direção nacional ou do Setor de Produção Agrícola, começaram sua militância como educadoras nos acampamentos e assentamentos. Ao transformar aquilo que é sempre considerado como trabalho feminino numa parte central da luta do movimento, o MST ofereceu um caminho para maior participação de mulheres e LGBTs no Movimento; também levou esses militantes a se engajarem em novas esferas da luta social, como a igualdade de gêneros e a diversidade sexual.

Por último, o sistema de educação pública também é um meio de obtenção das muitas habilidades técnicas de que os movimentos sociais precisam para a cogestão. Dagnino (2001) argumenta que a acumulação de habilidades técnicas é uma das barreiras mais desafiadoras para a participação da sociedade civil no Estado. A liderança do MST percebeu isso no final dos anos 1980, quando se deram conta de que os militantes locais não tinham a formação adequada para ser professores em suas próprias escolas. No início dos anos 1990, o MST começou a promover programas de formação de professores para suprir essa necessidade técnica, experimentando, ao mesmo tempo, a proposta pedagógica do Movimento. Desde então, o Movimento tem promovido programas de formação no Ensino Médio e no Ensino Superior com cursos de Técnico em Cooperativismo, Saúde Pública, Assistência Social, Direito, Veterinária, Agronomia e muitas outras áreas. Em vez de confiar em especialistas alheios ao Movimento, o MST tem produzido seus próprios intelectuais orgânicos, que têm as habilidades técnicas para se integrarem em tarefas profissionais concretas. Embora o

MST também pudesse ter promovido essa formação técnica por meio de programas educacionais não formais, o próprio diploma profissional é uma ferramenta importante para a habilidade do Movimento para participar na gestão pública, aperfeiçoando o poder dos militantes para negociar com agentes da elite e engajar instituições do Estado. Dessa forma, os avanços do MST na esfera educacional constituem não apenas um objetivo, mas também um meio para avançar na sua longa marcha do Movimento através de dezenas de outras instituições do Estado.

Reforma da educação conduzida pelo movimento versus o movimento global da reforma da educação

Nos últimos trinta anos, o MST exerceu tremenda influência no sistema de educação pública no Brasil. No entanto, é importante enfatizar que ele é apenas um dos muitos movimentos sociais na América Latina que fizeram da educação uma demanda central. Por exemplo, no Brasil, "o foco no acesso à educação de qualidade foi uma das demandas mais consistentes de várias organizações do movimento negro ao longo do século XX" (Johnson e Heringer, 2015, p. 2). Durante os anos 1980, lideranças negras visitaram escolas para defender a inclusão da história afro-brasileira no currículo, produziram dezenas de documentos educacionais em apoio a essa inclusão e pressionaram o governo para aprovar políticas que tratassem da desigualdade racial nas escolas (Pereira, 2015). Ao tomar posse em 2003, a primeira lei que Lula aprovou tornava obrigatório o ensino da história afro-brasileira nas escolas públicas. Enquanto em 2002 só três universidades tinham políticas de ação afirmativa, por volta de 2011 já havia 115 instituições públicas de Ensino Superior que as tinham implementado e, em 2012, o governo federal tornou obrigatória a ação afirmativa em todas as universidades federais (Heringer, 2015, p. 120). Grupos indígenas brasileiros também lutaram pelo direito de gerir suas próprias escolas nos anos 1980 e 1990. Em 1996, o governo federal aprovou uma lei nacional que garantiu às comunidades indígenas o direito a uma educação diferenciada – uma concessão explícita a esse movimento (Mubarac-Sobrinho, Souza e Bettiol, 2017). As escolas nos territórios indígenas ainda são parte do sistema público de educação, mas as comunidades indicam seus próprios professores, que ensinam em sua própria língua e incorporam a história dessas nações ao currículo. No entanto, como no caso do MST, a implementação desses direitos educacionais indígenas varia muito por todo o país.

No contexto mais amplo da América Latina, talvez esteja no Equador o exemplo mais conhecido de cogestão conflituosa da educação pública por movimentos sociais. Em 1988, a Confederação de Nações Indígenas do Equador (Conaie) obteve o direito de gerir um novo programa de educação bilíngue intercultural para 13 nações indígenas – ou seja, lideranças indígenas coordenaram a formação de professores, criaram uma ortografia padrão para línguas nativas e supervisionaram a implementação regional do programa (Oviedo e Wildemeersch, 2008). Na Argentina, os trabalhadores que ocuparam fábricas no final dos anos 1990 estabeleceram escolas secundárias em muitas dessas fábricas, para si mesmos e para as comunidades locais. O governo reconheceu essas escolas como parte do sistema público de ensino; mas os líderes do movimento de ocupação das fábricas puderam estabelecer o currículo e a pedagogia dessas escolas para valorizar a cultura da classe trabalhadora (Jaramillo, McLaren e Lázaro, 2011). Em outras regiões da América Latina, os sindicatos de professores foram os principais protagonistas da demanda pelo direito de participação de professores e comunidades na gestão educacional. Um exemplo é a Coordenação Nacional de Trabalhadores da Educação (CNTE) no Sul do México, um grupo sindical dissidente do sindicato oficial de professores (Cook, 1996). Em 2010, no estado de Oaxaca, esses professores dissidentes conquistaram o direito de implementar seu próprio "Plano para a transformação da educação em Oaxaca", que incluía programas culturais centrados na comunidade, projetos de infraestrutura, formação de professores e um sistema alternativo de avaliações.[7] Também no México, escolas normais rurais promoveram uma formação educacional radical por décadas, por meio da influência de diferentes organizações políticas de esquerda. Este foi, sem dúvida, o motivo para o sequestro e assassinato de 43 estudantes da escola normal de Ayotzinapa em 2014, embora o caso continue oficialmente sem solução até a publicação deste livro.

Nos Estados Unidos, talvez numa escala menor, também há exemplos de comunidades de baixa renda pedindo e conseguindo controle sobre

---

[7] Documento do governo de Oaxaca: "Plan para la Transformación de la Educación de Oaxaca".

os serviços educacionais oferecidos. Por exemplo, militantes negras no Mississipi geriram uma rede de creches chamada Head Start,[8] que era parte dos programas Grande Sociedade de meados dos anos 1960 (Sanders, 2016). Alguns anos mais tarde, comunidades negras da cidade de Nova Yorque conquistaram brevemente o direito de controlar as práticas de contratação de professores e o currículo em suas escolas públicas (Perlstein, 2004). Na esfera do Ensino Superior, ainda nos anos 1960, militantes *chicanos*[9] e negros conseguiram reconfigurar a educação pública ao estabelecer programas de Estudos Negros e Estudos Étnicos (Fabio Rojas, 2007). Em Tucson, no estado do Arizona, militantes latinos conseguiram acesso aos programas de Estudos Étnicos no Ensino Médio, a despeito de inúmeros ataques de conservadores. Em Chicago, no final dos anos 1980, comunidades carentes insistiram na criação de conselhos de pais e professores nas escolas para terem mais voz na gestão educacional (Fung, 2001). Em outras regiões do país, grupos de organização comunitária, como a Fundação das Áreas Industriais (IAF, na sigla em inglês), a Associação de Organizações Comunitárias pela Reforma Agora (Acorn, na sigla em inglês) e o Centro de Direitos Humanos Ella Baker incorporaram campanhas educacionais como elementos centrais em suas lutas mais abrangentes por justiça social (Mediratta, Shah e McAlister, 2009; Shirley, 1997).

Assim, em toda a América, dos Estados Unidos à Argentina, movimentos populares se engajaram em ações conflituosas e também em negociação política para transformar seus sistemas educacionais e participar da gestão escolar. Em muitos casos, como o das escolas normais mexicanas, essas lutas resultaram em violência e morte, demonstrando a importância do que está em jogo nesses conflitos educacionais. Recentemente, vários pesquisadores têm escrito sobre o movimento global de reforma da educação (Mundy *et al.*, 2016; Sahlberg, 2016),[10] que reúne um conjunto diverso de

---

[8] "Head Start" foi um programa do Ministério da Saúde dos Estados Unidos, dirigido a famílias e crianças carentes, para oferecer serviços abrangentes de educação infantil, saúde, nutrição e envolvimento dos pais. Sanders (2016) descreve como militantes negras assumiram o programa e puderam usá-lo para apoiar a organização de seu movimento.

[9] Segunda e terceira geração de mexicanos imigrados nos EUA.

[10] Conhecido pela sigla em inglês Germ: Global Education Reform Movement.

agentes públicos e privados tentando melhorar a escolaridade por meio de concorrência crescente, escolha, privatização e um leque de mecanismos de responsabilização de professores, como pagamento por desemprenho, currículo roteirizado e testes padronizados com graves consequências. Os reformadores que participam desse movimento destacam a qualidade variável do ensino como a principal barreira para melhorar a aprendizagem dos alunos (Bruns e Luque, 2014). Os primeiros passos para melhorar a qualidade dos professores seriam o currículo padronizado, o alinhamento da formação de professores com esses padrões nacionais e a premiação (ou punição) de professores com base tanto em seu conhecimento do conteúdo como em sua habilidade para ajudar os alunos a apresentar esse conhecimento nos exames. Esses reformadores apontam os movimentos sociais de professores, particularmente de sindicatos, como as principais barreiras ao progresso educacional (Grindle, 2004; Moe e Wiborg, 2017).

Nesse novo mundo de padrões e responsabilização, não há lugar para visões alternativas de educação. O movimento global de reforma da educação tem sido particularmente influente no Brasil ao longo da última década, quando se formou uma rede de fundações corporativas que promovem a "responsabilização" (Avelar e Ball, 2019; Martins e Krawczyk, 2016; Tarlau e Moeller, 2019). Previsivelmente, foi em São Paulo, onde esse movimento é mais forte, que o MST teve menos sucesso na cogestão de escolas públicas. Durante o segundo Encontro Nacional de Educadoras e Educadores da Reforma Agrária (Enera), em 2015, o MST destacou a influência corporativa na educação como o desafio contemporâneo mais direto à sua proposta pedagógica. A crescente influência do movimento global de reforma da educação na América Latina sugere que os conflitos sobre quem tem o direito de definir a educação provavelmente se intensificarão nos próximos anos. Portanto, documentar as visões educacionais de movimentos sociais, as muitas inovações pedagógicas que eles criaram e a maneira como tentaram reorganizar e reinventar a escola é uma tarefa mais importante do que nunca.

Seguir em frente

Este livro rejeita a premissa de que o engajamento de movimentos sociais na esfera institucional necessariamente leva à desmobilização e ao declínio. Em vez disso, argumento que o envolvimento dos militantes na cogestão de instituições do Estado pode ajudar a aumentar a capacidade dos próprios militantes, a estrutura organizacional e a base de recursos em seus movimentos. Isso não significa que os movimentos sociais devem parar de organizar ações conflituosas; ao contrário, é pela combinação da estratégica ocupação de instituições do Estado com ações políticas de confronto que os movimentos podem atingir seus objetivos com eficácia ao longo de muitas décadas. Sem dúvida, o contexto político condiciona diretamente a habilidade dos movimentos para se engajar na cogestão conflituosa; no entanto, em quase todos os sistemas políticos democráticos, há múltiplos pontos de acesso pelos quais os militantes podem penetrar o Estado. Instituições educacionais constituem uma esfera particularmente estratégica para aumentar a influência dos movimentos sociais. Os fatores mais importantes para determinar a eficácia dessa estratégia são a manutenção de uma firme conexão entre os dirigentes e a base que eles afirmam representar, e uma clara visão do propósito e dos objetivos de longo prazo para a mudança institucional. Se todas essas peças estão alinhadas, então os movimentos sociais podem efetivamente ocupar diversas instituições do Estado e começar a prefigurar seus objetivos econômicos, políticos e sociais, sejam ele a soberania alimentar, a justiça racial, a igualdade de gênero ou o socialismo. É só por meio dessa práxis - implementar teorias na prática e permitir que as tensões, contradições, desafios e possibilidades desse processo informem e reformem as teorias - que podemos começar a construir o mundo em que esperamos viver no futuro.

ANEXOS

ANEXO A – MANIFESTO DAS EDUCADORAS E DOS EDUCADORES DA REFORMA AGRÁRIA AO POVO BRASILEIRO

No Brasil, chegamos a uma encruzilhada histórica. De um lado, está o projeto neoliberal, que destrói a Nação e aumenta a exclusão social. De outro, há a possibilidade de uma rebeldia organizada e da construção de um novo projeto. Como parte da classe trabalhadora de nosso país, precisamos tomar uma posição. Por essa razão, nos manifestamos.

1. Somos educadoras e educadores de crianças, jovens e adultos de acampamentos e assentamentos de todo o Brasil e colocamos nosso trabalho a serviço da luta pela reforma agrária e das transformações sociais.
2. Manifestamos nossa profunda indignação diante da miséria e das injustiças que estão destruindo nosso país e compartilhamos do sonho da construção de um novo projeto de desenvolvimento para o Brasil, um projeto do povo brasileiro.
3. Compreendemos que a educação, sozinha, não resolve os problemas do povo, mas é um elemento fundamental nos processos de transformação social.
4. Lutamos por justiça social! Na educação, isto significa garantir escola pública, gratuita e de qualidade para todos, desde a Educação Infantil até a Universidade.

5. Consideramos que acabar com o analfabetismo, além de um dever do Estado, é uma questão de honra. Por isso, nos comprometemos com esse trabalho.
6. Exigimos, como trabalhadoras e trabalhadores da educação, respeito, valorização profissional e condições dignas de trabalho e de formação. Queremos o direito de pensar e de participar das decisões sobre a política educacional.
7. Queremos uma escola que se deixe ocupar pelas questões do nosso tempo, que ajude no fortalecimento das lutas sociais e na solução dos problemas concretos de cada comunidade e do país.
8. Defendemos uma pedagogia que se preocupe com todas as dimensões da pessoa humana e que crie um ambiente educativo baseado na ação e na participação democrática, na dimensão educativa do trabalho, da cultura e da história de nosso povo.
9. Acreditamos numa escola que desperte os sonhos de nossa juventude, que cultive a solidariedade, a esperança, o desejo de aprender e ensinar sempre e de transformar o mundo.
10. Entendemos que, para participar da construção desta nova escola, nós, educadoras e educadores, precisamos constituir coletivos pedagógicos com clareza política, competência técnica, valores humanistas e socialistas.
11. Lutamos por escolas públicas em todos os acampamentos e assentamentos de reforma agrária do país e defendemos que a gestão pedagógica dessas escolas tenha a participação da comunidade Sem Terra e de sua organização.
12. Trabalhamos por uma identidade própria das escolas do meio rural, com um projeto político-pedagógico que fortaleça novas formas de desenvolvimento no campo, baseadas na justiça social, na cooperação agrícola, no respeito ao meio ambiente e na valorização da cultura camponesa.
13. Renovamos, diante de todos, nosso compromisso político e pedagógico com as causas do povo, em especial com a luta pela reforma agrária. Continuaremos mantendo viva a esperança e honrando nossa Pátria, nossos princípios, nosso sonho...

14. Conclamamos todas as pessoas e organizações que têm sonhos e projetos de mudança para que juntos possamos fazer uma nova educação em nosso país, a educação da nova sociedade que já começamos a construir.

MST

REFORMA AGRÁRIA: UMA LUTA DE TODOS

1º Encontro Nacional de Educadoras e Educadores da Reforma Agrária

Homenagem aos educadores Paulo Freire e Che Guevara
Brasília, 28 a 31 de julho de 1997.

ANEXO B – CURRÍCULO DO PROGRAMA PEDAGOGIA DA TERRA

Universidade de Ijuí (1998-2001)

				Carga Horária	
Disciplinas	**Núcleos**	**Créditos**	**Horas**	**Aulas**	**Atividades**
1° Semestre – 1°/1998					
Filosofia I	EB	04	60	40	20
Estudo de Problemas Brasileiros	EB	04	60	40	20
Sociologia	EB	03	45	30	15
Metodologia de Pesquisa I	EB	04	60	45	15
Iniciação às Ciências	EB	02	30	20	10
Biologia Aplicada	EB	04	60	45	15
Matemática	EB	05	75	60	15
Física	EB	02	30	20	10
Química	EB	02	30	20	10
Iniciação aos Estudos Sociais	EB	05	75	60	15
2° Semestre – 2°/1998					
Economia Política	EB	04	60	40	20
Língua Portuguesa	EB	06	90	50	40
Metodologia de Pesquisa II	EB	04	60	40	20
Filosofia II	EB	04	60	40	20
Cartografia	ES	04	60	30	30
Sociedade Contemporânea I	ES	04	60	40	20
Sociedade Contemporânea II	ES	04	60	40	20
Filosofia da Educação	EP	04	60	40	20
Sociologia e Educação	EP	04	60	40	20
Módulo I: Ciências	EC	14	210	110	100
Matemática I	EM	04	60	45	15
Desenho Geométrico	EM	04	60	45	15
Cultura Brasileira	LP	05	75	45	30
Literatura e Produção Textual I	LP	07	105	75	30

3º Semestre – 1º/1998					
Sociedade Contemporânea III	ES	04	60	45	15
Sociedade Contemporânea IV	ES	04	60	45	15
Sociedade Contemporânea V	LP	04	60	45	15
Leitura e Produção Textual II	LP	06	90	75	15
Abordagem do Texto Literário	LP	06	90	60	30
História da Educação	EP	04	60	45	15
Estrutura e Funcionamento da Educação Básica	EP	04	60	45	15
Planejamento da Educação	EP	04	60	30	30
Práticas de Ensino I	EP	03	45	15	30
Metodologia de Pesquisa III	EB	04	60	45	15
Física Básica I	EC	04	60	45	15
Química Básica I	EC	04	60	45	15
Biologia Básica I	EC	04	60	45	15
Geometria	EM	04	60	45	15
Funções I	EM	06	90	60	30
Trigonometria	EM	03	45	30	15
4º Semestre – 2º/1999					
Introdução aos Estudos Históricos	ES	04	60	45	15
Introdução aos Estudos Geográficos	ES	04	60	45	15
Revisão da História da Literatura e da História do Brasil	LP	05	75	60	15
Estudos Linguísticos I	LP	07	105	75	30
Psicologia do Desenvolvimento	EP	04	60	45	15
Antropologia	EP	03	45	30	15
Movimento e Aprendizagem	EP	03	45	30	15
Práticas de Ensino II	EP	03	45	15	30
Metodologia da Pesquisa IV	EB	03	45	15	30
Módulo II: Ciências	EC	13	195	135	60
Funções II	EM	04	60	45	15
Métodos da Pesquisa em Educação Matemática I	EM	04	60	45	15
Geometria Analítica	EM	04	60	45	15
Matemática Computacional I	EM	03	45	45	--
5º Semestre – 5º/2000					
Metodologia da Pesquisa em História e Geografia I	ES	04	60	45	15
Metodologia da Pesquisa em História e Geografia II	ES	04	60	45	15
Metodologia do Ensino	ES	06	90	60	30
Estudo Linguísticos II	LP	07	105	75	30

Literatura Infanto-Juvenil	LP	05	75	45	30
Metodologia do Ensino da Língua Portuguesa e da Literatura	LP	04	60	30	30
Metodologia da Pesquisa V	EB	03	45	15	30
Psicologia da Aprendizagem	EP	04	60	45	15
Práticas de Ensino III	EP	03	45	15	30
Didática	EP	04	60	45	15
Fundamentos Metodológicos do Ensino nas Séries Iniciais	EP	04	60	45	15
Biologia Básica II	EC	04	60	45	15
Química Básica II	EC	04	60	45	15
Geometria Espacial	EM	04	60	45	15
Introdução ao Cálculo	EM	04	60	45	15
Métodos da Pesquisa em Educação Matemática II	EM	04	60	45	15
Estatística	EB	04	60	45	15
6º Semestre – 2º/2000					
Ensino de Arte	EB	04	60	45	15
Sociedade e População	ES	05	75	45	30
Sociedade e Natureza	ES	06	90	60	30
Sociedade e Cultura	ES	05	75	45	30
Estudos Linguísticos III	LP	06	90	60	30
Práticas de Leitura e Estudos de Textos	LP	06	90	60	30
Princípios e Métodos de Organização Educacional	EP	04	60	45	15
Processo de Alfabetização	EP	04	60	45	15
Práticas de Ensino IV	EP	03	45	15	30
Metodologia de Pesquisa em Educação	EP	03	45	15	30
Métodos de Pesquisa em Educação Matemática III	EP	04	60	30	30
Álgebra Linear	EM	05	75	50	25
Matemática Comercial e Financeira	EM	04	60	30	30
Matemática Computacional II	EM	03	45	45	--
Módulo III: Ciências	EC	13	195	135	60
7º Semestre – 1º/2001					
Prática de Ensino sob forma de Estágio Supervisionado em História e Geografia	ES	05	75	30	45

Prática de Ensino sob forma de Estágio Supervisionado em Matemática	EM	04	60	30	30
Prática de Ensino sob forma de Estágio Supervisionado em Ciências	EC	04	60	30	30
Prática de Ensino sob forma de Estágio Supervisionado em Língua Portuguesa	LP	04	60	30	30
Prática de Ensino sob forma de Estágio Supervisionado em Séries Iniciais	EP	04	60	30	30
Princípios e Métodos de Supervisão e de Administração Escolar	EP	04	60	45	15
Monografia	EP	04	60	15	45

Carga horária total, por núcleo curricular e área de opção

ÁREA	NÚCLEOS DE						TOTAL	
	Estudos Básicos		Estudos Pedagógicos		Estudos Específicos			
	Carga Horária	Créditos	Carga Horária	Créditos	Carga Horária	Créditos	Carga Horária	Créditos
Ciências	1065	71	1140	76	1020	68	3225	215
Matemática	1065	71	1140	76	1020	68	3225	215
Estudos Sociais	1065	71	1140	76	1020	68	3225	215
Língua Portuguesa	1065	71	1140	76	1020	68	3225	215

Observação: os Núcleos de Estudos Básicos (EB) e de Estudos Pedagógicos (EP) são comuns a todos os alunos. Os Núcleos de Estudos Específicos dependem da opção individual dos alunos: Estudos Sociais (ES), Língua Portuguesa (LP), Estudos de Ciências (EC) e Estudos de Matemática (EM).

ANEXO C – CURRÍCULO DO CURSO ESPECIAL DE LICENCIATURA E BACHARELADO EM GEOGRAFIA

Convênio Unesp/FCT- INCRA (2007-2011)

	Componente curricular		Créditos	Tempo escola		Tempo comunidade	Carga horária
				Teórico	Prático	Prático	
Ano 1 2007	1ª ETAPA	Pensamento Geográfico	4	40h	12h	08h	60
		Geografia do Brasil	4	40h	12h	08h	60
		Geografia Humana	4	50h	2h	08h	60
		Iniciação a Pesquisa em Geografia	4	40h	12h	08h	60
		Estatística Aplicada à Geografia	4	40h	12h	08h	60
	2ª ETAPA	História contemporânea	4	40h	12h	08h	60
		Sociologia	4	40h	12h	08h	60
		Economia	4	40h	12h	08h	60
		Geografia Física	4	40h	12h	08h	60
		História da Educação e Educação do Campo	4	40h	12h	08h	60
		Total	***40***	***410h***	***110h***	***80h***	***600h***

	Componente curricular		Créditos	Tempo escola		Tempo comunidade	Carga horária
				Teórico	Prático	Prático	
Ano 2 2008	3ª ETAPA	Climatologia	4	40h	12h	08h	60
		Cartografia	4	40h	12h	08h	60
		Geocartografia	4	40h	12h	08h	60
		Estrutura e funcionamento do Ensino Fundamental e Médio	4	40h	12h	08h	60
		Estágio supervisionado de Prática de Ensino de Geografia I	4	40h	0	20h	60
		Trabalho de campo: Dinâmica Territorial	5	75h	0	0	75
		Metodologia em Geografia	4	40h	12h	08h	60
	4ª ETAPA	Geografia Econômica	4	40h	12h	08h	60
		Região e Regionalização	4	40h	12h	08h	60
		Psicologia da Educação	4	40h	12h	08h	60
		Estágio supervisionado de Prática de Ensino de Geografia II	4	40h	0	20h	60
		Total	***45***	***475h***	***96h***	***104h***	***675h***

	Componente curricular		Créditos	Tempo escola		Tempo comunidade	Carga horária
				Teórico	Prático	Prático	
Ano 3 2009	5ª ETAPA	Geomorfologia	4	40h	12h	08h	60
		Geologia	4	40h	12h	08h	60
		Geografia Urbana	4	40h	12h	08h	60
		Pesquisa em Geografia	4	40h	12h	08h	60
		Estágio Supervisionado de Prática de Ensino de Geografia III	7	50h	0	55h	105
		Projeto de Integração Disciplinar I	6	72h	0	18h	90
		Desenvolvimento Territorial Rural e alternativas produtivas para o campo brasileiro	4	60h	18h	12h	90
	6ª ETAPA	Geopolítica do Espaço Mundial	4	40h	12h	08h	60
		Geografia rural	4	40h	12h	08h	60
		Antropologia Cultural	4	40h	12h	08h	60
		Didática	4	60h	0	0	60
		Total	***51***	***522h***	***102h***	***141h***	***765h***

Ano	Etapa	Componente curricular	Créditos	Tempo escola		Tempo comunidade	Carga horária
				Teórico	**Prático**	**Prático**	
Ano 4 2010	7ª ETAPA	Recursos Naturais	4	40h	12h	08h	60
		Geoprocessamento	4	40h	12h	08h	60
		Geografia Regional do Brasil	4	40h	12h	08h	60
		Geografia dos Movimentos Sociais	4	40h	12h	08h	60
		Projeto de Integração Disciplinar II	6	72h	0	18h	90
		Estágio Supervisionado de Prática de Ensino de Geografia IV	12	40h	0	140h	180
	8ª ETAPA	Biogeografia	4	40h	12h	08h	60
		Planejamento Territorial	4	40h	12h	08h	60
		Políticas Públicas e Direito Agrário	4	40h	12h	08h	60
		Trabalho de Campo: a relação cidade-campo e a processualidade sociocultural	5	75h	0	0	75
		Total	**51**	**467h**	**84h**	**214h**	**765h**

Ano	Etapa	Componente curricular	Créditos	Tempo escola		Tempo comunidade	Carga Horária
				Teórico	**Prático**	**Prático**	
Ano 5 2011	9ª ETAPA	Climatologia Aplicada*	4	40h	12h	08h	60
		Geomorfologia Aplicada*	4	40h	12h	08h	60
		Fotogrametria e Sensoriamento Remoto	4	40h	12h	08h	60
		Análise de paisagem	4	40h	12h	08h	60
		Gestão de recursos naturais e estudos de impactos ambientais	4	40h	12h	08h	60
		Novas Abordagens da Geografia	4	40h	12h	08h	60
	10ª ETAPA	Espaços Urbanos*	4	40h	12h	08h	60
		Espaços Rurais*	4	40h	12h	08h	60
		Estágio supervisionado e trabalho de graduação	12	40h	0	140h	180h
		Planejamento regional	4	40h	12h	08h	60
		Total	***40***	***320h***	***84h***	***196h***	***600h***

Componente curricular	Créditos	Tempo escola	Tempo comunidade	Carga horária
Atividades complementares	13	200h		200h
TOTAL	***240***	***2870h***	***735h***	***3605h***

**Regime de disciplinas especiais: o aluno deve escolher duas disciplinas.*

ANEXO D – CARTA DO IV SEMINÁRIO NACIONAL "COMPROMISSOS PELA CONSOLIDAÇÃO DO PRONERA"

Os 667 participantes do IV Seminário Nacional do Programa Nacional de Educação na Reforma Agrária – Pronera, presidente da Andifes, reitores, parlamentares, professores, coordenadores, assentados, estudantes e representantes dos movimentos sociais, sindicais e de organizações não governamentais, asseguradores, servidores do Incra e de diversos órgãos, parceiros dos 87 projetos de educação e representantes das mais de 15 mil pessoas envolvidas diretamente na execução dos mesmos, reunidos no Auditório Nereu Ramos, na Câmara dos Deputados, em Brasília, nos dias 3, 4 e 5 de novembro de 2010, no contexto da eleição da primeira mulher presidente do Brasil, se manifestam.

O Pronera

A luta por uma Educação do Campo liderada pelos movimentos sociais e sindicais consolidou, nesses doze anos, o Pronera em âmbito nacional, como um dos mais importantes programas de promoção da justiça social no campo da educação, vinculado à Reforma Agrária.

Graças à sua dinâmica participativa, mobilizadora e inovadora, logrou inserir no processo de alfabetização, escolarização, graduação e pós-graduação, mais de 400 mil pessoas, jovens e adultos residentes nos projetos de assentamento da Reforma Agrária de todos os estados da federação.

Um programa de Educação do Campo que mobilizou centenas de professores e professoras das universidades públicas federais e estaduais, escolas agrotécnicas, institutos federais, escolas família-agrícola e institutos educacionais em convênios e termos de cooperação, por meio dos quais se garantiu o direito à educação nos diferentes níveis de escolarização, possibilitando aos trabalhadores e trabalhadoras rurais residentes nos assentamentos o acesso assegurado ao estudo, material didático, transporte, hospedagem e alimentação durante todo o seu período de formação.

Uma política pública que abriu as portas das instituições para o acesso à alfabetização e escolarização básica, assim como a cursos de nível superior e pós-graduação pouco disponíveis aos trabalhadores, tais como as licenciaturas e bacharelados em diferentes áreas do conhecimento, além de cursos de formação profissional de nível médio nas diferentes áreas do conhecimento técnico necessários à formação humana, ao trabalho, ao desenvolvimento econômico, socioambiental, cultural e político das famílias assentadas e à autonomia dos assentamentos.

O Pronera, no contexto da expansão das políticas públicas de Educação do Campo – interiorização das universidades e Institutos Federais, entre outras – tornou realidade o sonho de milhares de famílias que vivem no campo, de terem melhores escolas e melhor estudo para seus filhos. Com uma diferença fundamental: o regime de alternância dos tempos de estudos e experiências com currículos pautados na realidade, cultura e luta dos povos do campo. Estes asseguraram uma formação educativa para os jovens e adultos sem o abandono da vida no campo, fortalecendo assim a Reforma Agrária.

Além dos jovens, adultos e das famílias assentadas, outros jovens se beneficiaram do Programa, como estudantes universitários de diferentes cursos regulares, estagiários, monitores e bolsistas que tiveram a oportunidade de interagir junto a esses sujeitos, quando lhes foi possibilitado conhecer os assentamentos, trabalhar neles e ressignificar perspectivas profissionais em suas áreas de atuação.

Novas temáticas de pesquisa abriram-se na academia em razão da inserção da universidade no campo; da presença dos jovens assentados no ambiente acadêmico, dos projetos desenvolvidos pelos estudantes do Pronera e, especialmente, pela necessidade dos estudos, pela disciplina intelectual e a demanda por continuidade na formação elevou o ingresso desses sujeitos nos cursos de pós-graduação *lato* e *stricto sensu*.

Os projetos do Pronera redimensionaram também a extensão universitária, estimulando a pesquisa nos projetos de extensão, enriquecendo a formação acadêmica dos estudantes universitários e ampliando a esfera de ensino, com a criação de componentes curriculares e de novas instâncias universitárias. Isso contribuiu sobremaneira para a formação continuada dos docentes universitários através da reflexão da prática e sobre a prática, gerando um processo de construção de novos conhecimentos nas diferentes áreas.

Na produção e difusão do conhecimento, o Pronera estimulou a criação de grupos de estudos e pesquisas, observatórios de educação do campo; eventos e publicações de natureza científica que tem posto na agenda das instituições de ensino superior as temáticas da questão agrária, da educação do campo, do papel do Estado e da sociedade no desenvolvimento econômico, socioambiental e político.

Este patrimônio construído a várias mãos e pés na terra e na academia favoreceu importante parceria com o Conselho Nacional de Pesquisa, o CNPq, na oferta de bolsas de pesquisa e fomento tecnológico aos estudantes e professores dos cursos de nível médio, superior e pós-graduação no âmbito do Pronera, conquista que tem assegurado melhor qualidade no planejamento, execução e acompanhamento dos estudos e, consequentemente, melhor qualidade ao próprio Programa.

Tudo isso tornou-se possível em razão do compromisso dos movimentos sociais e sindicais do campo, organizações representativas dos trabalhadores rurais, em, por meio dos processos educativos e de escolarização, elevar o nível de escolarização da população rural como condição para transformações mais profundas da vida no campo. Também teve como fator determinante a participação incisiva de professores e professoras comprometidos com a causa da educação do povo trabalhador do campo, nos marcos da educação emancipatória.

1. Considerações

As conquistas elencadas não se fizeram com facilidade. Um programa assim executado, com tal dimensão e dinâmica, com valor social amplamente reconhecido, tem se confrontado com os limites institucionais postos pelo capital sobre as reivindicações e os direitos sociais dos povos do campo.

O principal limite se refere à sua institucionalização como política pública do Estado brasileiro, com o reconhecimento legal necessário à sua autonomia de gestão (planejamento e execução) no atendimento às demandas. Refere-se, neste particular, às proibições de pagamento de bolsas aos professores, técnicos e coordenadores, servidores públicos, que atuam nos projetos executados pelo Programa, assim como aos estudantes atendidos, o que impõe a necessidade de o Congresso Nacional aprovar Lei específica que autorize ao Incra a plena gestão do Programa, definindo desde o planejamento, execução, avaliação, bem como as relações interparceiros, assegurando-lhe condições de trabalho.

Outro limite se refere à determinação, pelo Tribunal de Contas da União, por meio do Acórdão 2.653/08, de que o Incra, em vez de estabelecer convênios com as instituições de ensino para a execução dos projetos, o faça por meio de contrato, precedido de procedimento licitatório. Tal determinação atenta contra a legislação vigente, uma vez que esta normatiza o convênio como um instrumento adequado entre entes jurídicos para a parceria na execução de políticas públicas, desde que haja mútuo interesse e cooperação, estabelecendo essa prerrogativa, ao gestor público, pela melhor forma de fazê-lo.

O referido Acórdão ainda determinou a exclusão dos instrumentos de parceria à ação participativa dos movimentos sociais no processo de planejamento, execução e avaliação do Programa. Tal determinação atenta contra princípios constitucionais, notadamente em relação à autonomia universitária e contra a própria Lei de Diretrizes e Bases da Educação Nacional, que no seu art.1º, institui os movimentos sociais como educadores, junto com a família, os processos de trabalho, a sociedade, entre outros.

Tais limites têm provocado um grave estancamento à abertura de novos cursos, seja na modalidade de Educação de Jovens e Adultos – Alfabetização, e escolarização básica, média e de educação superior. Há, atualmente, mais de 50 projetos aprovados aguardando as mudanças desse contexto, especialmente os projetos a serem executados em parceria com universidades federais, estaduais, Escolas Família Agrícola, institutos de educação, secretarias estaduais e municipais de educação, que assegurariam escolas para 5 (cinco) mil pessoas e em muito contribuiriam para elevar o nível geral de escolaridade do povo brasileiro que vive no campo.

2. Proposições

1. Revisão imediata do Acórdão 2.653/08, tornando possível ao Incra realizar convênio com instituições de ensino, bem como reconhecer a participação efetiva dos movimentos sociais do campo;
2. Aprovação, pelo Congresso Nacional, de lei específica autorizando o pagamento de bolsas de estudo para os estudantes, professores e servidores públicos que atuam no Pronera;
3. Regulamentação do Decreto de instituição do Pronera no MDA/Incra como política de Educação do Campo, com ampliação do orçamento para atender às demandas;
4. Cooperação para a construção de escolas de Educação Básica nos assentamentos, por meio de projetos arquitetônicos próprios e a promoção de melhoria das escolas existentes, em parceria interministerial com o MEC, secretarias estaduais e municipais de educação, impedindo o fechamento de escolas no meio rural e fazendo cumprir o direito à educação;
5. Ampliação da participação de universidades, dos Institutos Federais, dos Ceffas e das escolas de educação técnica de nível médio;
6. Expansão da oferta de cursos nos diferentes níveis e modalidades de ensino;
7. Ampliação da relação do Pronera com outros Programas de concepção similar de desenvolvimento dos assentamentos, como o Pronater e o Terrasol, desenvolvidos pelo MDA/Incra, assim como com outros Programas governamentais e outros ministérios, especialmente MEC, MCT (CNPq), MDS, MinC, MTE, MMA e MS;
8. Promoção do intercâmbio com outros programas de educação dos camponeses no âmbito internacional, especialmente América Latina, África e Ásia;

9. Ampliação da produção de materiais pedagógicos elaborados coletivamente, como meio de reflexão, registro e sistematização das experiências;
10. Aprofundamento das pesquisas acadêmicas e científicas sobre a Educação do Campo e estímulo à formação de pesquisadores camponeses;
11. Fortalecimento e ampliação das parcerias com o CNPq, MCT, Capes e Fundações de fomento à pesquisa e apoio técnico aos projetos do Pronera;
12. Estímulo à institucionalização dos cursos e à criação de centros e faculdades dedicados à questão agrária e a Educação do Campo;
13. Instituição de mecanismos à inserção de egressos de cursos de formação profissional médio e de nível superior, em áreas de Reforma Agrária ou em ações vinculadas ao desenvolvimento dos assentamentos;
14. Criação de um sítio do Pronera na internet, com banco de dados e divulgação de toda a produção técnico-científica do Pronera;
15. Publicação de normativa do Incra que regulamente, para os assentados, o direito de realizar sua formação profissional e exercer sua profissão no âmbito da Reforma Agrária e Agricultura Familiar, sem perder a condição de assentado;
16. Criação de espaços de formação continuada para professores, educadores, bolsistas e técnicos que atuam nos cursos do Pronera.

Brasília, DF, 5 de novembro de 2010.

ANEXO E – II ENERA: MANIFESTO DAS EDUCADORAS E EDUCADORES DA REFORMA AGRÁRIA

Somos educadoras e educadores de crianças, jovens, adultos e idosos de acampamentos e assentamentos de reforma agrária de todo o Brasil. Vinculamos nosso trabalho ao MST, uma organização de trabalhadores camponeses que há trinta e um anos luta pela terra, pela reforma agrária e por transformações na sociedade brasileira. Em fevereiro de 2014, o MST realizou seu VI Congresso Nacional, reafirmando seus compromissos históricos: a reforma agrária popular continua a luta pela democratização da terra, a partir de um debate com a sociedade sobre o projeto de agricultura que defendemos para nosso país e para o mundo.

Desde o início de nossa organização, incluímos como prioridade a luta pela universalização do direito à escola pública de qualidade social, da educação infantil à universidade, entendendo que o acesso e permanência é fundamental para inserir toda nossa base social na construção de um novo projeto de campo e nas lutas pelas transformações socialistas. Temos buscado construir coletivamente um conjunto de práticas educativas na direção de um projeto social emancipatório, protagonizado pelos trabalhadores.

Como participantes do II Encontro Nacional de Educadoras e Educadores da Reforma Agrária, nos associamos a outras organizações de trabalhadores na seguinte análise da realidade atual:

1. Vivemos numa sociedade capitalista cada vez mais desigual, que produz riquezas para poucos e miséria para muitos. O capitalismo mundial é agora comandado pelo capital financeiro e pelas grandes empresas privadas transnacionais, que dominam e controlam a produção e circulação das mercadorias em todos os países. Neste contexto, tudo vira negócio: a produção de alimentos, a saúde, a educação, o lazer, e cada vez mais o espaço público é subordinado aos interesses das classes detentoras do capital, colocando em perigo a vida humana e a natureza.
2. Como o objetivo principal é o lucro das empresas, as condições de vida dos trabalhadores e trabalhadoras e os direitos sociais duramente conquistados, estão sempre em perigo. No Brasil, estamos perdendo algumas conquistas dos últimos anos e se agravam problemas como transporte público, moradia, empregos e o acesso à saúde e à educação pública em todos os níveis e modalidades.
3. Este modelo econômico é o mesmo que organiza e controla a produção como um negócio capitalista, o agronegócio, e sua apropriação privada dos recursos naturais, água, minerais e biodiversidade. Essa lógica de agricultura está baseada em monoculturas que permitem produção em larga escala, mas destroem a biodiversidade e precisam cada vez mais de insumos artificiais que desequilibram os processos de reprodução da vida na natureza. O avanço do agronegócio é amparado por leis e mantido por financiamentos públicos que garantem sua expansão, expropriando a terra e os territórios de camponeses, indígenas, quilombolas... No Brasil, a ausência de uma política de reforma agrária é um dos indicativos da aposta equivocada dos governos no modelo do agronegócio, que esconde suas graves contradições, já discutidas em todo o mundo.
4. É possível desenvolver a agricultura de outra forma, tendo por objetivo principal a produção de alimentos saudáveis para o conjunto da população, e já existem muitas práticas buscando uma produção que respeite a saúde humana e a natureza. Mas

o desenvolvimento dessa agricultura em larga escala requer novas pesquisas, produção de ciência e políticas que estimulem a recuperação dos caminhos já percorridos pelos camponeses e pelas camponesas em sua resistência ao longo da história da humanidade. Mas não tem sido essa a opção dos que decidem o uso dos recursos públicos.

5. É essa mesma lógica perversa de colocar tudo a serviço da reprodução do capital, que coloca a educação na mira dos empresários. Além do histórico objetivo de garantir a formação dos trabalhadores e trabalhadoras a serviço do lucro das empresas, agora fazem da educação um ramo de seus negócios e buscam assumir o controle político e pedagógico das escolas.
6. Grandes grupos empresariais intervêm cada vez mais na política educacional, por meio de propostas que têm sido assumidas pelos governos com o falso objetivo de melhorar a qualidade das escolas públicas. Na prática, essas propostas representam um processo acelerado de mercantilização da educação em todos os níveis. Primeiro, buscam demonstrar que a escola pública está em crise, que educandos e educandas não aprendem, professores e professoras não sabem ensinar e o sistema educacional não funciona. Depois, apresentam como alternativa que as escolas passem a funcionar de acordo com a lógica de trabalho e de gestão das empresas capitalistas. Isso significa o estabelecimento de metas a serem atingidas, controle externo do processo pedagógico, perda de autonomia do trabalho dos educadores e das educadoras, responsabilização individual pela aprendizagem dos educandos e educandas sob qualquer condição e currículos determinados em função da avaliação em larga escala. Defendem que, para maior eficiência do modelo, as próprias empresas assumam a gestão das escolas, recebendo recursos públicos para esta tarefa. No Brasil, esses grandes grupos empresariais se organizam no "Movimento Todos pela Educação".
7. Do lado dos trabalhadores e das trabalhadoras há muitas organizações, educadores e educadoras, educandos e educandas

e comunidades que, desde seus locais de trabalho, buscam pensar e fazer mudanças necessárias na escola pública, mas com outros objetivos. É preciso, sim, transformar a escola para voltar seu trabalho educativo ao desenvolvimento mais pleno de todas as pessoas, visando uma formação humana emancipatória de longo prazo. Há ricas práticas educativas sendo desenvolvidas nessa direção.

8. Mas esses projetos estão em condições desiguais de disputa, porque cada vez mais o Estado assume o lado das reformas empresariais da educação, da mesma forma que na agricultura assume o lado do agronegócio. Por isso, as escolas públicas estão hoje em grave risco. Elas estão cada vez menos públicas, menos democráticas, menos inclusivas e mais instrumentais. E os trabalhadores e as trabalhadoras cada vez menos autônomos para desenvolver suas práticas educativas.
9. No Brasil, o direito à educação de trabalhadores e trabalhadoras ainda não foi resolvido. O projeto escravocrata, latifundista e agroexportador do país explica por que sequer chegamos à universalização da educação básica e porque existem 14 milhões de jovens e adultos ainda não alfabetizados. Esse projeto é responsável pela desigualdade histórica no atendimento dos direitos de trabalhadores e trabalhadoras do campo.
10. Mesmo com todas as lutas dos sujeitos coletivos do campo, ainda se tem 20,8% de analfabetos e a população camponesa tem, em média, 4,4 anos de estudo. Aí está o maior contingente de crianças fora da escola, os menores índices de atendimento à educação infantil, a maior precariedade física das escolas, as piores condições profissionais de trabalho dos docentes, os contratos de trabalho mais precários, o maior número de educadores e educadoras que atuam sem formação inicial.
11. A agricultura capitalista, que expulsa as famílias do seu território, somada à lógica privatista das políticas educacionais, tem acelerado o fechamento de escolas públicas no campo e dificultado a construção de escolas que atendam às diferentes etapas da educação básica, negando às populações o direito

de estudar no lugar onde vivem e trabalham. Entre os anos de 2003 e 2014, foram fechadas mais de 37 mil escolas no campo. A política do transporte escolar afasta as crianças das escolas, seja pelo tempo gasto em péssimas estradas seja pelos meios de transporte precários.

12. As reformas empresariais em curso fazem com que as escolas que ainda resistem no campo sofram uma investida cada vez mais forte das empresas do agronegócio, através de cartilhas e projetos pedagógicos que fazem propaganda de seu projeto e dos interesses de classe que representam, além de ser parte da investida de privatização disfarçada da escola pública.

Diante desta realidade e buscando honrar a história de que somos parte, manifestamos nossos COMPROMISSOS de LUTA e CONSTRUÇÃO:

1. Seguir lutando por uma sociedade justa, democrática e igualitária, sem exploração do trabalho e da natureza, com reforma agrária, com um projeto popular de agricultura e com saúde, cultura e educação de qualidade social para o conjunto dos trabalhadores e das trabalhadoras.
2. Lutar contra qualquer tipo de reforma neoliberal que reduza os direitos dos trabalhadores e das trabalhadoras e comprometa a democracia e a soberania do nosso país.
3. Combater o modelo do agronegócio que representa doenças, morte e destruição da natureza e dos povos do campo, das florestas e das águas, especialmente dos povos indígenas e quilombolas. E resistir à ofensiva das empresas do agronegócio nas escolas do campo, que tenta subordinar educadores e educadoras, educandos e educandas à sua lógica destrutiva, com falsos discursos inovadores.
4. Construir a reforma agrária popular, com distribuição de terras a quem nela vive e trabalha e com avanço da agricultura camponesa que tem como principal objetivo a produção de alimentos saudáveis e ambientalmente sustentáveis para o conjunto da sociedade.

5. Trabalhar pela agroecologia como matriz tecnológica, produção de conhecimento e desenvolvimento de uma agricultura a partir dos princípios da agrobiodiversidade e da soberania alimentar dos territórios.
6. Combater a privatização da educação pública em todas as suas formas, seguir na defesa de uma educação pública desde a educação infantil até a universidade e atuar contra as reformas empresariais, defendidas no Brasil pelo Movimento Todos pela Educação, que buscam subordinar as escolas às exigências do mercado, reduzem as dimensões formativas, roubam o tempo da aprendizagem, instalam uma competição doentia e ampliam a exclusão.
7. Defender a destinação de verba pública exclusivamente para a educação pública.
8. Combater a indústria cultural capitalista que produz um modo de vida consumista e individualista.
9. Seguir denunciando que FECHAR ESCOLA É CRIME! E lutar contra a desigualdade educacional em nosso país e pela construção de mais escolas públicas no campo, com infraestrutura adequada, de acordo com a realidade do campo.
10. Trabalhar pela alfabetização e políticas públicas de EJA e exigir políticas que garantam o direito à elevação da escolaridade de todo povo brasileiro.
11. Defender para todos os trabalhadores e as trabalhadoras do campo e da cidade uma educação emancipatória que vise ao desenvolvimento do ser humano em todas as dimensões da vida, que alargue a visão de mundo das novas gerações e permita vivenciar relações sociais baseadas em valores como a justiça, a solidariedade, o trabalho coletivo e o internacionalismo.
12. Seguir na construção de uma escola ligada à vida das pessoas, que tome o trabalho socialmente produtivo, a luta social, a organização coletiva, a cultura e a história como matrizes organizadoras do ambiente educativo da escola, com participação da comunidade e auto-organização de educandos e educandas, e de educadores e educadoras.

13. Lutar contra todo tipo de violência e preconceitos étnicos e raciais, LGBTfóbicos e de gênero.
14. Participar das lutas dos trabalhadores e das trabalhadoras da educação por condições dignas de trabalho, valorização profissional e formação adequada.
15. Seguir trabalhando pela Pedagogia do Movimento e pela Educação do Campo, na construção da Pedagogia Socialista para o conjunto dos trabalhadores e das trabalhadoras.

Prestamos nossa homenagem a Florestan Fernandes, uma grande liderança da luta pelo direito à educação e pela escola pública no Brasil, que colocou seu trabalho a serviço das causas do povo. Que seu legado siga inspirando nossa organização: não se deixar cooptar, não se deixar esmagar. Lutar sempre!

Conclamamos nossos e nossas camaradas de luta e de projeto para juntos transformarmos as graves contradições deste momento histórico em lutas coletivas na direção das transformações necessárias para construção da futura república socialista do trabalho.

Lutar, Construir Reforma Agrária Popular!
Luziânia, GO, 21 a 25 de setembro de 2015.

REFERÊNCIAS

ABERS, Rebecca. *Inventing local democracy: Grassroots politics in Brazil.* Boulder, CO: Lynne Rienner, 2000.

ABERS, Rebecca; KECK, Margaret. "Mobilizing the State: The erratic partner in Brazil's Participatory Water Policy." *Politics & Society*, v. 37, n. 2, p. 289-314, 2009.

ABERS, Rebecca; KECK, Margaret. *Autoridade prática: ação criativa e mudança institucional na política das águas do Brasil.* Rio de Janeiro: Editora Fiocruz, 2017.

ABREU, Alzira Alves *et al. Dicionário Histórico Biográfico Brasileiro, pós-30.* Rio de Janeiro: Editora FGV, 2001. Disponível em: http://www.fgv.br/cpdoc/acervo/dicionarios/verbete-biografico/ferrari-fernando. Acesso em: 2 fev. 2023.

ADAMSON, Walter L. "Beyond 'reform or revolution': Notes on political education in Gramsci, Habermas and Arendt." *Theory and Society*, v. 6, n. 3, p. 429-460, 1978.

ALIANÇA DE SOBERANIA ALIMENTAR DOS ESTADOS UNIDOS (USFSA). *Declaração de Nyéléni, o primeiro fórum global sobre soberania alimentar.* Mali, 2007. Disponível em: http://usfoodsovereigntyalliance.org/what-is-food-sovereignty/. Acesso em: 2 fev. 2023.

ALTENBAUGH, Richard J. *Education for struggle:* The american labor colleges of the 1920s and 1930s. Philadelphia: Temple University Press, 1990.

ALTHUSSER, Louis. "Ideology and Ideological State Apparatus." *In*: *Lenin and Philosophy and Other Essays*. p. 121- 76. Nova Iorque: Monthly Review Press, 1971.

ALVAREZ, Sonia. *Engendering democracy in Brazil:* Women's movements in transition politics. Princeton, NJ: Princeton University Press, 1990.

ALVAREZ, Sonia. "Advocating feminism: The Latin American Feminist NGO 'Boom'." *International Feminist Journal of Politics*, v. 1, n.2, p. 181-209, 1999.

ALVAREZ, Sonia. "Beyond NGO-ization? Reflections from Latin America." *Development*, v. 52, n. 2, p. 175-184, 2009.

ALVAREZ, Sonia. "Beyond the civil society agenda? Participation and practices of governance, governability, and governmentality in Latin America". *In*: ALVAREZ, S.; RUBIN, J. W.; THAYER, M.; BAIOCCHI, G.; LAÓ-MONTES, A. (ed.). *Beyond civil society:* Activism, participation, and protest in Latin America. p. 316-330. Durham, NC: Duke University Press, 2017.

AMENTA, Edwin. *When movements matter*: The townsend plan and the rise of social security. Princeton, NJ: Princeton University Press, 2006.

AMENTA, Edwin; CAREN, Neal; CHIARELLO, Elizabeth; SU, Yang. "The political consequences of social movements." *Annual Review of Sociology*, n. 36, p. 287-307, 2010.

ANDRADE, Márcia Regina; DI PIERRO, Maria Clara; MOLINA, Monica Castagna; AZEVEDO, Sonia Meire Santos. (eds). *A educação na reforma agrária em perspectiva*: uma avaliação do Programa Nacional de Educação na Reforma Agrária. Brasília: Ministério de Desenvolvimento Agrário, 2004.

ANDREWS, Kenneth T. *Freedom is a constant struggle:* The Mississippi civil rights movement and its legacy. Chicago: University of Chicago Press, 2004.

ANHAIA, Edson Marcos de. "Constituição do movimento de Educação do Campo na luta por políticas de educação." Dissertação de Mestrado. Centro de Ciências da Educação, Programa de Pós-Graduação em Educação, Florianópolis: Universidade Federal de Santa Catarina, 2010.

ANYON, Jean. *Ghetto schooling*: A political economy of urban educational reform. Nova York: Teachers College Press, 1997.

ANYON, Jean. *Radical possibilities*: Public policy, urban education and a new social movement. Nova York: Taylor & Francis Group, 2005.

APPLE, Michael W. *Ideology and curriculum.* Nova Iorque: Routledge Falmer, 2004.

APPLE, Michael W. *Educating the* "Right" Way: Markets, Standards, God, and Inequality. Nova York: Routledge, 2006.

APPLE, Michael W. *Can education change society?* Nova York: Routledge Taylor & Francis, 2013.

ARNOVE, Robert F. *Education and Revolution in Nicaragua.* Nova Iorque: Praeger, 1986.

ARROYO, Miguel G. "A educação básica e o movimento social do campo". *In:* ARROYO, Miguel; CALDART, R. S.; MOLINA, M. C. (ed.) *Por uma educação do campo.* p. 65-86. Petrópolis, RJ: Editora Vozes, 2004.

AUYERO, Javier. *Poor people's politics*: Peronist survival networks and the legacy of Evita. Durham, NC: Duke University Press, 2000.

AUYERO, Javier; JOSEPH, Lauren. "Introduction: Politics under the Ethnographic Microscope." In *New Perspectives on Political Ethnography*, edited by Lauren Joseph, Mathew Mahler e Javier Auyero, 1– 13. Nova York: Springer, 2007.

AVELAR, Marina; BALL, Stephen J. "Mapping New Philanthropy and the Heterarchical State: The Mobilization for the National Learning Standards in Brazil." *International Journal of Educational Development*, n. 64, p. 65-73, 2019.

AVRITZER, Leonardo. *Democracy and the public space in Latin America.* Princeton, NJ: Princeton University Press, 2002.

BAIOCCHI, Gianpaolo. *Militants and citizens*: The politics of participatory democracy in Porto Alegre. Stanford, CA: Stanford University Press, 2005.

BAIOCCHI, Gianpaolo; HELLER, Patrick; SILVA, Marcelo Kunrath. *Bootstrapping democracy*: Transforming local governance and civil society in Brazil. Stanford, CA: Stanford University Press, 2011.

BALMANT, Ocimara; MANDELLI, Mariana; MOURA, Rafael M. "Falhas do MEC envolvem contratos de R$ 200 mi". O Estado de S. Paulo. Política. 11/6/2021. Disponível em: https://politica.estadao.com.br/noticias/geral,falhas-do-mec-envolvem-contratos-de-r-200-mi,731100. Acesso em: 2 fev. 2023.

BANASZAK, Lee Ann. *The women's movement*: Inside and outside of the State. Cambridge: Cambridge University Press, 2010.

BENFORD, Robert; SNOW, David A. "Framing processes and social movements: An overview and assessment". *Annual Review of Sociology*, n. 26, p. 611-639, 2000.

BERGAD, Laird. *The comparative histories of slavery in Brazil, Cuba, and the United States.* Cambridge: Cambridge University Press, 2007.

BERKELEY JOURNAL OF SOCIOLOGY. Forum Power and prefiguration. *Berkeley Journal of Sociology*, v. 58, p. 74-100, 2014.

BERRYMAN, Phillip. *Liberation Theology: Education at empire's end.* New York: Pantheon Books, 1987.

BHATTACHARYA, Tithi. "Introduction: Mapping social reproduction theory". *In*: BHATTACHARYA, Tithi. (ed.) *Social Reproduction Theory: Remapping Class, Recentering Oppression.* p. 1-20. Londres: Pluto Press, 2017.

BINDER, Amy. *Contentious curricula: Afrocentrism and creationism in american public schools.* Princeton, NJ: Princeton University Press, 2002.

BOGGS, Carl Jr. "Revolutionary Process, Political Strategy, and the Dilemma of Power". *Theory and Society*, v. 4, n. 3, p. 359-393, 1977.

BORRAS Jr, Saturnino M. "State- Society relations in land reform implementation in the Philippines". *Development and Change*, v. 32, p. 545-575, 2001.

BOURDIEU, Pierre. "The Forms of Capital". *In*: SADOVNIK, Alan R. (ed.)*Sociology of Education: A critical reader.* p. 83-96. Nova York: Routledge, 2007.

BOURDIEU, Pierre; PASSERON, Jean-Claude. *Reproduction in education, society and culture.* Londres: Sage, 1990.

BOWEN, James. *Soviet education:* Anton Makarenko and the years of experiment. Madison: University of Wisconsin Press, 1962.

BOWLES, Samuel; GINTIS, Herbert. *Schooling in capitalist America*: Educational reform and the contradictions of economic life. Londres: Routledge & K. Paul, 1976.

BOYDSTON, Jeanne. *Home and work*: Housework, wages, and the ideology of labor in the early republic. Nova York: Oxford University Press, 1990.

BRAGA, Ruy. *A política do precariado:* do populismo à hegemonia lulista. São Paulo: Boitempo Editorial, 2012.

BRAGA, Ruy.. "The end of lulism and the palace coup in Brazil". *Global Dialogue*, v. 6, n. 3, p. 10-12, 2016.

BRAGA, Ruy. "Precariado e sindicalismo no Brasil contemporâneo: um olhar a partir da indústria do call center." *Revista Crítica de Ciências Sociais*, n.103, p. 25-52, 2014.

BRANFORD, Sue; ROCHA, Jan. *Cutting the wire:* The story of the Landless Movement in Brazil. Londres: Latin America Bureau, 2002.

BRAVERMAN, Harry. *Labor and monopoly capital*: The degradation of work in the twentieth century. Nova York: Monthly Review Press, 1998.

BRAY, Mark. "Control of Education: Issues and tensions in centralization and decentralization." *In*: ARNOVE, Robert F.; TORRES, Carlos Alberto. (ed.) *Comparative Education.* The dialectic of the global and the local. 2. ed. p. 204-228. Lanham, MD: Rowman & Littlefield, 2003.

BREINES, Wini. "Community and Organization: The New Left and Michels 'Iron Law.'" *Social Problems*, v. 27, n. 4, p. 419- 29, 1980. Disponível em: https://www.jstor.org/stable/800170. Acesso em: 2 fev. 2023.

BREINES, Wini. *Community and organization in the new left, 1962-1968:* The great refusal. New Brunswick, NJ: Rutgers University Press, 1989.
BRUNO, Regina. *Senhores da terra, senhores da guerra*: a nova face política das elites agroindustriais no Brasil. Rio de Janeiro: Editora Forense Universitária, 1997.
BRUNS, Barbara; LUQUE, Javier. *Great teachers:* How to raise student learning in Latin America and the Caribbean. Washington, DC: World Bank, 2014.
BURAWOY, Michael. "For a sociological marxism: The complementary convergence of Antonio Gramsci and Karl Polanyi." *Politics & Society*, v. 31, n. 2, p. 193-261, 2003.
BURGWAL, Gerrit. *Struggle of the poor*: Neighborhood organization and clientelist practice in a quito squatter settlement. Amsterdam: Centre for Latin American Research and Documentation, 1995.
CALDART, Roseli Salete. *Pedagogia do Movimento Sem Terra*. São Paulo: Expressão Popular, 2004.
CALDART, Roseli Salete; FETZNER, Andréa Rosana; RODRIGUES, Romir; FREITAS, Luiz Carlos (eds.). *Caminhos para transformação da escola: reflexões desde práticas da licenciatura em Educação do Campo*. São Paulo: Expressão Popular, 2010.
CALDART, Roseli Salete; PEREIRA, Paulo Alentejano; FRIGOTTO, Gaudêncio (eds.). *Dicionário da Educação do Campo*. São Paulo: Expressão Popular, 2012.
CALDEIRA, Rute. "The failed marriage between women and the Landless People's Movement (MST) in Brazil." *Journal of International Women's Studies*, v. 10, n. 4, p. 237-258, 2009.
CAMINI, Isabela. *Itinerante*: na fronteira de uma nova escola. São Paulo: Expressão Popular, 2009.
CARNOY, Martin; LEVIN, Henry M. *Schooling and work in the democratic State*. Stanford, CA: Stanford University Press, 1985.
CARTER, Miguel. "Desigualdade social, democracia e reforma agrária no Brasil." *In*: CARTER, Miguel (ed.). *Combatendo a desigualdade social: o MST e a reforma agrária no Brasil*. p. 27-78. São Paulo: Editora Unesp, 2010.
CARTER, Miguel (ed.). *Challenging Social Inequality: The Landless Rural Workers Movement and Agrarian Reform in Brazil*. Durham, NC: Duke University Press, 2015.
CARTER, Miguel; CARVALHO, Horácio Martins de. "The struggle on the land: Source of growth, innovation, and constant challenge for the MST." *In*: *Challenging social inequality: The Landless Rural Workers Movement and Agrarian Reform in Brazil*. p. 229-273. Durham, NC: Duke University Press, 2015.
CASTRO, Josué de. *The geography of hunger*. Nova York: Little, Brown and Company, 1952.
CHOUDRY, Aziz. *Learning activism: The intellectual life of contemporary social movements*. Toronto: University of Toronto Press, 2015.
CHOUDRY, Aziz; KAPOOR, Dip. (eds.). *Learning from the Ground Up: Global Perspectives on Social Movements and Knowledge Production*. Nova York: Palgrave Macmillan, 2010.
COELHO, Vera Schattan. "Brazilian health councils: Including the excluded?" *In*: CORNWALL, Andrea; COELHO, Vera Schattan. *Spaces for change? The politics of citizen participation in new democratic arenas*. p. 33- 54. Nova Iorque: Zed Books, 2007.
COOK, Maria Lorena. *Organizing dissent: Unions, the State, and the democratic teachers' movement in Mexico*. University Park, PA: Penn State University Press, 1996.
CORNWALL, Andrew; COELHO, Vera Schattan (eds). *Spaces for change? The politics of citizen participation in new democratic arenas*. Nova Iorque: Zed Books, 2007.
COUTINHO, Carlos Nelson. *Gramsci's political thought*. Chicago: Haymarket Books, 2013.
COMISSÃO PASTORAL DA TERRA (CPT). "Conflitos no Campo, Brasil, 1988." Goiânia, Brasil: Comissão Pastoral da Terra, 1989.
COMISSÃO PASTORAL DA TERRA (CPT). "Conflitos no Campo, Brasil, 1989." Goiânia, Brasil: Comissão Pastoral da Terra, 1990. Disponível em: https://www.cptnacional.org.br/component/jdownloads/send/41-conflitos-nocampo-brasil-publicacao/262-conflitos-no-campo-brasil-1989-2?Itemid=0. Acesso em: 8 dez. 2021.
COMISSÃO PASTORAL DA TERRA (CPT). "Conflitos no Campo, Brasil, 1990." Goiânia, Brasil: Comissão Pastoral da Terra, 1991. Disponível em: https://www.cptnacional.org.br/component/jdownloads/send/41-conflitos-nocampo-brasil-publicacao/260-conflitos-no-campo-brasil-1990?Itemid=0. Acesso em: 8 dez. 2021.
COMISSÃO PASTORAL DA TERRA (CPT). "Conflitos no Campo, Brasil, 1991." Goiânia, Brasil: Comissão Pastoral da Terra, 1992. Disponível em: https://www.cptnacional.org.br/component/jdownloads/send/41-conflitos-nocampo-brasil-publicacao/259-conflitos-no-campo-brasil-1991?Itemid=0. Acesso em: 8 dez. 2021.
COMISSÃO PASTORAL DA TERRA (CPT). "Conflitos no Campo, Brasil, 1992." Goiânia, Brasil: Comissão Pastoral da Terra, 1993. Disponível em: https://www.cptnacional.org.br/component/jdownloads/send/41-conflitos-nocampo-brasil-publicacao/258-conflitos-no-campo-brasil-1992?Itemid=0. Acesso em: 8 dez. 2021.

COMISSÃO PASTORAL DA TERRA (CPT). "Conflitos no Campo, Brasil, 1993." Goiânia, Brasil: Comissão Pastoral da Terra, 1994. Disponível em: https://www.cptnacional.org.br/component/jdownloads/send/41-conflitos-nocampo-brasil-publicacao/257-conflitos-no-campo-brasil--1993?Itemid=0. Acesso em: 8 dez. 2021.

COMISSÃO PASTORAL DA TERRA (CPT). "Conflitos no Campo, Brasil, 1994." Goiânia, Brasil: Comissão Pastoral da Terra, 1995. Disponível em: https://www.cptnacional.org.br/component/jdownloads/send/41-conflitos-nocampo-brasil-publicacao/256-conflitos-no-campo-brasil--1994?Itemid=0. Acesso em: 8 dez. 2021.

COMISSÃO PASTORAL DA TERRA (CPT). "Conflitos no Campo, Brasil, 1995." Goiânia, Brasil: Comissão Pastoral da Terra, 1996. Disponível em: https://www.cptnacional.org.br/component/jdownloads/send/41-conflitos-nocampo-brasil-publicacao/255-conflitos-no-campo-brasil--1995?Itemid=0. Acesso em: 8 dez. 2021.

COMISSÃO PASTORAL DA TERRA (CPT). "Conflitos no Campo, Brasil, 1996." Goiânia, Brasil: Comissão Pastoral da Terra, 1997. Disponível em: https://www.cptnacional.org.br/component/jdownloads/send/41-conflitos-nocampo-brasil-publicacao/254-conflitos-no-campo-brasil--1996?Itemid=0. Acesso em: 8 dez. 2021.

COMISSÃO PASTORAL DA TERRA (CPT). "Conflitos no Campo, Brasil, 1997." Goiânia, Brasil: Comissão Pastoral da Terra, 1998. Disponível em: https://www.cptnacional.org.br/component/jdownloads/send/41-conflitos-nocampo-brasil-publicacao/253-conflitos-no-campo-brasil--1997?Itemid=0. Acesso em: 8 dez. 2021.

COMISSÃO PASTORAL DA TERRA (CPT). "Conflitos no Campo, Brasil, 1998." Goiânia, Brasil: Comissão Pastoral da Terra, 1999. Disponível em: https://www.cptnacional.org.br/component/jdownloads/send/41-conflitos-nocampo-brasil-publicacao/252-conflitos-no-campo-brasil--1998?Itemid=0. Acesso em: 8 dez. 2021.

COMISSÃO PASTORAL DA TERRA (CPT). 2015. Balanço da reforma agrária 2014 e do mandato da presidenta Dilma Rousseff. Disponível em: http://www.revistamissoes.org.br/2015/01/balanco--da-reforma-agraria-2014-e-do-primeiro-mandato-da-presidenta-dilma-rousseff/. Acesso em: 7 dez. 2021.

DAGNINO, Evelina. "Culture, citizenship, and democracy: Changing discourses and practices of the Latin American left." *In*: ALVAREZ, Sonia; DAGNINO, Evelina;

ESCOBAR, Arturo. *Cultures of politics, politics of culture:* Re-visioning latin american social movements. p. 33-61. Boulder, CO: Westview Press, 1998.

DAGNINO, Evelina. "Civil society and public sphere in Brazil: Limits and possibilities." Artigo apresentado na Conferência da Associação de Estudos Latino-Americanos, de 6 a 8 de setembro de 2001, em Washington, DC, 2001.

DAGNINO, Evelina. "Citizenship: A perverse confluence." *Development in Practice*, v. 17, n.4-5, p. 549-556, 2007.

DALE, Roger. *The State and education policy.* Buckingham, UK: Open University Press, 1989.

D'ARAÚJO, Maria Celina. "O AI-5. Fatos & Imagens: artigos ilustrados de fatos e conjunturas do Brasil." Rio de Janeiro: CPDOC:FGV, 2017. Disponível em: https://cpdoc.fgv.br/producao/dossies/FatosImagens/AI5. Acesso em: 3 fev. 2023.

DARDER, Antonia; BALTODANO, Marta; TORRES, Rodolfo D. "Critical pedagogy: An introduction." *In*: DARDER, Antonia; BALTODANO, Marta; TORRES, Rodolfo D. *The critical pedagogy reader.* p. 1-23. Nova York: Routledge Falmer, 2003.

DAVIDSON, Alistair. *Antonio Gramsci: Towards an intellectual biography.* Londres: Merlin Press, 1977.

DEERE, Carmen Diana. "Women's land rights and rural social movements in the Brazilian Agrarian Reform." *Journal of Agrarian Change*, v. 3, n. 1- 2, p. 257-88, 2003.

DELGADO, Guilherme Costa. "A questão agrária e o agronegócio no Brasil." *In*: *Combatendo a desigualdade social:* o MST e a reforma agrária no Brasil. p. 81-112. São Paulo: Editora Unesp, 2009.

DELP, Linda (ed.). *Teaching for change*: Popular education and the labor movement. Los Angeles: UCLA Center for Labor Research and Education, 2002.

DESMARAIS, Annette Aurélie. *La Via Campesina:* Globalization and the power of peasants. Londres: Pluto Press, 2007.

DONAGHY, Maureen M. *Civil society and participatory governance*: Municipal councils and social housing programs in Brazil. Nova York: Routledge Taylor & Francis Group, 2013.

DRUDY, Sheelagh. "Gender Balance/Gender Bias: The teaching profession and the impact of feminisation." *Gender and Education*, v. 20, n. 4, p. 309-323, 2008.

DUFFY, Mignon. "Doing the dirty work: Gender, race, and reproductive labor in historical perspective." *Gender and Society*, v. 21, n. 3, p. 313-336, 2007.

DUTSCHKE, Rudi. "On anti-authoritarianism" *In:* OGLESBY, Carl. *The new left reader.* p. 243-253. Nova Iorque: Grove Press, 1969.

ECKERT, Córdula. "Movimento dos Agricultores Sem Terra no Rio Grande do Sul (1960-1964)." Tese de doutorado no Programa de Pós-Graduação em Ciências de Desenvolvimento Agrícola. Universidade Federal Rural do Rio de Janeiro, 1984.
EVANS, Peter. *Dependent development*. Princeton, NJ: Princeton University Press, 1979.
EVANS, Peter. "Is an alternative globalization possible?" *Politics & Society*, v. 36, n. 2, p. 271-305, 2008.
FERNANDES, Bernardo Mançano. *MST: formação, territorialização em São Paulo*. São Paulo: Hucitec Press, 1996.
FERNANDES, Bernardo Mançano. *A formação do MST no Brasil*. São Paulo: Hucitec Press, 2000.
FERNANDES, Bernardo Mançano. "Movimentos socioterritoriais e movimentos socioespaciais: contribuição teórica para uma leitura geográfica dos movimentos sociais." *Revista Nera*, v. 8, n. 6, p. 14-36, 2005.
FERNANDES, Bernardo Mançano (ed.). *Campesinato e agronegócio na América Latina*: a questão agrária atual. São Paulo: Expressão Popular, 2008.
FERNANDES, Bernardo Mançano. "Reforma agrária e Educação do Campo no governo Lula." *Campo--Território: Revista de Geografia Agrária*, v. 7, n. 14, p. 1-23, 2012.
FERNANDES, Bernardo Mançano; STEDILE, João Pedro. *Brava gente*: el MST y la lucha por la tierra en el Brasil. Barcelona: Virus Editorial, 2002.
FÓRUM NACIONAL DE EDUCAÇÃO DO CAMPO (Fonec). "Nota técnica sobre o Programa Escola Ativa: uma análise crítica." Seminário Nacional. Brasília: Fórum Nacional de Educação do Campo, 2011.
FÓRUM NACIONAL DE EDUCAÇÃO DO CAMPO (Fonec). "Notas para análise do momento atual da Educação do Campo." Seminário Nacional. Brasília: Fórum Nacional de Educação do Campo, 2012.
FOWERAKER, Joe. "Grassroots movements and political activism in Latin America: A critical comparison of Chile and Brazil." *Journal of latin american studies*, n. 33, p. 839-865, 2001.
FOX, Jonathan. *The politics of food in Mexico: State power and social mobilization*. Ithaca, NY: Cornell University Press, 1992.
FOX, Jonathan. "Social accountability: What does the evidence really say?" *World Development*, n. 72, p. 346-361, 2015.
FREIRE, Paulo. *Pedagogy of the oppressed*. Nova Iorque: Continuum International, 2000.
FRENCH, Jan. *Legalizing identities:* Becoming black or indian in Brazil's Northeast. Chapel Hill: University of North Carolina Press, 2009.
FUNG, Archon. "Accountable autonomy: Toward empowered deliberation in Chicago schools and policing." *Politics & Society*, v. 29, n. 1, p. 73-103, 2001.
GANDIN, Luis A.; APPLE, Michael W. "Challenging neo-liberalism, building democracy: Creating the citizen school in Porto Alegre, Brazil." *Journal of Education Policy*, v. 17, n. 2, p. 259-279, 2002.
GANZ, Marshall. "Resources and resourcefulness: Strategic capacity in the unionization of California agriculture, 1959-1966." *American Journal of Sociology*, v. 105, n. 4, p. 1003-1062, 2000.
GANZ, Marshall. "Leading Change: Leadership, Organization, and Social Movements." *In*: NOHRIA, Nitin; KHURANA, Rakesh. *Handbook of leadership theory and practice*: A Harvard Business School Centennial Colloquium. p. 227-268. Boston: Harvard Business Press, 2010.
GANZ, Marshall e Elizabeth McKenna. "Bringing leadership back". *In*: SNOW, David A.; SOULE, Sarah A.; KRIESI, Hanspeter; MCCAMMON, Holly J. *The Wiley-Blackwell Companion to Social Movements*. 2. ed. p. 1-202. Hoboken, NJ: Wiley- Blackwell, 2018.
GIBSON, Christopher L. *Movement-driven development:* The politics of health and democracy in Brazil. Stanford: Stanford University Press, 2019.
GIROUX, Henry. *Theory and resistance in education:* Towards a pedagogy for the opposition. Westport, CT: Bergin & Garvey, 2001.
GOLDFRANK, Benjamin. *Deepening Local Democracy in Latin America: Participation, Decentralization, and the Left*. University Park: Pennsylvania State University Press, 2011a.
GOLDFRANK, Benjamin. "The left and participatory democracy." *In*: LEVITSKY, Steven; ROBERTS, Kenneth M. *The resurgence of the latin american left*. p. 162-183. Baltimore, MD: Johns Hopkins University Press, 2011b.
GRADEN, Dale Torston. *From slavery to freedom in Brazil: Bahia, 1835-1900*. Albuquerque: University of New Mexico Press, 2006.
GRAMSCI, Antonio. *The prison notebooks*. Traduzido e editado por Quintin Hoare e Geoffrey Nowell Smith. Nova York: International Publishers, 1971.
GRAMSCI, Antonio. *The Antonio Gramsci reader:* Selected writings 1916–1935. Editado por David Forgacs. Nova York: New York University Press, 2000.
GRINDLE, Merilee S. *Despite the odds:* The contentious politics of education reform. Princeton, NJ: Princeton University Press, 2004.

GRYSZPAN, Mario. Faculdade Getulio Vargas (FGV). Centro de Pesquisa e Documentação de História Contemporânea do Brasil (CPDOC). *A questão agrária no governo Jango.*
GUIMARÃES, Juarez. "A estratégia da pinça." *Teoria e Debate*, n. 12, 1990.
HAESBAERT, Rogério C. "'Gaúchos' no Nordeste: modernidade, des-territorialidade e identidade." Tese de doutorado em Geografia. Universidade de São Paulo, São Paulo, 1995.
HALL, Budd; TURRAY, Thomas. "A Review of the State of the Field of Adult Learning: Social Movement Learning." Canadian Council on Learning, 2006. Disponível em: http:// en.copian.ca/library/research/sotfr/socialmv/socialmv.pdf. Acesso em: 3 fev. 2022.
HARBISON, Ralph W.; A. HANUSHEK, Eric. *Educational performance of the poor:* Lessons from Rural Northeast Brazil. Nova York: Oxford University Press, 1992.
HART, Gillian. *Disabling globalization:* Places of power in post-apartheid South Africa. Berkeley: University of California Press, 2002.
HARTMANN, Heidi. "Capitalism, patriarchy, and job segregation by sex." *Signs: Journal of Women and Culture in Society*, v. 1, n. 3, p. 137-169, 1976.
HELLER, Patrick. *The labor of development:* Workers and the transformation of capitalism in Kerala, India. Ithaca, NY: Cornell University Press, 1999.
HERINGER, Rosana. "Affirmative Action and the Expansion of Higher Education." *In*: JOHNSON, Ollie A.; HERINGER, Rosana. *Race, politics, and education in Brazil.* p. 111-131. Nova York: Palgrave Macmillan, 2015.
HETLAND, Gabriel. "The crooked line: From populist mobilization to participatory democracy in Chávez-Era Venezuela." *Qualitative Sociology*, 2014. Disponível em: https://doi.org/10.1007/s11133-014-9285-9. Acesso em: 3 fev. 2023.
HOCHSTETLER, Kathryn; KECK, Margaret. *Greening Brazil.* Durham, NC: Duke University Press, 2007.
HOLST, John. *Social movements, civil society, and radical adult education.* Westport, CT: Bergin & Garvey, 2001.
HOOKS, bell. *Teaching to transgress: Education as the practice of freedom.* Nova Iorque: Routledge, 1994.
HOUTZAGER, Peter. "State and Unions in the transformation of the brazilian countryside, 1964-1979." *Latin American Research Review*, v. 33, n. 2, p. 103-142, 1998.
HOUTZAGER, Peter. "Collective action and patterns of political authority: Rural workers, Church, and State in Brazil." *Theory and Society*, v. 30, n. 1, p. 1-45, 2001.
HUNTER, Wendy. "Brazil: The PT in power." *In*: LEVITSKY, Steven; ROBERTS, Kenneth M. *The resurgence of the latin american left.* p. 306-324. Baltimore, MD: Johns Hopkins University Press, 2011.
INSTITUTO BRASILEIRO DE GEOGRAFIA E ESTATÍSTICA. IBGE. "Dados históricos dos censos: população residente, por situação do domicílio e por sexo/1940-1996." Anuário Estatístico do Brasil 56. Rio de Janeiro: Instituto Brasileiro de Geografia e Estatística, 1996. Disponível em: http://www.ibge.gov.br/home/estatistica/populacao/censohistorico/1940_1996.shtm. Acesso em: 3 fev. 2023.
INSTITUTO BRASILEIRO DE GEOGRAFIA E ESTATÍSTICA. IBGE. "Censo Demográfico 2010." Disponível em: http://www.censo2010.ibge.gov.br.
INSTITUTO BRASILEIRO DE GEOGRAFIA E ESTATÍSTICA. IBGE. "Sinopse do Censo Demográfico 2010." Rio de Janeiro: Instituto Brasileiro de Geografia e Estatística, 2011.
IBGE. 2017. Municípios do Brasil. Panorama de Santa Maria da Boa Vista (PE). Disponível em: https://cidades.ibge.gov.br/brasil/pe/santa-maria-da-boa-vista/panorama. Acesso em: 8 dez. 2021.
INSTITUTO NACIONAL DE COLONIZAÇÃO E REFORMA AGRÁRIA (INCRA). "II PNERA: Relatório da II Pesquisa Nacional sobre a Educação na Reforma Agrária." Brasília: Instituto Nacional de Colonização e Reforma Agrária (Incra), 2015.
INSTITUTO NACIONAL DE COLONIZAÇÃO E REFORMA AGRÁRIA (INCRA). 2020. Educação e Pronera. Disponível em: https://antigo.incra.gov.br/pt/educacao.html. Acesso em: 3 fev. 2023.
JARAMILLO, Nathalia E.; MCLAREN, Peter; LÁZARO, Fernando. "A critical pedagogy of recuperation." *Policy Futures in Education*, v. 9, n. 6, p. 747-758, 2011.
JESSOP, Bob. "Bringing the State Back In (Yet Again): Review, revisions, rejections and redirections." *International Review of Sociology*, v. 11, n. 2, p. 149-173, 2001.
JOHNSON, Ollie A.; HERINGER, Rosana. (eds). *Race, politics, and education in Brazil.* Nova York: Palgrave Macmillan, 2015.
JOHNSTON, Hank. *What is a social movement?* Malden, MA: Polity Press, 2014.
KANE, Liam. *Popular education and social change in Latin America.* London: Latin America Bureau, 2001.
KECK, Margaret. *The Workers' Party and Democratization in Brazil.* New Haven, CT: Yale University Press, 1992.
KECK, Margaret; SIKKINK, Kathryn. *Activists beyond borders.* Ithaca, NY: Cornell University Press, 1998.

KITSCHELT, Herbert P.; WILKINSON, Steve I. "Citizen-Politician Linkages: An Introduction." *In*: KITSCHELT, Herbert P.; WILKINSON, Steven I. *Patrons, clients and policies*: Patterns of democratic accountability and political competition. p. 1-49. Cambridge: Cambridge University Press, 2007.
KLEES, Steven; SAMOFF, Joel; STROMQUIST, Nelly P. (eds). *The World Bank and education:* Critiques and alternatives. Rotterdam, UK: Sense Publishers, 2012.
KLEIN, Herbert S.; LUNA, Francisco Vidal. *Slavery in Brazil*. Cambridge: Cambridge University Press, 2009.
KOLLING, Edgar Jorge; NERY, Irmão Israel José; MOLINA, Monica Castagna. (eds.). *Por uma educação básica do campo.* Brasília: Fundação Universidade de Brasília, 1999.
KOLLING, Edgar Jorge; e Maria Cristina Vargas e Roseli Salete Caldart. "MST e Educação." *In: Dicionário da Educação do Campo*, 500-507. São Paulo: Expressão Popular, 2012.
LAMARÃO, Sérgio; PINTO, Simone C. Araújo. Confederação Nacional da Agricultura (CNA). CPD, FGV, 2009. Disponível em: http://www.fgv.br/Cpdoc/Acervo/dicionarios/verbete-tematico/confederacao-nacional-de-agricultura-cna. Acesso em: 3 fev. 2023.
LARRABURE, Manuel; TORCHIA, Carlos. "The 2011 chilean student movement and the struggle for a new left." *Latin American Perspectives*, v. 42, n. 5, p. 248-268, 2015.
LASLETT, Barbara; BRENNER, Johanna. "Gender and social reproduction: Historical perspectives." *Annual Review of Sociology*, n. 15, p. 81-404, 1989.
LEACH, Darcy. "The iron law of what again? Conceptualizing oligarchy across organizational forms." *Sociological Theory*, v. 23, n. 5, p. 312- 327, 2005.
LEBON, Nathalie. "Professionalization of women's health groups in São Paulo: The troublesome road towards organizational diversity." *Organization*, v. 3, n. 4, p. 588-609, 1996.
LEITE, Ilka Boaventura. "The transhistorical, juridical-formal, and post-utopian Quilombo." *In*: GLEDHILL, John; SCHELL, Patience A. (ed.) *New approaches to resistance in Brazil and Mexico*. p. 250-268. Durham, NC: Duke University Press, 2012.
LEITE, Ilka Boaventura. "The brazilian quilombo: 'Race', community and land in space and time." *Journal of Peasant Studies*, v. 42, n. 6, p. 1225-1240, 2015.
LESSER, Jeffrey. *Negotiating national identity*: Immigrants, minorities, and the struggle for ethnicity in Brazil. Durham, NC: Duke University Press, 1999.
LI, Tania Murray. *The will to improve*: Governmentality, development, and the practice of politics. Durham, NC: Duke University Press, 2007.
LOVEMAN, Mara. *National colors*: Racial classification and the State in Latin America. Oxford, UK: Oxford University Press, 2014.
LUEDEMANN, Cecília da S. *Anton Makarenko:* vida e obra – a pedagogia na revolução. São Paulo: Expressão Popular, 2002.
MACEDO, Donaldo. *Literacies of power:* What americans are not allowed to know. Boulder, CO: Westview Press, 2006.
MAKARENKO, Anton Semionovich. *The road to life:* An epic of education.Traduzido por Ivy Litvinov e Tatiana Litvinov. Honolulu, HI: University Press of the Pacific, 2001.
MAKARENKO, Anton Semionovich.Bernard Isaacs (trad.). *Makarenko, his life and work:* Articles, Talks and Reminiscences. Moscou: Foreign Language Press, 1976.
MARCUSE, Herbert. *Counter-revolution and revolt.* Boston: Beacon Press, 1972.
MARTIN, Andrew. "The Institutional Logic of Union Organizing and the Effectiveness of Social Movement Repertoires." *American Journal of Sociology* 113 (4):1067–1103, 2008.
MARTINS, Erika Moreira; KRAWCZYK, Nora Rut. "Entrepreneurial influence in brazilian education policies: The case of Todos Pela Educação." *In*: VERGER, Antoni; LUBIENSKI, Christopher A.; STEINER-KHAMSI, Gita. *World yearbook of education 2016:* The global education industry. p. 78-79. Nova Iorque: Routledge Taylor & Francis, 2016.
MATOS, Jéssica Marília de Oliveira. "Terra e trabalho: uma reflexão sobre latifúndio e relações de trabalho no Brasil." Tese de doutorado no Departamento de Serviço Social. Brasília: Universidade de Brasília, 2013.
MAURO, Gilmar. "The coalition that couldn't." Jacobin, 2017. Disponível em: https://www.jacobinmag.com/2017/02/brazil-pt-mst-social-movements-temer-rousseff. Acesso em: 3 fev. 2023.
MAYBURY-LEWIS, Biorn. *The politics of the possible*: The brazilian rural worker' trade union movement, 1964-1985. Philadelphia: Temple University Press, 1994.
MCADAM, Doug. *Political process and the development of the black insurgency, 1930–1970.* 2. ed. Chicago: University of Chicago Press, 1999.
MCADAM, Doug; BOUDET, Hilary Schaffer. *Putting social movements in their place: Explaining opposition to energy projects in the United States, 2000-2005.* Cambridge: Cambridge University Press, 2012.

MCCAMMON, Holly J.; MUSE, Courtney Sanders; NEWMAN, Harmony D.; TERRELL, Teresa M. "Movement framing and discursive opportunity structures: The political successes of the U.S. women's jury movements." *American Sociological Review*, v. 72, n. 5, p. 725-749, 2007.

MCCUNE, Nils; SÁNCHEZ, Marlen. "Teaching the territory: Agroecological pedagogy and popular movements." *Agriculture and Human Values*, 2018. Disponível em: https://doi.org/10.1007/s10460-018-9853-9. Acesso em: 3 fev. 2023.

MCEWAN, Patrick J. "The effectiveness of multigrade schools in Colombia." *International Journal of Educational Development*, v. 18, n. 6, p. 435-452, 1998.

MCLAREN, Peter. *Life in schools:* An introduction to critical pedagogy in the foundations of education. 4. ed. Boston: Pearson Education, 2003

MINISTÉRIO DO DESENVOLVIMENTO AGRÁRIO (MDA). "Manual de operação: Programa Nacional de Educação na Reforma Agrária (PRONERA)." Brasília: Ministério do Desenvolvimento Agrário (MDA), 2012.

MINISTÉRIO DA EDUCAÇÃO (MEC). "Referências para uma política nacional de Educação do Campo." *Caderno de Subsídios*. Brasília: Ministério da Educação, 2004.

MINISTÉRIO DA EDUCAÇÃO (MEC). "Escola Ativa: Projeto Base." Brasília: Ministério da Educação, 2010.

MEDIRATTA, Kavitha; FRUCHTER, Norm; LEWIS, Anne C. "Organizing for school reform: How communities are finding their voice and reclaiming their public schools." Nova York: New York University Institute for Education and Social Policy, 2002.

MEDIRATTA, Kavitha; SHAH, Seema; MCALISTER, Sara. *Community organizing for stronger schools: Strategies and successes.* Cambridge, MA: Harvard Education Press, 2009.

MEEK, David. "Towards a political ecology of education: The educational politics of scale in Southern Pará, Brazil." *Environmental Education Research*, v. 21, n. 3, p. 447-459, 2015.

MEMORIAL DA DEMOCRACIA. *Trabalhador rural obtém seu estatuto* (2 de março de 1963). Disponível em: http://memorialdademocracia.com.br/card/campones-ganha-protecao-de-estatuto. Acesso em: 3 fev. 2023.

MEYER, David S. "Protest and political opportunities." *Annual Review of Sociology*, n. 30, p. 125-145, 2004.

MEYER, David S.; MINKOFF, Debra C. "Conceptualizing political opportunity." *Social Forces*, v. 82, n. 4, p. 1457-1492, 2004.

MEYER, David S.; TARROW, Sidney (eds.). *The social movement society.* Lanham, MD: Rowman & Littlefield, 1997.

MICHELS, Robert. *Political parties: A sociological study of the oligarchical tendencies of modern democracy.* Nova Iorque: Dover, 1915.

MISCHE, Ann. *Partisan publics: Communication and contention across brazilian youth activist networks.* Princeton, NJ: Princeton University Press, 2008.

MOE, Terry M.; WIBORG, Susanne (eds.). *The comparative politics of education: Teachers unions and education systems around the world.* Cambridge: Cambridge University Press, 2017.

MOREIRA, Maria Helena Alves. *State and opposition in military Brazil.* Austin: University of Texas Press, 1985.

MORISSAWA, Mitsue. *A história da luta pela terra e o MST.* São Paulo: Expressão Popular, 2001.

MOVIMENTO DOS TRABALHADORES RURAIS SEM TERRA (MST). "Documento do 1º Seminário Nacional de Educação em assentamentos, realizado em São Mateus (ES), nos dias 27 a 30/07/1987."

MOVIMENTO DOS TRABALHADORES RURAIS SEM TERRA (MST). *Iterra:* Memória Cronológica. Veranópolis (RS): Iterra, 2001.

MOVIMENTO DOS TRABALHADORES RURAIS SEM TERRA (MST). *Educação de Jovens e Adultos. Caderno de Educação 11.* Veranópolis (RS): Iterra, 2003.

MOVIMENTO DOS TRABALHADORES RURAIS SEM TERRA (MST). "Assentamentos do MST em 2004." Movimento dos Trabalhadores Sem Terra, 2007.

MOVIMENTO DOS TRABALHADORES RURAIS SEM TERRA (MST). "Nossa História." Movimento dos Trabalhadores Rurais Sem Terra, julho de 2013. Disponível em: https://mst.org.br/nossa-historia/inicio/. Acesso em: 3 fev 2023.

MOVIMENTO DOS TRABALHADORES RURAIS SEM TERRA (MST). *History of the MST:* We cultivate the land and it cultivates us. Veranópolis (RS): Iterra, 2015.

MUBARAC-SOBRINHO, Roberto Sanches; SOUZA, Adria Simone Duarte de; BETTIOL, Célia Aparecida. "A educação escolar indígena no Brasil: uma análise crítica a partir da conjuntura dos 20 anos de LDB." *Poiésis – Revista do Programa de Pós-Graduação em Educação*, Universidade do Sul de Santa Catarina (Unisul), v. 11, n. 19, p. 58-75, 2017.

MUNDY, Karen; GREEN, Andy; LINGARD, Bob; VERGER, Antoni (eds.). *The handbook of global education policy. Handbook of global policy series.* Malden, MA: Wiley-Blackwell, 2016.

NAVARRO, Zander. "Treze teses para entender o MST." *Folha de S. Paulo*, dezembro de 2009.
NAVARRO, Zander. "The Brazilian Landless Movement (MST): Critical times." *Redes*, v. 15, n.1, p. 196-223, 2010.
NÚCLEO DE ESTUDOS DA REFORMA AGRÁRIA (NERA). "DataLuta: Banco de dados da luta pela terra: Relatório Brasil 2014." São Paulo: Núcleo de Estudos da Reforma Agrária (NERA), Universidade do Estado de São Paulo (Unesp), 2017. Disponível em: http://www2.fct.unesp.br/nera/projetos/dataluta_brasil_2016.pdf. Acesso em: 3 fev. 2023.
NERI, Marcelo. "Brazil's new middle classes: The bright side of the poor." *In*: DAYTON-JOHNSON, Jeff. *Latin America's emerging middle classes*. p. 70-100. London: Palgrave Macmillan, 2015.
O'CADIZ, Pilar; WONG, Pia; TORRES, Carlos Alberto. *Education and democracy: Paulo Freire, social movements and educational reform in São Paulo*. Boulder, CO: Westview Press, 1998.
OFFE, Claus; WIESENTHAL, Helmut. "Two logics of collective action: Theoretical notes on social class and organizational form." *Political Power and Social Theory*, n. 1, p. 67-115, 1980.
OLIVEIRA, Maria Angélica. Serra diz que MST apoia Dilma porque poderá fazer mais invasões. *O Globo* (G1). Política; eleições 2010, 26/7/2010. Disponível em: http://g1.globo.com/especiais/eleicoes-2010/noticia/2010/07/serra-diz-que-mst-apoia-dilma-porque-podera-fazer-mais-invasoes.html. Acesso em: 3 fev. 2023.
ONDETTI, Gabriel. *Land, protest, and politics:* The landless movement and the struggle for agrarian reform in Brazil. University Park: Pennsylvania State University Press, 2008.
OSTROM, Elinor. "Crossing the great divide: Coproduction, synergy, and development." *World Development*, v. 24, n. 6, p. 1073-1087, 1996.
OVIEDO, Alexis; WILDEMEERSCH, Danny. "Intercultural education and curricular diversification: The case of the ecuadorian intercultural bilingual education model (MOSEIB)." *Compare*, v. 38, n. 4, p. 455-470, 2008.
OZAÍ DA SILVA, Antonio. *História das tendências no Brasil (origens, cisões e propostas)*. São Paulo: Proposta Editorial, 1987.
PAHNKE, Anthony. *Brazil's long revolution: Radical achievements of the Landless Workers Movement*. Tucson: University of Arizona Press, 2018.
PAIXÃO, Marcelo Jorge de Paula. *500 anos de solidão*: estudos sobre desigualdades raciais no Brasil. Curitiba: Ed. Apris, 2013.
PASCHEL, Tianna S.. *Becoming black political subjects*: Movements and ethno-racial rights in Colombia and Brazil. Princeton, NJ: Princeton University Press, 2016.
PAYNE, Charles. *I've got the light of freedom*: The organizing tradition and the Mississippi freedom struggle. Berkeley: University of California Press, 1997.
PAYNE, Charles; STRICKLAND, Carol Sills (eds.). *Teach freedom: Education for liberation in the african american tradition*. Nova Iorque: Teachers College Press, 2008.
PEREIRA, Amílcar. "From the black movement's struggle to the teaching of african and afro-brazilian history." *In*: *Race, politics, and education in Brazil*. p. 59-72. Nova Iorque: Palgrave Macmillan, 2015.
PEREIRA, Anthony. *The end of the peasantry:* The Rural Labor Movement in Northeast Brazil. Pittsburgh: University of Pittsburgh Press, 1997.
PEREIRA, João Márcio Mendes; SAUER, Sérgio. "História e legado da reforma agrária de mercado no Brasil." *In*: SAUER, Sérgio; PEREIRA, João Márcio Mendes. (ed.) *Capturando a terra:* Banco Mundial, políticas fundiárias neoliberais e reforma agrária de mercado. p. 173-206. São Paulo: Expressão Popular, 2006.
PERLSTEIN, Daniel H. "Teaching freedom: SNCC and the creation of the Mississippi freedom schools." *History of Education Quarterly*, v. 30, v. 3, p. 297-324, 1990.
PERLSTEIN, Daniel H. *Justice, justice:* School politics and the eclipse of liberalism. Nova Iorque: Peter Lang, 2004.
PESCHANSKI, João Alexandre. "A evolução organizacional do MST." Dissertação de mestrado em Ciência Política. São Paulo: Universidade de São Paulo, 2007.
PISTRAK, Moisey M. *A escola-comuna*. Traduzido por Luís Carlos de Freitas. São Paulo: Expressão Popular, 2010.
PIVEN, Frances Fox; CLOWARD, Richard. *Poor people's movements:* Why they succeed, how they fail. Nova Iorque: Vintage, 1977.
PIVEN, Frances Fox; CLOWARD, Richard. "Normalizing collective protest." *In*: *The breaking of the american social compact*. p. 345-374. Nova Iorque: The New Press, 1997.
PLANK, David. *The means of our salvation*: Public education in Brazil, *1930–1995*. Boulder, CO: Westview Press, 1996.
POLETTO, Evo. "Churches, the Pastoral Land Commission, and the mobilization for agrarian reform." *In*: *Challenging social inequality:* The Landless Rural Workers Movement and Agrarian Reform in Brazil. Durham, NC: Duke University Press, 2015.

PRZEWORSKI, Adam. *Capitalism and social democracy.* Cambridge: Cambridge University Press, 1986.
PSACHAROPOULOS, George; ROJAS, Carlos; VELEZ, Eduardo. "Achievement evaluation of Colombia's Escuela Nueva: Is multigrade the answer?" *Comparative Education Review*, v. 37, n. 3, p. 263-276, 1993.
RAEKSTAD, Paul. "Revolutionary practice and prefigurative politics: A clarification and defense." *Constellations*, n. 25, p. 359-272, 2018.
RIBEIRO, Darcy. *O povo brasileiro: a formação e o sentido do Brasil.* São Paulo: Companhia das Letras, 1995.
RIBEIRO, Darcy. *The brazilian people: The formation and meaning of Brazil.* Traduzido por Gregory Rabassa. Gainesville: University of Florida Press, 2000.
ROJAS, Carlos; CASTILLO, Zoraida. "Evaluación del Programa Escuela Nueva en Colombia." Bogotá: Instituto SER de Investigación, 1988.
ROJAS, Fabio. *From black power to black studies: how a radical social movement became an academic discipline.* Baltimore, MD: Johns Hopkins University Press, 2007.
RONIGER, Luis. "The Comparative Study of Clientelism and the Changing Nature of Civil Society in the Contemporary World." *In*: RONIGER, Luis; GÜENS-AYATA, Ayse. *Democracy, clientelism and civil society.* p. 1-18. Boulder, CO: Lynne Rienner, 1994.
ROSA, Marcelo Carvalho. "Para além do MST: o impacto nos movimentos sociais brasileiros." *In*: *Combatendo a desigualdade social: o MST e a reforma agrária no Brasil.* p. 461-477. São Paulo: Editora Unesp, 2009.
ROSSELLI, Gabriela Brum; ELIA, Bárbara de la Rosa. "Movimento dos agricultores sem-terra: uma luta nas páginas do *Correio do Povo* (1960-1964)." *RELACult – Revista Latino-Americana de Estudos em Cultura e Sociedade*, v. 4, 2018.
RUBIN, Jeffrey W. "In the streets and in the institutions: Movements-in-democracy and the rural women's movement in Rio Grande Do Sul." *In:* ALVAREZ, Sonia; RUBIN, Jeffrey W.; THAYER, Millie; BAIOCCHI, Gianpaolo; LAÓ-MONTES, Agustín (ed.). *Beyond civil society:* Activism, participation, and protest in Latin America. p. 219-237. Durham, NC: Duke University Press. 2017.
SAHLBERG, Pasi. "Global educational reform movement and its impact on schooling." *In: Handbook of global education policy.* MUNDY, Karen; GREEN, Andy; LINGARD, Robert; VERGER, Antoni. (ed.) p. 128-144. Hoboken, NJ: Wiley- Blackwell, 2016.
SALOMON, Marta; MADUEÑO, Denise. MEC gasta R$ 17 milhões para imprimir 7 milhões de livros e "ensinar" que 10 menos 7 são 4. *O Estado de S. Paulo.* Educação. 3/6/2011. Disponível em: https://educacao.estadao.com.br/noticias/geral,mec-gasta-r-14-milhoes-para-imprimir-7-milhoes-de-livros--e-ensinar-que-10-menos-7-sao-4,727752. Acesso em: 7 dez. 2021.
SAMOFF, Joel. "Institutionalizing international influence." *In*: ARNOVE, Robert F.; TORRES, Carlos Alberto. (ed.) *Comparative education: The dialectic of the global and the local.* Lanham, MD: Rowman & Littlefield, 1999.
SANDERS, Crystal R. *A chance for change:* Head start and Mississippi's black freedom struggle. Chapel Hill: University of North Carolina Press, 2016.
SANTOS, Cecília M. "Da Delegacia da Mulher à Lei Maria da Penha: absorção/tradução de demandas feministas pelo Estado." *Revista Crítica das Ciências Sociais*, n. 89, p. 153-170, 2010.
SANTUCCI, Antonio A. *Antonio Gramsci.* Nova Iorque: Monthly Review Press, 2010.
SATGAR, Vishwas (ed.). *The solidarity economy alternative*: Emerging theory and practice. Scottsville, África do Sul: University of KwaZulu-Natal Press, 2014.
SAUER, Sérgio. "The World Bank's Market-Based Land Reform in Brazil." In: Promised lands: Competing visions of agrarian reform. ROSSET, Peter; PATEL, Raj; COURVILLE, Michael. (ed.) p. 177-191. Oakland, CA: Food First Books, 2006.
SAUER, Sérgio; LEITE, Sérgio Pereira. "Agrarian structure, foreign investment in land, and land prices in Brazil." *Journal of Peasant Studies*, v. 39, n. 3-4, p. 873-898, 2012.
SAUER, Sérgio; WELCH, Clifford. "Rural unions and the struggle for land in Brazil." *Journal of Peasant Studies*, v. 42, n. 6, p. 1109-1135, 2015.
SCHEPER-HUGHES, Nancy. *Death without weeping:* The violence of everyday life in Brazil. Berkeley: University of California Press, 1992.
SCHIEFELBEIN, Ernesto. *In*: *Search of the school of the XXI century:* Is the colombian Escuela Nueva the right pathfinder? Santiago, Chile: Unesco/Unicef, 1991.
SCHLESINGER, Arthur Meier. *Mil dias* – John Fitzgerald Kennedy na Casa Branca. Rio de Janeiro: Editora Civilização Brasileira, 1966.
SCOTT, James. *Seeing like a State:* How certain schemes to improve the human conditions have failed. New Haven, CT: Yale University Press, 1998.
SECOMBE, Wally. "The housewife and her labour under capitalism." *New Left Review*, n. 83, p. 3-24, 1974.
SECRETARIA DA EDUCAÇÃO DO GOVERNO DO ESTADO DO CEARÁ. Educação do Campo, 2017. Disponível em: https://www.seduc.ce.gov.br/educacao-do-campo/. Acesso em: 3 fev. 2023.

SECRETARIA DA EDUCAÇÃO DO GOVERNO DO ESTADO DO CEARÁ. Matriz curricular: cargas horárias, 2018. Disponível em: https://www.seduc.ce.gov.br/wp-content/uploads/sites/37/2018/08/matriz_curric_cargas_horarias_-semanais_-anual.pdf. Acesso em: 3 fev. 2023.

SHIRLEY, Dennis. *Community organizing for urban school reform.* Austin: University of Texas Press, 1997.

SHULGIN, Viktor. *Rumo ao politecnismo.* São Paulo: Expressão Popular, 2013.

SINGER, André. "Classes e ideologias cruzadas." *Novos Estudos*, Dossiê: Mobilizações, protestos e revoluções, n. 97, p. 23-40, 2013.

SINGER, André. "Cutucando onças com varas curtas." *Novos Estudos*, v. 32, n. 2, p. 39-67, 2015.

SKIDMORE, Thomas. *Brazil: five centuries of change.* 2. ed. Oxford: Oxford University Press, 2010.

SKOCPOL, Theda. "Bringing the State Back In: Strategies of Analysis in Current Research." *In*: SKOCPOL, Theda; EVANS, Peter; RUESCHEMEYER, Dietrich. *Bringing the State Back.* p. 3-44. Cambridge: Cambridge University Press, 1985.

SMUCKER, Jonathan Matthew. *Hegemony how-to*: A roadmap for radicals. Chico, CA: AK Press, 2017.

SNOW, David. "Social movements as challenges to authority: Resistance to an emerging conceptual hegemony." *In*: MEYERS, Daniel; CRESS, Daniel. *Authority in contention.* p. 3-25. Nova Iorque: Elsevier, 2004.

SNOW, David; ROCHFORD, Burke; WORDEN Steven; BENFORD, Robert. "Frame alignment processes, micromobilization, movement participation." *American Sociological Review*, v. 51, n. 4, p. 464-481, 1986.

SOUZA, Maria Antonia de. "Relaciones MST-Estado: encuentros y desencuentros en la educación de jóvenes y adultos de los asentamientos rurales." *In*: DAGNINO, Evelina. *Sociedad civil, esfera pública y democratización en América Latina: Brasil.* p. 200-248. Campinas, SP: Editora Unicamp, 2002.

STEINBERG, Marc. "The talk and back talk of collective action: A dialogic analysis of repertoires of discourse among nineteenth-century english cotton spinners." *American Journal of Sociology* , v. 105, n. 3, p. 736-780, 1999.

SU, Celina. *Streetwise for book smarts:* Grassroots organizing and education reform in the Bronx. Ithaca, NY: Cornell University Press, 2009.

SUH, Doowon. "Institutionalizing social movements: The dual strategy of the korean women's movement." *The Sociological Quarterly*, n. 52, p. 442-471, 2011.

TARLAU, Rebecca. "Coproducing rural public schools in Brazil: Contestation, clientelism, and the Landless Workers' Movement." *Politics & Society*, v. 41, n. 3, p. 395-424, 2013.

TARLAU, Rebecca. "State theory, grassroots agency, and global policy transfer: The life and death of Colombia's Escuela Nueva in Brazil (1997-2012)." *Comparative Education Review*, v. 61, n. 4, p. 675-700, 2017.

TARLAU, Rebecca; MOELLER, K.. "'Philanthropizing' Consent: How a Private Foundation Pushed through National Learning Standards in Brazil." *Journal of Education Policy,* 2019. Disponível em: DOI: 10.1080/02680939.2018.1560504. Acesso em : 8 dez. 2021.

TARROW, Sidney. *Power in movement.* 3. ed. Cambridge: Cambridge University Press, 2011.

TAYLOR, Verta. "Social movement continuity: The women's movement in abeyance." *American Sociological Review*, v. 54, n.5, p. 761-775, 1989.

TEDESCO, J.C.; CARINI, J. J. (eds.). *Conflitos agrários no norte gaúcho, 1980- 2008.* Porto Alegre: EST Edições, 2008.

TELLES, Edward E. *Race in Another America: The Significance of Skin Color in Brazil.* Princeton, NJ: Princeton University Press, 2004.

THE ECONOMIST. *Brazil takes off* [A decolagem do Brasil]. Now the risk for Latin America's big success story is hubris. [Agora, o risco para o grande sucesso da América Latina é a arrogância]. 12 nov. 2009. Disponível em: https://www.economist.com/leaders/2009/11/12/brazil-takes-off. Acesso em: 3 fev. 2023.

TILLY, Charles. *Contentious performances.* Cambridge: Cambridge University Press, 2008.

TORRES, Carlos Alberto. "The State, nonformal education, and socialism in Cuba, Nicaragua, and Grenada." *Comparative Education Review*, v. 35, n. 1, p. 110-130, 1991.

TUĞAL, Cihan. *Passive revolution:* Absorbing the islamic challenge to capitalism. Stanford, CA: Stanford University Press, 2009.

TWINE, France Winddance. "Racial ideologies and racial methodologies." *In*: *Racing research, researching race:* Methodological dilemmas in critical race studies. P. 1-34. Nova Iorque: New York University Press, 2000.

TV BRASIL. Cerimônia de lançamento do Programa Nacional de Educação do Campo (Pronacampo), 20/3/2012. Disponível em: https://www.youtube.com/watch?v=hPtcdDSqcgk. Acesso em: 3 fev. 2023.

TYACK, David; TOBIN, William. "The grammar of schooling: Why has it been so hard to change?" *American Educational Research Journal*, v. 31, n. 3, p. 453-479, 1994.

UCHINAKA, Fabiana. MST denuncia na OEA e na ONU tentativa de criminalização dos sem-terra. *UOL Notícias*, 24/7/2008.

UNIVERSIDADE DO ESTADO DO MATO GROSSO (UNEMAT). *Unemat realiza a aula inaugural do curso para integrantes de movimentos sociais do campo* (2/8/2005). Disponível em: http://portal.unemat.br/index.php?pg=noticia/1333/Unemat%20realiza%20a%20aula%20inaugural%20do%20curso%20para%20integrantes%20de%20movimentos%20sociais%20do%20campo. Acesso em: 3 fev. 2023.

VERGARA-CAMUS, Leandro. *Land and freedom*: The MST, the Zapatistas and peasant alternatives to neoliberalism. Londres: Zed Books, 2014.

VOSS, Kim; SHERMAN, Rachel. "Breaking the iron law of oligarchy: Union revitalization in the american labor movement." *American Journal of Sociology*, v. 106, n. 2, p. 303-349, 2000.

WAMPLER, Brian. *Participatory Budgeting in Brazil: Contestation, Cooperation, and Accountability.* University Park, PA: Penn State Press, 2007.

WAMPLER, Brian; AVRITZER, Leonardo. "Participatory publics: Civil society and new institutions in democratic Brazil." *Comparative Politics*, v. 36, n. 3, p. 291- 312, 2004.

WARREN, Mark R.; MAPP, Karen L. *A match on dry grass: community organizing as a catalyst for school reform.* Oxford: Oxford University Press, 2011.

WEBER, Max. "Politics as vocation." Palestra na Universidade de Munique em 28 de janeiro de 1919. Disponível em: http://anthropos-lab.net/wp/wp-content/uploads/2011/12/Weber-Politics-as-a--Vocation.pdf. Acesso em: 8 dez. 2021.

WEINBERG, Mônica. Madraçais do MST. Revista *Veja*, edição 1.870, ano 37, n. 36, 8 set. 2004, p. 46-49.

WELCH, Clifford. *The seed was planted: The São Paulo roots of the Brazil's rural labor movement, 1924-1964.* University Park, PA: Penn State University Press. 1999.

WELCH, Clifford. "Camponeses: Brazil's peasant movement in historical perspective (1946– 2004)." *Latin American Perspectives*, v. 36, n. 4. p. 126-155, 2009.

WIEBE, Nettie. "Women reversing desertification: Via Campesina takes on Aracruz Corporation in Brazil." *Canadian Woman Studies*, v. 25, n. 3- 4, p. 167-172, 2006.

WOLFORD, Wendy. "Participatory democracy by default: Land reform, social movements and the State in Brazil." *Journal of Peasant Studies*, v. 37, n. 1, p. 91-109, 2010a.

WOLFORD, Wendy. *This land is ours now: Social mobilization and the meanings of land in Brazil.* Durham, NC: Duke University Press, 2010b.

WOLFORD, Wendy. "The casa and the causa: Institutional histories and cultural politics in Brazilian land reform." *Latin American Research Review*, v. 51, n. 4, p. 24-42, 2016.

WRIGHT, Angus; WOLFORD, Wendy. *To inherit the earth*: The landless movement and the struggle for a new Brazil. Oakland, CA: Food First Books, 2003.

WRIGHT, Angus; WOLFORD, Wendy. *Envisioning real utopias.* Londres: Verso, 2010.

WRIGHT, Angus; WOLFORD, Wendy. "Transforming capitalism through real utopias." *American Sociological Review*, v. 78, n. 1, p. 1-25, 2013.

1. Dona Djanira e sua filha, Edilane, na casa delas num assentamento do MST em Santa Maria da Boa Vista (PE). Edilane é uma veterana militante do Setor de Educação do MST. Agosto de 2011.

Fonte: Foto da autora, com autorização de Edilane Mota.

2. Alunos e professores de assentamentos e acampamentos do MST por todo o país protestam diante do Ministério da Educação durante o VI Congresso Nacional do MST em Brasília. Fevereiro de 2014.

Fonte: Foto da autora

3. Uma estudante da cidade de Santa Maria da Boa Vista (PE) pinta as paredes do Ministério da Educação em Brasília, num protesto organizado durante o VI Congresso Nacional do MST. Fevereiro de 2014.

Fonte: Foto da autora, com permissão da estudante e de sua família.

4. Alunos do IEJC/Iterra participam de uma *performance* cultural e política (a *mística*, no vocabulário do MST), celebrando o educador soviético Anton Makarenko ao recriar sua imagem com arroz e feijão. Setembro de 2011.

Fonte: Foto da autora.

5. Faixa celebra o socialismo nas paredes externas do Iterra/IEJC, no 25º aniversário do MST. Outubro de 2010.

Fonte: Foto da autora

6. Formatura da primeira turma de Pedagogia da Terra na Universidade de Ijuí (RS), pelo Pronera.

Fonte: Arquivo histórico do curso.

7. Uma Escola Itinerante em funcionamento no Rio Grande do Sul, mesmo depois de o governo gaúcho mandar fechar todas elas. Junho de 2009.

Fonte: Foto da autora

8. Educadores e alunos dos assentamentos e acampamentos do MST protestam pelo fechamento das Escolas Itinerantes. Outubro de 2010.

Fonte: Foto da autora

9. Professora diante de uma escola pública municipal dentro do Assentamento Catalunha, em Santa Maria da Boa Vista (PE). Ela veste o uniforme oficial de professores municipais em áreas de reforma agrária, que inclui a bandeira do MST. 2011.

Fonte: Foto da autora

10. Uma das quatro escolas do campo construídas em assentamentos do MST no Ceará em 2009 e 2010, oficialmente designadas Escolas do Campo. Novembro de 2011.

11. Professores e militantes no 2º Encontro Nacional de Educadoras e Educadores da Reforma Agrária (Enera). Ao fundo, um retrato de Antonio Gramsci, uma das inspirações intelectuais do MST. Setembro de 2015.

Fonte: Cortesia de Celeiro de Memória